経済学
BASIC SEMINAR IN ECONOMICS
ベーシック
ゼミナール

西村和雄
NISHIMURA KAZUO

八木尚志
YAGI TAKASHI

実務教育出版

はしがき

　本書は『受験ジャーナル』（実務教育出版）に3年間にわたって連載した原稿を修正して，大幅に加筆したものです。本書は，大学で経済学の授業をとっている学生，公務員試験の準備として経済学を勉強している方々，社会人で経済学をしっかり勉強したいと考えている方々などを対象としています。

　アメリカの大学では，大教室の講義と並行して，小人数に分けたディスカッション・セッションが持たれます。このセッションは，講義のアシスタントとして働く大学院生が指導し，彼らは学生の質問に答えて，練習問題の解説を行います。ディスカッション・セッションで理解をより確実なものとした学生は，メインの授業の中で，クイズと呼ばれる小さな試験と何回かの中間試験を経たうえで期末試験を迎えます。

　日本の大学で，このようなきめの細かい授業を行いたいと思っても，現在のシステムの中ではなかなか思うようなことはできません。限られた授業時間の中で講義と問題練習を同時に行うなら，どちらかが不十分になります。

　学生が正規に問題練習の時間を持たないこのような現状では，少なくとも，学生が自習できる演習書が必要となります。

　しかし，1人の個人が練習問題を作ると，必ずその人の個性が反映されてきます。これは，私自身が試験問題を作成してきて，また他のテキストの練習問題を利用してきて感じたことです。そこで，本書の「例題」と「練習問題」は，国家試験問題から選ぶことにしました。大勢の異なる人によって作られた問題を利用するほうが，癖のない標準的な問題をバランスよく選ぶことが可能になるからです。だからといって，本書は

決して公務員試験あるいはその他の国家試験だけを目的としたものではありません。

　以上の本書の特徴は，1990年に私が同じく実務教育出版から出版し，多くの読者に支持されてきた『入門 経済学ゼミナール』の基本的スタイルを踏襲しています。したがって，本書は『入門 経済学ゼミナール』の姉妹版ともいうべきものとなっています。しかし，問題の難易度は，より入門的にし，経済学を初めて学ぶ読者も読めるようにまとめています。

　『入門 経済学ゼミナール』は，出版以来，大学の授業や国家試験の準備をする大学生から好評を博してきましたが，若干易しめの姉妹版を望む読者の声も多く寄せられました。しかし，私自身が多忙になり，姉妹版となる本書の執筆の時間が思うようにとれませんでした。そこで，『入門 経済学ゼミナール』を授業などで使用し，内容の検討をしてくださっていた群馬大学社会情報学部教授の八木尚志氏と共同で執筆することにより，本書を完成させることができました。

　本書では，最近の国家試験の問題を使い，また，新しいトピックスについては独立した章を立ててありますので，最近の出題傾向にも対応できると思います。さらに，問題を解くにあたって微分などを使用することは避けて説明してありますので，数学が必ずしも得意ではない読者にも読みやすくなっていると思います。

　最後に，連載を通じて『受験ジャーナル』編集部の飯川昇さん，出版に際しては編集部の津川純子さんにお世話していただきました。この場を借りてお礼を申し上げます。

2008年8月

西村　和雄

目　次

はしがき／i
本書の構成／viii

第1章　市場機構と需要・供給

1.1　需要曲線と供給曲線 …………………………………………1
1.2　均衡の安定性 …………………………………………………5
1.3　弾力性 …………………………………………………………12
1.4　比較静学 ………………………………………………………19
1.5　学説史の問題 …………………………………………………23

第2章　消費者行動の理論

2.1　無差別曲線と需要 ……………………………………………27
2.2　与件の変化と需要の変化 ……………………………………35
2.3　学説史の問題 …………………………………………………47
2.4　計算問題 ………………………………………………………49

第3章　消費者理論の発展問題

3.1　顕示選好・指数 ………………………………………………55
3.2　労働供給 ………………………………………………………60
3.3　計算問題 ………………………………………………………65

第4章　企業行動と生産関数

4.1　生産関数の理論 ………………………………………………69
4.2　費用関数の理論 ………………………………………………78
4.3　産業の長期均衡 ………………………………………………94
4.4　計算問題 ………………………………………………………97

第5章 不完全競争

- 5.1 独　占 …………………………………………………… 101
- 5.2 寡占と独占的競争 ……………………………………… 110
- 5.3 その他の学説 …………………………………………… 115

第6章 市場と効率性

- 6.1 余剰分析 ………………………………………………… 123
- 6.2 不完全競争 ……………………………………………… 128
- 6.3 パレート効率性 ………………………………………… 134

第7章 市場の失敗

- 7.1 外部効果 ………………………………………………… 139
- 7.2 公共財 …………………………………………………… 146

第8章 不確実性

- 8.1 危険に対する態度 ……………………………………… 151
- 8.2 情報の非対称性 ………………………………………… 157
- 8.3 不確実性のある市場 …………………………………… 161

第9章 ゲーム理論

- 9.1 ナッシュ均衡 …………………………………………… 165
- 9.2 展開形ゲーム …………………………………………… 172

第10章 国際貿易

- 10.1 リカード・モデル ……………………………………… 177
- 10.2 部分均衡分析 …………………………………………… 182
- 10.3 ヘクシャー＝オリーン・モデル ……………………… 190

第11章 経済動学
- 11.1 異時点にわたる消費配分 …… 203

第12章 産業連関表
- 12.1 産業連関表 …… 211
- 12.2 投入係数表 …… 214
- 12.3 産業連関分析 …… 217
- 12.4 逆行列係数表 …… 221

第13章 国民所得勘定
- 13.1 三面等価の原則 …… 225
- 13.2 国内総生産（GDP） …… 228
- 13.3 国内純生産と国民所得 …… 233
- 13.4 名目値と実質値 …… 238

第14章 国民所得の決定
- 14.1 45度線モデル …… 243
- 14.2 インフレ・ギャップとデフレ・ギャップ …… 248
- 14.3 乗数効果 …… 252
- 14.4 租税を含む45度線モデル …… 257

第15章 *IS-LM*分析
- 15.1 *IS-LM*モデル …… 265
- 15.2 *IS-LM*モデルと財政・金融政策 …… 273
- 15.3 *IS*曲線と*LM*曲線の形状 …… 278
- 15.4 政策効果の計算問題 …… 285

第16章 消費関数

16.1 ケインズ型消費関数：絶対所得仮説 ……………………287
16.2 消費関数に関する三大仮説 ……………………………291
16.3 消費に対する効果 ………………………………………299

第17章 投資関数

17.1 投資の限界効率 …………………………………………305
17.2 加速度原理と資本ストック調整原理 …………………309
17.3 トービンの q 理論と新古典派の投資理論 ……………314

第18章 貨幣供給と貨幣需要

18.1 貨幣供給（マネーサプライ）……………………………319
18.2 金融政策の手段 …………………………………………324
18.3 貨幣需要 …………………………………………………328
18.4 公債発行の効果 …………………………………………336

第19章 総需要と総供給

19.1 総需要曲線 ………………………………………………341
19.2 労働市場と総供給曲線 …………………………………347
19.3 国民所得と物価水準の決定 ……………………………354

第20章 インフレーションと失業

20.1 期待形成仮説および期待インフレ率 …………………359
20.2 失業とインフレーション ………………………………364
20.3 インフレ供給曲線とインフレ需要曲線 ………………372

第21章 景気循環と経済成長

21.1 景気循環 …………………………………………377
21.2 ハロッド＝ドーマーの経済成長論 ………………381
21.3 新古典派経済成長論 ………………………………386
21.4 成長の要因分解（成長会計）………………………395

第22章 国際金融

22.1 国際収支とISバランス …………………………397
22.2 為替レート …………………………………………401
22.3 海外部門を含む単純なマクロモデル ……………409
22.4 マンデル＝フレミング・モデル …………………413

● 索　引 …………………………………………………425

―― 本書の構成 ――

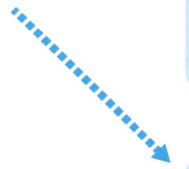

■ミクロ経済学分野

完全競争市場

- 第1章 市場機構と需要・供給

- 第2章 消費者行動の理論
- 第3章 消費者理論の発展問題
- 第4章 企業行動と生産関数

- 第6章 市場と効率性

市場の失敗

- 第5章 不完全競争
- 第7章 市場の失敗

応用・新しい分野

- 第8章 不確実性
- 第9章 ゲーム理論
- 第10章 国際貿易
- 第11章 経済動学

■マクロ経済学分野

マクロ経済の把握
- 第12章 産業連関表
- 第13章 国民所得勘定

基本的なマクロ経済分析
- 第14章 国民所得の決定
- 第15章 IS-LM分析
- 第19章 総需要と総供給

個別のテーマの掘り下げ
- 第16章 消費関数
- 第17章 投資関数
- 第18章 貨幣供給と貨幣需要

発展と応用
- 第20章 インフレーションと失業
- 第21章 景気循環と経済成長
- 第22章 国際金融

Basic Seminar in Economics

カバーデザイン●ナカムラグラフ
本文デザイン・組版●パラゴン（権左 伸治）

第1章

市場機構と需要・供給

Market Mechanism, Demand and Supply

1.1 需要曲線と供給曲線

例題1.1-1 需要(供給)の変化と需要量(供給量)の変化

下の図は,需要曲線と供給曲線によって均衡点がPとなり,均衡価格と均衡数量が決定されたことを示している。今,需要側で購買力が増加し,供給側では生産技術が進歩したとすると,点Pはア〜エのうちどこへ移動するか。ただし,財は下級財ではないとする。(地方上級)

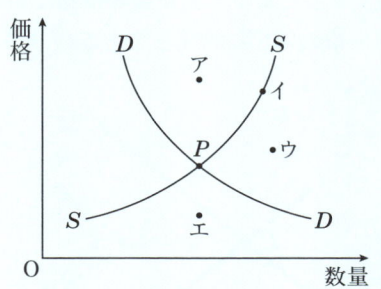

1　点アへ移動する。　　2　点イへ移動する。　　3　点ウへ移動する。
4　点エへ移動する。　　5　点Pの位置は変わらない。

解説　**需要曲線**(例題の図のDD曲線)は,財の価格pとその財の需要量x以外の変数を一定として描かれたものである。

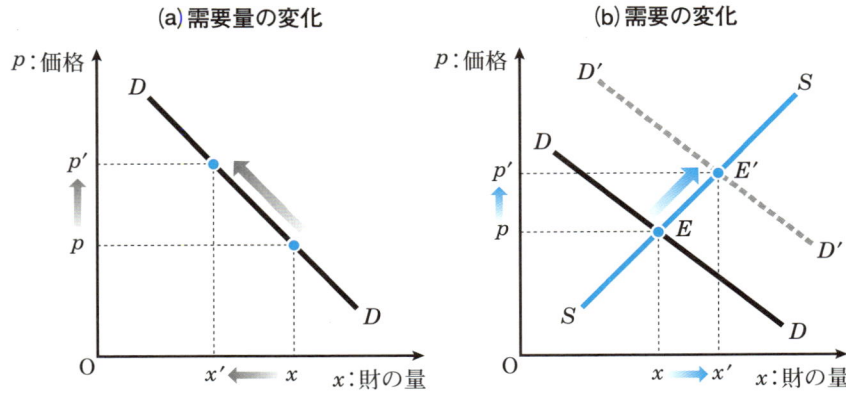

図1-1 需要量の変化と需要の変化

一定とされる他の変数とは、他の財の価格および生産量、所得、消費者の嗜好、人口などである。これらを与件と呼ぶ。与件を一定としたまま、財の価格 p が変化するとき、その需要量は需要曲線に沿って変化する。これを需要量の変化と呼ぶ（図1-1(a)）。

一方、与件の1つあるいはいくつかが変化すると、需要曲線そのものがシフトする。これを需要の変化という。消費者の所得が増加し、購買力が上昇すると、需要曲線 DD が右へシフトして $D'D'$ となり、均衡は E から E' へ変わり、価格は p から p' へ上昇する。

また、需要曲線に関する需要量の変化と需要の変化と同様に、供給曲線に関しても供給量の変化と供給の変化を考えることができる。与件を一定として、

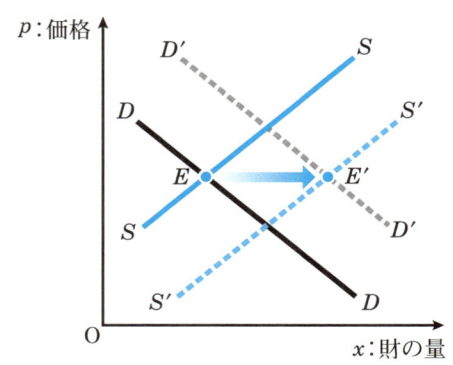

図1-2 需要曲線と供給曲線の同時シフト

価格が変化すると，供給量は供給曲線SSに沿って変化する。これを供給量の変化という。一方，与件が変化すると，供給曲線そのものがシフトする。これを供給の変化という。たとえば，技術革新があると生産費が低下し，一定の価格に対して，より多くの財を供給でき，供給曲線SSは右へシフトする。DDに加えて，SSも右にシフトするので，その交点で決まる均衡はウに移動する。

正答　3

練習問題

【No.1】 次の文は，需給関係による価格の決定に関する記述であるが，文中の空所ア～エに該当する語の組合せとして，妥当なのはどれか。（地方上級）

下の図は，縦軸に価格，横軸に数量をとり，需要曲線をDD，供給曲線をSSで示し，完全競争市場におけるある財の価格と数量との関係を表したものである。

この図において，需要曲線と供給曲線との交点Eにおける価格Pを ア という。もし，他の条件が一定であれば，価格がPよりも高くなると， イ が発生する。

一般に，所得が増えれば需要曲線は ウ に移動し，技術進歩等による生産コストの低下があれば供給曲線は エ に移動する。

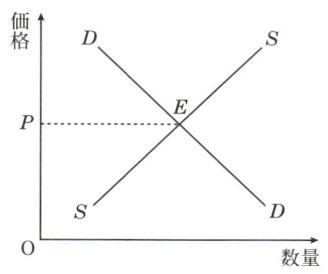

	ア	イ	ウ	エ
1	均衡価格	超過需要	左	右
2	均衡価格	超過供給	右	左
3	均衡価格	超過供給	右	右
4	管理価格	超過需要	左	左
5	管理価格	超過供給	右	左

［解説］需要曲線と供給曲線の交点における価格は，均衡価格と呼ばれる。問題のグラフでは，均衡価格よりも高い価格では，超過供給が生じる。所得の増加は需要曲線を右にシフトさせ，技術進歩は供給曲線を右にシフトさせる。正答は3である。

【No.2】 ある商品（たとえばビール）の市場需要曲線に影響を与えない要因として適当なも

のは，次のうちどれか。（地方上級）

1　その商品の価格
2　その商品を消費する消費者の所得
3　その商品を消費する消費者の人口
4　その商品の宣伝広告費
5　天候

[解説] 価格の変化は，需要曲線に沿う需要量の変化を起こす。一方，所得・人口の変化および広告は需要曲線そのものをシフトさせる。また，夏の暑さ（天候）は，消費者の嗜好を変化させ，需要曲線をシフトさせる。

【No.3】 需要曲線がDDから$D'D'$へ変わるとき，a～fの妥当な組合せは次のうちどれか。

（地方中級）

a　猛夏のビール
b　冷夏のビール
c　好天で豊作の米
d　悪天で不作の米
e　家計の収入が増加したときの牛肉
f　家計の収入が減少したときの牛肉

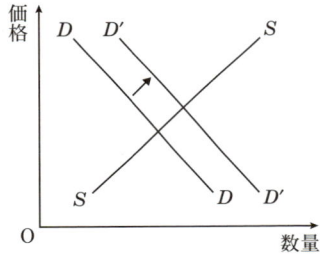

1　a，c，f　　2　a，e　　3　b，e　　4　a，d　　5　a，c，e

[解説] a，b，e，fが需要の変化で，a，eがDDを右にシフトさせ，b，fがDDを左にシフトさせる。c，dは供給の変化を起こす与件の変動である。

【No.4】 図1～図3は，ある財の需要曲線（D）と供給曲線（S）を表している。このとき，次の記述ア～ウと図の組合せとして，妥当なものはどれか。（市役所類題）

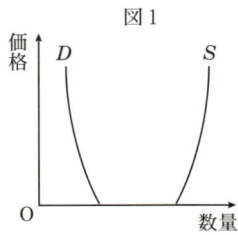
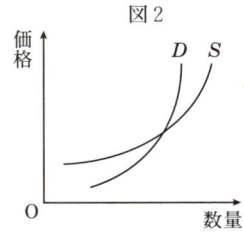
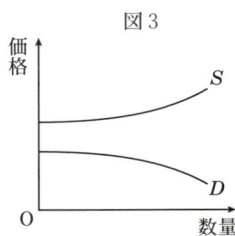

ア：供給価格が需要価格を常に上回る財である。
イ：価格が上昇するほど供給量も需要量も増える財である。
ウ：供給量が需要量を常に上回る財である。

　　図1　図2　図3
1　ア　イ　ウ

2	ア	ウ	イ
3	イ	ウ	ア
4	ウ	ア	イ
5	ウ	イ	ア

[解説] 図1では，供給曲線が需要曲線の右に位置するので，どのような価格水準においても供給量が需要量を上回る。このような場合には，財の価格はゼロになり，この財は自由財と呼ばれる。図1は解説ウの場合である。図2では，需要曲線と供給曲線がともに右上がりであるので，価格が上昇するにつれて需要量と供給量がともに増加する。図2はイの解説に対応する。図3では供給曲線が需要曲線よりも上方に位置している。このような場合，財の取引は行われない。需要曲線の高さは需要価格を示し，供給曲線の高さは供給価格を示すので，図3は解説アの場合である。以上から正答は5である。

正答 【No.1】3 【No.2】1 【No.3】2 【No.4】5

1.2 均衡の安定性

例題1.2-1 ワルラス的調整過程とマーシャル的調整過程

市場均衡の安定性に関する次の記述のうち，妥当なものはどれか。ただし，グラフの縦軸には価格をとり，需要曲線の傾斜は負であるとする。(地方上級)

1 均衡は，供給曲線の傾斜が正の場合，ワルラスの調整過程では安定であり，マーシャルの調整過程では不安定である。
2 均衡は，供給曲線の傾斜が正の場合，ワルラスの調整過程では不安定であり，マーシャルの調整過程では安定である。
3 均衡は，供給曲線の傾斜が負でかつ，需要曲線の傾斜より急な場合，ワルラスの調整過程では安定であり，マーシャルの調整過程では不安定である。
4 均衡は，供給曲線の傾斜が負でかつ，需要曲線の傾斜より急な場合，ワルラスの調整過程では不安定であり，マーシャルの調整過程では安定である。
5 均衡は，供給曲線の傾斜が負でかつ，需要曲線の傾斜より緩やかな場合，ワルラスの調整過程，マーシャルの調整過程，両方ともに不安定である。

解説 一般に，超過需要(品不足)があれば価格が上昇し，超過供給(売れ残り)があれば価格が下落する。この価格調整過程をワルラス的調整過程と呼ぶ。

図1-3では，均衡価格 p^* の上方で価格が下落し，下側で価格が上昇するなら，価格は均衡に近づいてゆく。このとき，均衡は安定であるといわれる。価格が上昇するのは，財への超過需要が存在する場合で，そのためには，需要曲

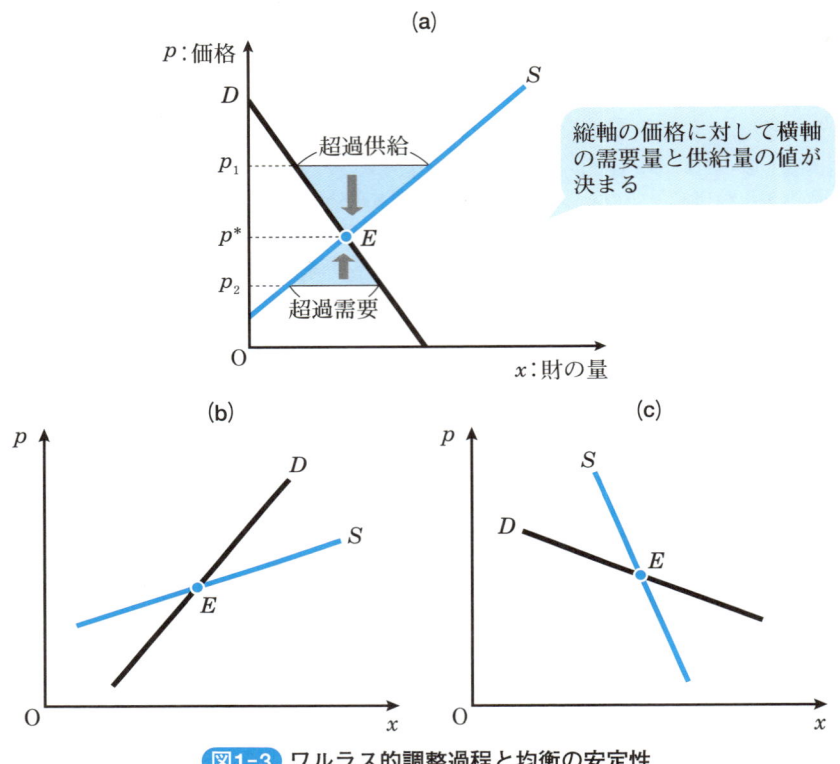

図1-3 ワルラス的調整過程と均衡の安定性

線Dが供給曲線Sの右側に位置すればよい。価格が下落するのは、財への超過供給が存在する場合で、そのためには、供給曲線Sが需要曲線Dの右側に位置すればよい。

したがって、たとえ、図1-3(b)のように需要曲線Dが右上がりであっても、あるいは図1-3(c)のように供給曲線Sが右下がりであったとしても、需要曲線Dが、Eの上方で供給曲線Sの左側に、Eの下方で右側に位置する限り、均衡は安定となる。均衡の安定性の条件は以下の**表1-1**としてまとめられる。

表1-1 均衡のワルラス的安定性の条件

> 均衡の上方で供給曲線Sが需要曲線Dの右側に位置する

例題では、需要曲線が右下がりなので、供給曲線の傾きが正ならば安定、負ならば、供給曲線の傾きがより急ならワルラス的に安定である。よって、**2**、**4**

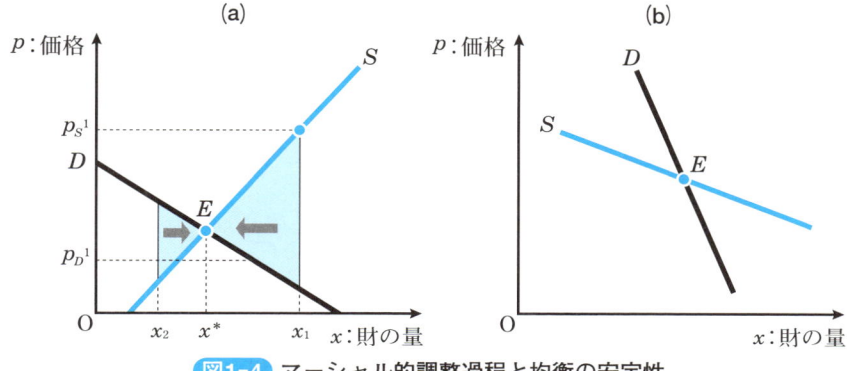

図1-4 マーシャル的調整過程と均衡の安定性

は誤り。

一方，マーシャル的調整過程は，図1-4(a)のように，均衡 E で決まる数量 x^* よりも高い数量 x_1 が生産されたとき，その数量を供給する価格（供給曲線の高さ）が，その数量を需要する価格（需要曲線の高さ）より高ければ，供給量が過剰なので，生産数量が削減され，均衡生産量 x^* に近づく。マーシャル的安定は，供給曲線 S が需要曲線 D より，均衡の右で上方，左で下方にあるなら均衡となる。このことは，供給曲線の傾きが需要曲線の傾きより大きいとき安定であるといっても同じである。

表1-2 均衡のマーシャル的安定性の条件

均衡の右側で供給曲線 S が需要曲線 D の上方に位置する

例題では，需要曲線の傾きが負なので，図1-4(a)のように供給曲線の傾きが正なら安定，負なら，図1-4(b)のように供給曲線の傾きがより緩やかなときに安定となる。よって 1，5 は誤り。3 が正しい。　　　　　　　　　正答　3

例題 1.2-2 くもの巣過程の安定条件

ある財の需要曲線と供給曲線があり，それぞれ

$$D_t = -\frac{1}{3}P_t + 1$$

$$S_t = 2P_{t-1} - 1$$

$\begin{bmatrix} D_t : t\text{期の需要量, } S_t : t\text{期の供給量} \\ P_t : t\text{期の価格} \end{bmatrix}$

で示され、また、図において需給が均衡する価格が$\overline{P}$であり、初期の価格がP_0で与えられているとき、正しいものはどれか。(国家Ⅱ種)

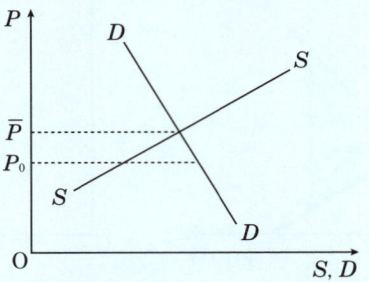

1　第1期目には、超過供給が発生する。
2　第1期目以降の価格P_iは、常に$P_i<\overline{P}$である。
3　第1期目以降の価格P_iは、常に$P_i>\overline{P}$である。
4　第1期目以降の価格P_iは、$\overline{P}$の周りを変動し、最終的には$\overline{P}$に収束する。
5　第1期目以降の価格P_iは、$\overline{P}$の周りを変動するが、$\overline{P}$に収束することはない。

解説　**くもの巣モデル**は、農産物市場のように、いったん財が生産されるとそれを売り切る価格、すなわち図1-5(a)のように、需要曲線D上での価格に決まり、その価格を見て、生産者が次期の生産量を決めるモデルである。図1-5(a)ではいったん、生産量がx_0に決まると、価格は、それを売り切るp_0に決まる。この価格を見て、生産者は、翌年の生産量をx_1とする。いったんx_1が生産されると、価格は、D上のp_1に決まる。このようにして、価格は、均衡価格の

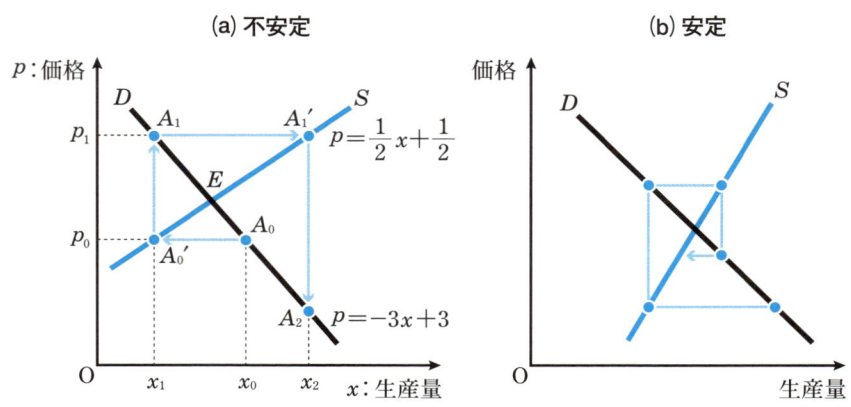

図1-5　くもの巣モデルの調整過程

上下を，数量は均衡生産量の上下を振動することになる。

例題の需要曲線，供給曲線の式を，価格について解いた直線の式を求めると図1-5(a)にある式となる。傾きは，供給曲線Sが$\frac{1}{2}$，需要曲線Dが-3である。図1-5(a)から明らかなように，価格と数量は，振動しながら均衡から遠ざかってゆく。均衡は不安定である。よって5が正しい。均衡は傾きの絶対値を比較したとき，供給曲線のほうが需要曲線よりも大きければ安定となる。例題の図では，$\frac{1}{2}<3$なので，供給曲線のほうが緩やかな傾きを持つので不安定なのである。

表1-3 くもの巣モデルの安定性の条件

供給曲線Sの傾き（絶対値）が需要曲線Dの傾き（絶対値）より急である

正答　5

練習問題

【No.1】 以下のグラフのうち，ワルラス的に安定であり，マーシャル的に不安定であるものはどれか。ただし，Pは価格，Qは数量であり，Dは需要曲線，Sは供給曲線である。

（市役所）

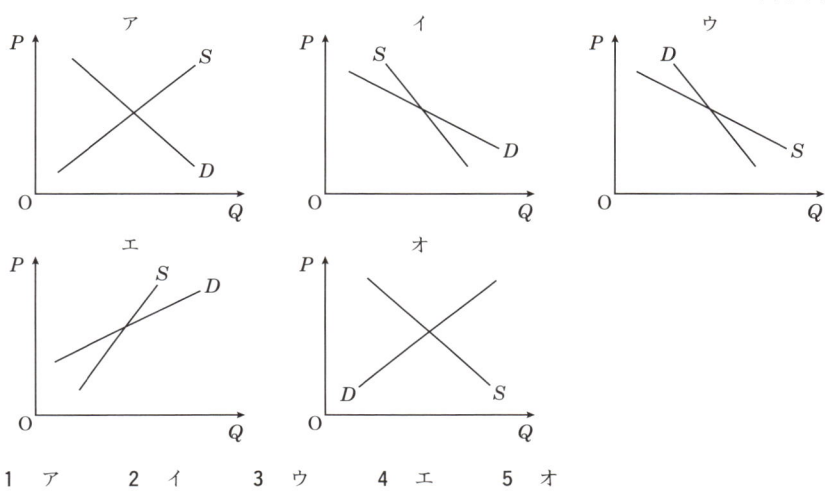

1　ア　　2　イ　　3　ウ　　4　エ　　5　オ

［解説］ワルラス的に安定な場合は，均衡の上方で供給曲線が需要曲線の右側に位置する場合であるので，アとイであり，マーシャル的に不安定な場合は，均衡の右側で供給曲線が需要曲線の上方ではなく下方に位置する場合であるので，イ，オである。

【No.2】 ある財の需要曲線（DD'）と供給曲線（SS'）が図のように示される市場があるとする。この市場の均衡の安定性をワルラス的調整過程，マーシャル的調整過程，くもの巣理論の調整過程について考えた場合，その妥当な組合せはどれか。（国税専門官）

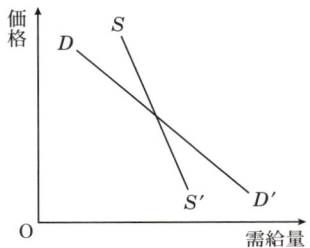

	ワルラス的調整過程	マーシャル的調整過程	くもの巣理論の調整過程
1	不安定	安定	安定
2	安定	安定	不安定
3	安定	不安定	安定
4	不安定	安定	不安定
5	安定	不安定	不安定

［解説］均衡の上方で供給曲線が需要曲線の右にあるのでワルラス的に安定，均衡の右側で供給曲線が需要曲線の下方にあるのでマーシャル的には不安定，供給曲線の傾きの絶対値が需要曲線の傾きの絶対値よりも大きいのでくもの巣の調整過程では均衡は安定である。

【No.3】 ある財の需要曲線（$D'D$），供給曲線（$S'S$）が図のように示されるとき，均衡点A，Bの近傍におけるワルラス的調整過程，マーシャル的調整過程に関する次の記述のうち，妥当なものはどれか。（国税専門官）

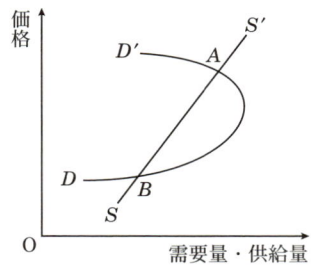

1 　均衡点Aの近傍においては，ワルラス的調整過程を前提とすると安定であるが，マーシャル的調整過程を前提とすると不安定である。

2 　均衡点Aの近傍においては，ワルラス的調整過程を前提とすると不安定であるが，マ

ーシャル的調整過程を前提とすると安定である。
3 均衡点Bの近傍においては、ワルラス的調整過程を前提とすると安定であるが、マーシャル的調整過程を前提とすると不安定である。
4 均衡点Bの近傍においては、ワルラス的調整過程を前提とすると不安定であるが、マーシャル的調整過程を前提とすると安定である。
5 均衡点Bの近傍においては、ワルラス的調整過程を前提としてもマーシャル的調整過程を前提としても不安定である。

［解説］均衡点Aは、Sが右上がり、Dが右下がりの通常のケースなので、ワルラス的安定かつマーシャル的安定。よって、1と2は誤り。均衡点Bの上方では、SがDの左に位置するので、Bはワルラス的不安定。よって3は誤り。Bの右側では、SがDの上方に位置するので、マーシャル的安定。よって、4が正しい。

【No.4】 D_t, S_t, P_tをそれぞれt期における需要量、供給量、価格とするとき、ある市場における需給方程式が次のように与えられている。

$D_t = -2P_t + 7$（需要方程式）

$S_t = P_{t-1} - 1$（供給方程式）

このとき、くもの巣理論による価格の動きを表しているものとして、妥当なものは次のどれか。（地方上級）

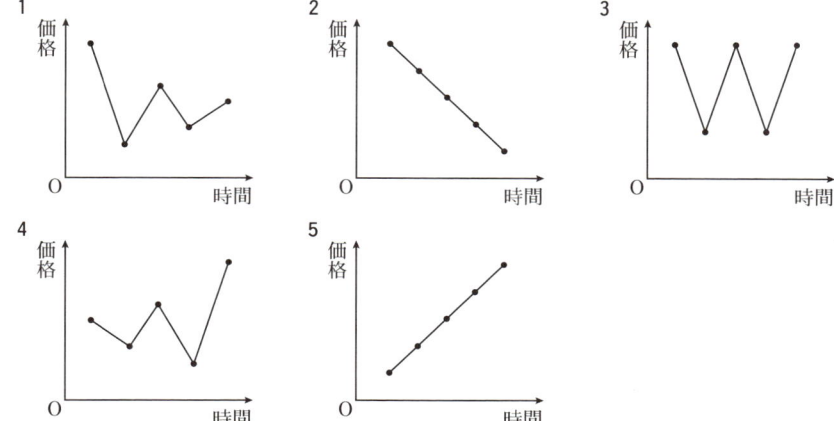

［解説］傾きの絶対値は、需要曲線が$\frac{1}{2}$、供給曲線が1。よって$\frac{1}{2}$＜1なので安定。

正答 【No.1】2　【No.2】3　【No.3】4　【No.4】1

1.3 弾力性

例題 1.3-1 需要の価格弾力性

ある財の需要曲線が，
$X = -aP + 2.5b$
　〔X：需要量，P：価格，a，bは正の定数〕
で与えられたとき，$X = 2b$であるときの需要の価格弾力性はいくらか。

(国家Ⅱ種)

1 0.2　　**2** 0.25　　**3** 0.5　　**4** 1.0　　**5** 1.2

解説 価格がα％低下したときに，需要量がβ％増加したとすると，その比率 $e_d = \dfrac{\beta}{\alpha}$ は価格が1％低下するとき，需要量が何％増加するかを表す。これを**需要の価格弾力性**と呼ぶ。

弾力性の値を需要曲線の図から求める方法を説明しよう。**図1-6**は，需要曲線を描いたものである。価格の変化分をΔp，需要量の変化分をΔxとする。価格が変化する前に，需要量と価格の組合せが需要曲線上の点$A = (x, p)$にあるとすれば，需要量と価格の変化率の絶対値は，それぞれ，

(1.1) 　　$\beta = \left| \dfrac{\Delta x}{x} \right|, \quad \alpha = \left| \dfrac{\Delta p}{p} \right|$

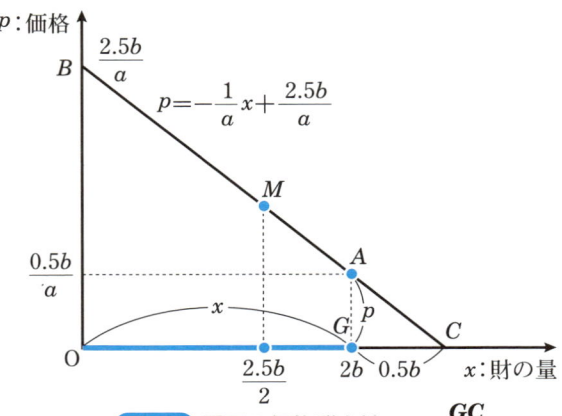

図1-6 需要の価格弾力性　$e_d = \dfrac{GC}{OG}$

である。その比率 e_d は Δp と Δx が逆の符号を持つので，

(1.2) $\quad \dfrac{\beta}{\alpha} = \left|\dfrac{\Delta x}{x}\right| \Big/ \left|\dfrac{\Delta p}{p}\right|$

$\quad\quad\quad e_d = -\dfrac{p}{x} \cdot \dfrac{\Delta x}{\Delta p}$

となる。$\dfrac{\Delta x}{\Delta p}$ は需要曲線の傾きの逆数である。

次に**図1-6**で，需要曲線上の点 A での価格弾力性を求めよう。需要曲線の傾きは $-\dfrac{AG}{CG}$ なので，その逆数は，

(1.3) $\quad \dfrac{\Delta x}{\Delta p} = -\dfrac{GC}{AG}$

となる。一方，$\dfrac{p}{x} = \dfrac{AG}{OG}$ は明らかなので，結局，

(1.4) $\quad e_d = \dfrac{AG}{OG} \cdot \dfrac{GC}{AG} = \dfrac{GC}{OG}$

が得られる。需要曲線 D 上の点 A から横軸に垂線を降ろして，その足を G として G が OC を内分する比で弾力性が求まる。よって，線分 BC 上の中点 M では弾力性が1，M の右側で弾力性が1より小さく，M の左側で弾力性が1より大きくなる。

表1-4

需要の価格弾力性　$e_d = \dfrac{GC}{OG}$

例題の数値例では，(1.4)式と**図1-6**から，$e_d = \dfrac{0.5b}{2b} = 0.25$ となる。

正答　**2**

例題1.3-2　需要の価格弾力性と収入（支出）の変化

ある財の需要曲線上の任意の点における需要の価格弾力性（絶対値）と支出額に関する次の記述のうち，妥当なものはどれか。なお，この財の需要曲線は右下がりであるものとする。（国税専門官）

1 　需要の価格弾力性が0に極めて近い場合，支出額は価格変化の影響を受けなくなる。
2 　需要の価格弾力性が1より小さい場合，財の価格が上昇すると支出額は増加する。
3 　需要の価格弾力性が10より大きい場合，財の価格が下落すると支出額は減少する。
4 　需要の価格弾力性が1より大きい場合，財の価格が上昇すると支出額は増加する。
5 　需要の価格弾力性が1の場合，需要量は価格の影響を受けないので，価格が上昇すると支出額は増加する。

解説 価格がα％低下したときに，需要量がβ％増加したとすると，その比率$e_d = \dfrac{\beta}{\alpha}$は価格が1％低下するとき，需要量が何％増加するかを表す。弾力性が1ならば，価格が1％下がれば，需要量が1％増加して，結局収入に変化はない。弾力性が1より小さければ，価格が1％低下しても，需要量は1％までは増加しないので，結局収入は減少することになる。このような財の需要を価格に対して非弾力的という。白菜などは，需要が価格に対して非弾力的なので，価格の低下とともに農家の収入（消費者の支出）が減少する。

新発売のオーディオ機器などは，需要の価格弾力性が1より大きいものが多く，価格が下がると，需要量が大きく伸び，販売収入も増加する。このような財の需要は，価格に対して弾力的であるという。

表1-5 需要の価格弾力性と収入（支出）の変化

弾力性　　　価格変化	価格上昇	価格下落
$e_d < 1$ 　非弾力的	収入増加	収入減少
$e_d = 1$	収入不変	収入不変
$e_d > 1$ 　弾力的	収入減少	収入増加

弾力性が1であれば価格が変化しても支出額は不変なので，5は誤り。3，4については**表1-5**参照。弾力性が1より小さいと価格が上昇したとき支出が増加するので，1が誤りで，2が正しい。

正答　2

例題 1.3-3 供給の価格弾力性

ある財について，需要関数と供給関数が，

$$D = 12 - P, \quad S = \frac{P}{3} \quad [D：需要量, P：価格, S：供給量]$$

で示されるとするとき，市場均衡点における需要の価格弾力性（絶対値）と供給量の価格弾力性の組合せとして，正しいものはどれか。（国家Ⅱ種）

1　$\left(\frac{1}{3}, 3\right)$　　2　$(1, 2)$　　3　$(1, 1)$
4　$(3, 1)$　　5　$(3, 3)$

解説　需要の価格弾力性と同じく，供給の価格弾力性も考えられる。供給曲線に沿った供給量の変化率 $\beta = \frac{\Delta x}{x}$ の価格の変化率 $\alpha = \frac{\Delta p}{p}$ に対する比率 $\frac{\beta}{\alpha}$ を，**供給の価格弾力性** e_s として定義する。Δp と Δx は同じ符号を持つので供給の弾力性の定義では，マイナスをつける必要はない。

(1.5)　　$e_s = \frac{\beta}{\alpha} = \frac{p}{x} \cdot \frac{\Delta x}{\Delta p}$

なので，**図1-7**で，供給曲線上の点Aでの価格弾力性を求めよう。供給曲線の傾きが $\frac{AG}{GC}$ で，$\frac{\Delta x}{\Delta p}$ が傾きの逆数であることを考慮すると，

(1.6)　　$\frac{p}{x} = \frac{AG}{OG}, \quad \frac{\Delta x}{\Delta p} = \frac{GC}{AG}$

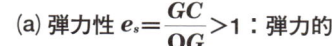

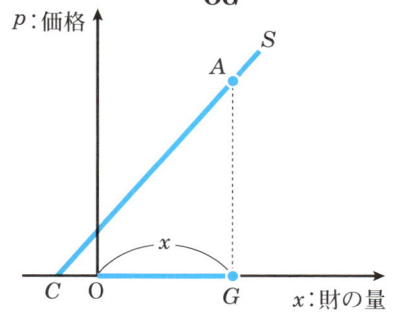
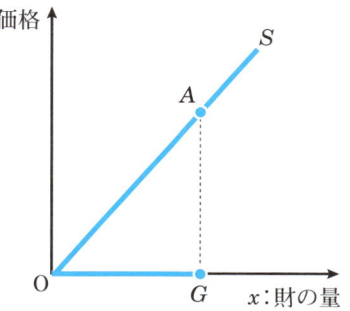

図1-7 供給の価格弾力性

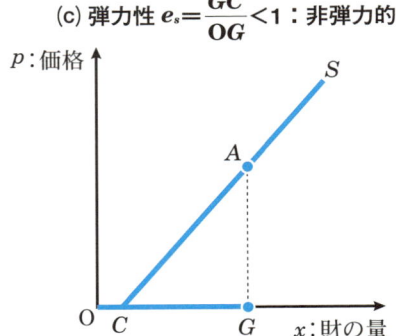

図1-7 供給の価格弾力性

となることがわかる。よって，(1.6) 式を (1.5) 式に代入して，

(1.7)　　$e_s = \dfrac{GC}{OG}$

が得られる。供給の価格弾力性 (1.7) 式は，需要の価格弾力性 (1.4) 式と同じ形式になっている。**図1-7**(**a**) のように，供給曲線 S が原点の左で横軸と交わるときは，弾力性が1より大きくなり，供給は価格に対して弾力的となる。供給曲線 S が直線である限り，S 上の任意の点の弾力性は，同じ値をとる。

図1-7(**b**) のように，供給曲線が原点 O を通るなら，点 C は原点と一致し，弾力性は1となる。供給曲線が原点 O の右で横軸と交わる直線なら，その価格弾力性は1より小さくなる。この場合，供給は価格に対して非弾力的となる（**図1-7**(**c**)）。

表1-6

供給の価格弾力性　　$e_s = \dfrac{GC}{OG}$

例題のケースは**図1-7**(**b**) の $e_s = 1$ の場合である。また均衡は $p = 9$，$D = 3$ なので，需要の価格弾力性は $\dfrac{9}{3} = 3$ である。　　　　　　　　　　**正答　4**

例題 1.3-4　弾力性の決定要因

ある財に対する個別の経済主体からの需要について，
① 自動車一般に対する需要の価格弾力性と，特定の銘柄の自動車に対するそれ

とは，通常の場合，いずれが大きいか。
② 生活必需品といわれる財に対する需要の所得弾力性と，奢侈品といわれる財に対するそれとは，通常の場合，いずれが大きいか。

(公認会計士)

解説 需要の価格弾力性が小さい（非弾力的な）財では，価格が上昇しても需要量はそれほど減少しない。そのような財としては，(i)生活必需品（穀物），(ii)他に代替する財がない財（塩），(iii)嗜好品（タバコ），(iv)所得と比較して支出額の小さい財（楊枝など）がある。また財の定義によっても弾力性は異なり，穀物とするより，米，麦，豆をそれぞれ別個な財として扱うと弾力性が高くなる。米価が高くなると，パンなど代替財へ需要が流れるからである。よって，①『自動車一般に対する需要の価格弾力性よりも，特定の銘柄，たとえばトヨタ車に対する弾力性のほうが高い。トヨタ車の価格が上がると，日産・ホンダその他のほうに需要が移るからである』。

また，需要の所得弾力性（所得の変化率に対する需要量の変化率の割合）が小さい財では，所得が上昇するとき，その財への需要はそれほど増えない。②『これは生活必需品に見られる。トイレットペーパー，米などを考えればわかるであろう。一方，ブランド品などの奢侈品の場合は，所得の上昇に対する需要量の反応は大きく，所得弾力性が大きくなる』。

正答　上の解説中の『　』内の部分

練習問題

【No.1】 次の文章の空欄A，Bに入るものの組合せとして正しいのはどれか。（国家Ⅱ種）

需要量をx，価格をpとし，需要曲線が$x=100-40p$である場合において，$p=2$としたとき，需要の価格弾力性（絶対値）は　A　である。また，このとき，価格が2％上昇すると，需要量の変化率は　B　％になる。

	A	B
1	2	-4
2	2	-8
3	4	-8
4	4	-12
5	6	-12

[解説] $p=2$のとき需要曲線の式から$x=20$である。また$\dfrac{\Delta x}{\Delta p}=-40$であるので，需要の価格弾力

性は，$e = \left(-\dfrac{2}{20}\right) \times (-40) = 4$。したがって，価格が2％上昇すると，需要量の変化率は－8％になる。

【No.2】 ある財の需要曲線が，

$x = 90 - 3p$ 〔x：需要量，p：価格〕

で与えられたとき，需要の価格弾力性に関する次の記述のうち，正しいものはどれか。

(国家Ⅱ種)

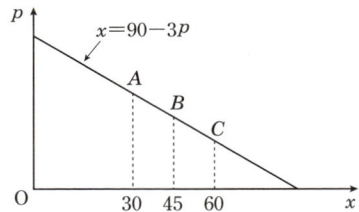

1 需要の価格弾力性は，需要曲線上の任意の点ですべて等しい。
2 需要の価格弾力性は，点Aから点Cに移動していくに従って大きくなる。
3 需要の価格弾力性は，点Cから点Aに移動していくに従って大きくなる。
4 需要の価格弾力性は，点Bで最大となる。
5 需要の価格弾力性は，点Cで1となる。

[解説] 需要曲線の横軸との交点が90なので，$x = 45$のときのBでは，弾力性が1。よって**5**は誤り。弾力性は，縦軸に近い点ほど大きいので，**3**が正しい。

【No.3】 需要の価格弾力性eと需要額の関係に関して，次の記述のうち正しいのはどれか。

(国家Ⅱ種)

1 $e > 1$の場合，価格が上昇すると需要額は増加するが，価格が下落するときにも需要額は増加する。
2 $e = 0$の場合，価格が上昇すると需要額は減少するが，価格が下落するときには需要額は変化しない。
3 $e = 1$の場合，価格が上昇すると需要額は増加するが，価格が下落するときには需要額は変化しない。
4 $e > 1$の場合，価格が下落すると需要額は減少するが，価格が上昇するときには需要額は増加する。
5 $e < 1$の場合，価格が下落すると需要額は減少するが，価格が上昇するときには需要額は増加する。

[解説] 表1-5から，**5**が正しい。

【No.4】 需要の価格弾力性に関する次の記述のうち，正しいものはどれか。(地方上級)

1 需要の価格弾力性が小さい財の価格は，一般的に弾力性の大きい財の価格より安定である。

2 　需要曲線の傾きが急なほど弾力的な財であり，需要の価格弾力性は大きい。
3 　生活必需品などは弾力的な財であり，需要の価格弾力性は 1 より小さい。
4 　需要の価格弾力性が 1 より大であれば，財の価格が低下しても，その財に対する総支出は増加する。
5 　需要の価格弾力性が一定である財の需要曲線は，傾きが一定の直線で表すことができる。

[解説] 傾きが一定である直線上の価格弾力性は，直線上の点が右に移るにつれて，弾力性が小さくなるので，2 と 5 は誤り。安定性については，1.2 節で弾力性の大小で決まったわけではないので，1 は誤り。生活必需品は非弾力的な財なので，3 は誤り。

正答　【No.1】3　【No.2】3　【No.3】5　【No.4】4

1.4　比較静学

例題 1.4-1　従量税の負担

競争的産業において，
　a＝需要の価格弾力性＞0
　b＝供給の価格弾力性＞0
とする。もし，物品税（従量税）が課せられるとすると，需要者が負担する物品税の負担割合は次のどれになるか。

1　$1+\dfrac{b}{a}$　　2　$\dfrac{b}{a}$　　3　$\dfrac{a}{b}$　　4　$\dfrac{a}{a+b}$　　5　$\dfrac{b}{a+b}$

[解説] 財の量 1 単位につき一定額の物品税がかけられるときに，それを従量税，財の価格 1 円について一定額の物品税がかけられるとき，それを従価税と呼ぶ。

例題は，このうち従量税がかけられたときの供給曲線のシフトによる影響を問うものである。図 1-8 の供給曲線 S において，今，財 1 単位当たりに t 円という税金を課すとする。これまで，p_* 円で財の量 x_* を供給していた企業は，課税後には (p_*+t) 円で同じ量 x_* を供給することになる。これは，供給曲線 S が上方に t 円だけシフトすることを意味する。図 1-8 の S' は課税後の新しい供給曲線である。

均衡は，E から E' にシフトするので，消費者（＝需要者，買い手）の支払う

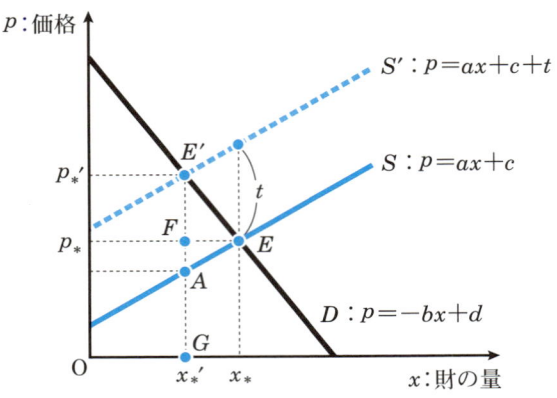

図1-8 物品税 t を課すことによる供給曲線のシフト

価格は p_*' に上昇する。図1-8の価格の上昇分 $p_*' - p_*$ は，$E'F$ と等しくなる。これが1単位の財について買い手の負担する税額である。

一方，供給者（売り手）は，課税前の均衡 E と比較すると，財1単位からの収入は，AG の高さに減少する。収入の減少分は，FA に等しく，これが1単位の財について売り手の負担する税額となる。$E'F$ と FA との和は，t に等しくなる。$\dfrac{E'F}{EF}$ が需要曲線の傾きの絶対値，$\dfrac{FA}{EF}$ が供給曲線の傾きに等しく，その比率が $\dfrac{E'F}{FA}$ となることから，買い手の負担額の売り手の負担額に対する割合である $\dfrac{E'F}{FA}$ は，需要曲線の傾きの絶対値の供給曲線の傾きに対する比となる。

また，弾力性の定義 (1.2) 式と (1.5) 式を用いると，買い手と売り手の負担額の割合は，供給の価格弾力性と需要の価格弾力性の比としても表せる。課税前の均衡 E で弾力性を測ると，(1.2) 式と (1.5) 式に現れる $\dfrac{p}{x}$ は，ともに $\dfrac{p_*}{x_*}$ で等しい値をとる。一方，(1.2) 式の $\dfrac{\Delta x}{\Delta p}$ は需要曲線の傾きの逆数 $\dfrac{EF}{E'F}$，(1.5) 式の $\dfrac{\Delta x}{\Delta p}$ は供給曲線の傾きの逆数 $\dfrac{EF}{FA}$ なので，結局，$\dfrac{E'F}{FA}$ は $\dfrac{e_s}{e_d}$ とも等しくなる。よって次の関係が成り立つ。

表1-6 物品税の負担割合

$$\frac{買い手の負担額}{売り手の負担額} = \frac{需要曲線の傾き(絶対値)}{供給曲線の傾き}$$

$$= \frac{供給の価格弾力性}{需要の価格弾力性}$$

例題では、供給の価格弾力性がb、需要の価格弾力性がaである。するともし、買い手の負担額をbとすると、売り手の負担額はaであり、全体は$(a+b)$となるので、買い手の負担の割合は、全体の$\dfrac{b}{a+b}$ということになる。

$$\frac{買い手の負担額}{売り手の負担額} = \frac{E'F}{FA}$$

正答 5

練習問題

【No.1】 完全競争市場における当初の需要曲線（DD）および供給曲線（SS）が次のように与えられているとき、従量税を課した結果、市場の均衡点がdからaへ移動した。単位当たりの税額および税収の組合せとして妥当なものはどれか。（国家Ⅱ種）

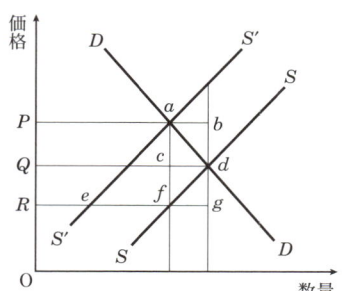

	単位当たり税額	税収
1	PQ	$PadQ$
2	PQ	$PacQ$
3	PR	$PafR$
4	PR	$PbgR$
5	PR	$PaeR$

［解説］1単位当たりPRの税金をかけ、それに財の量（Pa）をかけると税収になる。正答は3であ

る。

【No.2】 ある市場における需要曲線と供給曲線はそれぞれ、
　　供給曲線：$P = Q_S$
　　需要曲線：$P = 4500 - Q_D$
　　　　〔P：価格（円単位），Q_S：供給量，Q_D：需要量〕
で示されるとする。この財の生産に，1単位当たり600円の従量税を課するとすると，消費者に転嫁される税額は1単位当たりいくらか。(国税専門官)

1　300円　　2　370円　　3　400円　　4　450円　　5　500円

[解説] 需要曲線の傾きは-1，供給曲線の傾きは1，よって，負担額の割合は1：1。消費者は$\frac{600}{2} = 300$円負担する。

【No.3】 次の文中の空欄ア，イに当てはまる語句の組合せとして，妥当なものはどれか。
(国家Ⅱ種)

完全競争市場において，財Xに個別消費税（従量税とする）を課した場合，図のように供給曲線はS_1からS_2にシフトし，均衡点はE_1からE_2へ移るので，単位当たりの売り手の負担はHG，単位当たりの買い手の負担はE_2Hとなる。このとき，需要の価格弾力性がより大きくなると単位当たりの売り手の負担は　ア　，供給の価格弾力性がより大きくなると単位当たりの買い手の負担は　イ　。

	ア	イ
1	増加し	増加する
2	増加し	減少する
3	減少し	増加する
4	減少し	変わらない
5	減少し	減少する

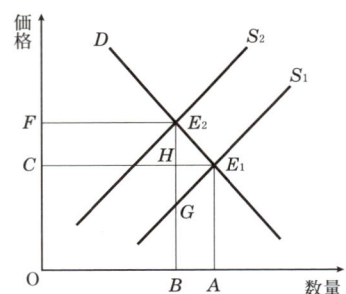

[解説] 表1-6から，$\frac{買い手の負担}{売り手の負担} = \frac{e_s}{e_d}$なので，$e_d$が大きくなると，$\frac{e_s}{e_d}$が小さくなり，売り手の負担が増加する。

正答　【No.1】3　【No.2】1　【No.3】1

1.5　学説史の問題

例題 1.5-1　古典派

経済学史上の，いわゆる古典学派について正しく説明しているものを選べ。

（地方上級）

1. 保護貿易を唱え，国民経済の歴史性を強調し，経済は段階的に変化・発展するという経済発展段階説を提唱した。
2. 18世紀後半から19世紀中頃までに成立した。普通アダム・スミスに始まり，リカードに至って一応の完成を見たとされる。
3. 明確な労働価値説に立脚して，労働運動を推進させるという一面をも同時に備えていた。
4. 経済現象を心理的方法で分析し，限界効用に基づく主観価値論を展開した。
5. アダム・スミスからリカード，マルサスを経てピグー，マーシャルまでを古典派とする見方は，今日ではイギリスをはじめ世界各国で通説となっている。

解説　アダム・スミス（1723-90）を始祖として，リカード（1772-1823），マルサス（1766-1834），ジョン・スチュアート・ミル（1806-73）までを古典派という。スミスは，それまでの金・銀が富であるとする重商主義学派，農産物を富として重視する重農主義学派に対し，工業生産物を含めた生産物を国富と考えた。財を生産する労働を富の源泉であるという点で「労働価値説」を含んでいる。政府の仕事は，国防・教育など最小限にとどめ，個人の自由な経済活動を制約しないことを主張した。神の「見えざる手」が，社会的な調和に導くというのである。その著書は『国富論』である。リカードは『経済学および課税の原理』を著し，差額地代論，比較生産費説を展開した。マルサスは『人口論』で，人口は幾何級数的に増加するが，土地には収穫逓減の法則が働くので，人口の増加が抑制されなければ貧困は避けられないとする。

そこで例題であるが，1の保護貿易は誤り，3は明確な労働価値説と労働運動を促進するという部分でこれはむしろマルクスをさすことがわかるので誤り，4は限界効用学派あるいは限界革命と関連するので誤り，5はマーシャル，ピグーはケンブリッジ学派に属するので誤り，よって2のみが正しい。

正答　2

例題1.5-2　イギリスの経済学者

次の文は限界革命およびそれ以後の経済学説史に関する文章からの抜粋である。文中の空欄A，B，C，Dに入る経済学者の名前の組合せとして，妥当なものはどれか。(国家Ⅰ種)

　ジェヴォンズは，クールノーやワルラスとはことなった市場観を持っていた。それは　A　(1845-1926)の『数理心理学』(1881)によって引きつがれる。彼は，クールノーやワルラスが前提した一物一価の法則が合理的な個人の裁定行動により成立する過程をあきらかにし，クールノーとともに，参加者数が無限に多いラージ・エコノミーの数理的理論の先駆者の役割を演じた。

　限界革命について語るには，その著書『経済学原理』(1890)の刊行がジェヴォンズ，メンガー，ワルラスらの主著の刊行にくらべて僅かに遅いけれども，　B　(1842-1924)の名を忘れるわけにはいかない。　B　は古典派経済学の意義を否定せず，ミルによって継承されたリカードの価値と分配の理論を一般化することに努めた。一時的均衡，短期均衡，長期均衡という　B　の需給均衡の時間的構造は，　C　の『価値と資本』(1939)によって一般均衡理論へ導入されることになる。ケンブリッジにおける　B　の後継者は『厚生経済学』(1920)を著した　D　(1877-1959)である。しかし，　B　以後のケンブリッジ学派における最大のトピックスは，その自己批判の書であるケインズ(1883-1946)の『雇用・利子および貨幣の一般理論』(1936)の出現であろう。

（『ミクロ経済学講義』根岸隆著より抜粋）

	A	B	C	D
1	エッジワース	マーシャル	ハロッド	ロビンソン
2	エッジワース	マーシャル	ヒックス	ピグー
3	パレート	エッジワース	マーシャル	ヒックス
4	パレート	エッジワース	ヒックス	ピグー
5	パレート	マーシャル	ハロッド	ロビンソン

解説　限界革命はイギリスのジェヴォンズ，オーストリアのメンガー，スイスのワルラスによってなされた。ワルラスはローザンヌ学派の始祖で，クールノーはその先行者，『数理心理学』の著者エッジワースはオックスフォード大学，マーシャルはケンブリッジ大学の同じ時代のイギリスの経済学者である。マーシャルはケンブリッジ学派の創始者で，ピグーはその後継者，『価値と資本』はオックスフォード大学のヒックス(1904-89)による著書。　　　**正答　2**

例題1.5-3 ローザンヌ学派

ローザンヌ学派に関する記述として妥当なものは，次のうちどれか。

(地方上級)

1 ローザンヌ学派は，W. S. ジェヴォンズに始まり，W. スマートらに継承された学派で，太陽黒点の周期と景気変動の周期がほぼ一致している事実を確かめ，景気変動の原因を太陽黒点の変化に求めた太陽黒点説に特徴がある。
2 ローザンヌ学派は，K. ヴィクセルに始まり，F. A. ハイエクに継承された学派で，価値および分配の理論を中心とする微視的静態理論と，貨幣理論を中心とする動態分析に特徴がある。
3 ローザンヌ学派は，C. メンガーに始まり，F. v. ウィーザーらに継承された学派で，財の価値の基礎に消費者の主観的評価としての効用を置き，効用論の上に一切の経済体系を築き上げようとしたことに特徴がある。
4 ローザンヌ学派は，A. マーシャルに始まり，A. C. ピグーらに継承された学派で，一財の価値を他財の価格から切り離して，その財に対する需要と供給の関係によって説明する部分均衡論をその理論的中核とする。
5 ローザンヌ学派は，ワルラスに始まり，V. パレートらに継承された学派で，経済諸量は相互依存関係にあり，すべての財の価格は同時的に決定されるものとして説明する一般均衡論を理論的中核とする。

解説 ワルラス (1834-1910) は，1870年にスイスのローザンヌ大学教授となり，ローザンヌ学派を始めた。著書は『純粋経済学要論』(久武雅夫訳，岩波書店，1983年)。ワルラスの後継者はパレート (1848-1923) である。1870年代には，ワルラス，メンガー (1840-1921)，ジェヴォンズ (1835-82) がそれぞれ独立に限界効用原理に基づく経済原論を体系化した。この時期は限界革命と呼ばれる。メンガー，ベーム=バヴェルク (1851-1914)，ウィーザー (1851-1926) は限界効用学派とも呼ばれるオーストリア学派に属する。マーシャル，ピグーは，ケンブリッジ学派である。　　　　　　　　　　　　　**正答　5**

練習問題

【No.1】 次のうち正しい組合せはどれか。

1	マーシャル	『経済学原理』	ケンブリッジ学派
2	リカード	『価値と資本』	古典派経済学
3	アダム・スミス	『国富論』	ローザンヌ学派

| 4 | マルクス | 『国家と革命』 | 唯物史観 |
| 5 | ルソー | 『社会契約論』 | 空想的社会主義 |

[解説] 1．正しい。2．リカードの主著は『経済学及び課税の原理』であり，『価値と資本』はヒックスの著書である。3．アダム・スミスはローザンヌ学派ではなく古典派の創設者である。4．マルクスの主著は『資本論』である。5．『社会契約論』はルソーの著書であるが，空想的社会主義者はサン=シモンやロバート・オーエン等である（5は誤り）。

【No.2】 1870年代における限界効用理論の提唱者の一人でオーストリア学派の創始者は，次のうちだれか。（地方上級）

| 1 | ジェヴォンズ | 2 | ワルラス | 3 | ケインズ |
| 4 | メンガー | 5 | ピグー | | |

[解説] 限界革命の3人，メンガー，ジェヴォンズ，ワルラスのうち，メンガーはオーストリア学派の始祖で，オーストリア学派は限界効用学派と呼ばれる。

【No.3】 彼は1870年代における限界効用理論の発見者の一人であるが，むしろ彼の不朽の功績は一般均衡理論を構築したことであり，彼の理論体系は『純粋経済学要論』に展開されている。その彼とはだれのことか。（地方上級）

| 1 | ジェヴォンズ | 2 | ワルラス | 3 | ケインズ |
| 4 | メンガー | 5 | ピグー | | |

[解説] スイスのローザンヌ学派の始祖のワルラスである。

正答 【No.1】1　【No.2】4　【No.3】2

第2章 消費者行動の理論

Theory of Consumer Behavior

2.1 無差別曲線と需要

例題 2.1-1 無差別曲線

下図において U 曲線は，x, y 財の無差別曲線である。次の記述のうち妥当なものはどれか。（地方上級）

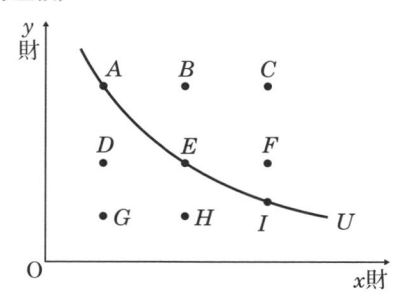

1 A より E のほうが選好される。
2 D と E は無差別である。
3 E と F は無差別である。
4 F よりも I のほうが選好される。
5 D よりも A のほうが選好される。

解説 消費者の満足度の度合は，効用と呼ばれる。効用はutilityの訳である。

図2-1 効用曲面

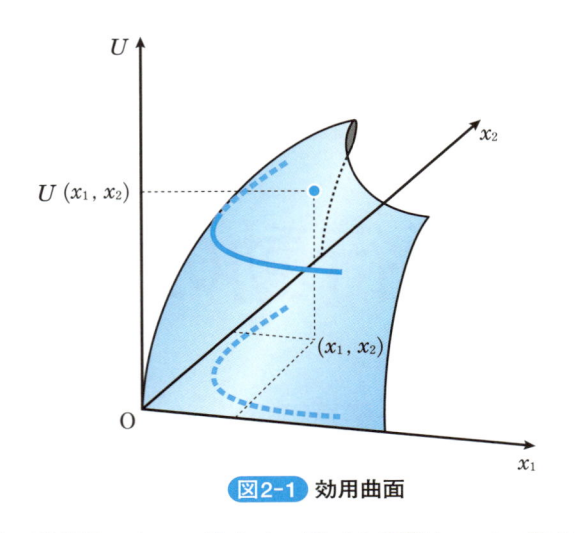

効用は，財の消費量によって決まる。財が2種類あって，第1財の量がx_1，第2財の量がx_2であるとすると，それから得られる効用の値を$u(x_1, x_2)$と書くことにする。平面上の点(x_1, x_2)に対して満足度の値を表す効用の高さを組み合せて3次元で表すと，**図2-1**のような曲面ができる。この曲面を効用曲面と呼ぶ。また，**図2-1**は財の組(x_1, x_2)とその効用の関係である効用関数，

(2.1)　　　$U = U(x_1, x_2)$

を表したものとみなされる。

そして今，効用曲面を山とみなそう。等高線は，ある高さで山を水平に切って上方から見下ろした切り口として得られる。地図の上では，等高線を描き入れることによって各地点間の高低がわかる。同様に，効用曲面の等高線の形状を知ることで消費者の嗜好がわかる。同じ等高線上にある2点は消費者にとって同じ効用を与える点なので，この2点は無差別であるといい，等高線は，無差別曲線と呼ばれる。

もしこの無差別曲線群の形状が得られるなら，消費者の嗜好を知ることができる。ⓐ**無差別曲線群は，北東方向に位置するものほど高い効用を与えている**。これは，少なくとも1つの財の量が増加し，他の財の量が減少しないなら，効用水準は上昇するということを表す。また，効用の値を一定に保ちつつ，x_1の量が増加するなら，x_2の量は減少する。このことから，ⓑ**無差別曲線は右下がりとなる**。したがって，たがいに無差別な2点(x_1, x_2)，(x_1', x_2')におい

て，$x_1' > x_1$ ならば $x_2' < x_2$ でなければならない。すなわち効用を一定に保ちながら1つの財の量を増やすためには，他の財の量を減らさなければならない。さらに無差別曲線は，ⓒ **原点に対し強く凸になっている**。この無差別曲線を基礎にした消費者行動の分析方法を，無差別曲線分析と呼ぶ。そして，効用関数が異なっていても，無差別曲線群が同じである限り，どの効用関数を用いてもよいという立場に立つ理論を序数効用理論と呼ぶ。効用の値それ自体には意味がなく，効用の値の大小関係の順序だけが重要ということである。序数効用理論は無差別曲線分析を行う理論である。これに対して，個人の身長や体重を測るように，効用も客観的に測定できるという立場に立つ理論を基数効用理論と呼ぶ。現代の需要理論では，この理論は採用されていない。

例題では，A，E，I が無差別，D，G，H はそれより効用が低く，B，C，F はそれより効用が大きい。

正答　5

例題 2.1-2　需要の決定

2種類の消費財 x_1 および x_2 から得られる効用が，$u = \alpha x_1 + \beta x_2 + \gamma$（$\alpha$，$\beta$，$\gamma$ はプラスの定数）で示されるものとする。今，x_1 の価格を p_1，x_2 の価格を p_2 とし，所与の貨幣所得および価格の下で u を極大にするならば，次のどの関係が成立するか。（国家Ⅰ種）

1　$\dfrac{\alpha}{\beta} + \gamma = \dfrac{p_2}{p_1}$　　2　$\dfrac{\alpha}{\beta + \gamma} = \dfrac{p_2}{p_1}$　　3　$\dfrac{\beta}{\alpha + \gamma} = \dfrac{p_2}{p_1}$

4　$\dfrac{\alpha}{\beta} = \dfrac{p_2}{p_1}$　　5　$\dfrac{\beta}{\alpha} = \dfrac{p_2}{p_1}$

解説　家計は，予算制約の下で，購買可能な財の組合せの中から最大効用を与えるものを需要する。予算制約式は，

(2.2)　　$p_1 x_1 + p_2 x_2 = I$

で与えられる。p_1 と p_2 は第1財と第2財の価格，I は所得であり，消費者は，財の価格に影響を与えることのできないプライス・テイカーであるとする。したがって，価格 p_1 と p_2 は一定である。消費者が選べるのは，x_1 と x_2 の量である。

(2.2)式を満たす x_1 と x_2 は，図2-2の直線 l となる。これを予算制約線あるいは予算線と呼ぶ。この直線より内側の点が所得 I で購買可能な点で，三角形

図2-2 需要Dの決定

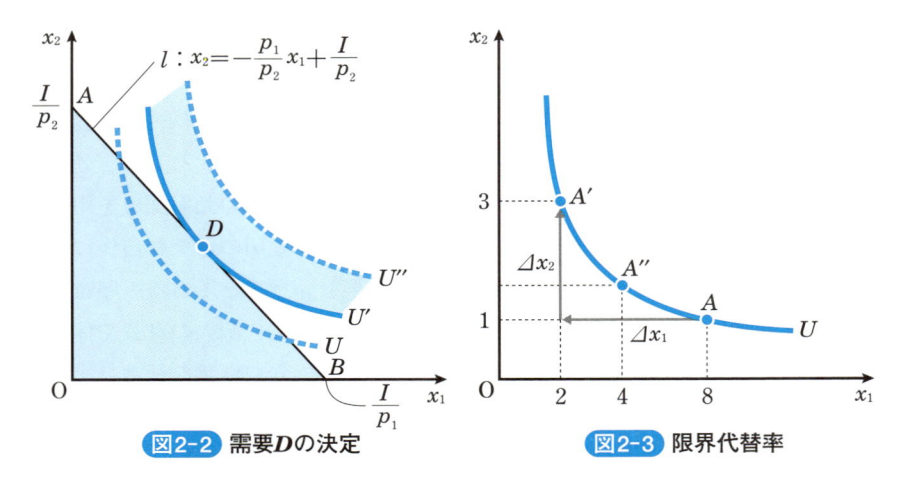

図2-3 限界代替率

ABOは購買可能集合と呼ばれる。予算線の傾きの絶対値$\left|-\dfrac{p_1}{p_2}\right|$は価格比$\dfrac{p_1}{p_2}$である。

購買可能集合$\triangle ABO$の中で，最も高い効用を与える点を見つけるためには，無差別曲線が有益である。より右上方に位置する無差別曲線がより高い効用を与えるので，**図2-2**のU'のように$\triangle ABO$上の点を通る最も右上方の無差別曲線を求める。すると，その無差別曲線と予算線は接している。その接点Dが予算制約を満たし，効用を最大化する点である。Dを需要と呼ぶ。

無差別曲線の傾きの絶対値，

$$(2.3) \quad MRS = -\dfrac{\Delta x_2}{\Delta x_1}$$

は，第1財1単位を第2財の量で評価すると何単位になるかを与える値で，限界代替率である。さらに，これは無差別曲線に沿った動きを通じ得られることから，第2財で測った第1財の主観的価値（あるいは主観的交換比率）ということもできる。

限界代替率はmarginal rate of substitutionの訳で，MRSと略される。**図2-3**のように，x_1の変化分，すなわち$|\Delta x_1|$を大きくしたのは，説明の便宜上のことである。限界概念の「限界……」というのは，ある変数を追加的にわずかだけ動かしたときの，それによる他の変数の変化との比である。Δx_1もΔx_2もその絶対値は微少であるとみなす。したがって，(2.3)式で表されるように，点

(a) 効用曲面を切る　　　　**(b) 切り口**

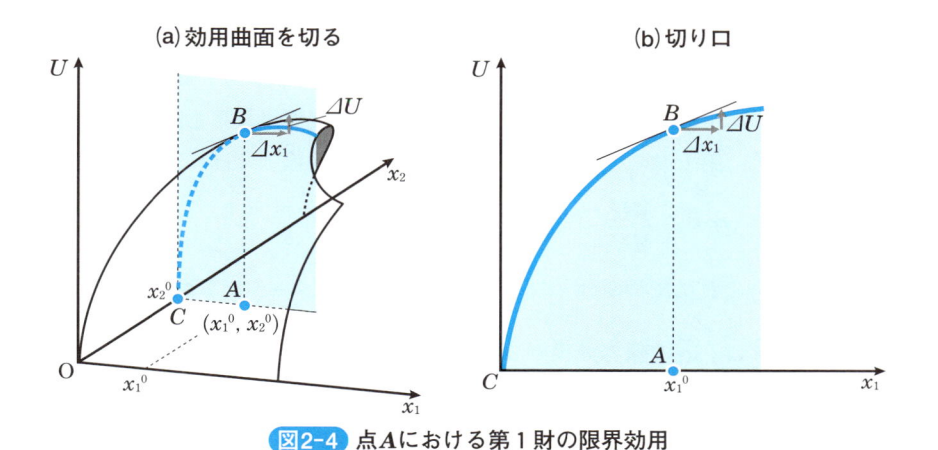

図2-4 点Aにおける第1財の限界効用

Aでの限界代替率とは，無差別曲線の点Aにおける接線の傾きの絶対値であると考える。

原点に対して凸の無差別曲線では，x_2を減らしてx_1を増加する，すなわち無差別曲線上を右に移動するにつれてその点における接線の傾きは，次第に緩やかになってゆく。したがって，限界代替率の値が小さくなってゆく。これを**限界代替率逓減の法則**と呼ぶ。

需要Dでは，無差別曲線の傾き（$-MRS$）と予算線の傾き$\left(-\dfrac{p_1}{p_2}\right)$が等しいので，

(2.4)　　$MRS = \dfrac{p_1}{p_2}$

が成り立つ。

次に他のすべての財の量を固定して得られる，1つの財の量のみを変数とする曲線は**効用曲線**と呼ばれる。この効用曲線の傾きは**限界効用**である。限界効用は，marginal utilityの訳なのでMUと略される。

第1財の限界効用の求め方を図で見てみよう。まず，**図2-4 (a)** のように$x_2 = x_2^0$の水準を固定して，効用曲面を垂直な平面で切り，**図2-4 (b)** の効用曲線を得る。そして，その$x_1 = x_1^0$での傾きを求めると，それが点(x_1^0, x_2^0)における第1財の限界効用になった。

限界代替率MRSは，第2財で測った第1財の主観的価値である。一方，第

1財の限界効用MU_1は，効用で測った第1財の1単位の価値で，同様にMU_2は，効用で測った第2財の1単位の価値である。したがって，MU_1のMU_2に対する比は，第1財の1単位の相対的価値となる。限界代替率も限界効用の比も，どちらも，第1財の主観的価値なので，無差別曲線上では，

(2.5) $\quad MRS = \dfrac{MU_1}{MU_2}$

が成立する。これは限界効用の比が限界代替率と等しいことを意味している。

例題のケースは，x_1の限界効用がα，x_2の限界効用がβなので，$MRS = \dfrac{\alpha}{\beta}$である。

(2.4)式と(2.5)式を合わせて変形すると，

(2.6) $\quad \dfrac{MU_1}{p_1} = \dfrac{MU_2}{p_2}$

が得られる。これは，限界効用をその価格で割った値，すなわち1円当たりの限界効用は，すべての財について等しくなっているということである。(2.6)式を**貨幣1単位当たりの限界効用均等の法則**と呼ぶ。

例題のケースでは，選択肢のすべてが等式なので，価格比$\dfrac{p_1}{p_2}$と限界代替率$\dfrac{\alpha}{\beta}$が等しいものが正答となる。

表2-1　効用最大化の条件

$$限界代替率 = \dfrac{第1財の価格}{第2財の価格}$$

$$\dfrac{第1財の限界効用}{第1財の価格} = \dfrac{第2財の限界効用}{第2財の価格}$$

正答　5

練習問題

【No.1】　無差別曲線に関する記述として，正しいものは次のうちどれか。（地方上級）
1　無差別曲線は原点に対して凸であり，限界代替率逓減の法則により，接線の傾きは需

要の交差弾力性に一致する。
2 無差別曲線は基数的効用からなり、右下がりの曲線になる。また、限界代替率逓減の法則により、原点に対して凹である。
3 無差別曲線は原点に対して凸であり、限界代替率逓減の法則より、接線の傾きは需要の所得弾力性に一致する。
4 無差別曲線は序数的効用からなり、右下がりの曲線となる。また、限界代替率逓減の法則より、原点に対して凸となる。
5 無差別曲線は原点に対して凸であり、限界代替率逓減の法則より、接線の傾き限界効用に一致する。

[解説] 無差別曲線は右下がりでその傾きの絶対値は限界代替率であり、限界代替率が逓減すると無差別曲線は原点に凸になる。無差別曲線分析は序数効用分析でもある。

【No.2】 2種類のX財とY財からなる財空間が存在する。X財は嫌いな財で、その消費量xは横軸に取られるとし、その消費量を増やすにつれて耐え難さはより急速に増大するとする。一方、Y財は好きな財で、その消費量yは縦軸に取られるとする。この場合の無差別曲線の形として妥当なものは、次のうちどれか。(地方上級)
1 右下がりの曲線で、原点に対して凸。
2 右上がりの曲線で、下に凸。
3 右上がりの曲線で、上に凸。
4 x軸に垂直な直線。
5 x軸に水平な直線。

[解説] 効用を一定に保つには、X財の量が多くなるにつれ、Y財の量も多くならなければならない。よって無差別曲線は右上がりである。しかもX財の量が増すにつれて、耐え難さは、効用を一定に保ちつつ、Xの1単位を増加するために増加する必要のあるY財の量で測ることができる。これが増大するということは、無差別曲線の傾きが増加することである。よって、無差別曲線は下に凸である。

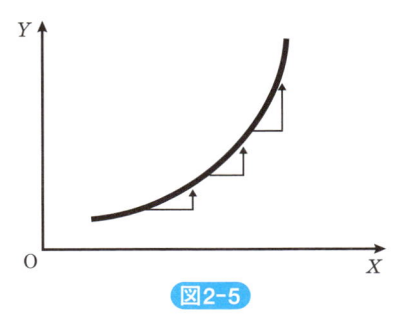

図2-5

【No.3】 次の図は、縦軸にコーヒーの消費量、横軸にケーキの消費量をとって描いた、ある消費者の無差別曲線である。この消費者の好みの説明として妥当なものはどれか。なお、

図中の U は効用水準を表している。(市役所)

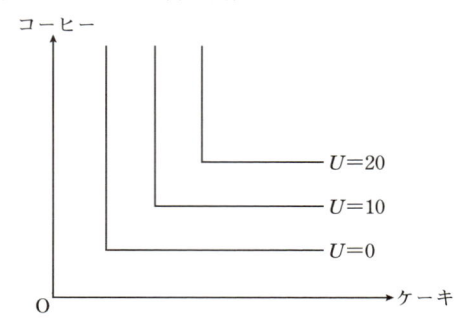

```
コーヒー
│
│        ┌──────
│        │  U=20
│     ┌──┘
│     │  U=10
│  ┌──┘
│  │  U=0
│  │
O──┴──────────→ ケーキ
```

1 コーヒーとケーキを同時に消費するより、ケーキのみを消費するほうを好む。
2 コーヒーは好きだが、ケーキは嫌いである。
3 ケーキは好きだが、コーヒーは嫌いである。
4 コーヒーとケーキを同時に消費しなければ、満足できない。
5 コーヒーとケーキのどちらも嫌いである。

[解説] 2財が嫌いな財と好きな財である場合の無差別曲線は、図2-5のように右上がりになる。したがって、2、3は誤りである。2財とも嫌いな財の場合には2財の消費量が増えると、効用水準が下がる。問題のグラフでは無差別曲線が右上に位置するもののほうが高い効用水準をもたらしているので、2財とも好きな財の場合である。したがって、5は誤りである。問題のL字型の無差別曲線では、最も原点に近い無差別曲線上の2財の組合せでは効用水準は0となっている。したがって、ある一定量以上のコーヒーとケーキを同時に消費しなければこの消費者は満足しない。したがって、1は誤り、4が正しい。効用水準は、L字型の角に対応する2財の組合せで決まり、どちらか一方の消費量が増えても効用水準は変化しない。

【No.4】 右下がりの無差別曲線の限界代替率が逓減するときにいえることとして、正しいものは次のうちどれか。(地方上級類題)

1 無差別曲線が交わる。
2 需要がコーナー・ソリューションにならない。
3 需要が一意的に決まる。
4 効用が序数的である。
5 効用が基数的である。

[解説] 限界代替率が逓減すると無差別曲線が原点に対して強い意味で凸となる。言い換えると、無差別曲線はフラットな部分がない。これは、予算制約線との接点が1つであることを保証する。

正答 【No.1】 4 【No.2】 2 【No.3】 4 【No.4】 3

2.2 与件の変化と需要の変化

例題 2.2-1 所得の変化

X財，Y財がある。X財は当初上級財であったが，ある所得水準を超えると下級財になった。このとき，この2財に関する所得消費曲線のうち，妥当なものはどれか。ただし，矢印が所得の増加に伴ってX財，Y財の消費が変化する方向を示している。(国税専門官)

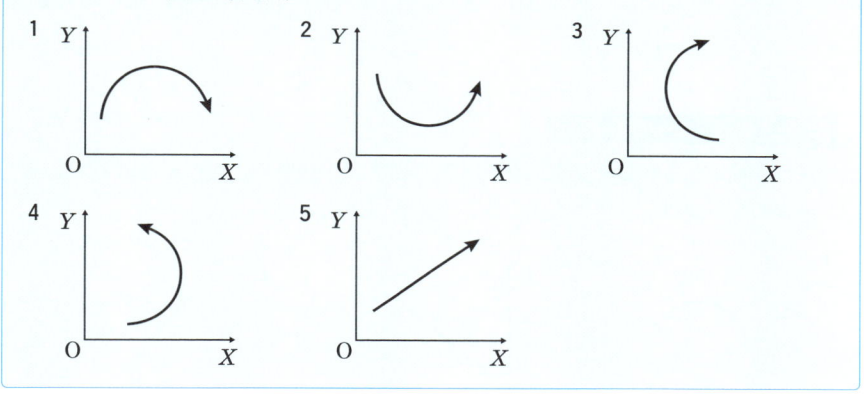

解説 価格が一定で，所得のみがIからI'へ上昇すると，予算線が上方にシフトする。価格が変わらないので，所得の変化後の予算線と変化前の予算線は平行である。所得が増加するとともに需要量が増加する財は<u>上級財</u>もしくは<u>正常</u>

(a) 第1財と第2財が上級財　　(b) 第1財が下級財，第2財が上級財

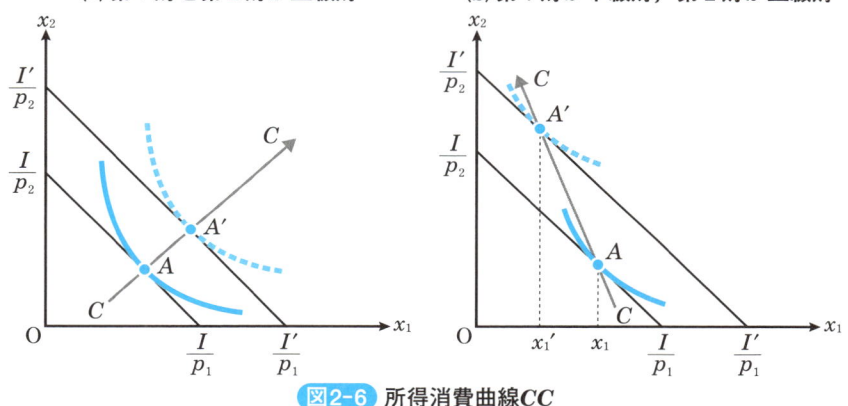

図2-6 所得消費曲線CC

財と呼ばれる。**図2-6(a)** は第1財と第2財がともに上級財となるケースである。所得が変化するとともに変わる需要量の組 (x_1, x_2) の軌跡，**図2-6(a)** の曲線 CC は**所得消費曲線**と呼ばれる。

　一方，所得が上昇するにつれて需要量が減少する財を**下級財**もしくは**劣等財**と呼ぶ。**図2-6(b)** は第1財が下級財，第2財が上級財で，所得消費曲線が左上がりとなっている。所得が上昇したとき，所得を使い切るためには少なくとも1つの財の需要量が増加する。よって，第1財と第2財のどちらかは必ず上級財である。例題では，所得消費曲線は右上がりから左上がりに変わる**4**が正しい。

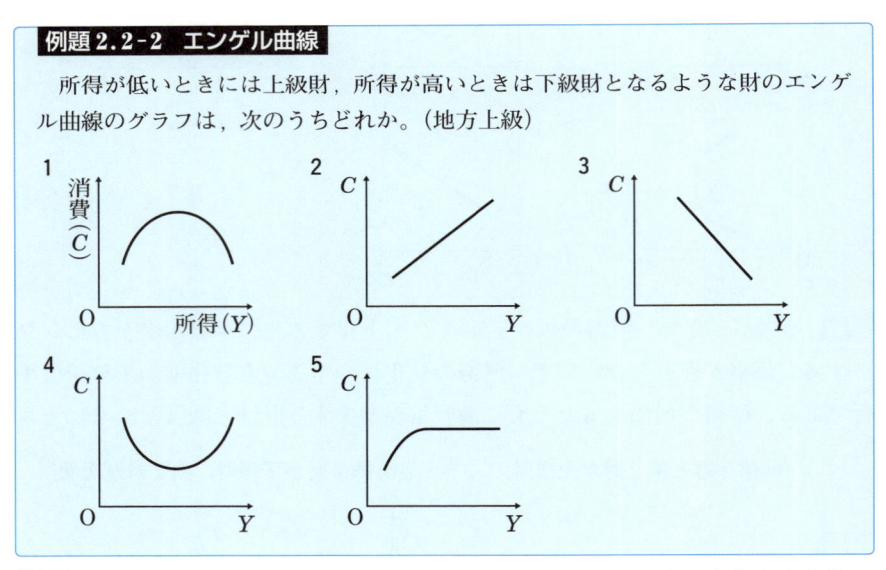

正答　4

例題 2.2-2　エンゲル曲線

所得が低いときには上級財，所得が高いときは下級財となるような財のエンゲル曲線のグラフは，次のうちどれか。（地方上級）

1　（消費(C) を縦軸，所得(Y) を横軸とした山型の曲線）
2　右上がりの直線
3　右下がりの直線
4　U字型の曲線
5　右上がりで頭打ちになる曲線

解説　**エンゲルの法則**は，家計の収入が下落するほど，家計の消費支出全体に占める食費の割合すなわち**エンゲル係数**が上昇するというものである。もちろん，所得が変わると財の需要量が変わるとしても，その変わり方は，所得の水準によって変わりうる。

　所得を縦軸に測り，それに対して決まる第1財あるいは第2財の需要量を横軸に測って得られる曲線を**エンゲル曲線**と呼ぶ。上級財では，所得が上昇するとともに，需要量が増加するので，**図2-7(a)** のようにエンゲル曲線は右上がりとなる。

(a) 上級財　　　　　　　　(b) 下級財

I：所得　　　　　　　　　I：所得

　　　　　　A

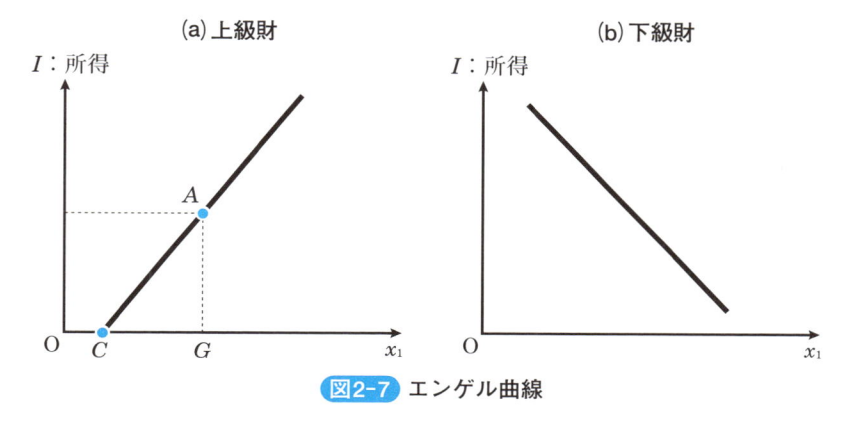

O　C　G　　x_1　　　　O　　　　　　x_1

図2-7 エンゲル曲線

　一方，下級財のエンゲル曲線は**図2-7(b)**のように右下がりとなる。例題では，**図2-7**と縦軸・横軸が異なっており，需要量は消費と表現されている。この場合，上級財は右上がり，下級財は右下がりとなる。よって，正答は1である。

正答　1

例題 2.2-3　需要の所得弾力性

　Aさんは，常に所得の40％を食費へ支出している。Aさんの食料品に対する需要の所得弾力性はいくらと考えられるか。（地方上級）

1　無限大
2　2.5
3　1
4　0.4
5　0

解説　エンゲル曲線を使うと需要の所得弾力性が求まる。**図2-7(a)**のエンゲル曲線を例として弾力性を説明しよう。所得がα％変化したときに，需要量がβ％変化するなら，需要の所得弾力性を$e_I = \dfrac{\beta}{\alpha}$と定義する。エンゲル曲線が右上がりの直線であれば，第1章での供給の価格弾力性と同じ，$e_I = \dfrac{GC}{OG}$となる。**図2-7(a)**のように，エンゲル曲線が横軸と交わる点が，原点の右で交わるなら非弾力的である。もし，横軸と交わる点が原点と一致すれば弾力性は1，

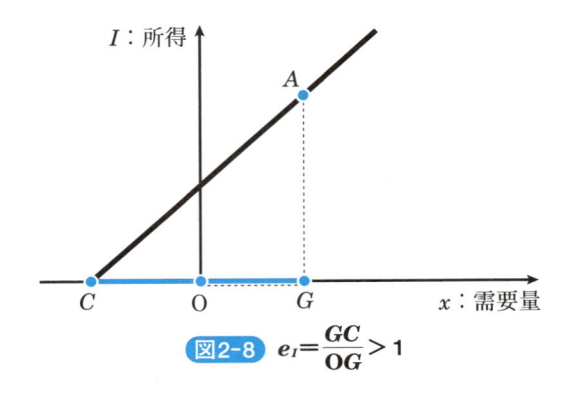

図2-8 $e_I = \dfrac{GC}{OG} > 1$

図2-8のように原点の左であれば弾力的（$e_I > 1$）となる。例題では価格をp，需要量をx，所得をIとすると，$px = 0.4I$である。よって，$I = \dfrac{p}{0.4}x$で，これは原点を通る直線なので，$e_I = 1$となる。

なお，所得が上昇しても需要量が変わらなければ，エンゲル曲線は垂直となる。このような財は，中級財もしくは中立財と呼ばれる。中立財の所得弾力性e_Iは0となる。

表2-2 所得弾力性と財の分類

所得弾力性	財
$e_I > 0$	上級財 ─ 奢侈品（$e_I > 1$） 　　　　└ 必需品（$e_I < 1$）
$e_I = 0$	中立財
$e_I < 0$	下級財

正答　3

例題2.2-4　価格変化と需要

　図は，1か月に1万円を紅茶とコーヒーの購入に充てている個人の予算制約線と無差別曲線を描いたものである。

　今，紅茶の値段は100g当たり500円のまま変わらないが，コーヒーの値段が100g500円から1,000円になった。

　このときこの個人の紅茶とコーヒーの最適消費量の組合せ（最適消費点）の変化に関する次の記述のうち，妥当なものはどれか。（国税専門官）

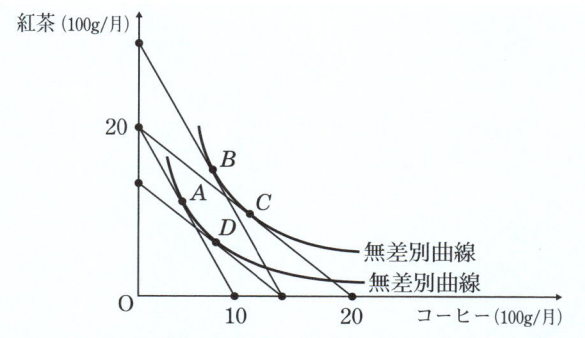

```
紅茶(100g/月)
20
          B
       A    C
          D
             無差別曲線
             無差別曲線
O      10    20    コーヒー(100g/月)
```

1 　紅茶とコーヒーの最適消費点は点Cから点Dへ移動する。所得効果による減少分が代替効果による増加分を上回った結果，紅茶の消費量は減少した。

2 　紅茶とコーヒーの最適消費点は点Dから点Aへ移動する。結果的には，コーヒーの値上がりによってコーヒーの消費量が減少した。これを一般的に価格上昇による所得効果という。

3 　紅茶とコーヒーの最適消費点Cから点Aへの移動の結果，コーヒーの消費量が減り紅茶の消費量が増えた。紅茶については，点Cから点Dへの代替効果による減少分を点Dから点Aへの所得効果による増加分が上回ったためである。

4 　紅茶とコーヒーの最適消費点は点Aから点Cへ移動するが，これは点Aから点Dへの移動と点Dから点Cへの移動に分けて考えることができる。したがって，コーヒーと紅茶の関係は純代替財であるといえる。

5 　紅茶とコーヒーの最適消費点は点Cから点Aへ移動する。代替効果は点Cから点Bへの移動で所得効果は点Bから点Aへの移動であり，コーヒーについては，代替効果，所得効果ともにその消費量を減らす方向に動いている。

解説　図2-9(a)において，需要はAからA'に変化する。価格が変化するときの需要の軌跡を，価格消費曲線と呼ぶ。図2-9(a)のCCがその曲線である。この図では，第1財の価格が低下すると第1財の価格，第1財の需要量がx_1からx_1'に増加している。

　縦軸に第1財の価格，横軸に第1財の需要量を測ると，右下がりの需要曲線D_1（図2-9(b)）が得られる。

　図2-10は，図2-9と同じく，第1財の価格が低下し，需要がAからA'に変化するケースである。変化前と変化後の効用をそれぞれuとu'とし，AおよびA'を通る無差別曲線もuおよびu'とする。

　変化前の無差別曲線u上の点で，接線の傾きが変化後の予算線の傾きと同じ

(a) 価格消費曲線 CC

(b) 第1財の需要曲線 D_1

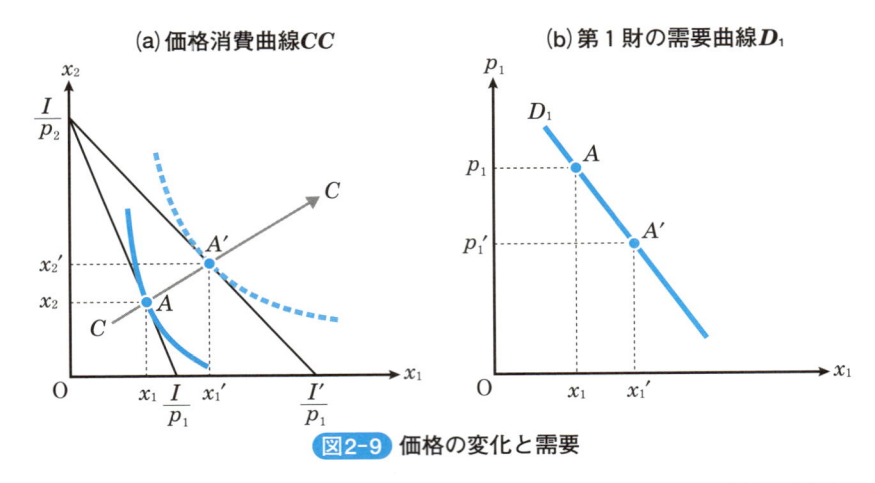

図2-9 価格の変化と需要

になる点を見いだし，それを A''，接線を l'' としよう。A と A'' で効用が変わらないということを，実質所得が同じであると解釈すると，A と A'' への変化は，実質所得を変えずに第1財の価格のみを変化させたことによると考えられる。もちろん，価格が変わっても実質所得が変わらないためには，名目所得を適当な額 I'' に変えなければならない。第1財の需要量の差で $x_1'' - x_1$ は，**代替効果**と呼ばれる。第1財の価格が低下することで，第2財を第1財に代替させて生じた需要量の変化だからである。

次に，A'' から A' への変化を考えてみよう。これは，価格が変わらず，名目所得 I が I'' から I に増大した場合に生ずる変化と同じで，第1財の価格の低

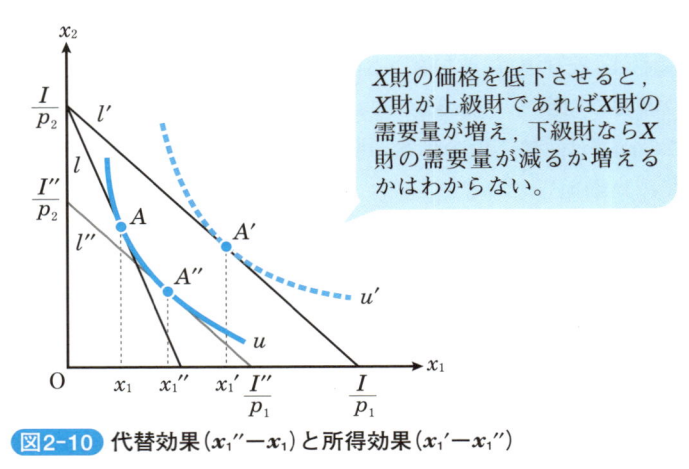

> X 財の価格を低下させると，X 財が上級財であれば X 財の需要量が増え，下級財なら X 財の需要量が減るか増えるかはわからない。

図2-10 代替効果 ($x_1'' - x_1$) と所得効果 ($x_1' - x_1''$)

下がもたらした実質的な所得の上昇による需要の変化である。

第2財の価格と所得が一定で，第1財の価格だけが低下すると，予算線の縦軸の切片は変わらず，横軸の切片が右に移動する。効用で測れば$u'-u$，名目所得で測ればIとI''の差となる。A''からA'への第1財の需要量の変化分$x_1'-x_1''$を所得効果と呼ぶ。価格変化による需要量の変化を代替効果と所得効果に分けることは，スルツキー分解と呼ばれる。図2-10は，価格が下落した場合のスルツキー分解を表しているが，価格が上昇する場合にも，需要量の変化を代替効果と所得効果に分けることができる。例題では$C \to B$が代替効果，$B \to A$が所得効果となる。

正答　5

例題 2.2-5　ギッフェン財

ギッフェン財について正しく説明しているものは次のうちどれか。(地方上級)
1. ギッフェン財とは価格が下落すると需要量が増加する財で，所得効果が代替効果を上回っている財のことである。
2. ギッフェン財とは価格が下落すると需要量が減少する財で，所得効果と代替効果が同等である財のことである。
3. ギッフェン財とは価格が下落すると需要量が減少する財で，所得効果が代替効果を上回っている財のことである。
4. ギッフェン財とは価格が下落すると需要量が減少する財で，所得効果が代替効果を下回っている財のことである。
5. ギッフェン財とは価格が下落すると需要量が増加する財で，所得効果と代替効果が同等である財のことである。

解説　図2-10での代替効果を見ると，AからA''への変化は，同じ無差別曲線上の働きなので，第1財の価格が下がると，A''は必ずAの右側に位置し，x_1''はx_1より大きくなる。

一方，A''からA'への変化を見ると，名目所得の上昇に伴い第1財の需要量が増加している。これは，第1財が上級財であることを意味している。もし，第1財が下級財であれば，A'がA''の左側にくることになる。つまり，x_1'がx_1''より小さくなる。下級財の場合は，代替効果$x_1''-x_1$が正，所得効果$x_1'-x_1''$が負で，変化の方向が反対となる。極端な場合は，所得効果が代替効果よりも大きくなり，第1財の需要量が減少することもある。図2-10のA'がAの左側に位置するのである。もし，このようなことが起これば，この第1財はギッフ

ェン財と呼ばれる。価格が下がるとその財の需要量が減少する財がギッフェン財である。よって，**3**が正しい。なお，ギッフェン財の需要曲線は，**図2-9**(b)のような右下がりではなく，右上がりになる。　　　　　　　　　　　**正答　3**

例題2.2-6　粗代替財と粗補完財

ある消費者はすべての所得をx財とy財を購入するために支出するものとする。図は，所得が一定という条件の下でx財の価格が変化したときの消費者のx財とy財の需要量の変化を描いたものである。図の需要曲線上の点$P-T$に関する記述として適切なものはどれか。（地方上級）

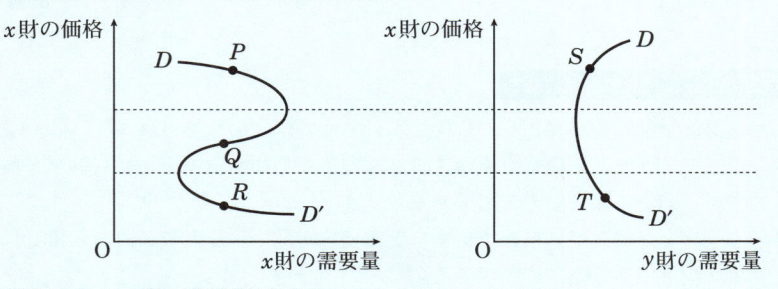

1　点Pでは，x財は贅沢品である。
2　点Qでは，x財は下級財である。
3　点Rでは，x財はギッフェン財である。
4　点Sでは，y財はx財の粗補完財である。
5　点Tでは，y財はx財の粗代替財である。

解説　**図2-11**(a)は，第1財の価格が下がったときに，需要がAからA'に変わるケースである。第2財の需要量はx_2からx_2'に減少している。第1財の価格が下がるとき，需要が第2財から第1財へ移るなら，第2財は第1財の**粗代替財**であるという。ウィスキーに対する焼酎，バターに対するマーガリン，飛行機に対する新幹線などが粗代替財の例である。

一方，**図2-11**(b)では，第1財の価格が下がったとき，第1財の需要量も第2財の需要量も増加している。これは，第1財がコーヒーで，第2財が砂糖というようなケースである。コーヒーの価格が下がって需要量が増えると，コーヒーとともに用いられる砂糖の需要量も増えるからである。このとき，砂糖（第2財）はコーヒー（第1財）の**粗補完財**であるといわれる。

例題では，右図でx財の価格が上がると，y財の需要量が増える点Sではy財

(a) 第1財の価格が低下したとき，第2財の需要量が減少
（第2財は第1財の粗代替財）

(b) 第1財の価格が低下したとき，第2財の需要量が増加
（第2財は第1財の粗補完財）

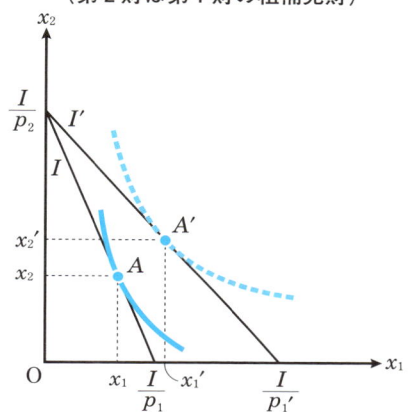

図2-11 価格の変化と需要

は粗代替財であり，y 財の需要量が減る点 T では y 財は粗補完財である。よって，4と5は誤り。左図での x 財の価格が上がると x 財の需要量が増える点 Q では x 財が下級財でありギッフェン財となる場合である。よって，3は誤りで2が正しい。1は問題の図からは判断できない。　　　　　　　　　　　正答　2

練習問題

【No.1】 下図のように，正の効用を持つ2財 X, Y を購入するある消費者の行動が示されるとき，下図に関する記述として，妥当なのはどれか。ただし，直線 A_0B_0, A_0B_2, および A_1B_1 は消費者の予算線を，曲線 I_1, I_2 および I_3 は無差別曲線を示し，直線 A_0B_0 と直線 A_1B_1 とは平行である。（地方上級）

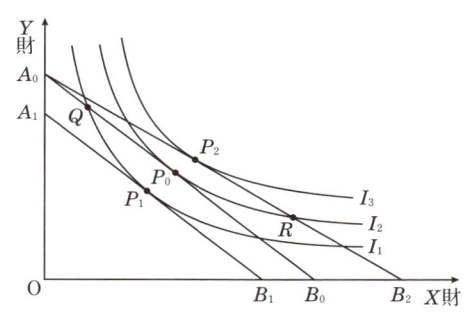

1 消費者の予算線がA_0B_0のとき，点P_0は，消費者の所得の範囲において，2財が購入できる組合せのうち消費者が最大の効用を得ることができる点であり，点P_0においてA_0B_0の傾きとI_2の傾きとは等しい。
2 消費者の予算線がA_0B_0のとき，点Qは，消費者の所得の範囲において，2財を購入する消費者の最適消費点を示し，点Qは，点P_1より高い効用水準にある。
3 消費者の予算線がA_0B_2のとき，点Rは，消費者の所得の範囲において，2財を購入できる組合せのうち消費者が最大の効用を得ることができる点であり，点Rは，点P_2と同じ効用水準にある。
4 消費者の予算線がA_0B_0からA_1B_1に移動したとき，X財とY財との価格比は変化し，消費者は，所得の減少に伴って財の購入を制約される。
5 消費者の予算線がA_0B_0からA_0B_2に移動したとき，消費者は最大の効用を得るために，Y財の購入量を減少させた分と等しい量だけX財の購入量を必ず増加させる。

[解説] 消費者の予算線がA_0B_0のとき，最適消費点は点P_0であり，予算線の傾きである価格比と無差別曲線の接線の傾きである限界代替率は等しい（1は正しく，2は誤り）。消費者の予算線がA_0B_2のとき，最適消費点は点P_2である（3は誤り）。消費者の予算線がA_0B_0からA_1B_1に移動したとき，A_0B_0とA_1B_1は平行であるので，所得は減少するが価格比は不変である（4は誤り）。消費者の予算線がA_0B_0からA_0B_2に移動したとき，需要は点P_0から点P_2に変化するので，Y財の購入量を減少させた分と等しい量だけX財の購入量を必ず増加させるとは限らない（5は誤り）。

【No.2】 家計の所得の増加に伴い，X，Yの2財に対する無差別曲線と予算線が図のように示されるとき，次の記述のうち妥当なものはどれか。（国税専門官）

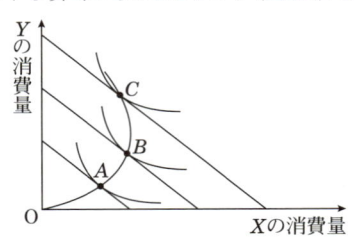

1 図のような無差別曲線と予算線の接点を結んだ曲線は価格－消費曲線と呼ばれ，価格を一定にし，所得をさまざまに変化させたときの最適消費計画の軌跡である。
2 X財は，B点からC点に向けては上級財であるといえる。
3 X財は，B点からC点に向けては下級財であり，X財のB点からC点に向けての所得効果は負になっている。
4 Y財は，B点からC点に向けて下級財であるといえる。
5 Y財は上級財であるが，所得効果は負になっている。

[解説] 曲線$OABC$は所得消費曲線であるので1は誤り。Yは上級財で，所得効果は正なので4と5は誤り。XはBからCにかけて下級財であるので2は誤り。

【No.3】 次の図は，価格が一定という条件の下で所得が変化したときの，ある消費者のエン

ゲル曲線を描いたものである。このとき次の記述のうち妥当なものはどれか。(地方上級)

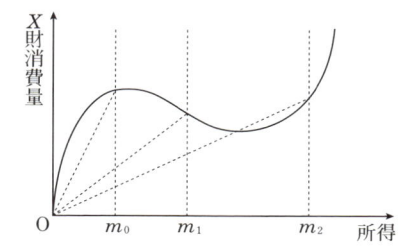

1　X財は，所得水準m_0では上級財，m_2では下級財である。
2　X財は，所得水準m_0では奢侈品，m_1では下級財である。
3　X財は，所得水準m_1ではギッフェン財，m_2では下級財である。
4　X財は，所得水準m_1では上級財，m_2ではギッフェン財である。
5　X財は，所得水準m_0では上級財，m_2では奢侈品である。

[解説]　問題のグラフでは横軸に所得，縦軸に消費量が取られている。X財は所得水準m_0では上級財，m_1では下級財，m_2では上級財である（1，3，4は誤り）。また需要の所得弾力性は所得水準m_0では1より小，m_1では負，m_2では1より大であるので，X財はm_0では必需品，m_2では奢侈品である（2は誤り，5は正しい）。

【No.4】　ある財に対する個別の経済主体からの需要について，生活必需品といわれる財に対する需要の所得弾力性と，奢侈品といわれる財に対するそれとは，通常の場合，いずれが大きいか。(公認会計士)

[解説]　需要の所得弾力性が小さい財では，所得が上昇するとき，その財への需要はそれほど増えない。これは生活必需品に見られる。トイレットペーパー，米などを考えればわかるであろう。一方，奢侈品の場合は，所得の上昇に対する需要の反応は大きく，所得弾力性が高くなる。

【No.5】　図は2つの財X，Yの購入に充てている個人の予算制約線（AB，AC）と無差別曲線（U_1，U_2）を表したものである。
　当初の最適消費点はE_0であったが，Xの価格が変化し，最適消費点がE_2に変化した。この場合に関する次の記述のうち，妥当なものはどれか。
　ただし，DFとACは平行であり，名目所得は変化しないものとする。(国家Ⅱ種)

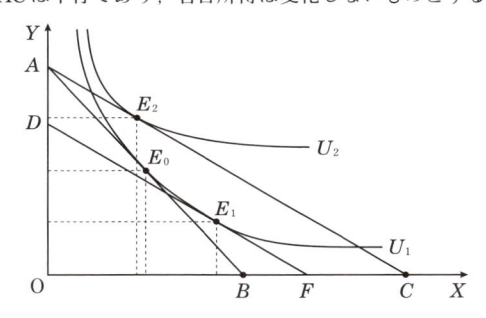

第2章　消費者行動の理論

1 XとYはともに上級財である。また，Xは代替効果が所得効果を上回っているのでギッフェン財ではない。
2 Xは上級財であるが，Yは下級財である。また，Xは所得効果が代替効果を上回っているのでギッフェン財ではない。
3 XとYはともに下級財である。また，Xは代替効果が所得効果を上回っているのでギッフェン財である。
4 Xは下級財であるが，Yは上級財である。また，Xは所得効果が代替効果を上回っているのでギッフェン財である。
5 Xは下級財であるが，Yは上級財である。また，Xは代替効果が所得効果を上回っているのでギッフェン財である。

[解説] E_1からE_2にかけて，所得の上昇とともにX財の消費量が減っているので，Xは下級財であり，E_0からE_2にかけて，X財の価格が下落するとき，X財の消費量が減っているので，Xはギッフェン財である。

【No.6】 ある財Xの需要曲線が
$$D_x = 100 - 5P_x + 2P_y + 0.01E$$
〔D_x：X財の需要量，P_x：X財の価格，P_y：Y財の価格，E：所得〕
と与えられているとき，正しいものの組合せはどれか。（市役所類題）

ア X財は上級財
イ X財は下級財
ウ X財はギッフェン財
エ X財はY財の粗代替財
オ X財はY財の粗補完財

1 アとエ
2 アとオ
3 イとエ
4 イとオ
5 ウとオ

[解説] 問題の需要曲線の式のEの係数が正であるので，所得が増加するとX財の需要量が増加する。したがって，X財は上級財であるので，イ，ウは誤りで，アは正しい。またP_yの係数が正であるので，Y財の価格が上昇するとX財の需要量が増加する。したがって，X財はY財の粗代替財であるので，オは誤りで，エは正しい。よって正答は1である。

正答 【No.1】1 【No.2】3 【No.3】5 【No.4】奢侈品 【No.5】4 【No.6】1

2.3 学説史の問題

例題 2.3-1　限界革命

限界革命についての説明として，次のうちどれが正しいか。
1. メンガー，ベーム=バヴェルク，ウィーザーの仕事を意味し，オーストリア学派の別名として用いられる。
2. ドイツのゴッセンによる限界効用に関する第1法則と第2法則をさす。
3. ジェヴォンズやマーシャルが基数的効用を用いたのに対して，エッジワース，パレート，ヒックスが無差別曲線を用いて分析したことをさす。
4. 1870年代におけるメンガー，ジェヴォンズ，ワルラスの著作を中心とする経済の移行過程をさす。
5. ヒックス，サミュエルソンが一般均衡理論を数学的に精緻な形で発展させたことをさす。

解説　1870年代は，オーストリアのメンガー，イギリスのジェヴォンズ，スイスのローザンヌ学派のワルラスの著作が発表され，経済学が独立した分野として発展するうえで重要な転期となった。上記3人が限界原理に基づいて理論を体系化したことから，この頃の経済学の移行過程を限界革命と呼ぶ（よって4が正しい）。

メンガー，ジェヴォンズ，ワルラスの先駆者としては，リカード，クールノー，ゴッセンがいる。リカードの差額地代論は，限界原理を含み，クールノーの数学的理論は，ワルラスやマーシャルに影響を与えた。またドイツのゴッセンは，ゴッセンの第1法則（限界効用逓減の法則）とゴッセンの第2法則（貨幣1単位当たりの限界効用均等の法則）で知られている。

限界効用は，効用が測定可能で，和や差をとることが意味を持つとする基数的効用の理論の基礎となるものである。マーシャルらも基数的効用を用いていた。これに対し，エッジワース，パレート，ヒックスは無差別曲線を用いた。しかし，効用の値の絶対水準ではなく，むしろ順序のみが意味を持つとする序数的効用の理論を発展させ，その基礎的概念として，無差別曲線分析を位置づけたのは，『価値と資本』を著したヒックスである。

正答　4

練習問題

【No.1】 1972年度のノーベル経済学賞を受賞したJ.R.ヒックスの業績の一つとして妥当なのは，次のうちどれか。
1 マルクスの労働価値説を土台とした搾取説に代わって新しく帰属説による費用法則を主張し，利潤理論を発展させた。
2 ワルラスの特殊均衡論をより科学的に発展させるために，一般均衡論に初めて動学的安定条件論を導入した。
3 限界概念の導入により，近代経済学は数学的分析を可能にしたが，限界分析の中心となる限界生産力説を体系化した。
4 無差別曲線の概念の基礎である選択理論を，より科学的に，より精密化するために，限界代替率の理論を樹立した。
5 ワルラスの一般均衡理論の図式をアメリカ経済の実測に適用し，現実の経済分析に堪えうるものとした。

［解説］ヒックスの業績は，無差別曲線分析による序数効用理論の数学的精緻化と，一般均衡理論での完全（および不完全）安定性の条件などにある。その後，サミュエルソンは動学的安定条件を用いるべきであると主張した。

【No.2】 消費者行動の理論に関する次の記述のうち，妥当なものはどれか。（地方上級）
1 基数的効用は，無差別曲線を用いて効用を表すものであり，ヒックスは基数的効用理論により消費者行動の理論を構築した。
2 序数的効用は，ワルラスにより提唱され，限界効用の概念の前提となるものであり，所得再分配政策において中心となる考え方である。
3 所得消費曲線は，所得変化に対する最適消費点を結んだ曲線であり，2財がともに上級財である場合には右下がりとなり，2財のうち一方が下級財の場合には右上がりとなる。
4 価格変化による需要量の変化には，代替効果と所得効果があるが，ギッフェン財は下級財で，代替効果が所得効果より大きいものである。
5 財Xの価格の低下が財Yの需要量を減少させる場合，財Yは財Xの粗代替財であるといい，財Xの価格の低下が財Yの需要量を増加させる場合，財Yは財Xの粗補完財であるという。

［解説］序数的効用が無差別曲線を基に，消費者行動を分析するもので，ヒックスによる（1，2は誤り）。所得消費曲線は，2財が上級財であれば右上がりとなる（3は誤り）。ギッフェン財は，下級財で，所得効果が代替効果を上回るものである（4は誤り）。よって，5が正しい。

正答 【No.1】4 【No.2】5

2.4　計算問題

以下では，効用最大化問題を，微分を使わないで解いてみよう。まず，需要の求め方を説明する。

> 効用 $u = x_1 x_2$ を最大化するときは，第1財への支出と第2財への支出を等しくする，すなわち，
>
> **公式2.1**　　$p_1 x_1 = p_2 x_2 = \dfrac{I}{2}$
>
> を解いて，
>
> $x_1 = \dfrac{I}{2p_1}, \quad x_2 = \dfrac{I}{2p_2}$
>
> とする。

この事実の微分を使わない証明は，後から行うとして，まず，公式を使って問題を解いてみる。

> **例題 2.4-1　効用 $u = xy$ の最大化**
>
> 2財 x, y を消費するある個人の効用関数が，
>
> 　$u = 2xy$　〔u：効用水準，x：x 財の消費量，y：y 財の消費量〕
>
> で示されるとする。
>
> 　x 財の価格が2，y 財の価格が4，所得が144であるとき，効用を最大にしようとするこの個人は，x 財をいくら消費するか。（地方上級）
>
> **1**　24　　**2**　36　　**3**　40　　**4**　46　　**5**　50

解説　公式2.1から，予算制約式が $p_1 x_1 + p_2 x_2 = I$ で，効用関数が $u = x_1 x_2$ であるときは，効用を最大化する需要は，各財への支出額を等しくする値に決まる。よって，

$$(2.7) \quad p_1 x_1 = p_2 x_2 = \dfrac{I}{2}$$

を解けばよい。その結果，$x_1 = \dfrac{I}{2p_1}, x_2 = \dfrac{I}{2p_2}$ が需要曲線の式となる。例題では，

$x_1 = \dfrac{144}{2 \times 2} = 36$ である。$u = 2x_1 x_2$ を最大にする x_1 と x_2 の値は，$u = x_1 x_2$ を最大とする x_1 と x_2 の値と同じなので，$x_1 = 36$ が答えである。　　　　　　　　　　　正答　　2

● **公式2.1を証明する** ･･･

まず，正の2つの数 a，b についての相加平均と相乗平均に関する公式，

公式2.2　　$\dfrac{a+b}{2} \geqq (ab)^{\frac{1}{2}}$

を使う。等号は $a = b$ のときに成り立つ。$(ab)^{\frac{1}{2}}$ とは $\sqrt{ab}$ のことである。この公式は，$x = \sqrt{a}$，$y = \sqrt{b}$ と置くと，
$$a + b - 2(ab)^{\frac{1}{2}} = x^2 + y^2 - 2xy$$
$$= (x-y)^2 \geqq 0$$
が成り立つことで証明される。

　公式2.2 における a，b を $a = p_1 x_1$，$b = p_2 x_2$ と置くと，$a + b = I$ なので，

(2.8)　　$\dfrac{I}{2} = \dfrac{p_1 x_1 + p_2 x_2}{2} \geqq (p_1 x_1 \cdot p_2 x_2)^{\frac{1}{2}} = (p_1 p_2)^{\frac{1}{2}} u^{\frac{1}{2}}$

によって，$u^{\frac{1}{2}}$ の最大値 $\dfrac{I}{2(p_1 p_2)^{\frac{1}{2}}}$，すなわち u の最大値 $\dfrac{I^2}{4(p_1 p_2)}$ が求まる。等号は，$p_1 x_1 = p_2 x_2$ のときに成り立つので，**公式2.1** が求まることになる。

● **効用 $u = xy^2$ の最大化** ･･･

　次に，効用が $u = xy^2$ である場合について考えよう。この場合，効用は x と 2 つの y，すなわち，x，y と y の積である。そこで，$p_x x + p_y y$ も，$p_x x$ と $\dfrac{p_y y}{2}$ と $\dfrac{p_y y}{2}$ の 3 つの項の和と考えて，

公式2.3　　$p_x x = \dfrac{p_y y}{2} = \dfrac{p_y y}{2} = \dfrac{I}{3}$

を解くのである。

　一般に，$x^n y^m$ を，
　　$p_x x + p_y y = I$
の下で最大化するには，証明はここでは与えないが，x を n 等分，y を m 等分

して，そのそれぞれに対する支出を等しく置くようにすればよい。よって，

公式2.4 $\dfrac{p_x x}{n} = \dfrac{p_y y}{m} = \dfrac{I}{n+m}$

を解けばよいのである。

> **例題2.4-2 効用 $u = x^{\frac{1}{3}} y^{\frac{2}{3}}$ の最大化**
>
> 所得のすべてを2財 X, Y の購入に充てる消費者の効用関数が，
>
> $U = X^{\frac{1}{3}} Y^{\frac{2}{3}}$ 〔U：効用水準，X：X 財の消費量，Y：Y 財の消費量〕
>
> で示されるとする。
>
> この消費者の所得が300，X 財の価格が P_x，Y 財の価格が8であるとき，X 財の需要関数として，妥当なものはどれか。(国家Ⅰ種)
>
> 1　$X = \dfrac{100}{P_x}$　　2　$X = \dfrac{200}{P_x}$　　3　$X = \dfrac{300}{P_x}$
>
> 4　$X = \dfrac{100}{3P_x}$　　5　$X = \dfrac{200}{3P_x}$

解説 $2 \times 2 \times 2$ を2の**3乗**(さんじょう)と呼び，$2^3 = 8$ である。逆に，$8^{\frac{1}{3}}$ は8の $\dfrac{1}{3}$ 乗と読み，$\sqrt[3]{8}$ とも書いて，8の3乗根ともいう。$\dfrac{1}{3}$ も指数であり，$8^{\frac{1}{3}} = (2^3)^{\frac{1}{3}} = 2^{3 \times \frac{1}{3}} = 2^1 = 2$ である。

例題の場合は，$U = x^{\frac{1}{3}} y^{\frac{2}{3}}$ を最大化する。U が大きいほど U^2 も大きく，U^3 も大きい。それを考えると，$U = x^{\frac{1}{3}} y^{\frac{2}{3}}$ を最大化する x と y は，また $U^3 = xy^2$ を最大化する。逆に，$U^3 = xy^2$ が最大化される x と y では，$U = x^{\frac{1}{3}} y^{\frac{2}{3}}$ も最大化される。よって，$U = xy^2$ を最大化することにする。**公式2.3**から，x と $\dfrac{y}{2}$ に対する支出を等しく置いて，

$p_x x = \dfrac{p_y y}{2} = \dfrac{I}{3}$

$I = 300$，$p_y = 8$ とすると，

$x = \dfrac{100}{p_x}$，$y = 25$

である。これが，例題の答えを与える。

正答　1

公式2.3の証明には，$a, b, c > 0$ についての相加平均と相乗平均の公式，

公式2.5 $\quad \dfrac{a+b+c}{3} \geqq (abc)^{\frac{1}{3}}$

を用いる。$(abc)^{\frac{1}{3}}$ とは $\sqrt[3]{abc}$ と同じである。$a = p_x x$，$b = c = \dfrac{p_y y}{2}$ と置くと，

(2.9) $\quad \dfrac{I}{3} \geqq \left(\dfrac{p_x x p_y^2 y^2}{4} \right)^{\frac{1}{3}} \quad$ つまり $\quad \dfrac{4^{\frac{1}{3}} I}{3 p_x^{\frac{1}{3}} p_y^{\frac{2}{3}}} \geqq x^{\frac{1}{3}} y^{\frac{2}{3}} = u$

等号は，$a = b$，すなわち

(2.10) $\quad p_x x = \dfrac{p_y y}{2} = \dfrac{I}{3} \quad$ すなわち $\quad x = \dfrac{I}{3 p_x}, \quad y = \dfrac{2I}{3 p_y}$

のときに得られる。

練 習 問 題

【No.1】 2財 q_1, q_2 に関する効用関数および予算制約式をそれぞれ，
$\quad U = q_1 q_2, \quad 5q_1 + 4q_2 = 160$
とするとき，最適な財の購入総量 $(q_1 + q_2)$ はいくらか。(地方上級)

1 39　　2 38　　3 37　　4 36　　5 35

[解説] $5q_1 = 4q_2 = \dfrac{160}{2}$ を解いて，$q_1 = 16$，$q_2 = 20$ を求める。よって，$q_1 + q_2 = 36$ である。

【No.2】 A財，B財の2財を消費するある個人の効用関数が，
$\quad U = 2a^{\frac{1}{2}} b^{\frac{1}{2}} \quad$ 〔U：効用，a：A財の消費量，b：B財の消費量〕

で示されるとする。
　A財，B財の価格をそれぞれ P_a, P_b とするとき，この消費者のA財に対する需要の所得弾力性はいくらか。(国家Ⅰ種)

1 $4P_a^2$　　2 $\dfrac{1}{4P_a^2}$　　3 $\dfrac{1}{2P_a}$　　4 1　　5 0

[解説] 指数について復習をする。同じ数，たとえば，3と3の掛け算を3の2乗（にじょう）あるいは自乗（じじょう）と呼び，3^2 と書く。すなわち $3^2 = 9$ である。この2を指数と呼ぶ。逆に，$9^{\frac{1}{2}} = (3 \times 3)^{\frac{1}{2}} = (3^2)^{\frac{1}{2}} = 3^{2 \times \frac{1}{2}} = 3^1 = 3$ である。これを9の $\dfrac{1}{2}$ 乗は3であるという。この $\dfrac{1}{2}$ は指数である。$9^{\frac{1}{2}}$ は9の2乗根ともいい，$\sqrt{9}$ と書いてもよい。また，$9^{0.5}$ とも書く。この0.5も指数である。$\sqrt{a}$ と書くと，これは2乗して a となる数で，$a^{\frac{1}{2}}$，$a^{0.5}$ と同じことである。

さて，$U=2a^{\frac{1}{2}}b^{\frac{1}{2}}$は$2(ab)^{\frac{1}{2}}$に等しいので，2乗すると$U^2=4ab$となる。$ab$がより大きくなると，$(ab)^{\frac{1}{2}}$もより大きくなる。よって，$u=ab$と置いて，これが最大化されるなら，その最大値$u$から，$2u^{\frac{1}{2}}$を求めれば，それが$2(ab)^{\frac{1}{2}}$の最大値となる。$u=ab$を最大にする$a$と$b$の値は，**公式2.1**から，

$$a=\frac{I}{2p_a}, \quad b=\frac{I}{2p_b}$$

として求まる。$a=\dfrac{I}{2p_a}$は，(I, a)平面の原点を通る直線なので，所得弾力性は1である。

【No.3】 消費者の所得がM，効用関数が$U(x_1, x_2)=x_1x_2$で表されるとして，以下の各問に答えなさい。ここで，x_1, x_2はそれぞれ第1財と第2財の消費量を示す。その他の要因が効用に与える影響は考えないものとする。（公認会計士類題）

問1 消費者が効用を最大化するような各財の需要を，2財の価格(p_1, p_2)と所得(M)を用いて表しなさい。

問2 消費者の効用を2財の価格(p_1, p_2)と所得(M)を用いて表しなさい。

問3 第1財の1単位につきtの消費税が課されるとき，消費者が効用を最大化するような両財の需要を，2財の価格(p_1, p_2)と所得(M)，消費税(t)を用いて表しなさい。

問4 問3の税収と同額の税収を消費税でなく所得税によって納税するとき，税収と消費者が効用を最大化するような両財の需要を，2財の価格(p_1, p_2)と所得(M)，消費税(t)を用いて表しなさい。

［解説］問1 予算制約式が，$p_1x_1+p_2x_2=M$である。**公式2.1**よりこれがx_1x_2を最大化するのは，$p_1x_1=p_2x_2=\dfrac{M}{2}$のときである。よって，$x_1=\dfrac{M}{2p_1}$，$x_2=\dfrac{M}{2p_2}$が得られる。

問2 効用は，$u=x_1x_2=\dfrac{M^2}{4p_1p_2}$

問3 第1財の価格をp_1+tで置き換えると，$x_1=\dfrac{M}{2(p_1+t)}$，$x_2=\dfrac{M}{2p_2}$

問4 問1で求めた式から，税収は，$tx_1=\dfrac{tM}{2(p_1+t)}$

予算制約式は，

$$p_1x_1+p_2x_2=M-\frac{tM}{2(p_1+t)}$$
$$=\frac{(2p_1+t)M}{2(p_1+t)}$$

なので，需要は問1の答えのMを$\dfrac{(2p_1+t)M}{2(p_1+t)}$で置き換えて，

$$x_1=\frac{(2p_1+t)M}{4p_1(p_1+t)}, \quad x_2=\frac{(2p_1+t)M}{4p_2(p_1+t)}$$

となる。

【No.4】 ある家計の効用関数が $U=xy^2$（U：効用，x：X財の購入量，y：Y財の購入量）で与えられている。この家計は6,000円の予算でX財とY財の購入を計画している。X財の価格は100円，Y財の価格は400円である。

このとき，この家計がとりうる効用の最大値として正しいのはどれか。（国家Ⅱ種）

1　1,000　　2　1,200　　3　1,500　　4　1,800　　5　2,000

［解説］**公式2.3**より，
$$100x = \frac{400y}{2} = \frac{6000}{3}$$
であるので，$x=20$，$y=10$。これを効用関数に代入すると，
$$u = 20 \times 10^2 = 2000$$
となる。

【No.5】 x財とy財を消費するある個人の効用関数が，
$$u = x^2 y^3$$
で示され，この個人の所得が100，x財とy財の価格がそれぞれ5，10であるとする。この個人が効用を最大化するときのx財とy財の需要量はいくらか。（国家Ⅱ種）

	X財	Y財
1	4	8
2	6	7
3	8	6
4	10	5
5	12	4

［解説］**公式2.4**より，
$$\frac{p_x x}{2} = \frac{p_y y}{3} = \frac{I}{5}$$
を解けばよい。$p_x=5$，$p_y=10$，$I=100$なので，
$$x = \frac{2 \times 100}{5 \times 5} = 8, \quad y = \frac{3 \times 100}{10 \times 5} = 6$$
である。

正答　【No.1】4　【No.2】4　【No.3】問1　$x_1 = \dfrac{M}{2p_1}$，$x_2 = \dfrac{M}{2p_2}$　問2　$u = \dfrac{M^2}{4p_1 p_2}$

問3　$x_1 = \dfrac{M}{2(p_1+t)}$，$x_2 = \dfrac{M}{2p_2}$　問4　$tx_1 = \dfrac{tM}{2(p_1+t)}$，$x_1 = \dfrac{(2p_1+t)M}{4p_1(p_1+t)}$，$x_2 = \dfrac{(2p_1+t)M}{4p_2(p_1+t)}$

【No.4】5　【No.5】3

第3章 消費者理論の発展問題

Topics in Consumer Theory

3.1 顕示選好・指数

例題 3.1-1 顕示選好の弱公準

2財の世界において、ある個人が所与の所得水準 (M) および価格水準 (p, q) の下で需要量を決定している。所得水準 M_1、および価格水準 p_1, q_1 においては、各財が x_1, y_1 だけ需要され、また所得水準 M_2、および価格水準 p_2, q_2 においては、各財が x_2, y_2 だけ需要された ($x_1 \neq x_2, y_1 \neq y_2$)。顕示選好(リヴィールド・プリファレンス)に関する弱い公理が満たされるとすれば、$p_1 x_1 + q_1 y_1 \geq p_1 x_2 + q_1 y_2$ であるとき、次のどれが成立しなければならないか。(国家Ⅰ種)

1　$p_1 x_1 + q_1 y_1 > p_2 x_2 + q_2 y_2$
2　$p_1 x_1 + q_1 y_1 < p_2 x_2 + q_2 y_2$
3　$p_1 x_2 + q_2 y_1 > p_2 x_1 + q_1 y_2$
4　$p_2 x_1 + q_2 y_1 < p_2 x_2 + q_2 y_2$
5　$p_2 x_1 + q_2 y_1 > p_2 x_2 + q_2 y_2$

解説 サミュエルソンによって提唱された顕示選好理論は、消費者の市場における需要行動を観察することによって、その消費者の選好に関する情報を得ようとするものである。今、市場価格が (p_1, q_1) であるときに、消費者の需要が (x_1, y_1) であるとしよう。このときの支出 $p_1 x_1 + q_1 y_1$ 以下で購買できる財 (x_2,

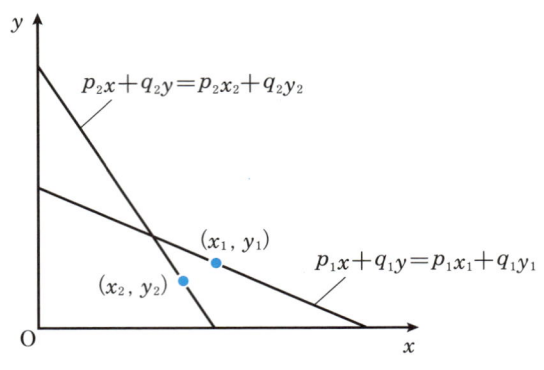

図3-1 (x_1, y_1) が (x_2, y_2) よりも顕示的に選好されるケース

$y_2)$ は，彼が購買できるにもかかわらず，実際には購買しなかった組合せである。よってそのような財の組合せよりも (x_1, y_1) のほうを選好することが，彼の行動を通じて顕示されたといえる。言い換えると，$p_1x_1+q_1y_1 \geqq p_1x_2+q_1y_2$ が成り立つとき，(x_1, y_1) は (x_2, y_2) よりも顕示的に選好される。これを $(x_1, y_1) \succ (x_2, y_2)$ と書く。

　顕示選好の弱公準とは，(A)「(p_1, q_1) の下で (x_1, y_1) が (x_2, y_2) よりも顕示的に選好される」なら，(B)「(x_2, y_2) が (x_1, y_1) よりも顕示的に選好されることは決してない」というものである。(B) の部分は「(p_2, q_2) の下で (x_2, y_2) が需要されるときには，(x_1, y_1) を購買することができない（すなわち $p_2x_2+q_2y_2 \geqq p_2x_1+q_2y_1$ が成り立たない）」と言い換えられる。これをさらに言い換えると「(p_2, q_2) の下で (x_2, y_2) が需要されるときは，(x_1, y_1) を買う費用は，$p_2x_2+q_2y_2$ を超える（すなわち $p_2x_1+q_2y_1 > p_2x_2+q_2y_2$ が成り立つ）」ことになる。

　以上をまとめて，弱公準を

公式3.1　　$p_1x_1+q_1y_1 \geqq p_1x_2+q_1y_2 \;\Rightarrow\; p_2x_1+q_2y_1 > p_2x_2+q_2y_2$

と表現することができる。　　　　　　　　　　　　　　　　　　　　正答　5

例題3.1-2　指数

　今，消費財が x_1, x_2 の2財のみであり，x_2 財の価格は一定であるとする。次の図は基準時点では所得が I_1，x_1 財の価格が p_1 で最適消費計画は A_1 であったが，現

時点では所得がI_4, x_1財の価格がp_1'で最適消費計画はA_4になっていることを示している。基準時点に比べて現在時点の消費者の生活水準がどれだけ変化したかを示す指数についての記述として正しいものは、次のうちどれか。

(国家Ⅱ種類題)

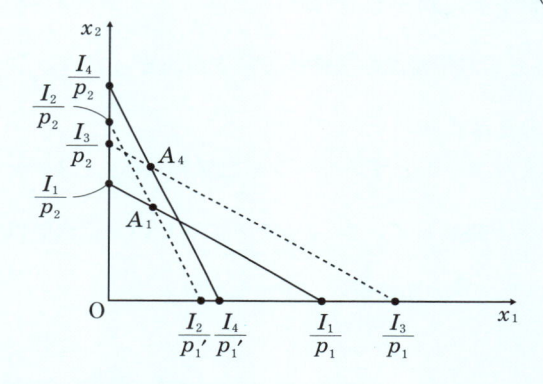

1　パーシェ型の数量指数は$\dfrac{I_4}{I_2}\times 100$である。

2　ラスパイレス型の数量指数は$\dfrac{I_4}{I_2}\times 100$である。

3　パーシェ型の価格指数は$\dfrac{I_3}{I_1}\times 100$である。

4　パーシェ型の価格指数は$\dfrac{I_4}{I_1}\times 100$である。

5　ラスパイレス型の数量指数は$\dfrac{I_4}{I_1}\times 100$である。

解説　図の上で互いに平行な直線すなわちI_1とI_3、あるいはI_2とI_4は同じ価格の下での予算線である。現時点における需要を(x_1^1, x_2^1)、過去の一時点における需要を(x_1^0, x_2^0)とするとき、同じ価格を用いて数量指数をつくることで、消費生活の水準すなわち生活水準の変化を比較する。よって、3と4は誤り。

ウエートである価格を(q_1, q_2)とすると数量指数は、

公式3.2　$\dfrac{q_1 x_1^1 + q_2 x_2^1}{q_1 x_1^0 + q_2 x_2^0}$

で定義される。ウエートとして、基準時点の価格(p_1^0, p_2^0)が用いられるなら

ラスパイレス数量指数，現時点の価格（p_1^1, p_2^1）が用いられるならパーシェ数量指数と呼ばれる。

例題では，図のA_1が基準時点の需要，A_4が現時点の需要である。A_1とA_4での生活水準を比較する。基準時点の価格をウエートとするラスパイレス数量指数はI_3とI_1（どちらも基準時点の価格比で傾きが決まっている）の比$\dfrac{I_3}{I_1}$に等しい。よって，2と5は誤り。

現時点の価格をウエートとするパーシェ数量指数はI_4とI_2（どちらも基準時点の価格比で傾きが決まっている）の比$\dfrac{I_4}{I_2}$に等しい。選択肢は％表示のために100を掛けていることに注意する。正答は1である。

正答　1

練習問題

【No.1】 ある合理的な消費者は所得すべてをx財，y財に支出し，その予算制約線が図の直線ABで表されるとき，この消費者は点Zで示される財の組合せを選んだ。次の時点では，x財の価格が低下すると同時にこの消費者の所得も低下し，新たな予算制約線は点Zを通る直線CDのようになった。このとき，この消費者は点Mで示される財の組合せを選んだ。このような消費行動を示した消費者について，図の各点における効用の大小関係を正しく示すものはどれか。（国家Ⅱ種）

1　$L \prec E \prec Z$
2　$M \prec Z \prec L$
3　$L \prec M \prec Z$
4　$E \prec M \prec L$
5　$E \prec L \prec M$

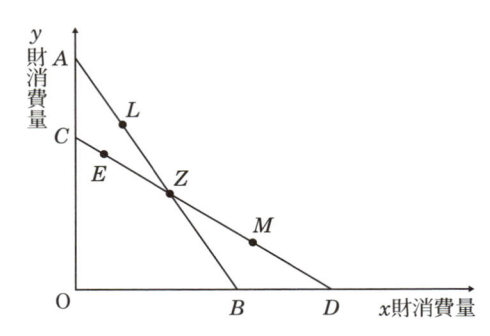

[解説] 予算制約線がABであるとき，Zを選ぶときは，LとEを購入できるのにもかかわらず，Zを選んでいるので，L，EよりもZを顕示的に選好している。これを$L \prec Z$，$E \prec Z$と書く。LとEでは，LのほうがEよりも両財とも量が多いのでより好まれる。これを$E \prec L$と書く。よって，$E \prec L \prec Z$。CDの下では，Zを購入できるのに，Mを選んでいるので，ZよりMを顕示的に選好している$Z \prec M$。結局$E \prec L \prec Z \prec M$である。

【No.2】 ある消費者が2財 X, Y を購入する。消費者が合理的であると仮定した場合，Q_1 より Q_0 を選択したことが明らかとされる図はどれか。(国家Ⅰ種)

$$\begin{bmatrix} P_0, P_1：財 X, Y の，ある特定の価格の組合せ \quad P_0 \neq P_1 \\ Q_0, Q_1：価格が P_0, P_1 である場合の財 X, Y の購入数量の組合せ \\ 直線 \alpha, \beta は，価格がそれぞれ P_0, P_1 であるときに購入可能な財 X, Y の数 \end{bmatrix}$$

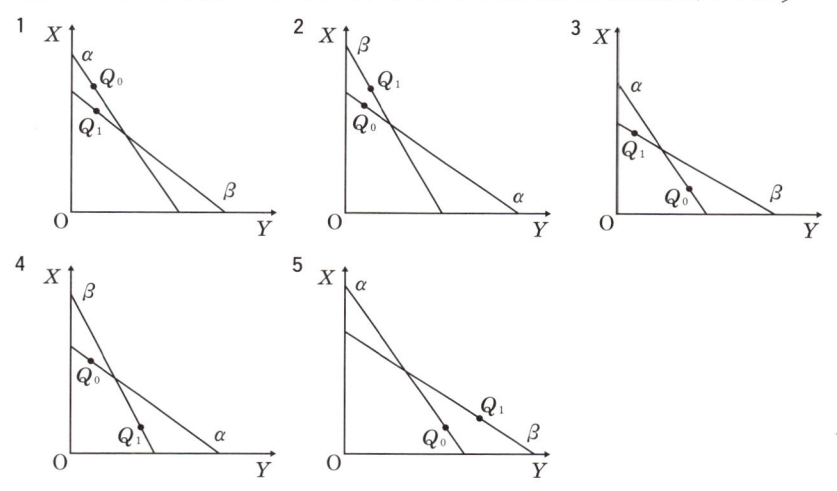

[解説] 1は $Q_0 \succ Q_1$，2は $Q_1 \succ Q_0$ の場合。3と4は $Q_0 \succ Q_1$，かつ $Q_1 \succ Q_0$ なので弱公準と矛盾。5は $Q_1 \succ Q_0$ の場合。

【No.3】 毎期同額の所得を得る消費者が，すべての所得を用いて x_1 財と x_2 財を購入するとする。第 t 期 $(t=0,1)$ における両財の購入量をそれぞれ x_1^t, x_2^t，そのときの両財の価格をそれぞれ p_1^t, p_2^t で表し，

$$p^t x^s = p_1^t x_1^s + p_2^t x_2^s \quad [t, s = 0, 1]$$

とする。

このとき，$L = \dfrac{p^1 x^0}{p^0 x^0}$, $P = \dfrac{p^1 x^1}{p^0 x^1}$ と定義されるラスパイレス物価指数 L とパーシェ物価指数 P に関する次の記述のうち，正しいものはどれか。

ただし，各期の両財の価格および購入量は異なり，$(x_1^0, x_2^0) \neq (x_1^1, x_2^1)$ であるものとする。なお，第 t 期の消費者の効用水準を U^t で表す。(国家Ⅰ種)

1 もし $L \leq 1$ ならば，必ず $P < 1$ かつ $U^0 < U^1$ である。
2 もし $L > 1$ ならば，必ず $U^0 > U^1$ である。
3 もし $P < 1$ ならば，必ず $U^0 < U^1$ である。
4 もし $U^0 < U^1$ ならば，必ず $L \leq 1$ である。
5 もし $L \geq 1$ かつ $P \leq 1$ ならば，必ず $U^0 = U^1$ である。

[解説] 異なる時点での物価を比較するには，同じ量の財に，それぞれの時点での価格を掛けて比較する。毎期同額の所得を得るので，$p^1x^1 = p^0x^0$。

よって，価格指数は，

$$L = \frac{p^1x^0}{p^0x^0} = \frac{p^1x^0}{p^1x^1}$$

$$P = \frac{p^1x^1}{p^0x^1} = \frac{p^0x^0}{p^0x^1}$$

$L \leqq 1$なら，$p^1x^0 \leqq p^1x^1$なので，$x^1 \succ x^0$かつ$U^1 > U^0$である。よって，p^0の下でx^0を買うときには，x^1は購買不可能，すなわち$p^0x^1 < p^0x^1$となる。これは$P<1$を意味する。よって1が正しい。

$L>1$すなわち$p^1x^0 > p^1x^1$なら，p^1でx^1を買うときの費用p^1x^1の下で，x^0を買うことができない。x^0とx^1のどちらを好むかはわからず，効用U^0とU^1の大小はわからない（2は誤り）。$P<1$すなわち$p^0x^0 < p^0x^1$でもx^0を買う費用p^0x^0の下で，x^1を買うことはできないので，U^0とU^1の大小はわからない（3は誤り）。

$U^0 < U^1$であっても，$p^1x^0 < p^1x^1$すなわち$L \leqq 1$の場合と，**図3-2**のようにp^1x^1より費用がかかる場合とがあるので**4**は誤り。

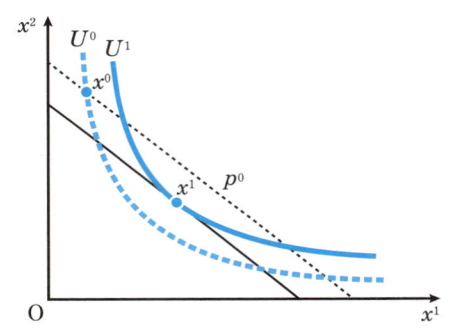

図3-2 $U^1 > U^0$であり，また，$P^0x^0 > P^0x^1$でもあるケース

$L \geqq 1$なら$p^1x^0 \geqq p^1x^1$，$P \geqq 1$なら$p^0x^0 \leqq p^0x^1$から，どちらも効用の大小について確定的なことはいえないので，$U^1 = U^0$はいえない（5は誤り）。

正答 【No.1】5 【No.2】1 【No.3】1

3.2　労働供給

例題3.2-1　余暇の選択

労働者は労働と余暇に充てることのできる一定の時間を持っている。この一定の時間の中から労働供給を行うに当たって，労働者は（イ）余暇と賃金所得とに対する選好と（ロ）労働時間当たりの賃金率を考慮に入れ，（ハ）（　　　）を最大に

しようと努めると想定しよう。この想定の下で，次の(1)〜(3)の問いに答えよ。

(公認会計士)

(1) A図において，労働時間がAB，余暇時間がOBに決定される状態を図解せよ。その際，(イ)と(ロ)の条件は，図の中の何によって表現されるか。また(ハ)の空欄を埋めよ。
(2) 労働供給曲線がB図のように書かれるとき，点B, C, Dがどのように決定されるかを図解して説明せよ。
(3) 貨幣賃金率が高くなると，B図の点Dから点Cへの移動に見られるように，貨幣賃金率の上昇が労働供給量を減らすことがある。このことを代替効果と所得効果の概念を使って図解せよ。その際，代替効果および所得効果による労働時間の変化をB図の中に記号によって示せ。必要な記号は各自規定せよ。

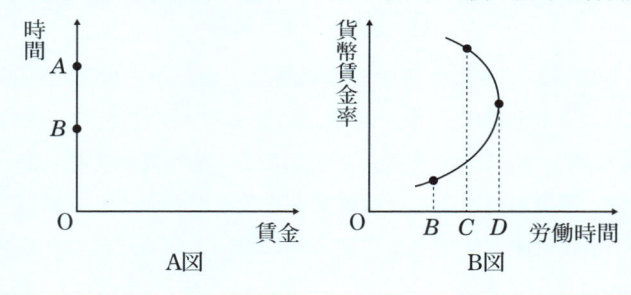

解説 2財の一定量 $(\overline{x_1}, \overline{x_2})$ を所有する消費者を考える。$(\overline{x_1}, \overline{x_2})$ は**初期保有量**と呼ばれる。財の価格を p_1, p_2 とすると，初期保有量の価格は，$p_1\overline{x_1}+p_2\overline{x_2}$ である。消費者は効用 $U(x_1, x_2)$ を最大化するように消費量を決める。予算制約式は，

(3.1) $\quad p_1x_1+p_2x_2=p_1\overline{x_1}+p_2\overline{x_2}$

である。この式は，**図3-3**の点 $(\overline{x_1}, \overline{x_2})$ を通る直線である。価格比が変わると，この直線は $(\overline{x_1}, \overline{x_2})$ を通りつつ回転する。今，$\dfrac{p_1}{p_2}$ の下での需要を $E_1=(x_1, x_2)$ とする。**図3-3**では，消費者は第1財を $\overline{x_1}-x_1$ の量だけ販売し，交換に第2財を $x_2-\overline{x_2}$ だけ購入しようとする。今，消費者が農家であり，第1財が農産物であるとすると，$\overline{x_1}-x_1$ が農家が市場に供給する量，x_1 が自家消費する量である。このように自分の消費のために保留する量を**留保需要**と呼ぶ。

さて価格比が上昇し $\dfrac{p_1'}{p_2'}$ となり，需要が $E_2=(x_1', x_2')$ に変わるとする。価格

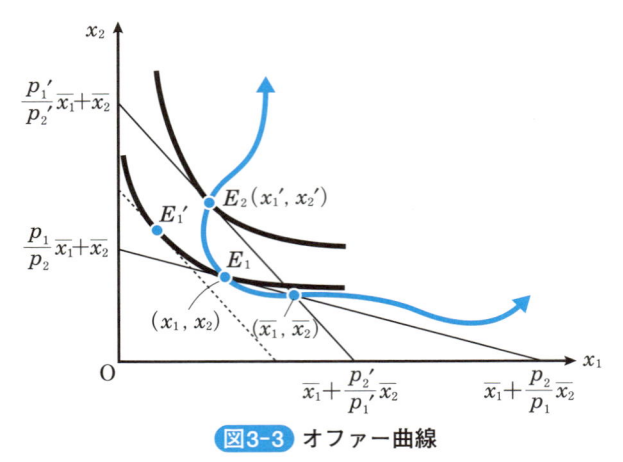

$$\frac{p_1'}{p_2'}\overline{x_1}+\overline{x_2}$$

$$\frac{p_1}{p_2}\overline{x_1}+\overline{x_2}$$

図3-3 オファー曲線

比が変化するにつれて変化する需要の軌跡は，オファー曲線と呼ばれる。E_1 および E_2 はオファー曲線上の点である。E_1 から E_2 への変化は，代替効果 $E_1 \to E_1'$ と所得効果 $E_1' \to E_2$ に分解することができる。所得効果を見ると，図3-3の例では第1財・第2財はともに上級財であることがわかる。上級財である第1財に関して，所得効果と代替効果が逆方向に働いていることに注意せよ。

ここで例題について考えてみよう。一定の時間を $\overline{l}$，余暇を l，賃金を y とする。労働時間は $L = \overline{l} - l$ で与えられる。時間当たりの賃金率を w とすると $y = wL = w(\overline{l} - l)$ である。よって，

(3.2) $y + wl = w\overline{l}$

となるが，これは図3-4の右下がりの予算制約線である。賃金率 w が変わると直線は点 $A = (0, \overline{l})$ を中心に回転する。(3.2) 式の左辺の wl の w は，賃金率

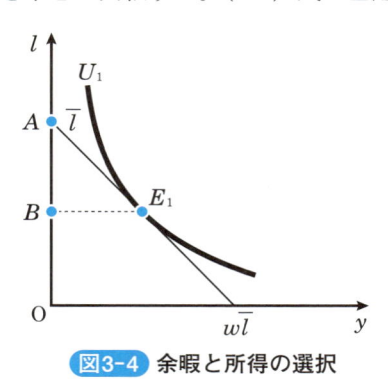

図3-4 余暇と所得の選択

図3-5 労働供給

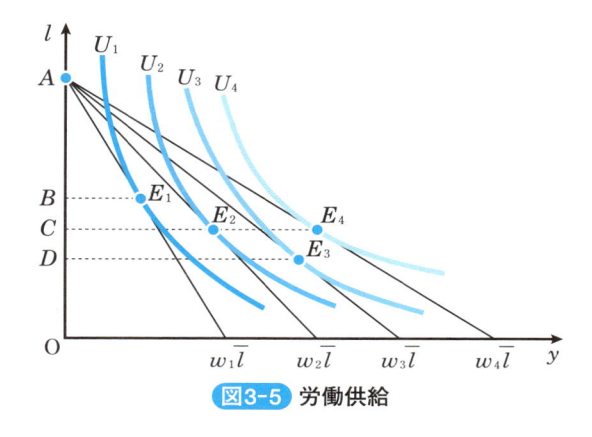

を表すと同時に，余暇の価格と考えることができる。

一方，効用$U(y, l)$は無差別曲線と予算制約線の接点で最大化される。図3-4では，BOが余暇l，ABが労働時間$L=\bar{l}-l$となっている。

正答(1) 図3-4を参照。(イ)の選好は無差別曲線で，(ロ)の賃金率は予算制約式の傾き$-\dfrac{1}{w}$の逆数に-1を掛けた値で表される。(ハ)は(効用)である。

正答(2) 貨幣賃金率がw_1, w_2, w_3, w_4と上昇してゆくと，予算制約線と横軸の交点は右にシフトしてゆく。需要は図3-5のE_1, E_2, E_3, E_4と変化する。そのときの余暇の値は$l_1=BO, l_2=CO, l_3=DO, l_4=CO$，労働時間の値は$L_1=AB, L_2=AC, L_3=AD, L_4=AC$である。図3-5では$L_3>L_4=L_2>L_1$となり，例題のB図と対応している。

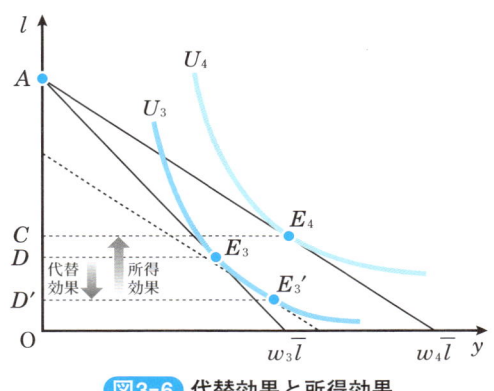

図3-6 代替効果と所得効果

正答(3) 貨幣賃金率がw_3からw_4に上昇するとき,労働供給量はL_3からL_4へ減少する。これは労働供給曲線の<u>後方屈曲性</u>(例題のB図のCDの部分)と呼ばれる現象である。この現象を説明するためにw_4の場合の予算制約式と平行な直線と,無差別曲線U_3の接点をE_3'とする(**図3-6**)。$E_3 \to E_3'$は代替効果,$E_3' \to E_4$は所得効果である。所得効果を見ると,余暇lは上級財である。lに対する代替効果DD'と所得効果$D'C$は反対方向に働いている。余暇に対する所得効果が代替効果を上回ることによって,労働供給が$L_3 = AD$から$L_4 = AC$に減少するのである。

練習問題

【No.1】 労働者が今,A点において効用を最大化している。賃金率が下がったときの変化について,正しく述べているものはどれか。(地方上級)

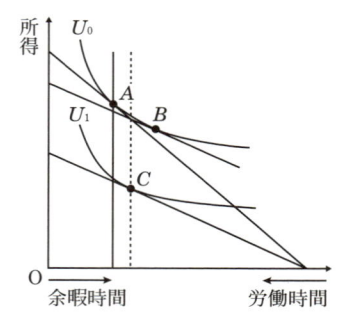

1 存在するのは所得効果のみである。
2 代替効果は所得効果よりも大である。
3 所得効果も代替効果も独自の影響を与えない。
4 所得効果は代替効果よりも大である。
5 所得効果も代替効果もない。

[解説] 代替効果はAからB,所得効果はBからCへの変化である。

【No.2】 図のような後屈形の労働曲線において,賃金の増加による所得効果が代替効果を上回るのは,次のうちどの部分であるか。(地方上級)

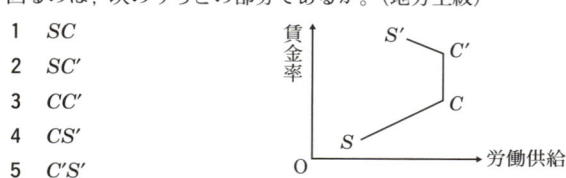

1 SC
2 SC'
3 CC'
4 CS'
5 $C'S'$

[解説] 消費者は，所得yと余暇lから効用$U(y, l)$を得る。余暇は，利用可能な時間$\overline{L}$から労働時間Lを引いて得られる。よって，$l = \overline{L} - L$である。賃金wとすると$wL = y$である。よって，$L = \overline{L} - l$を代入して，整理すると，

$$l + \frac{1}{w}y = \overline{L}$$

wが上昇すると，所得の相対価格が下落する。代替効果はlを減らして（よってLを増やして），yを増やす。所得効果は，lを増加させる（よってLを減少させる）。所得効果が代替効果を上回ると，余暇lが増加し，労働供給Lが減少する。このとき，労働供給曲線は，問題の図の$C'S'$の部分のように左上がりとなる。このような部分を持つ供給曲線を，後方屈曲線と呼ぶ。

【No.3】 余暇と賃金収入の間で選択を行っている労働者が，1時間の賃金が6ドルの場合に週40時間働き，7ドルの場合には週35時間働いた。
　以上の事例に関する記述として妥当なのは，次のうちどれか。(国家Ⅰ種)
1　余暇の所得効果は代替効果を上回る。
2　余暇の代替効果は所得効果を上回る。
3　余暇の所得効果はマイナスである。
4　余暇の代替効果はプラスである。
5　余暇の所得効果は代替効果をちょうど相殺している。

[解説] 賃金が上がったときに，労働時間が減少している。図3-6のケースに対応している。

正答　【No.1】2　【No.2】5　【No.3】1

3.3　計算問題

公式3.3　$a < 0$のときの$ax^2 + bx + c$の最大値は，$x = -\dfrac{b}{2a}$で与えられる$-\dfrac{b^2 - 4ac}{4a}$である。

2次関数$y = ax^2 + bx + c$は，

$$y = ax^2 + bx + c$$

$$y = a\left[x^2 + 2\left(\frac{b}{2a}\right)x + \left(\frac{b}{2a}\right)^2\right] + c - a\left(\frac{b}{2a}\right)^2$$

$$y = a\left(x + \frac{b}{2a}\right)^2 - \frac{b^2 - 4ac}{4a}$$

と変形できる。aが負であれば，これは上に凸の放物線であり，頂点で最大値を

持つ。最大値を与える x の値は, a が負であるので, $a\left(x+\dfrac{b}{2a}\right)^2$ を 0 にする x の値, すなわち, $x=-\dfrac{b}{2a}$ である。このとき, y の最大値は $-\dfrac{b^2-4ac}{4a}$ となる。

例題 3.3-1 計算問題①

ある消費者の効用関数が,
$$U=3lY-2l^2-Y^2 \quad [l：余暇（時間），Y：所得]$$
で示され, かつ 1 時間当たりの賃金が 2 であるとき, この消費者が効用極大化を図ったときの, 1 日の労働時間は何時間か。ただし, この消費者は 1 日（24時間）を余暇と労働以外には充てないこととする。（地方上級）

1　7時間　　2　8時間　　3　9時間
4　10時間　　5　11時間

解説　労働時間を L とすると $l=24-L$ である。所得は $Y=2L$ なので, 効用関数は,
$$U=6(24-L)L-2(24-L)^2-4L^2$$
$$=-12L^2+240L-2\times(24)^2$$
この例題の場合には, **公式3.3** で $a=-12$, $b=240$ のケースなので, $L=\dfrac{240}{2\times 12}=10$ で, 効用が最大となる。

正答　4

例題 3.3-2 計算問題②

ある個人は労働 L を供給し, 得た賃金のすべてを x 財の購入に支出し, 個人の効用関数は, $u=x(24-L)$ （ただし, $0\leq L\leq 24$）〔u：効用水準, L：労働供給量〕で示されるとする。x 財の税抜き価格が200, 賃金率が515であるとき, 個人の x 財の消費量はいくらか。x 財の購入には 3 ％の消費税が賦課されるものとする。（地方上級）

1　10　　2　20　　3　30
4　40　　5　50

解説　余暇を $l=24-L$ と置くと, 効用は $U=xl$ である。x 財の価格に, 3 ％の税額を加えると, $200+6=206$。賃金率515は余暇を 1 時間取ることによっ

て，失う賃金なので，余暇の価格である。余暇の初期保有量は24時間なので，制約条件は，

$$206x + 515l = 515 \times 24$$

となる。**公式2.1**でx_2をlに変えると，

公式3.4　　$p_x x = p_l l = \dfrac{I}{2}$

なので，これを用いて，

$$206x = \dfrac{515 \times 24}{2}$$

よって，$x = 30$である。

[別解]　所得が$515L$なので，所得制約を$206x = 515L$と置ける。$L = 0.4x$なので，

$$U = x(24 - 0.4x)$$
$$= 24x - 0.4x^2$$

公式3.3より$x = \dfrac{12}{0.4} = 30$でUは最大化される。　　　　　　正答　3

練習問題

【No.1】　ある個人は1日の時間を余暇と労働に充て，この個人の効用関数が，

$$U = 2yl - y^2 - \dfrac{1}{2}l$$

〔y：1日の実質所得，l：1日のうち余暇に充てる時間（単位：時間）〕

で示されるとき，この個人が効用を最大にするためには，1日何時間働くことになるか。ただし，実質賃金率は1時間当たり1であるとする。（国家Ⅱ種）

1　7時間50分　　2　7時間55分　　3　8時間
4　8時間5分　　5　8時間10分

[解説]　労働時間をLと置くと，$l = 24 - L$，また所得は$y = L$である。よって，

$$U = 2L(24 - L) - L^2 - \dfrac{1}{2}(24 - L)$$

$$= -3L^2 + \dfrac{97}{2}L - 12$$

これは**公式3.3**から$L = \dfrac{97}{12}$で最大化される。よって，$L = \dfrac{97}{12} = 8 + \left(\dfrac{1}{12}\right)$で最大となる。8時間

と5分である。

【No.2】 ある個人の効用関数が次のように与えられている。
$$u = x(12-L)$$
ここで，u は効用水準，x はX財の消費量，L は労働供給量を表す。X財の価格は10であり，労働1単位当たりの賃金率は20とする。この個人が効用を最大にするときの労働供給量はいくらになるか。

なお，この個人は労働によって得た所得のすべてをX財の消費に使うものとする。

1　4　　　2　6　　　3　8　　　4　10　　　5　12

［解説］**公式3.4**を利用して，
$$10x = \frac{20 \times 12}{2}$$
となる。これより，$x=12$である。労働の所得はすべてx財の購入に充てられるので，$20L=10x$である。したがって，$L=6$となる。

【No.3】 ある合理的な個人は1日の時間すべてを余暇と労働に充て，この個人の効用関数が，
$$U = 2yl - y^2 - 2l \quad [U：効用水準，y：所得，l：余暇時間]$$
で示されるとする。当初，この個人の1時間当たりの賃金は1であったとする。今1時間当たりの賃金が2に上昇したとすると，この個人の労働供給時間はどのように変化するか。

(国家Ⅰ種)

1　約2時間13分減少する。
2　約1時間6分減少する。
3　変化しない。
4　約1時間6分増加する。
5　約2時間13分増加する。

［解説］労働時間をLと置くと，$l=24-L$である。賃金をwとすると，$y=wL$である。それを効用に代入すると，
$$U = 2wL(24-L) - w^2L^2 - 2(24-L)$$
$$= -(w^2+2w)L^2 + 2(1+24w)L - 48$$

これは，**公式3.3**から，$L=(1+24w)(w^2+2w)^{-1}$で最大化される。$w=2$で$L=\frac{49}{8}$，$w=1$で$L=\frac{25}{3}$なので，$\frac{49}{8} - \frac{25}{3} = -\frac{53}{24} = -2 - \left(\frac{5}{24}\right)$。これは2時間と12.5分の減少である。

正答　【No.1】4　【No.2】2　【No.3】1

第4章 企業行動と生産関数

Firm Behavior and Production Function

4.1 生産関数の理論

> **例題 4.1-1　等量曲線**
> (1) 等産出量曲線とは何か。等産出量曲線を描いてその性質を説明しなさい。
> (2) 等産出量曲線によって，規模に関する収穫の概念について分析しなさい。
>
> （不動産鑑定士）

解説　(1) 企業が機械，土地，労働などの生産要素を投入して財を生産するとき，投入量と生産物の最大生産可能量との関係を，生産関数と呼ぶ。また，投入される生産要素は，投入物と呼ばれる。2種類の生産要素があるとすると，生産関数は，図4-1のような曲面で描かれる。底面上の点が投入物の量の組 (x_1, x_2)，曲面の高さが生産量 y である。

『消費者の効用曲面から無差別曲線を求めたのと同じように，生産曲面を一定の高さで水平に切った切り口を求める。これは，同じ生産量を生む生産要素量の組の集合で，等産出量曲線または等量曲線と呼ばれる。

等量曲線に沿って (x_1, x_2) が変化するとき，x_1 が増加（減少）すると x_2 が減少（増加）する。これは，ある生産要素の減少による生産量の減少を他の生産要素の増加によって補って，以前と同じ生産量水準を維持するからである。等

図4-1 生産曲面

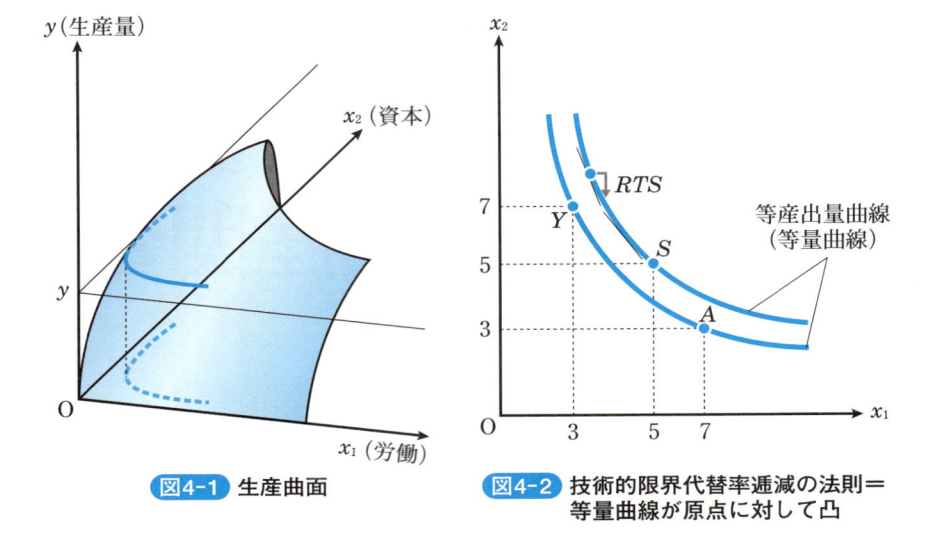

図4-2 技術的限界代替率逓減の法則＝
等量曲線が原点に対して凸

量曲線の傾きの絶対値は，第1要素を1単位増加するとき，それによって節約できる第2財の量を表す。これは，技術的限界代替率あるいは限界代替率と呼ばれ，RTSと略される。

等量曲線は右下がりで，また原点に凸であると仮定される。等量曲線が原点に凸ということは，生産要素x_1あるいはx_2を偏って使用するより，x_1とx_2をともに使用するほうが生産量が高くなるという意味がある。等量曲線が原点に対して，凸であれば，等量曲線に沿って右に移動すると傾きは次第に緩やかになる。これを，技術的限界代替率逓減の法則と呼ぶ。』

図4-1で，第2財の量を$x_2 = x_2^0$で固定して，底面に垂直な平面で生産曲面を切った切り口を求め，第1要素の生産曲線とする。この生産曲線の傾きを第1要素の限界生産物（力）と呼び，MP_1と略す。点(x_1^0, x_2^0)における第1要素の限界生産物とは，第2要素を固定して第1要素を1単位追加するときの生産量の増分$\frac{\Delta y}{\Delta x_1}$である。また，第2要素の代わりに，第1要素を固定して，第2要素の生産曲線を求めると，その傾きは，第2要素の限界生産物MP_2となる。

第1要素の限界生産物MP_1は，第1要素の価値を生産物で測ったもので，それと第2要素の価値を生産物で測った価値である限界生産物MP_2の比$\frac{MP_1}{MP_2}$は，

(a) 生産曲面を切る　　**(b) 切り口**

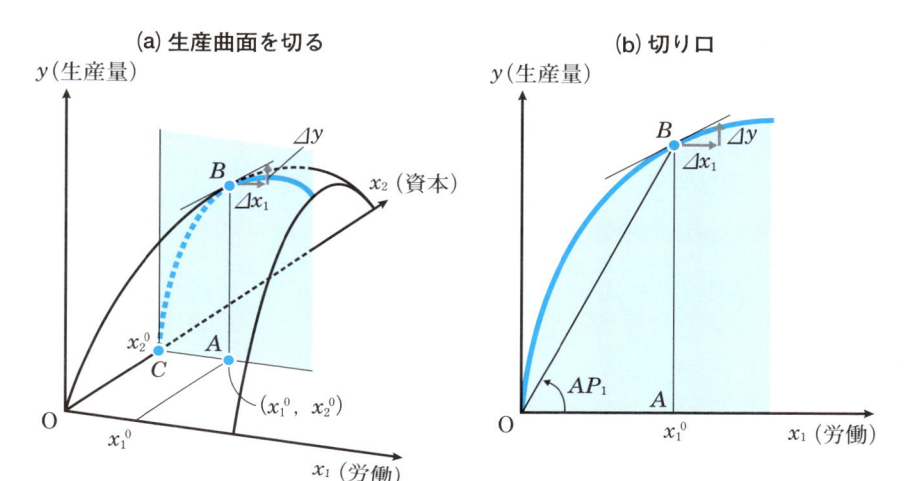

図4-3 点Aにおける第1要素の限界生産物$MP_1 = \dfrac{\Delta y}{\Delta x_1}$と平均生産物$AP_1 = \dfrac{y}{x_1}$

第1要素の価値の第2要素の価値に対する比である。

一方，技術的限界代替率RTSは，第1要素の量を1単位追加するときに，生産量を変えずに削減できる第2要素の量である。これは，第1要素1単位の価値を，第2要素の量で測ったものである。

以上の2通りのしかたで測った，第1要素の価値は等しくなるはずで，結局，

(4.1) 　　技術的限界代替率$= \dfrac{\text{第1要素の限界生産物}}{\text{第2要素の限界生産物}}$,

$$\text{すなわち } RTS = \dfrac{MP_1}{MP_2}$$

が成立する。

なお，生産曲線上の点と原点を結んだ直線の傾きを平均生産物といい，$AP = \dfrac{y}{x}$というように表す。

以上の概念を，消費の理論のそれと対応してまとめておこう（表4-1）。ただし，生産の理論の平均生産物だけは，消費の理論では対応概念がないことに注意してほしい。

表4-1 概念と性質の対応

生産の理論	消費の理論
生産関数	効用関数
等量曲線	無差別曲線
(技術的)限界代替率 RTS	限界代替率 MRS
限界生産物 MP	限界効用 MU
$RTS = \dfrac{MP_1}{MP_2}$	$MRS = \dfrac{MU_1}{MU_2}$
RTS 逓減の法則	MRS 逓減の法則

(2) **図4-1**では，生産曲面が上方に凸の形をしていた。これは，たとえば，$y = x_1^{\frac{1}{3}}, x_2^{\frac{1}{3}}$ などの関数のグラフの形と同じである。この例では，$(x_1, x_2) = (1, 1)$，$(3^3, 3^3)$ とすると，それぞれ $y = 1$，$3 \times 3 = 9$ となる。すべての生産要素を $3^3 = 27$ 倍しても，すなわち生産規模を27倍にしても，生産量は9倍にしかならない。規模を拡大したときに，生産量は増加するけれども，生産要素の増加に比例するほどには増加しないのである。この事実を規模に関して収穫逓減と呼ぶ。

『規模に関して収穫逓減の生産関数から等量曲線を求めると，生産量を**図4-4**のように，1→2→3→4と2倍，3倍，4倍とすると，より多くの生産要素を追加する必要が出てくる。よって，等量曲線の間隔が大きくなってくる。一方，2倍に産出量を増やしたときに，原点から等量曲線への距離も2倍となるなら，

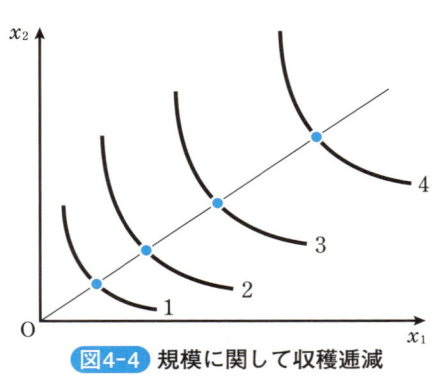

図4-4 規模に関して収穫逓減

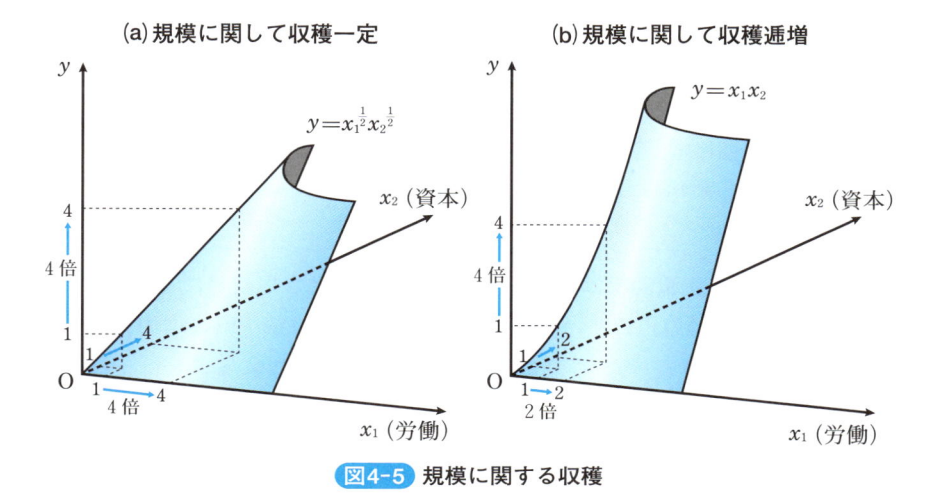

(a) 規模に関して収穫一定　　(b) 規模に関して収穫逓増

$y = x_1^{\frac{1}{2}} x_2^{\frac{1}{2}}$

$y = x_1 x_2$

図4-5 規模に関する収穫

それは規模に関して収穫一定と呼ばれる。

また，生産量が2倍されるとき，原点から等量曲線への距離が2倍以下になるなら，それは生産の規模を増やしたときに必要とされる生産要素の量が，より少なくなることである。これは，規模に関して収穫逓増と呼ばれるケースである。』図4-5(a)は，規模に関して収穫一定，図4-5(b)は規模に関して収穫逓増の生産関数である。

正答　(1)(2) それぞれ解説の『　』の部分

例題 4.1-2　利潤最大化と費用最小化

図は，生産要素 x, y を用いて生産物を生産する企業の等生産量曲線（I）と等費用曲線（C）を示している。これについて述べた次の記述のうち，正しいものはどれか。（国税専門官）

1 点Eでは，要素価格で割った限界生産物が等しい。
2 点Eでは，企業は利潤最大化を常に実現できる。
3 等生産量曲線上では，限界代替率は常に一定である。
4 等生産量曲線は，原点に近いほど大きな生産量に対応している。
5 等生産量曲線が原点に対して凸なのは，規模に関する収穫逓減の法則に対応している。

解説 まず，等生産量曲線は，原点から遠いほど大きな生産量に対応し（**4**は誤り），それぞれは原点に凸の形をして，限界代替率は第1財の増加とともに減少する（**3**は誤り）。等生産量曲線が原点に対して凸であることは，技術的限界代替率逓減の法則を表しており，規模に関する収穫逓減の法則とは関係がない（**5**は誤り）。

企業は利潤を最大化するように生産を行う。生産物の価格をp，生産要素の価格をw_1, w_2とする。企業は，生産関数$y=f(x_1, x_2)$に従って生産を行い，収入と支出の差である利潤，すなわち，

$$(4.2) \quad \pi = py - (w_1 x_1 + w_2 x_2)$$

　　　　　　利潤　収入　　　　支出

を最大化しようとする。この式は，(x_1, x_2, y)空間の中で，平面を表している。利潤πの値を与えると，

$$(4.3) \quad y = \frac{w_1}{p} x_1 + \frac{w_2}{p} x_2 + \frac{\pi}{p}$$

となり，$x_1 = x_2 = 0$と置くとy軸の切片$\frac{\pi}{p}$が得られる。よって，価格w_1, w_2, pが一定なら，利潤πの値が大きくなるにつれて，平面はより上方に平行移動する。そのおのおの，すなわちπを固定して得られる平面を<u>等利潤平面</u>と呼ぶ。

生産要素と生産物の組(x_1, x_2, y)は，生産曲面上にある。その点を通る等利潤平面が，y軸と交わる点$(0, 0, \frac{\pi}{p})$から利潤πの値を計算できる。利潤を最大化するには，等利潤平面を生産曲面と交わりを持つ範囲内で，できるだけ上方に持ってゆく。その結果，生産曲面と等利潤平面が，互いに接する位置まで等利潤平面を持ってゆくと，利潤が最大となる。図4-6(a)がその状態である。接点$B = (\overline{x_1}, \overline{x_2}, \overline{y})$は利潤を最大化する生産要素量と生産量の組である。

(a) $\overline{x_2}$で垂直な平面で切る

(b) $MP_1 = \dfrac{w_1}{p}$

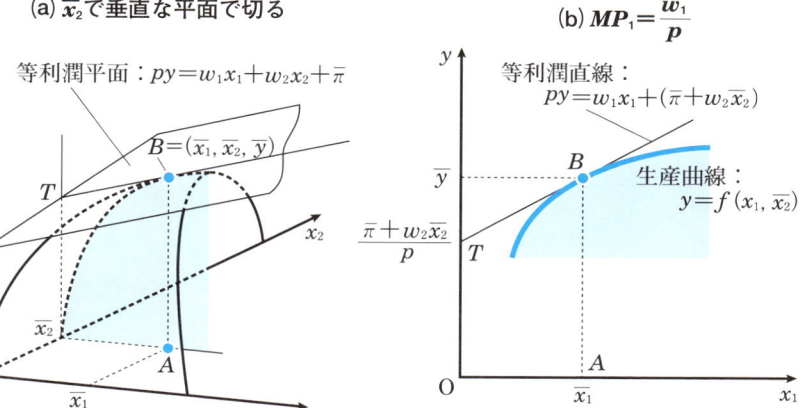

図4-6 利潤最大化と限界生産物

　最大化された利潤を$\overline{\pi}$とする。図4-6(a)の生産曲面と等利潤平面を，接点Bを通り，x_2を$\overline{x_2}$に固定した垂直な平面で切る。その切り口として，生産曲線$y=f(x_1,\overline{x_2})$と等利潤直線，

(4.4) $\qquad py = w_1 x_1 + (\overline{\pi} + w_2 \overline{x_2})$

が得られる。これらは，$(\overline{x_1}, \overline{y})$で互いに接しているので，それぞれの傾きである$MP_1$と$\dfrac{w_1}{p}$が等しくなる。第2要素の代わりに第1要素を固定して，垂直な平面で切ると，同様にして，MP_2と$\dfrac{w_2}{p}$が等しくなる。$\dfrac{w_1}{p}$は第1要素の実質価格と呼ばれる。利潤が最大化されているなら，生産要素の限界生産物は，その実質価格に等しい。以上の条件，

(4.5) $\qquad \underset{\substack{\text{第1要素の} \\ \text{限界生産物}}}{MP_1} = \underset{\substack{\text{第1要素の} \\ \text{実質価格}}}{\dfrac{w_1}{p}}, \qquad \underset{\substack{\text{第2要素の} \\ \text{限界生産物}}}{MP_2} = \underset{\substack{\text{第2要素の} \\ \text{実質価格}}}{\dfrac{w_2}{p}}$

の両辺にpを掛けると，

$\qquad \underset{\substack{\text{第1要素の限} \\ \text{界生産物価値}}}{p \cdot MP_1} = \underset{\substack{\text{第1要素} \\ \text{の価格}}}{w_1}, \qquad \underset{\substack{\text{第2要素の限} \\ \text{界生産物価値}}}{p \cdot MP_2} = \underset{\substack{\text{第2要素} \\ \text{の価格}}}{w_2}$

となる。$p \cdot MP_i$を第i要素の限界生産物価値と呼び，MVPとする。

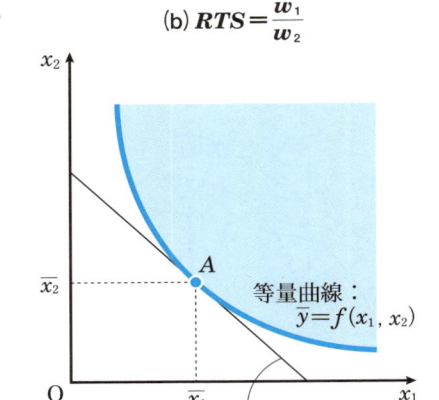

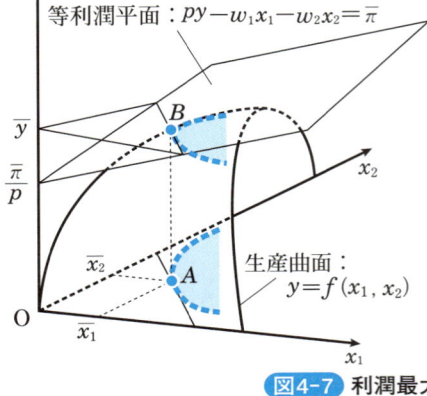

(a) $\overline{y}$ の高さで等利潤平面と生産曲面を切る   **(b)** $RTS = \dfrac{w_1}{w_2}$

図4-7 利潤最大化と限界代替率

　また，図4-7(a)で，生産量を $\overline{y}$ に固定して，底面と平行な平面を描くと，それは利潤最大化点Bを通る．利潤 $\overline{\pi}$ と生産量 $\overline{y}$ が固定されているので，変数は x_1 と x_2 だけで，

$$w_1 x_1 + w_2 x_2 = p\overline{y} - \overline{\pi}$$

の関係を満たす（図4-7(b)）．これは，(x_1, x_2) 平面上の直線で，$\overline{y}$ を生産量とする等量曲線と接している．したがって，接点Aでは，

$$(4.6) \qquad RTS = \frac{w_1}{w_2}$$

が成り立つ．

　(4.1) と (4.6) から，

$$(4.7) \qquad \frac{MP_1}{MP_2} = \frac{w_1}{w_2} \quad \text{すなわち} \quad \frac{MP_1}{w_1} = \frac{MP_2}{w_2}$$

が得られる（1は正しい）．

　生産要素価格 w_1, w_2 が与えられると，直線，

$$w_1 x_1 + w_2 x_2 = c$$

は，(x_1, x_2) 平面上の右下がりの**等費用線**と呼ばれる直線を表す．c は生産費用である．図4-7(b)は，少なくとも $\overline{y}$ の量を生産する生産要素の組の中で，最小費用による点がAで，その費用が $p\overline{y} - \overline{\pi}$ であることを表す．つまり，(4.6) 式は費用最小化条件であり，それが利潤最大化条件から導かれることを

図4-7が表している。しかし，逆，すなわち，費用最小化 (4.6) だけでは，利潤最大化には十分でない (**2**は誤り)。これは，(4.6) が価格pを含まないので利潤と結びつけることができないことからもわかる。　　　　　　　　　**正答　1**

表4-2　最適性条件の対応

生　産	消　費
$\dfrac{MP_1}{w_1} = \dfrac{MP_2}{w_2} = \dfrac{1}{p}$	$\dfrac{MU_1}{p_1} = \dfrac{MU_2}{p_2}$
$RTS = \dfrac{w_1}{w_2}$	$MRS = \dfrac{p_1}{p_2}$

練習問題

【No.1】 下図は，ある企業が2種類の生産要素x_1とx_2を投入して生産物yの生産を行っているときの等生産量曲線を示したものであるが，この図に関する記述として，妥当なのはどれか。ただし，y_1，y_2，y_3は，それぞれyの生産量を100，200，300としたときの等生産量曲線を示すとする。(地方上級)

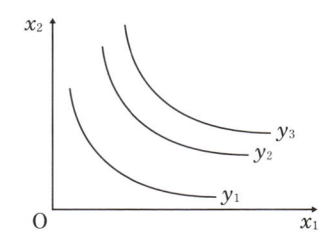

1　等生産量曲線は，無差別曲線と同じように，序数的な概念であり，可測的でないが，等生産量曲線で生産量の大小の順序づけはできる。
2　x_1，x_2の生産要素間の限界代替率は，この等生産量曲線の傾きの絶対値であり，その値は，x_1，x_2の2生産要素の限界生産力の比率に等しい。
3　この等生産量曲線は，曲線に沿って左上から右下に移動するにつれて，生産要素x_2の生産要素x_1に対する限界代替率が逓増していることを示している。
4　この等生産量曲線は，等生産量曲線間の幅の比率が生産水準の拡大の比率より小さく，規模に関して収穫逓減であることを示している。
5　x_1，x_2の2生産要素間の価格比が変化するとき，それに伴って等生産量曲線がシフトし，2つの等生産量曲線が交わる場合がある。

[解説] 1．等生産量曲線は基数的な概念である (**1**は誤り)。2．正しい。3．限界代替率は逓減している (**3**は誤り)。4．等生産量曲線の間隔がy_1からy_2よりもy_2からy_3の間のほうが狭くなってい

るので，収穫逓増の場合である（4は誤り）。5．要素価格が変化しても等生産量曲線はシフトしない。また等生産量曲線は交わらない（5は誤り）。

正答【No.1】2

4.2　費用関数の理論

例題 4.2-1　費用曲線

Cを総費用，Yを生産量，Xを生産要素投入量として，生産関数が，
　$Y = F(X)$
CとXの関係式が，
　$C = aX + b$　（a, bは定数）
で表わされる企業がある。生産関数と平均費用曲線ACおよび限界費用曲線MCの形状に関する組合せとして妥当なものはどれか。（国税専門官）

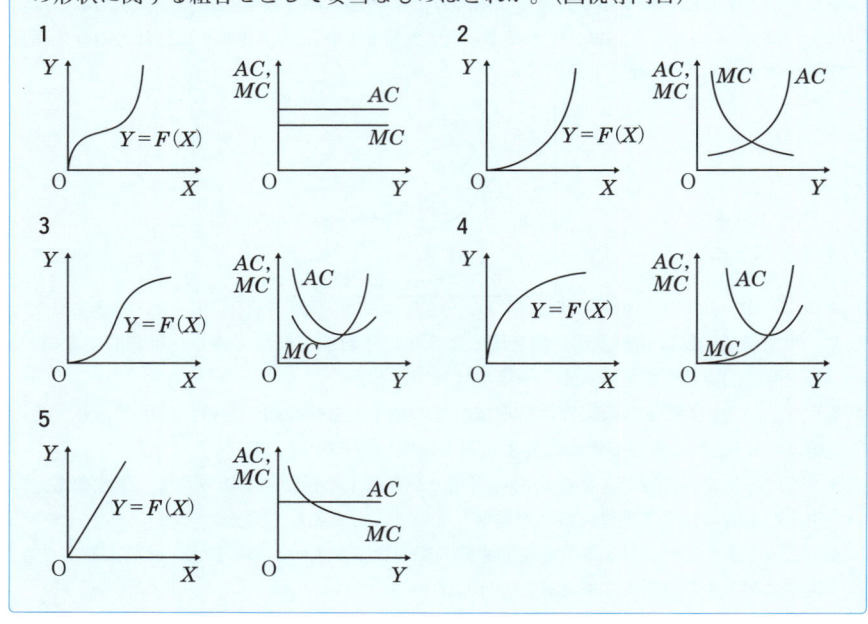

解説　短期生産関数が，3のようにS字型となる場合について，その生産費用がどのような関数となるかが，**図4-8**で説明されている。**図4-8(a)** の短期生産関数は，第1要素の量x_1の値を生産量yに関係づける曲線である。**図4-8(a)**

(a) 短期生産関数

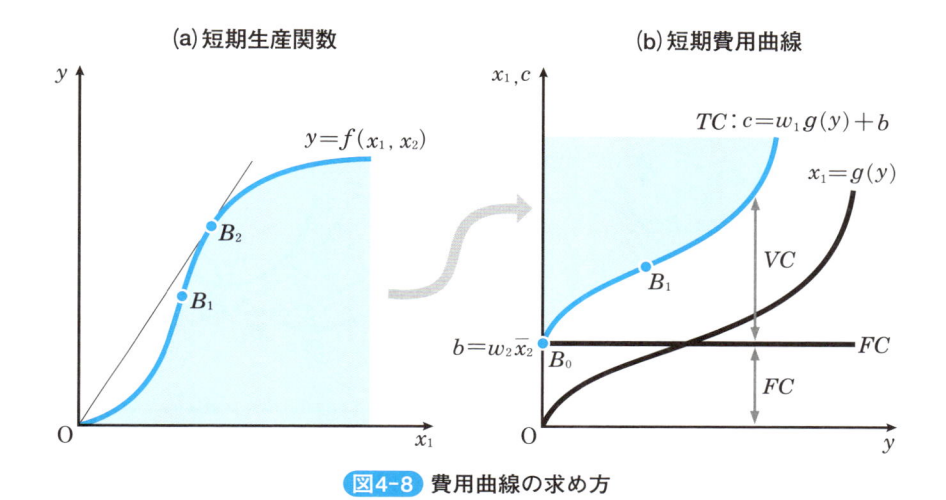

(b) 短期費用曲線

図4-8 費用曲線の求め方

の縦軸と横軸を取り替えて，曲線をひっくり返したのが**図4-8(b)**の下方の曲線$x_1 = g(y)$である。この曲線はyの値に対し，どれだけのx_1が必要かを表す。そして，x_1の高さをw_1倍して定数項bだけ上方にずらしてできるのが総費用曲線TCである。TCはtotal costの略である。定数項は，固定要素の費用$b = w_2 \bar{x}_2$である。これを固定費用（fixed cost）と呼び，FCと略す。一方，可変要素の費用$w_1 g(y)$を可変費用（variable cost）と呼び，VCと略す。結局，費用関数あるいは費用曲線とは，生産量yの水準と，それを生産するために必要な総費用TCとの関係である。総費用が可変費用と固定費用の和であるので，

(4.8) $\quad TC = VC + FC$

となる。なお，**図4-8(b)**の短期費用曲線は，それが**図4-8(a)**のS字型の短期生産関数を上下にひっくり返して得られていることから，逆S字型になる。

総費用を$c = w_1 g(y) + b$と置いて，右辺を$c(y)$で表す。この総費用曲線TCの傾き，すなわち接線の傾きを限界費用（marginal cost）と呼び，MCで表す。限界費用とは，生産物を1単位追加的に生産するときに必要となる費用の増分である。**図4-8(b)**では，総費用曲線TCが，B_0とB_1の間で上に凸，B_1より右で下に凸となっている。したがって，限界費用は，B_1で最小となる（**図4-9(b)**の曲線MC参照）。

総費用を生産量で割った値，$\dfrac{TC}{y}$すなわち生産物1単位当たりの費用を平均

(a) 総費用曲線 TC

(b) 限界費用曲線 MC と平均費用曲線 AC

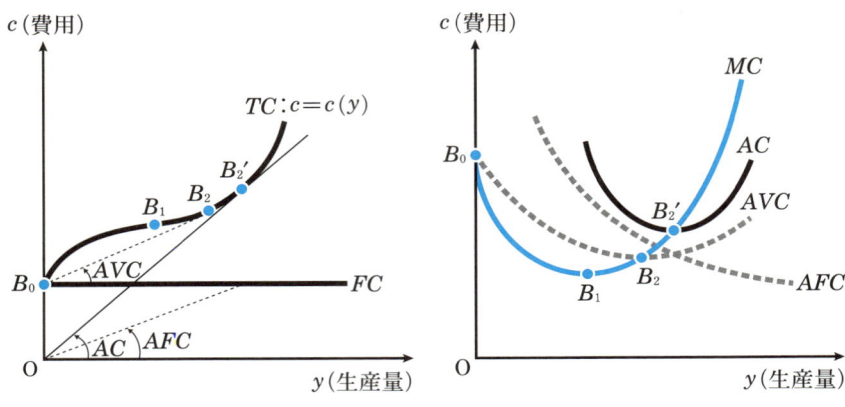

図 4-9 限界概念・平均概念

費用（average cost）と呼んで，AC と略す．平均費用は図 4-9(a) の総費用曲線上の点と原点を結ぶ直線の傾きの値と等しくなる．この直線の傾きが最も小さくなる点 B_2' では，原点を通る直線が総費用曲線と接している．平均費用 AC が最小となる点では，平均費用と限界費用が等しくなる（図 4-9(b) の曲線 MC と曲線 AC の交点参照）．図 4-8(a) と図 4-9(b) の対応関係から 3 が正しい．

ところで，総費用が可変費用と固定費用の和なので，平均費用は平均可変費用 AVC と平均固定費用 AFC の和に等しくなる．

(4.9) $\quad \dfrac{TC}{y} = \dfrac{VC}{y} + \dfrac{FC}{y} \quad$ すなわち $\quad \underset{\text{平均費用}}{AC} = \underset{\text{平均可変費用}}{AVC} + \underset{\text{平均固定費用}}{AFC}$

平均固定費用 AFC は，図 4-9(a) の水平線 FC と原点を結ぶ直線の傾きで，これは，y を増加させると単調に減少する．平均可変費用 AVC は，図 4-9(a) の縦軸上の点 B_0 と総費用曲線上の点を結ぶ直線の傾きなので，これは，点 B_2 で最小となり，その点で限界費用と等しくなる．図 4-9(b) では，曲線 AVC がその最小点で，曲線 MC と交わっている．

正答 3

例題 4.2-2 利潤最大化

次の図は，ある企業の生産物の生産量，総収入，総費用の関係を示している．このとき，妥当なものはどれか．（地方上級類題）

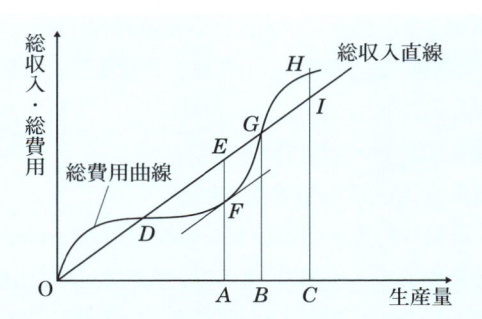

1 生産量がAのとき，生産物の価格と限界費用が等しく，企業の利潤はマイナスとなる。
2 生産量がAのとき，生産物の価格と限界費用が等しく，企業の利潤は極大となる。
3 生産量がBのとき，生産物の価格と限界費用が等しく，企業の利潤は極大となる。
4 生産量がCのとき，生産物の価格と限界費用が等しく，企業の利潤が極大となる。
5 生産量がCのとき，生産物の価格と限界費用が等しく，企業の利潤がゼロとなる。

解説 利潤は，**総収入**（total revenue）と総費用の差として表される。総収入のことをTRと表す。総収入は，生産量の価格pを傾きとし，原点を通る直線$R=py$で表す。この総収入直線と総費用曲線の垂直距離は，利潤，

(4.10)　　$\pi = py - c(y)$

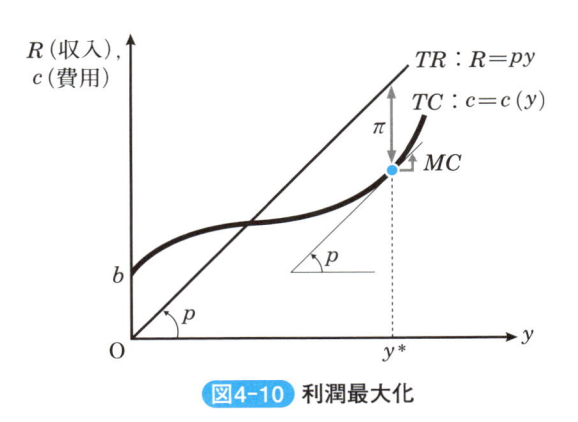

図4-10 利潤最大化

を表す。総収入直線TRと総費用曲線TCの垂直距離が最大となるのは，曲線TCの接線の傾きが直線TRと平行になるときである。これは，**図4-10**を見ると理解できる。すなわち，

(4.11)　　生産物の価格＝限界費用

が満たされる生産量y^*で利潤が最大化される。

例題の場合は，価格は原点を通る総収入直線の傾きである。限界費用は総費用曲線の接線の傾きである。生産量がAの付近では，総費用曲線上の点Fでの接線が総収入直線と平行になる。この点では，利潤が最大化される。EがFより上方なので，総収入が総費用を上回り利潤は正である。　　**正答　2**

例題 4.2-3　損益分岐点・操業停止点

図は，ある製品を生産する企業の限界費用曲線（MC），平均可変費用曲線（AVC）および平均総費用曲線（ATC）を示したものである。この企業の生産に関する次の記述のうち，妥当なものはどれか。ただし，総費用＝可変費用＋固定費用で，この企業は固定費用（一定額）をすでに負担しているものとする。

(国家Ⅱ種)

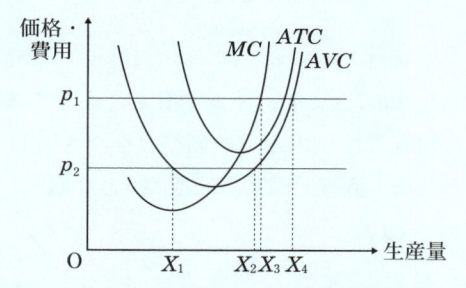

1　生産する製品の市場価格がp_1のとき，この企業が利潤を最大化すると，その生産量はX_4になる。
2　生産する製品の市場価格がp_1のとき，この企業が生産量をX_3で生産すると，この企業は赤字になる。
3　生産する製品の市場価格がp_2のとき，この企業が利潤を最大化すると，赤字にもかかわらずこの企業は生産を行う。
4　生産する製品の市場価格がp_2のとき，この企業が利潤を最大化すると，その生産量はX_2となり，この企業は黒字になる。
5　生産する製品の市場価格がp_2のとき，この企業が利潤を最大化すると，その生産量はX_1になる。

解説 例題のATCとは，これまで用いてきたACと同じ概念である。**図4-11**では，総収入pyが長方形pQy^*Oの面積に等しくなる。総費用は，$AC \cdot y^*$に等しく，これは長方形p_cCy^*Oの面積と等しくなる。結局，利潤は**図4-11**の長方形$pQCp_c$の面積として表される。

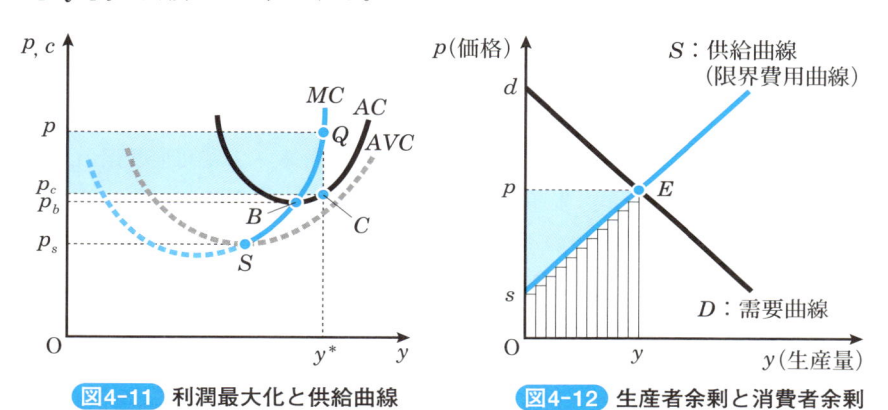

図4-11 利潤最大化と供給曲線

図4-12 生産者余剰と消費者余剰

もし生産物の市場価格が変われば，生産量も変わる。(p, y^*)の組は，曲線MC上にあるので，曲線MCがこの企業の供給曲線となる。ただし，価格が曲線MCと曲線ACの交点Bの高さp_bまで低下すると，価格と平均費用が等しくなり，利潤は消滅する。点Bを損益分岐点と呼ぶ。損益分岐点では，利潤はゼロであるが，当初に支出された固定費用はすべて回収している。ここで，もし生産を止めれば，固定費用の額が損失となる。したがって，損益分岐点では生産を継続する。価格がp_bを下回ったとしても，短期的には，可変費用をカバーする限り生産を継続したほうがよいことになる。生産を停止するのは，価格がp_s以下に下がったときである。p_sでは，価格と平均可変費用AVCが等しくなる。曲線MCと曲線AVCの交点Sは，操業停止点と呼ぶ。結局，『限界費用曲線の平均可変費用曲線より上方の部分が短期供給曲線である』ということになる。

表4-3

利潤最大化条件	$P=MC$
損益分岐点	$P=MC=AC$
操業停止点	$P=MC=AVC$

各価格の水準に対して，個々の企業の供給量の総和を取ると，市場の供給量

が得られる。したがって，個々の企業の短期供給曲線を横に足し合わせたものが市場の短期供給曲線である。

需要曲線から消費者余剰（第6章の6.1を参照）が定義されるように，供給曲線から生産者余剰が定義される。市場の均衡が図4-12のEであるとすると，市場価格pと供給量yの積すなわち四角形$pEyO$の面積が生産者の手に渡る収入である。一方，供給曲線は限界費用曲線なので，その高さは，追加的1単位を供給するのに必要な追加的費用を表される。供給曲線の下の面積は，可変費用の総和になる。図4-12の青色の部分△pESは，総収入と総可変費用の差で，これを生産者余剰と呼ぶ。生産者余剰は，利潤と固定費用の和と等しくなる。なお，消費者余剰は図4-12の△dEpで表される。消費者はある生産物につき，p以上の価格で支払いをする準備があるにもかかわらず，実際の市場価格はpとなっていることから，その分の差を消費者余剰という。

例題の場合は，価格p_1はATCの最小値より高いので，利潤は正，価格p_2はATCの最小値より低いので利潤は負である。ただし，p_2はAVCの最小値より高いので操業は続ける。生産量は，MCとの交点で決まる。p_2に対してはX_3が生産量であり，利潤は正である（よって，1，2は誤り）。　　　　　正答　3

例題 4.2-4　長期費用曲線

次の図のように，短期総費用曲線C_1，C_2，C_3が示されている場合における長期の費用曲線に関する記述として，妥当なものはどれか。ただし，すべての生産要素の価格は一定とする。（地方上級）

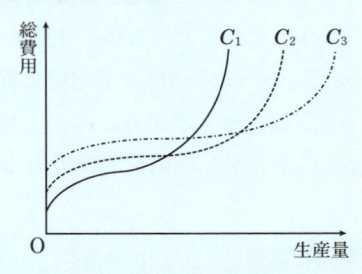

1　長期総費用曲線は，固定的生産要素の存在を前提にしており，固定的生産要素の水準に応じて無数に描くことができ，原点を通ることはない。
2　長期総費用曲線は，各短期総費用曲線の最低点を結んだ曲線であり，この図においては，総費用を表す縦軸に一致する。

3 長期平均費用は，長期総費用曲線上の任意の点と原点を結んだ線分の勾配に対応し，長期平均費用曲線は，各短期平均費用曲線の包絡線である。
4 長期限界費用は，長期総費用曲線上の任意の点における接線の勾配に対応し，長期限界費用曲線は，各短期限界費用曲線の包絡線である。
5 長期平均費用曲線の最小点は，短期平均費用曲線の最小点と一致するだけでなく，長期限界費用曲線の最小点および短期限界費用曲線の最小点とも一致する。

解説 長期とは，固定要素が存在しない生産期間のことである。したがって，固定要素の費用すなわち固定費用は 0 となる。すべての生産要素は可変要素であり，総費用は総可変費用と等しくなる。以下では，短期の費用概念を STC, SAC, SMC, 長期の費用概念を LTC, LAC, LMC と，S あるいは L を付けて，区別する。

短期の総費用曲線は，固定費用の水準によって異なるものになり，図4-13 で，固定費用が b_1 のときの短期総費用曲線が STC_1 なら，固定費用を b_2 に増加すると，別な総費用曲線 STC_2 が得られる。固定費用の水準 b を連続的に変えると，短期総費用曲線も連続的に変わり，青色の領域を埋め尽くす。

長期総費用曲線は，生産量の各水準に対して，それを生産する最小の費用を表す。したがって，短期総費用曲線群の描く領域の下方の境界すなわち包絡線が長期総費用曲線 LTC となる。長期には固定費用がないので，LTC は原点か

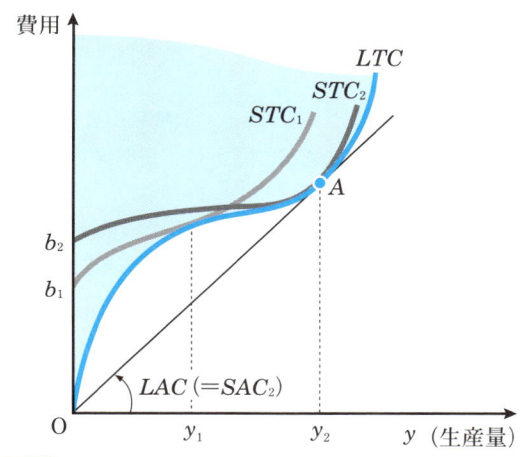

図4-13 長期総費用曲線 LTC は短期総費用曲線群の包絡線

ら出ている。

例題の場合，短期総費用曲線は固定要素の存在を前提とし，固定要素の水準に応じて無数に描くことができ，原点を通ることはない（1は誤り）。長期総費用曲線は，短期総費用曲線群を下方から包むような曲線，包絡線である。そして，平均費用とは費用曲線上の点と原点を結ぶ直線の傾きで，短期平均費用曲線群の包絡線として長期平均費用曲線が得られる（3が正しい）。

正答　3

例題 4.2-5　長期平均費用曲線

下図において，AC_n は n 期の短期費用曲線を示している（$n=1, 2, 3, \cdots$）。下図の（ア）〜（ウ）について述べた次の記述のうち，妥当なものはどれか。

(国家Ⅱ種)

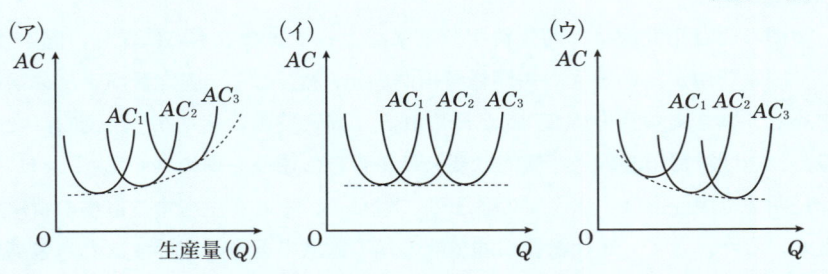

1　（ア）において，長期平均費用は，短期平均費用の最小点の軌跡である。
2　（ア）において，長期平均費用は逓増的で，長期限界費用曲線は水平である。
3　（イ）において，長期平均費用は一定であり，長期限界費用曲線は右上がりである。
4　（イ）において，長期平均費用は一定であり，長期限界費用曲線は水平である。
5　（ウ）において，長期平均費用は逓減的であり，長期限界費用曲線は長期平均費用曲線より上方にある。

解説　長期費用曲線にも，限界費用 LMC と平均費用 LAC がある。図4-13では，生産量 y_2 と対応する長期費用曲線上の点 A での接線が原点を通るとする。A では，STC_2 と LTC が接しているので，その平均費用 SAC_2 と LAC はともに最小となる。図4-14のように，LAC と SAC_2 はその最小点で接している。生産量 y_2 は生産の<u>最適規模</u>と呼ばれる。

一方，図4-13で他の生産量 y_1 を見ると，STC_1 と LTC は接してはいるが，

図4-14 長期平均費用曲線LAC

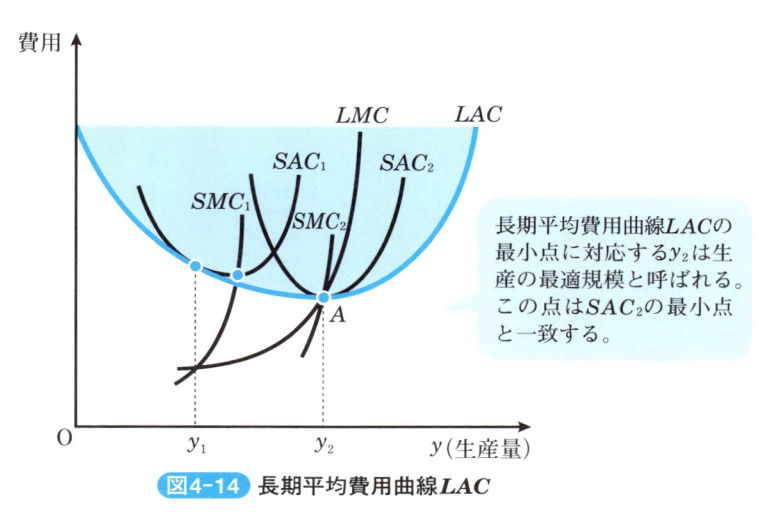

図4-14で見るようにSAC_1とLACの接点は，SAC_1の最小点とは異なった点になる。LACがSAC曲線群の包絡線となることは，図4-14から明らかである。

例題の場合は，平均費用曲線群の占める領域の境界は，包絡線と呼ばれる。（ア），（イ），（ウ）の図の点線が包絡線で，可能な限りの最小の平均費用であり，長期平均費用曲線である。AC_1，AC_2，AC_3の最小点が点線に接しているのは（イ）のケースのみ（よって**1**は誤り）。長期平均費用曲線は，（ア）で右上がり，（イ）で水平，（ウ）で右下がりである。図4-14では，限界費用曲線は平均費用曲線の最低点を通って，左下から右上に走っている。したがって，y_2の左では長期限界費用曲線LMCが長期平均費用曲線LACの下，y_2の右では長期限界費用曲線が長期平均費用曲線の上に位置する。（イ）は，長期平均費用曲線が水平なので，すべての生産量で最低となっている。短期平均費用曲線の最低点が長期限界費用と一致しているということは，長期限界費用曲線も水平となることである。よって，**4**が正しい。（ア）の右上がりの長期平均費用曲線に対しては，長期限界費用曲線は右上がりとなる（**2**は誤り）。（ウ）の右下がりの長期平均費用曲線に対しては，その下方に長期限界費用曲線が位置する（**5**は誤り）。

正答　**4**

練習問題

【No.1】 次の図はある企業の総費用曲線を示している。この図からいえることとして妥当なものはどれか。（国家Ⅱ種）

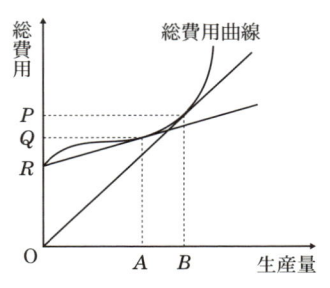

1 生産量がAであるときの限界費用は$\left(\dfrac{OQ}{OA}\right)$である。

2 生産量がAであるときの平均費用は$\left(\dfrac{RQ}{OA}\right)$である。

3 生産量がBであるときの限界費用は$\left(\dfrac{OP}{OB}\right)$である。

4 生産量がAであるとき，平均費用は最小になる。

5 生産量がBであるとき，限界費用は最小になる。

[解説] 平均費用は，総費用曲線上の点と原点を結ぶ直線の傾きである。よって，Aでは，$\dfrac{OQ}{OA}$（2は誤り），Bでは$\dfrac{OP}{OB}$が平均費用である。平均費用はBで最小となる。

限界費用は，総費用曲線の接線の傾きに等しい。総費用曲線が上に凸の部分で限界費用は減少し，下に凸の部分で増加する。その切り替わる点（変曲点）で，限界費用は最小となる。よって，Aより小さい生産量で，最小となる。

平均費用が最小となるBでは，限界費用と平均費用が等しい。

【No.2】 A，B，2財の生産量y_A，y_Bとその総生産費c_A，c_Bとの間に図のような関係があるとき，限界生産費と平均生産費に関する次の記述のうち，妥当なものはどれか。（国家Ⅱ種）

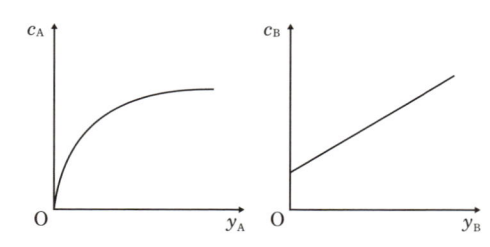

1　Aでは，限界生産費が逓減するので，平均生産費は逓増する。
2　Bでは，固定費用が存在するので，限界生産費は逓減する。
3　限界生産費は，Aでは逓減し，Bでは逓増する。
4　平均生産費は，Aでは逓減し，Bでは不変である。
5　平均生産費は，A，Bともに逓減する。

[解説] 生産量が0のとき，Aでは総費用c_Aは0であり，Bでは総費用y_Bは正である。よって，Aは固定費用が0，Bは固定費用が正である。限界費用は，費用曲線の傾きである。生産量の増加とともに，Aの傾きは逓減，Bの傾きは一定である（2と3は誤り）。平均費用は，原点と曲線上の点を結ぶ直線の傾きなので，生産量の増加とともにAについてもBについても逓減する。よって1，4は誤りで5が正しい。

【No.3】 完全競争市場における通常の短期の費用曲線の性質に関する次の記述のうち，妥当なものはどれか。（国税専門官）
1　平均固定費用は，生産量が増加するとともに増加する。
2　平均総費用は生産量が増加するにつれて，初めは減少するが，ある点を境界にして一定になる。
3　限界費用は生産量が増加するにつれて，初めは減少するが，ある点を境界にして一定になる。
4　平均費用は，総費用曲線と原点を結んだ直線の勾配である。
5　限界費用と平均可変費用が等しくなる点は，損益分岐点である。

[解説] 平均固定費用AFCは，固定費用FCを生産量xで割った$\frac{FC}{x}$なので，xの増加とともに減少する（1は誤り）。平均総費用ACと限界費用MCは，U字型であるので，2と3は誤り。限界費用と平均可変費用が等しくなる点は操業停止点なので，5は誤り。

【No.4】 短期における費用および固定的生産要素の調整も可能な長期における費用に関する次の記述のうち，妥当なものはどれか。（国家Ⅱ種）
1　短期において，平均費用曲線の傾きが負であるとき，限界費用曲線の傾きも必ず負であり，そのときの限界費用曲線より高くなっている。
2　短期において，生産量にかかわらず，一定額の定額税がかけられた場合には，限界費用曲線，平均費用曲線ともに上方にシフトする。
3　短期において，価格が平均可変費用を下回っても，企業は固定費用を回収できるので，生産を継続するほうが得策である。
4　短期の総費用曲線の包絡線が長期の平均費用曲線であり，規模に関して収穫逓減であるとき，長期の平均費用曲線の傾きは負となっている。
5　短期と長期の限界費用曲線が交わっている生産量においては，短期の平均費用曲線と長期の平均費用曲線が接する。

[解説] 1単位当たりt円という従量税が課せられた場合の例で見ると，1単位を追加的に生産す

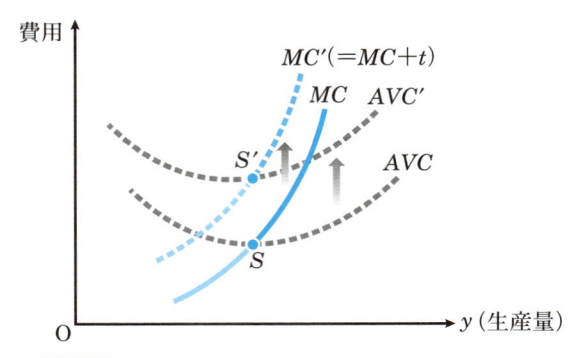

図4-15 従量税を課すとMC, AVCが上方にシフト

る費用すなわち限界費用が t 円増加する。限界費用曲線は，図4-15のように上方にシフトする。生産量に応じた課税なので，固定費用は増加せず，可変費用が増加する。したがって，平均固定費用には変化がなく，平均可変費用と平均費用が増加する。限界費用曲線の上方へのシフトは，供給曲線が上方にシフトすることを意味している。

これに対して，生産量にかかわらず，企業に対して，一定額の課税，すなわち定額税を課した場合は，固定費用が増加する。このとき，平均固定費用と平均費用は増加するが，可変費用には変化がないので，限界費用と平均可変費用には変化がない。したがって，短期供給曲線にも変化がない。

問題については，図4-14のように，平均費用曲線がU字型なら，その最低点Aの少し左では，傾きが負である。しかし，限界費用曲線の傾きは正で，Aを左下から右上方へ横切っている（1は誤り）。定額税がかけられると，追加的生産費用（限界費用）は変わらない（2は誤り）。価格が平均可変費用を上回らなければ，固定費用の回収はできない（3は誤り）。短期の総費用曲線の包絡線は長期の総費用曲線である（4は誤り）。短期と長期の限界費用はそれぞれ短期と長期の平均費用曲線の最低点を通る。よって，短期と長期で限界費用が一致するなら，平均費用の最低点も一致し，両者は接している（5が正しい）。

【No.5】 完全競争市場において，市場価格が500円のとき，ある企業は平均費用450円，限界費用550円で生産を行っている。このとき，この企業はどのような行動をとるのが最適か。
(地方上級)

1 この企業は，生産量を増大させることで利潤を増加させることができる。
2 この企業は，生産量を減少させることで利潤を増加させることができる。
3 この企業は，現在の生産量において利潤最大化が行われているので，このままの状態でよい。
4 この企業の利潤は負であるから，生産を打ち切るべきである。
5 この企業は損失を生じているため，生産を打ち切るべきである。

[解説] 価格500が平均費用450を上回るので利潤は正。価格と限界費用が等しいときに，利潤が最大化され，価格500は限界費用550を下回るので，生産量を減らして，限界費用を低くすることで，利潤を増加させることができる。よって，2が正しい。

【No.6】 完全競争市場で生産を行っているある企業の費用曲線が図のように示されるときの次の記述のうち，妥当なものはどれか。(国家Ⅱ種)

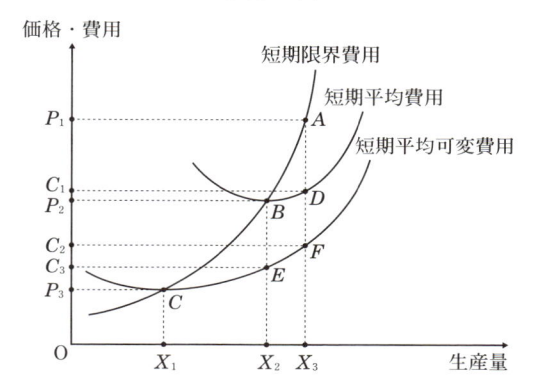

1 製品の価格がP_3であるとき，X_1の生産を行っても利潤がゼロとなるので，この企業は生産を直ちに中止して，この市場から撤退することとなる。このような点Cを操業停止点という。
2 製品の価格がP_2であるとき，利潤がゼロではあるが，生産者余剰は面積P_2BEC_3に相当する金額となることから，この企業は生産量X_2を生産する。このような点Bを損益分岐点という。
3 製品の価格がP_1であるとき，この企業は利潤を最大にするために生産量をX_3にする。このときの企業の利潤は面積P_1AFC_2に相当する金額となる。
4 製品の価格がP_2であるとき，X_2の生産を行っても，生産者余剰は面積P_2BEC_3に相当する金額があるものの利潤がマイナスとなるので，この企業は生産を一時中止することとなる。このような点Bを操業停止点という。
5 製品の価格がP_3であるとき，利潤の最大化を図っても利潤がゼロとなるので，この企業は価格がP_3よりも高くなるまで生産を一時見合わせることとなる。このような点Cを損益分岐点という。

[解説] P_1では，X_3の量を生産して利潤(P_1ADC_1)は正，P_2ではX_2を生産して利潤はゼロ，P_3ではX_1を生産して利潤は負である。1，3，4，5は誤り。

生産者余剰は総収入から可変費用を除いた額で，利潤と固定費用の和となっている。価格P_2の下では，P_2BEC_3が生産者余剰である。利潤が0なので，これは固定費用の額に等しい。

【No.7】 次の図は，完全競争の下での短期的均衡の状態において，縦軸に価格・費用を，横軸に生産量を取り，ある企業が生産する製品についての平均費用曲線をAC，平均可変費用曲線をAVC，限界費用曲線をMCで表したものであるが，この図に関する記述として，妥当なのはどれか。ただし，点B，CおよびDはそれぞれ平均費用曲線，平均可変費用曲線および限界費用曲線の最低点である。(地方上級)

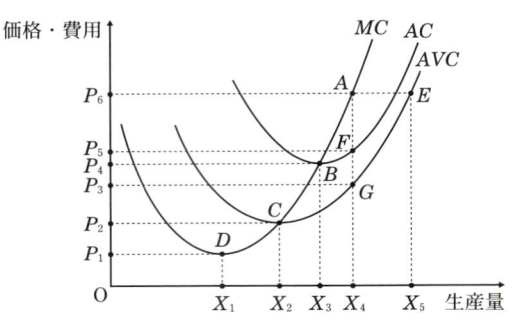

1 製品の価格が P_1 で生産量が X_1 であるとき,これを下回る価格では生産費用を回収できず生産を停止するので,点 D を操業停止点という。
2 製品の価格が P_2 で生産量が X_2 であるとき,この企業の損失は,生産を続けた場合のほうが生産を中止する場合よりも小さい。
3 製品の価格が P_4 で生産量が X_3 であるとき,この企業の利潤はゼロとなるので,点 B を損益分岐点という。
4 製品の価格が P_6 で生産量が X_4 であるとき,この企業の利潤は P_3P_6AG の面積で表される。
5 製品の価格が P_6 であるとき,この企業の利潤が最大化する生産量は X_5 である。

[解説] 損益分岐点は点 B,操業停止点は点 C である(1は誤り,3は正しい)。製品の価格が P_2 で生産量が X_2 であるとき,この企業の損失は固定費用と等しくなり,生産を続行しても生産を中止しても損失額は同じになる(2は誤り)。製品の価格が P_6 で生産量が X_4 であるとき,この企業の利潤は P_5P_6AF の面積で表される(4は誤り)。製品の価格が P_6 であるとき,この企業の利潤が最大化する生産量は $p=MC$ となる X_4 である(5は誤り)。

【No.8】 図は価格4の製品を生産する企業の総費用曲線等を表したものである。この企業に関する次の記述のうち,妥当なものはどれか。

ここで,A は総収入直線と総費用曲線の交点,B は総費用曲線と原点を通る直線の接点,C は総収入直線に平行な直線と総費用曲線の接点である。

ただし,総費用曲線,総収入直線は短期のものであり,参入,退出は考慮しないものとする。(国家Ⅱ種)

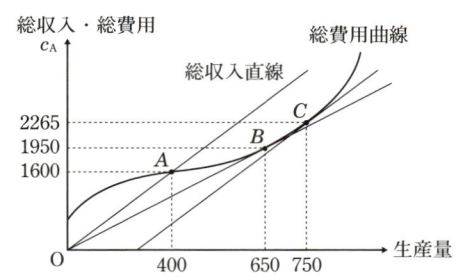

1 A は損益分岐点であり，このとき平均費用が最小化されている。
2 B は損益分岐点であり，このとき限界費用が最小化されている。
3 B は利潤最大化点であり，このとき利潤は650である。
4 C は利潤最大化点であり，このとき限界費用が最小化されている。
5 C は利潤最大化点であり，このとき利潤は735である。

[解説] 総費用曲線の傾きと，総収入曲線の傾きが一致する点 C で利潤が最大化される。総収入は価格4と生産量750の積で，3000である。総費用は C の高さ2265なので，その差735が利潤である。原点と総費用曲線を結ぶ直線の傾きが最小となる点 B は，損益分岐点である。B で最小となるのは，平均費用であって，限界費用ではない。

【No.9】 完全競争市場における費用曲線に関する次の記述のうち，妥当なものはどれか。ただし，短期および長期の平均費用曲線はU字型とする。(国税専門官)
1 平均費用曲線は，限界費用曲線の最低点を通過する。
2 平均可変費用曲線より上方にある短期限界費用曲線の部分が，短期供給曲線に対応する。
3 企業の利潤は，平均費用と価格が一致する点で最大化される。
4 長期限界費用曲線は，短期限界費用曲線の包絡線である。
5 長期平均費用曲線は，短期平均費用曲線の最低点を結んだものである。

[解説] U字型の平均費用曲線には，最低点がある。この最低点を限界費用曲線が左下から右上方によぎる(1は誤り)。供給曲線は限界費用曲線の一部で，U字型の平均可変費用曲線の最低点が操業停止点，その点を通り，右上方にある限界費用曲線上の部分が短期供給曲線である(2が正しい)。価格が与えられると，供給曲線上の点すなわち価格を限界費用と等しくする点で利潤が最大化される(3は誤り)。長期平均費用曲線は短期平均費用曲線の包絡線であり，最低点を結んだものではない(5は誤り)。長期と短期の限界費用曲線は，それぞれ長期と短期の平均費用曲線の最低点を左下から右上によぎる(4は誤り)。

【No.10】 図はある企業の長期の総費用曲線(LTC)，短期の総費用曲線(STC_1，STC_2，STC_3)を表したものである。この図から導かれる平均費用曲線として，妥当なものは次の図のどれか。ただし，長期平均費用曲線は LAC，短期平均費用曲線は SAC_1，SAC_2，SAC_3 である。(地方上級)

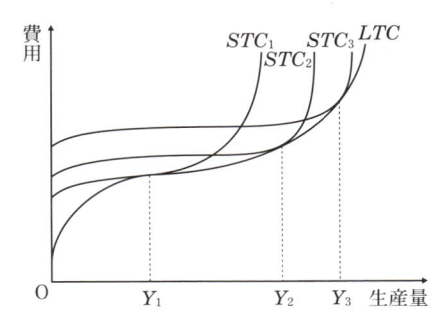

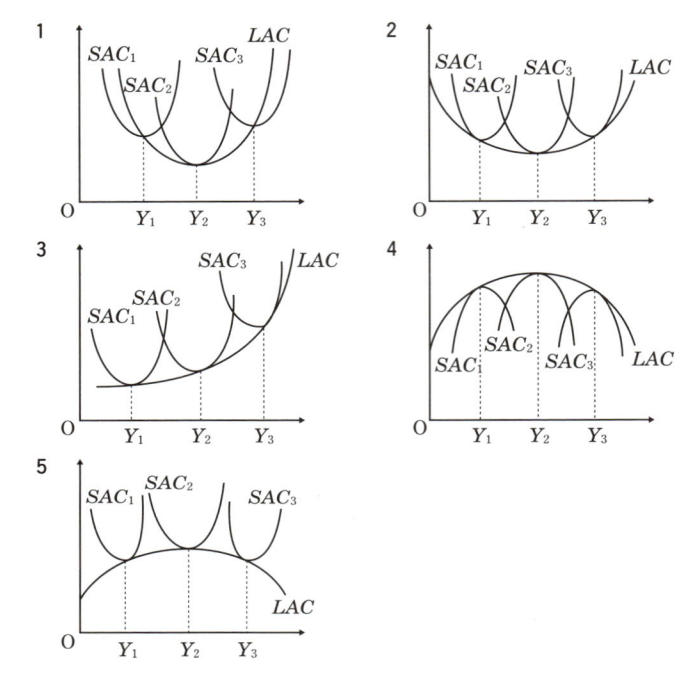

[解説] 総費用曲線が逆S字型であると，平均費用曲線はU字型（下に凸）になる。LAC が下に凸なのは 1 ～ 3 である。LAC には最小値があるので，3 は誤り。LAC は SAC 群の包絡線で，SAC は LAC の上方に位置して，交わることがないので，1 は誤り。

正答 【No.1】3	【No.2】5	【No.3】4	【No.4】5	【No.5】2
【No.6】2	【No.7】3	【No.8】5	【No.9】2	【No.10】2

4.3 産業の長期均衡

例題 4.3-1 産業の長期均衡

完全競争の下で，ある生産物を生産する 1 企業とその生産物市場について，それぞれのグラフを描き，長期均衡を説明しなさい。ただし，この産業への新規参入は，生産要素価格になんらの影響を及ぼさず，したがって，各企業の生産費に影響を与えないものとする。（不動産鑑定士類題）

[解説] 図 4-16（a）が，代表的企業の利潤最大化行動を表すとする。もし，この産業で，正の利潤が得られるなら，新規企業が参入する。市場全体では，供給

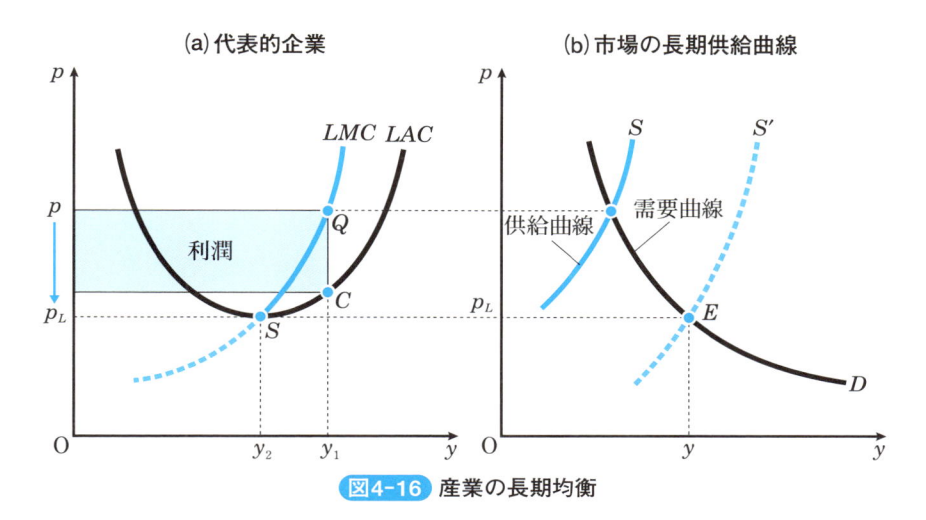

(a) 代表的企業　　　　　　　　**(b) 市場の長期供給曲線**

図4-16 産業の長期均衡

が増加し（図4-16(b)の$S \to S'$），価格が下がる。最終的には，利潤が消滅する水準p_Lまで価格が下がって，新規企業の参入が止まる。このとき，代表的企業は生産の最適規模で生産をしている。価格と生産量の組(p_L, y_2)は，代表的企業の長期均衡と呼ばれる。

市場価格は長期的には価格p_Lに下落し，図4-16(b)のように需要曲線との交点で，この産業の総供給量yが決まる。価格と生産量の組(p_L, y)は産業の長期均衡と呼ばれる。その総供給量yを代表的企業の生産量y_2で割ると，企業数が求まる。

以上の議論は，新規企業の参入により，市場規模が拡大して総供給量が増加しても，生産要素の価格や生産技術が変わらず，長期にわたり個々の企業の平均費用曲線が一定と仮定されているからである。　　　　　**正答　解説参照**

練習問題

【No.1】 完全競争経済における長期均衡の状態を図解せよ。（外務専門職員）

[解説] 長期においては，固定要素が存在しないので，企業の参入と退出が自由である。もし，代表的企業の利潤が正であれば，新規企業が参入して，市場の供給曲線が右にシフトして，市場価格が低下し，代表的企業の利潤が減少する。最終的には企業の利潤は0となる。このとき，価格p_Lは長期限界費用LMCおよび長期平均費用LACと等しい。この長期平均費用の水準は，長期平均費用の最小値を与えている。$E = (p_L, y_L)$は産業の長期均衡と呼ばれる。

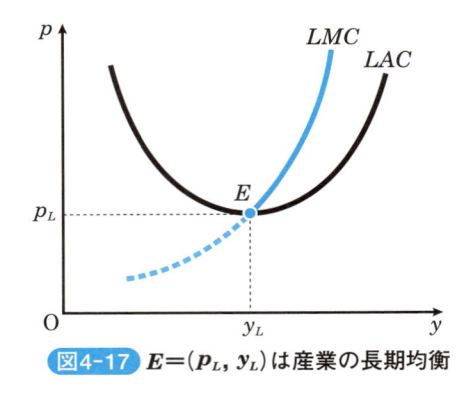

図4-17 $E=(p_L, y_L)$ は産業の長期均衡

【No.2】 1企業が生産活動の規模を初めて拡大するとき，いかなる条件の下で，長期平均費用が低下するであろうか，長期平均費用を低下させる原因を，1企業が一定のプラントで産出量を拡大するときの，短期費用低下の原因と比較しなさい。（不動産鑑定士）

［解説］市場の規模が拡大するにつれて，製造コストが低下して，製品価格も低下する産業を費用逓減産業と呼ぶ。生産費用が低下する原因としては，製造の過程で用いられる他の企業によって造られた製品（中間生産物）の価格，すなわち要素価格が低下する場合，あるいは生産技術が改良されて生産費が削減される場合の2つが考えられる。前者は，金銭的外部経済，後者は，技術的外部経済と呼ばれる。

外部経済のある産業では，市場全体での生産量がyからy'に拡大すると，個々の企業では，図4-18(a)のように平均生産費用曲線が下方にシフトする。産業の長期均衡における価格はp_Lからp_L'に下がり，生産量はy_2からy_2'に変わる。このようにして，市場の長期供給曲線上の点 (p_L, y) から右下の点 (p_L', y') への移動が説明される。市場の長期供給曲線が右下がりとなり，この産業は費用逓減産業と呼ばれる。

この長期平均費用の低下は生産要素の価格の低下によって生じる。ところが短期では，生産要素

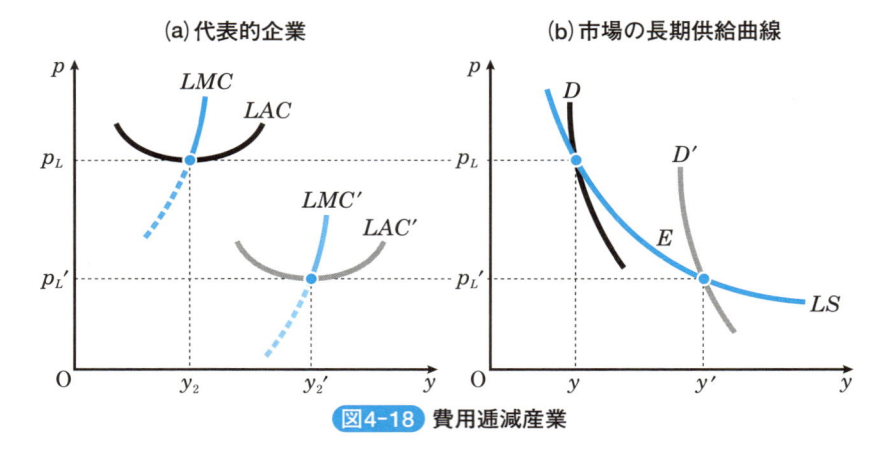

(a) 代表的企業　　　**(b) 市場の長期供給曲線**

図4-18 費用逓減産業

費用は一定であり，長期には存在しない固定費用が存在する。巨大なプラントのように固定費用が大きいと，生産量を増加することで，固定要素の稼働率が高まり，短期平均費用が低下するのである。

正答 【No.1】【No.2】ともに解説参照

4.4 計算問題

例題 4.4-1 操業停止価格

x財を生産するある企業の費用関数が，
$$c = x^3 - 6x^2 + 15x + 30 \quad [c：総費用，x：x財の生産量]$$
で示されるとする。企業の短期操業停止価格はいくらか。

ただし，短期操業停止価格とは，企業が短期において生産量を$x=0$とするようなx財価格の最大値を意味する。（地方上級）

1　3　　2　6　　3　10　　4　15　　5　30

解説 総費用を$TC = ax^3 + bx^2 + cx + d$とすると，$TC$は$x$の値に依存する可変費用$VC = ax^3 + bx^2 + cx$と$x$の値に依存しない定数項$d$の和である。操業停止価格は，平均可変費用の最小値である。平均可変費用は，VCをxで割ると，

(4.12) $\quad AVC = ax^2 + bx + c$

となる。ここで，

公式4.1 $\quad y = ax^2 + bx + c \ (a > 0)$の最小値は，$x = -\dfrac{b}{2a}$のとき，最小値$-\dfrac{b^2 - 4ac}{4a}$で与えられる

を用いる[1]。例題では，$a=1, b=-6, c=15$なので，$x = -\dfrac{b}{2a} = 3$のとき，最小値が$-\dfrac{b^2 - 4ac}{4a} = 6$となる。

正答　2

---

1) 公式4.1の証明は次のようになる。
$$ax^2 + bx + c = a\left[x^2 + 2 \cdot \frac{b}{2a}x + \left(\frac{b}{2a}\right)^2\right] - \frac{b^2 - 4ac}{4a}$$
$$= a\left(x + \frac{b}{2a}\right)^2 - \frac{b^2 - 4ac}{4a} \geq -\frac{b^2 - 4ac}{4a}$$

例題 4.4-2　生産最適規模

すべての企業の費用関数が，
$$C = 4x^2 + 64$$
〔C：費用，x：1企業当たりの生産量〕
で示されるとする。

また，社会全体の需要曲線は，
$$X = 80 - P$$
〔X：需要量，P：価格〕
で示されるとする。

この場合，長期均衡における企業の数はいくつか。（国税専門官）

1　8　　**2**　10　　**3**　12　　**4**　14　　**5**　16

解説　企業の平均費用は，$\dfrac{C}{x} = 4x + \dfrac{64}{x}$ である。相加平均，相乗平均の関係から一般に，

公式4.2
$a > 0,\ b > 0$ のとき，
$$\frac{a+b}{2} \geq \sqrt{ab}$$
であり，等号は $a = b$ で与えられる。

が成り立つ[2]。

例題では，$a = 4x$，$b = \dfrac{64}{x}$ と置いて，$AC \geq 2\sqrt{4x\left(\dfrac{64}{x}\right)} = 32$。

この最小値は，$4x = \dfrac{64}{x}$ すなわち $x^2 = 16$ で与えられる。$x = 4$ が平均費用を最小にする生産量，そのときの価格32が利潤が0となる価格である。価格32では，$X = 80 - 32 = 48$ が経済全体の生産量である。企業数は $\dfrac{48}{4} = 12$ となる。

正答　**3**

---

[2]　公式4.2の証明は次のようになる。
$(a+b)^2 - 4ab = a^2 - 2ab + b^2$
$ = (a-b)^2 \geq 0$
これから，$a + b \geq 2\sqrt{ab}$ が導かれる。

p, AC, y

$AC = 4x + \dfrac{64}{x}$

$y = 4x$

E

32

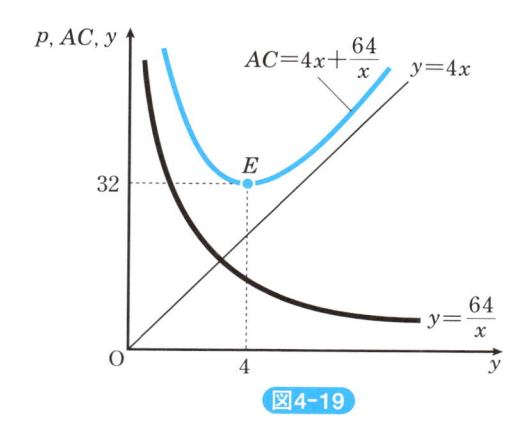

$y = \dfrac{64}{x}$

O 4 y

図4-19

練習問題

【No.1】 完全競争市場において，ある企業の総費用が，
$$TC = 2x^3 - 12x^2 + 30x + 8 \quad [TC: 総費用, x: 生産量]$$
で示されている。この企業の操業中止点に対応する生産量はいくらか。（国税専門官）

1 1　　**2** 2　　**3** 3　　**4** 4　　**5** 5

［解説］総可変費用TVCは$2x^3 - 12x^2 + 30x$，総固定費用TFCは8である。平均可変費用AVCは$2x^2 - 12x + 30$である。この最小値は，**公式4.1**で，$a = 2$，$b = -12$，$c = 8$と置くと，$x = -\dfrac{b}{2a} = 3$。

【No.2】 完全競争市場の下にある産業において費用条件はどの企業でも同一であり，各企業の費用関数が，
$$C = 0.5q^3 - 3q^2 + 30q \quad [C: 総費用, q: 産出量]$$
で表されているとする。このとき，この産業の長期的均衡価格はいくらか。（国税専門官）

1 5　　**2** 25.5　　**3** 37.5　　**4** 55　　**5** 67.5

［解説］平均費用は$AC = \dfrac{C}{q}$，すなわち$0.5q^2 - 3q + 30$である。産業の長期均衡では，価格が平均費用の最小値と等しくなっている。**公式4.1**を用いると，$a = 0.5$，$b = -3$，$c = 30$なので，平均費用の最小値は$-\dfrac{b^2 - 4ac}{4a} = 25.5$である。

【No.3】 完全競争市場におけるある企業の総費用関数（TC）が，
$$TC = x^3 - 8x^2 + 30x \quad [x: 生産量]$$
で与えられているとき，この企業の損益分岐点における生産量はいくらか。（地方上級）

1 1　　**2** 2　　**3** 3　　**4** 4　　**5** 5

[解説] 平均費用は, $\dfrac{TC}{x}=x^2-8x+30$ である。これを最小にする x の値が損益分岐点の生産量である。**公式4.1**より, の最小値を与える生産量は, $x=-\dfrac{b}{2a}=4$

正答 【No.1】3　【No.2】2　【No.3】4

第5章

不完全競争

Imperfect Competition

5.1 独 占

例題 5.1-1　総収入曲線

完全競争企業および独占企業における，ある製品の生産量 x と総収入 TR の関係をグラフにしたものの組合せとして妥当なものはどれか。ただし，市場の需要曲線は，右下がりの直線であるとする。（国家Ⅰ種）

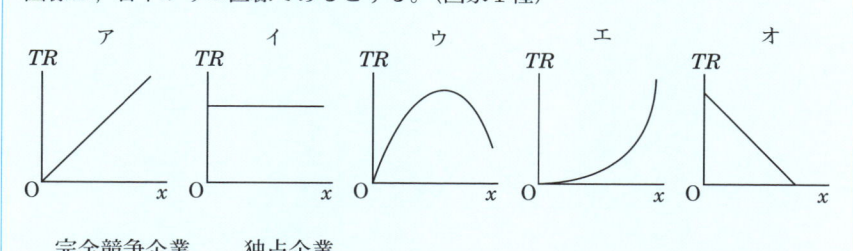

ア　TR vs x
イ　TR vs x
ウ　TR vs x
エ　TR vs x
オ　TR vs x

	完全競争企業	独占企業
1	ア	ウ
2	ア	エ
3	イ	ウ
4	イ	エ
5	イ	オ

解説　完全競争企業は，市場価格を一定として，言い換えると，プライス・テ

イカーとして行動する企業である。生産物の価格pを一定とすると，生産量xを販売したときの収入は，$TR=px$である。これは，傾きをpとする原点を通る直線なので，アが正しい。

独占企業は，右下がりの需要曲線$p=b-ax$に直面するので，価格はもはや生産量から独立な一定の値ではない。今，$a=1$，$b=2$としてみよう。すると生産量xを販売したときの収入は，

$$TR=(2-x)x$$
$$=2x-x^2$$
$$=-(x^2-2x)$$
$$=-(x^2-2x+1)+1$$
$$=-(x-1)^2+1$$

これは，頂点を$(1,1)$とする，上に凸の放物線である。よってウが正しい。

正答 1

例題 5.1-2 限界収入曲線

ある財の市場が供給独占状態にある場合に，需要曲線がD，独占企業の限界費用曲線，限界収入曲線がそれぞれMC，MRで与えられるときの記述のうち，妥当なものはどれか。（国家Ⅱ種）

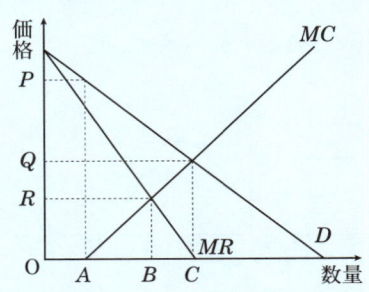

1　生産量がAのとき，限界収入が限界費用を上回るため，この企業は生産を増加させる。
2　生産量がCのとき，限界収入が限界費用を下回るため，この企業は生産を増加させる。
3　この企業は，生産量をA，価格をPに設定するとき，利潤が最大になる。
4　この企業は，生産量をB，価格をRに設定するとき，利潤が最大になる。
5　この企業は，生産量をC，価格をQに設定するとき，利潤が最大になる。

解説 需要曲線が右下がりの直線$p=b-ax$であるとする（図5-1）。**限界収入**とは，生産量を1単位増やしたときの収入の増分である。単純に考えて，価格がpのままで，1単位多く売ることができるとすると，価格pの追加収入（1単位当たりの粗収入）がある。ところが，生産量を増加すると価格が下がるので，そのことによる収入減も発生する。1単位当たり価格がa下がるだけなら，x単位ではaxの収入減になる。したがって生産量を1単位増やしたときの収入のネットの変化分（1単位当たりの純収入）は，$p-xa$になる。1単位の販売量の増加による価格の減少分aは，需要曲線の傾きである。

よって，限界収入は，

$MR = p - ax$
$\quad\quad = b - 2ax$

である。需要曲線が$p=b-ax$と表されるとき，

> **公式5.1** $\quad MR = b - 2ax$

となる。

図5-2のように需要曲線Dと縦軸の交点をM，横軸の交点をNとすると，ONの中点RとMを結ぶ直線が**限界収入曲線**（MR曲線）となる。

生産量を1単位増加することによる費用の増分である限界費用曲線（MC曲線）を図5-2に追加したものが例題の図である。MRがMCより大きいなら生産量を増やし（1は正しい），MRがMCを下回るなら，生産量を減らす（2は

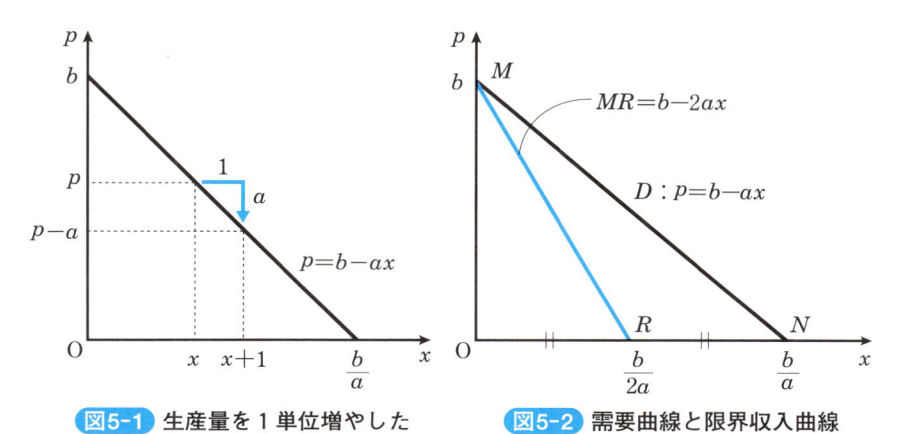

図5-1 生産量を1単位増やしたときの価格の低下

図5-2 需要曲線と限界収入曲線

誤り）。MRとMCが等しい点で，利潤を最大とする生産量Bが決まり（3と5は誤り），Bから垂線を描いて，それが需要曲線Dと交わる点で価格が決まる（4は誤り）。独占企業の利潤最大化条件は，以下のようになる。

表5-1

利潤最大化条件	$MR=MC$

正答　1

例題 5.1-3　独占利潤

売り手独占の市場において，図のように，ある企業の生産物の需要曲線と短期の費用条件が与えられている。この独占企業が利潤最大化行動をとっている場合の記述として，妥当なものはどれか。

ただし，需要曲線は直線であり，限界費用曲線は水平であるものとする。

(国家Ⅱ種)

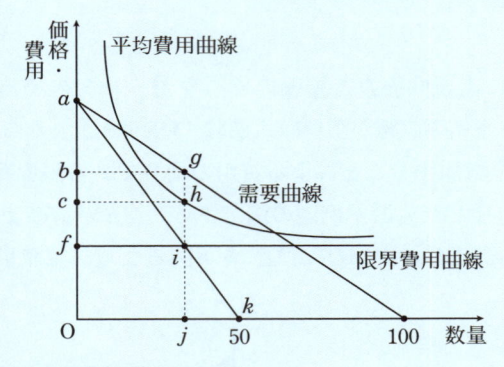

1　直線akは平均可変費用曲線を表す。
2　この企業の可変費用は四角形fijOで与えられる。
3　この企業の独占利潤は負である。
4　この企業の収入は四角形chjOで与えられる。
5　この企業の固定費用は四角形$bghc$で与えられる。

解説　独占企業は，限界費用と限界収入が等しい点で生産量を決定する。akは限界収入曲線で（1は誤り），それと限界費用曲線との交点で，利潤を最大化する生産量Ojが決まる。価格は，需要曲線上で決まり，生産量Ojのときの点gでの価格bOである。

総収入は，価格Obと生産量Ojの積で，四角形$bgjO$の面積になる（**4**は誤り）。

総費用は，平均費用cOと生産量Ojの積で，四角形$chjO$の面積となる。よって，利潤は，四角形$cbgh$の面積である。これは正である（**3**は誤り）。

限界費用の合計は可変費用であり，総費用と可変費用の差が固定費用である。例題では限界費用が一定値fOなので，fOと生産量との積が可変費用となる。これは四角形$fijO$の面積で与えられる。総費用$Ochj$が可変費用$Ofij$を除いた残りの四角形の部分$fchi$の面積が固定費用である（**5**は誤り）。　**正答　2**

例題5.1-4　計算問題

需要曲線が次のように表される市場がある。

$p = -x + 400$　〔p＝価格，x＝数量〕

この市場において限界費用が100の独占市場が極大利潤を得るときの価格p_1と，この企業があたかも完全競争企業のようにプライス・テイカーとして行動したときの価格p_2との差（$p_1 - p_2$）はいくらか。（国税専門官）

1　100　　**2**　150　　**3**　200　　**4**　250　　**5**　300

解説　需要曲線が$p = 400 - x$で与えられているなら，**公式5.1**より，限界収入は，

$MR = 400 - 2x$

である。これを限界費用100と等しく置いて，$x = 150$を得る。価格は，需要曲線$p = 400 - x$から$p_1 = 250$

完全競争解における価格は，限界費用100と等しいので，$p_2 = 100$

$p_1 - p_2 = 250 - 100 = 150$　　**正答　2**

例題5.1-5　利潤が2次式で表された場合

ある独占企業の費用関数は，

$C = x^2 + 10$　〔C：総費用，x：生産量〕

で示され，また，この企業が直面する需要曲線は，

$Q = 20 - p$　〔Q：需要量，p：製品価格〕

で示される。このとき，この独占企業の利潤が最大となる製品価格を求めよ。

（国税専門官）

| 1 5 | 2 8 | 3 12 | 4 15 | 5 18 |

解説 需要曲線は，$p=20-x$なので，総収入は，
$$x(20-x)=20x-x^2$$
これから総費用を引いて，利潤は，
$$\pi=-x^2+20x-(x^2+10)$$
$$=-2x^2+20x-10$$
$$=-2(x^2-10x+25)+50-10$$
$$=-2(x-5)^2+40$$
これは$x=5$のとき最大となる。そのとき価格は，
$$p=20-5$$
$$=15$$

[補足] 利潤が，
$$\pi=ax^2+bx+c \quad (上の利潤の関数の a は負)$$
で与えられたら，この最大値は，
$$x=-\frac{b}{2a}$$
で与えられる。よって，$x=-\dfrac{b}{2a}=\dfrac{20}{4}=5$となる。

正答 **4**

例題 5.1-6 複数の工場

ある独占企業は，2つの工場を持ち，それぞれの限界費用は，
$$MC_1=3x_1+9, \quad MC_2=\frac{3}{8}x_2+\frac{81}{8} \quad [x_1, x_2 はそれぞれの工場の生産量]$$
であるとする。
需要曲線が，
$$P=-\frac{3}{2}D+30 \quad [P：価格, D：需要量]$$
で与えられるとすると，この独占企業が利潤を最大にするときの2つの工場の生産量の合計はいくらか。(国家Ⅰ種)

| 1 4 | 2 6 | 3 8 | 4 10 | 5 12 |

解説 需要曲線は $p = -\dfrac{3}{2}x + 30$ なので，**公式5.1**より，限界収入は，

$MR = 30 - 3x$

この企業の限界費用は，どちらの工場でもよいから1単位増産したときにかかる追加的費用である。2つの工場で限界費用が違えば，低いほうで生産するので，利潤を最大にしているときは，2つの工場の限界費用が等しくなり，それが限界収入とも等しい。

$x = x_1 + x_2$ であることを考慮すると，$MC_1 = MR$，$MC_2 = MR$ から，

$3x_1 + 9 = 30 - 3(x_1 + x_2)$

$\dfrac{3}{8}x_2 + \dfrac{81}{8} = 30 - 3(x_1 + x_2)$

である。これを簡単化すると，

$2x_1 + x_2 = 7$

$8x_1 + 9x_2 = 53$

よって，$x_1 = 1$，$x_2 = 5$，$x = x_1 + x_2 = 1 + 5 = 6$ となる。　　　　　**正答　2**

例題5.1-7　差別価格

独占企業が2つの市場を持っており，おのおのの市場における需要関数は，

$p_1 = 90 - 5q_1$，$p_2 = 190 - 20q_2$

である。この企業の生産費が，$C = 50 + 30(q_1 + q_2)$ であり，従量税 $10(q_1 + q_2)$ が課されたときの利潤を求めよ。（地方上級）

1　$160\dfrac{1}{2}$　　2　170　　3　$210\dfrac{1}{3}$　　4　$356\dfrac{1}{4}$　　5　450

解説 生産費に従量税を加えた，

$50 + 40(q_1 + q_2)$

を費用とすると，限界費用は40。2つの市場での限界収入は，**公式5.1**より，それぞれ $MR_1 = 90 - 10q_1$，$MR_2 = 190 - 40q_2$ である。この企業の限界収入は，どちらの市場でも同じで，1単位を追加的に販売したときの限界収入である。限界収入に差があれば，高いほうの市場で販売するので，利潤を最大化しているときは，両方の市場の限界収入が等しく，それは限界費用と等しい。よって，$MR_1 = MR_2$，$MC = 40$ なので，

$$90 - 10q_1 = 40$$
$$190 - 40q_2 = 40$$

から，$q_1 = 5$，$q_2 = \dfrac{15}{4}$ である。このとき，総収入 ($p_1q_1 + p_2q_2$) は，

$$(90 - 5 \times 5) \times 5 + \left(190 - 20 \times \dfrac{15}{4}\right) \times \dfrac{15}{4} = 325 + 115 \times \dfrac{15}{4} = 756\dfrac{1}{4}$$

総費用は，

$$50 + 40 \times \left(5 + \dfrac{15}{4}\right) = 400$$

となる。よって，利潤は $356\dfrac{1}{4}$ である。　　　　　　　　　　　　　　**正答　4**

練習問題

【No.1】 ある独占企業の需要曲線が，$p = -9x + 475$（p：価格，x：需要量）で示されるとする。このとき，限界収入曲線の傾きとして正しいものは，次のうちどれか。（市役所）

1　-9　　　2　-12　　　3　-16
4　-18　　5　-20

[解説] **公式5.1**から，限界収入曲線の傾きは-18となる。

【No.2】 図は，ある供給完全独占市場における需要曲線（D），限界収入曲線（MR），限界費用曲線（MC），平均費用曲線（AC）を表したものである。このときの独占価格と，完全競争が行われた場合の均衡価格の組合せとして，妥当なものはどれか。（国税専門官）

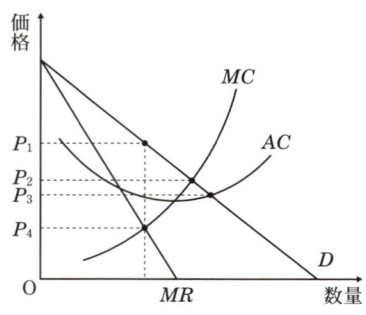

	独占価格	完全競争時の均衡価格
1	P_1	P_2
2	P_1	P_3

3	P_2	P_3
4	P_4	P_2
5	P_4	P_3

[解説] 完全競争市場では，供給曲線が限界費用曲線であり，MCとDの交点で価格P_2が決まる。独占市場では，MRとMCの交点を通る垂直線がDと交わる点で決まるP_1が価格となる。

【No.3】 次の図は，ある独占企業の製品に対する需要曲線（D），限界収入曲線（MR），企業の平均費用曲線（AC）および限界費用曲線（MC）を示したものである。このとき，この企業が利潤を極大化するように行動した場合の製品の価格と企業の利潤の組合せとして，正しいものはどれか。（国家Ⅱ種）

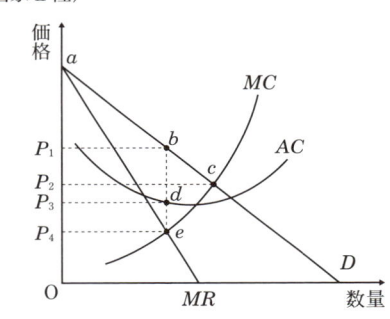

	製品の価格	企業の利潤
1	P_1	$P_1 P_3 db$
2	P_1	$a P_1 b$
3	P_2	$a P_2 c$
4	P_2	$P_2 P_4 ec$
5	P_4	$a P_4 e$

[解説] 独占利潤が最大化されるのは，MCとMRの交わる点eによって決まる生産量x，そして，その供給量を売り切る価格P_1のときである。そのときの平均費用はP_3である。総収入は$P_1 x$，総費用は$P_3 x$である。利潤は$(P_1 - P_3)x$，すなわち$P_1 P_3 db$の面積で表される（1が正しい）。

【No.4】 ある独占企業で生産される財の需要曲線および総費用曲線が，それぞれ，

需要曲線：$x = 3 - p$

総費用曲線：$TC = x + 1$

〔x：需要量・生産量，p：価格，TC：総費用〕

で示されるとする。この企業が利潤を最大化するように行動したとき，その利潤はいくらになるか。（国家Ⅱ種）

1　0　　2　1　　3　2
4　3　　5　4

[解説] 公式5.1から限界収入は，$p = 3 - 2x$，限界費用は，$x + 1$のxの係数の値の1である。

$3-2x=1$ より,$x=1$

価格は需要曲線より $p=3-1=2$,総収入は $p \cdot x = 2 \times 1$,総費用は $1+1=2$ なので,利潤は,$\pi = 2-2 = 0$ である。

【No.5】 独占企業 K が,同一の財に対して2つの市場で異なる価格を設定することができるとき,独占企業 K の利潤を最大化する条件として,妥当なのはどれか。ただし,生産は同一の場所で行うものとする。(地方上級)

1　2つの市場における限界収入を平均したものが,独占企業 K が財を生産するときの限界費用を上回らなければならない。
2　2つの市場における限界収入が等しく,2つの市場における限界収入が,独占企業 K が財を生産するときの限界費用に等しくなければならない。
3　2つの市場における財の需要の価格弾力性が,等しくなければならない。
4　2つの市場における財の供給の価格弾力性が,等しくなければならない。
5　2つの市場における差別価格差が,財の転売費用を上回らなければならない。

[解説]　2つの異なる市場において独占企業が供給する財に対する需要の価格弾力性が異なっている場合には,独占企業は各市場で限界費用と限界収入が等しくなるように生産量を決定することで,利潤最大化を行うことができ,2つの市場で異なる価格を設定することができる(3は誤り)。財の生産は独占企業が同一の場所で行うので,限界費用曲線=供給曲線は2つの市場で同一である(4は誤り)。この独占企業が利潤最大化を行っている場合には,2つの市場のそれぞれで限界費用と限界収入が等しくなっていなければならない(1は誤り,2は正しい)。独占企業は財を転売するわけではない(5は誤り)。

正答　【No.1】4　【No.2】1　【No.3】1　【No.4】1　【No.5】2

5.2　寡占と独占的競争

例題5.2-1　クールノーの複占モデル

同じ財 x を生産する企業1,企業2からなる複占市場において,x の需要関数が,
$$p = 20 - 0.5(q_1 + q_2)$$
〔p:財 x の価格,q_1:企業1の生産量,q_2:企業2の生産量〕
で示されるとする。また,総費用関数は企業1,企業2ともに,
$$TC = 2q_i \quad [i=1, 2]$$
で示されるとする。
このとき,クールノー均衡における企業1,企業2の生産量の組合せとして,妥当なものはどれか。(国家Ⅱ種)

	q_1	q_2
1	6	6
2	12	12
3	18	18
4	24	24
5	6	12

解説 完全競争市場では，個々の企業は他の行動を考慮せずに，プライス・テイカーとして，自己の利潤を最大にするように生産量を決める。一方，独占企業は市場の需要曲線に直面し，自己の利潤を最大化するように生産量と価格を定める。両者の中間にあり，複数個の大企業からなる寡占企業では，ある企業は他の企業の価格や生産量を無視できない。例題は，その最も簡単なケースで，市場が2つの企業からなる例である。これを特に複占と呼ぶ。クールノーによる複占モデルにおける企業は，相手企業の生産量が固定されていると想定して，自己の利潤を最大化する。企業2の生産量がq_2であるときに，企業1に残された需要曲線は，例題の需要曲線の式のq_1のみを変数とみなすことによって，

$$p = \left(20 - \frac{1}{2}q_2\right) - \frac{1}{2}q_1$$

となる。このときの企業1の限界収入は，**公式5.1**を適用して，

$$MR_1 = \left(20 - \frac{1}{2}q_2\right) - q_1$$

となる。企業の総費用関数は$C_1 = 2q_1$，よって限界費用は$MC_1 = 2$である。企業1の利潤最大化条件は，$MR_1 = MC_1$より，

(5.1)　　$\left(20 - \frac{1}{2}q_2\right) - q_1 = 2$　すなわち　$q_1 = 18 - \frac{1}{2}q_2$

となる。これを企業1の反応曲線と呼ぶ。

同様にして，企業2が企業1の生産量q_1を固定して，自己の利潤を最大化する場合には，$MR_2 = MC_2$から，

(5.2)　　$\left(20 - \frac{1}{2}q_1\right) - q_2 = 2$　すなわち　$q_2 = 18 - \frac{1}{2}q_1$

を得る。これは企業2の反応曲線を表す。

クールノー均衡は，(5.1)式，(5.2)式を同時に満たす生産量の組(q_1^*, q_2^*)

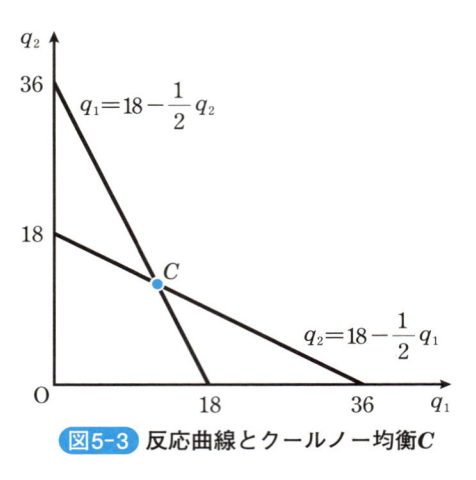

図5-3 反応曲線とクールノー均衡 C

である。クールノー均衡では，q_2^*を所与として企業1の利潤を最大化させる生産量がq_1^*，q_1^*を所与として企業2の利潤を最大化させる生産量がq_2^*となる。

図5-3は2個の反応曲線と，その交点であるクールノー均衡Cを表す。例題のケースでは(5.1)式，(5.2)式を連立させ，解くことで，$(q_1^*, q_2^*) = (12, 12)$を得る。

正答　2

例題 5.2-2　独占的競争

図は独占的競争下のある企業についての需要曲線（dd），限界収入曲線（mr），平均費用曲線（AC），限界費用曲線（MC）を示している。この企業が利潤最大化を図った場合に関する次の記述のうち，正しいものはどれか。（国税専門官）

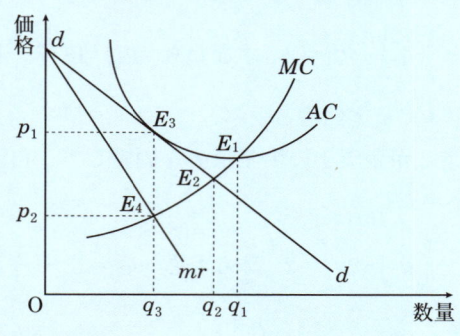

1　産出量をq_1に決める。

2　産出量を q_2 に決める。
3　価格を p_1 に決めるが，このとき超過利潤は 0 である。
4　価格を p_1 に決めるが，このとき超過利潤は面積 $p_1 p_2 E_4 E_3$ で表される。
5　価格を p_1 に決めるが，このとき超過利潤は面積 $p_1 O q_3 E_3$ で表される。

解説　独占的競争市場は，完全競争市場と同じく，多数の企業からなり，長期的には企業の参入・退出が自由，各企業は他の企業の反応を考慮しないという市場である。しかし，各企業の需要曲線が右下がりであるという点で完全競争と異なっている。独占的競争の短期均衡は図5-4で表されている。今，他の企業の財の価格が不変であると仮定した場合に，代表的企業の需要曲線は図5-4の dd であると仮定する。限界収入 mr と短期限界費用 SMC の均等条件から利潤最大化解 (y_s, p_s) が求まる。利潤は図5-4中の青色の長方形で表される。また，DD もこの企業の需要曲線であるが，これは他のすべての企業がこの企業の価格と同方向に価格を変化させて対抗したときの需要曲線であるとする。もし (y_s, p_s) で DD と dd が交わるなら，需要 y_s は実現され，それを短期均衡と呼ぶのである。

　長期的には企業の参入が自由なので，代表的企業が正の利潤を上げている限り，この市場への新規企業の参入が続く。その結果，DD と dd は左方向にシフトし，結局，例題の図のように長期平均費用曲線と需要曲線 dd が接して利潤が 0 となるまでシフトは続く。これが独占的競争の長期均衡である。完全競争の長期均衡は LAC の最低点であったが，独占的競争のそれは，LAC の右下

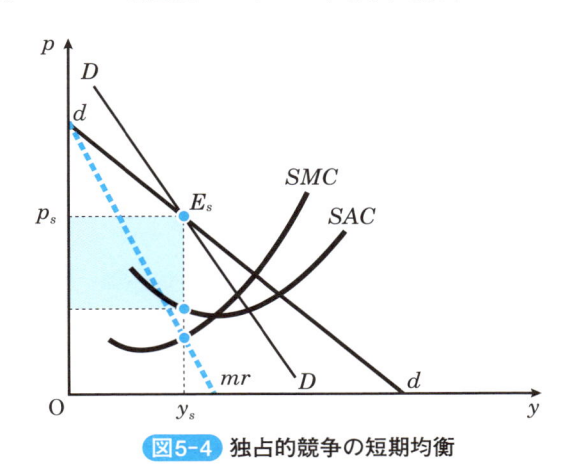

図5-4 独占的競争の短期均衡

がりの部分（例題の図の E_3）である。

以上の独占的競争の理論は，**J．ロビンソン**の『不完全競争の理論』（1933年）や**チェンバリン**の『独占的競争の理論』（1933年）の登場によって発展したものである。

正答　**3**

練習問題

【No.1】 供給複占市場における企業1，企業2の費用関数と市場需要関数が次式で与えられている。

$TC_1 = 90Q_1$
$TC_2 = 100Q_2$
$P = 200 - Q_1 - Q_2$

$\begin{bmatrix} TC_1：企業1の費用，TC_2：企業2の費用 \\ Q_1：企業1の生産量，Q_2：企業2の生産量 \\ P：生産物価格 \end{bmatrix}$

このとき，企業1，2の最適生産量の組合せとして，正しいものはどれか。Q_1，Q_2で表されるものとする。（地方上級）

1　(50, 20)　　2　(40, 30)　　3　(30, 40)
4　(20, 60)　　5　(10, 60)

[解説] 企業1の限界費用は90，限界収入は，**公式5.1**から，
$MR_1 = (200 - Q_2) - 2Q_1$
$MR_1 = 90$から，$Q_1 = \dfrac{110 - Q_2}{2}$ のときに企業1の利潤が最大化される。

企業2の限界費用は100，限界収入は，**公式5.1**から，
$MR_2 = (200 - Q_1) - 2Q_2$
なので，$MR_2 = 100$から，$Q_2 = \dfrac{100 - Q_1}{2}$ のときに企業2の利潤が最大化される。

よって，連立方程式，
$2Q_1 + Q_2 = 110$
$Q_1 + 2Q_2 = 100$
を解いて，$Q_1 = 40$，$Q_2 = 30$ である。

【No.2】 独占的競争に関する次の記述のうち，妥当なものはどれか。（地方上級）

1　独占的競争では，企業は他の多数の企業と競争関係にあるため，独自に価格を決定する力を有しておらず，水平な需要曲線に直面する。
2　独占的競争では，製品の差別化が存在しており，企業は価格や生産量を決定するに当たっては，自己の行動に対する他の企業の反応を考慮する。
3　独占的競争における短期均衡では，企業は製品の価格が限界費用と一致するように生産量を決定し，利潤の極大化を達成する。
4　独占的競争における長期均衡では，企業は平均費用曲線の最低点において生産を行っており，資本設備の大きさから見た最適規模での生産を達成する。

5 　独占的競争における長期均衡では，企業の利潤最大化点で決定される価格は平均費用と等しくなっており，正常利潤を超える利潤はゼロとなる。

[解説] 独占的競争では他の企業の反応を考慮しないが，個々の企業は右下がりの需要曲線に直面するので，2と1は誤り。利潤最大化条件は，限界収入と限界費用が一致するように生産量を決めることになるので，3は誤り。長期均衡では価格が平均費用と等しくなり利潤が0となる（5が正しい）。これは，右下がりの需要曲線と平均費用曲線が接することで生じるので，この点で決まる生産量は，生産の最適規模より小さくなる。

【No.3】 企業がその製品に対してある程度の独占力（価格支配力）を有しながらも，類似の製品を生産する他企業と競争するような状態を独占的競争というが，これと独占状態を比較した記述として，妥当なものはどれか。(国家Ⅰ種)
1 　個々の企業が直面する需要曲線は，独占市場では右下がりであるが，独占的競争市場では水平である。
2 　独占市場でも独占的競争市場でも，価格は限界費用を上回る。
3 　独占市場でも独占的競争市場でも，長期均衡点において価格は平均費用を上回る。
4 　独占市場は，生産者が平均費用曲線の最低点で生産をしていないため生産の効率性を持っていないが，独占的競争市場は効率性をもっている。
5 　独占市場でも独占的競争市場でも，長期均衡点においては，超過利潤はゼロではない。

[解説] 独占的競争では個々の企業の需要曲線は右下がりなので1は誤り。独占では，長期的にも，価格が平均費用を上回るが，独占的競争では，長期均衡で価格と平均費用が等しくなり，利潤がゼロとなる（3と5は誤り）。需要曲線が右下がりである限り，生産量は生産の最適規模より小さくなるので4は誤り。2が正しい。

正答 【No.1】2 　【No.2】5 　【No.3】2

5.3 　その他の学説

不完全競争は，より現実に近い状況にあるだけに，それを理論的なモデルとして抽象化する試みには多様なものがある。これまでの5.2では最も代表的なものを挙げた。しかし，以下に取り上げるいくつかの理論もやはり不完全競争，特に寡占市場を説明するという点で重要なものである。

例題5.3-1 　屈折需要曲線

ある寡占市場において，A企業が単独で製品 α の価格を引き上げた場合には，他企業の追随がないため $q=30-5p$，逆に引き下げた場合には他企業の追随があ

るため $q = \dfrac{45}{4} - \dfrac{5p}{4}$ という製品 α の需要曲線が次図のように示されている。製品 α を生産するための限界費用 mc が，$mc = Kq + 1$ であるとすれば，A企業が $q = 5$ において最適状態にあるためには，K はどのような範囲の値である必要があるか。ただし，p：価格，q：数量である。(国家Ⅰ種)

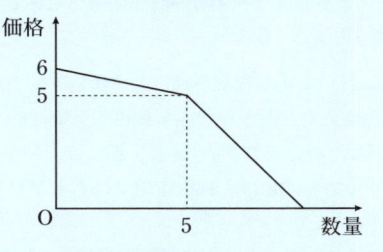

| 1 | $0 \leq K \leq 0.3$ | 2 | $0 \leq K \leq 0.6$ | 3 | $0.1 \leq K \leq 0.3$ |
| 4 | $0.1 \leq K \leq 0.6$ | 5 | $0.2 \leq K \leq 0.5$ | | |

解説 寡占市場で成立する価格の硬直性を説明する理論の1つが**スウィージー**による**屈折需要曲線**である。今，個々の寡占企業が，価格 p^*，生産量 q^* で生産を行っているとする。もしある企業が価格を引き上げるなら，他の企業は価格を据え置いてマーケット・シェアを拡大しようとするので，値上げする企業の財に対する需要は急激に減少する。一方，ある企業が価格を引き下げるなら他の企業も対応して価格を下げるので，値下げする企業の財に対する需要はそれほど増加しない。よって，個々の寡占企業の需要曲線は，価格引上げに対しては弾力的，価格引下げに対しては非弾力的となると考えられる。ただし，なぜ現在の価格が p^* の水準にあるかを説明するためにはさらに別の議論が必要となる。

さて，例題では，現在の生産量 $q = 5$ の左右でそれぞれ，

(5.3)　　　$p = 6 - 0.2q$,　　$p = 9 - 0.8q$

を需要曲線としている。**公式5.1**を用いて限界収入曲線を求めると，それぞれ，

(5.4)　　　$mr_1 = 6 - 0.4q$,　　$mr_2 = 9 - 1.6q$

である。**図5-5**のように $q = 5$ において限界収入曲線は不連続となる。点 M と点 R に対応する $mc (= mr)$ と q の組を求めるために，(5.4)式のそれぞれに $q = 5$ を代入すると，その値は $mr_1 = 4$, $mr_2 = 1$ となる。

一方，限界費用は，$mc = Kq + 1$ であるが，これは K の値にかかわらず $q = 0$

図5-5 不連続な限界収入曲線

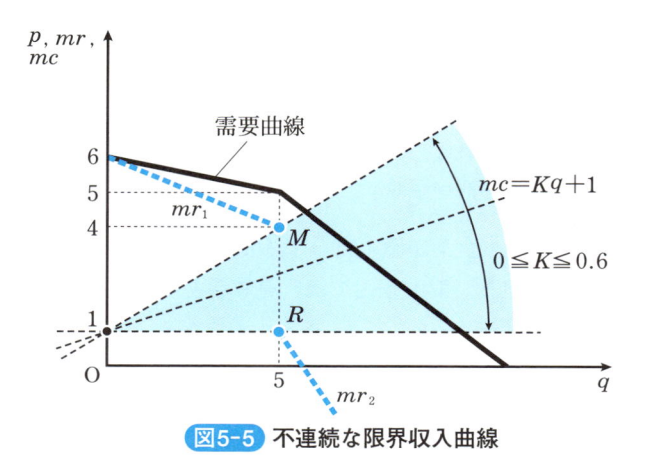

で $mc=1$ である。よって，K が変わると限界費用直線は，$(0, 1)$ を中心に回転する。この直線が図5-5の点 M，R を通るときの K の値を求めよう。そこで $mc=Kq+1$ に (q, mr) の値 $(5, 4)$，$(5, 1)$ を代入すると，

(5.5) $\quad 4=5K+1, \quad 1=5K+1$

から，それぞれ $K=0.6$，$K=0$ となる。K がこの2つの値の間にあるときに，限界費用直線は図の青色の領域上に位置する。$q<5$ では $mr_1 > mc$ なので，生産量を増加することによって利潤が上昇し，$q>5$ では $mr_2 < mc$ なので，生産量を減少することによって利潤が上昇する。結局 $q=5$，$p=5$ で利潤は最大化される。以上のように，屈折需要曲線は，費用が多少変化しても価格が不変にとどまることを説明するものである。

正答　2

例題 5.3-2　価格決定の原則

不完全競争理論に関する次の記述のうち，妥当なのはどれか。（国家Ⅰ種）

1　売上高最大化仮説によれば，不完全競争下にあっては企業が利潤よりも売上高を最大化するように行動する結果，価格は一般に利潤最大化のときに比べて高いものとなる。
2　屈折需要曲線の理論は，寡占市場における1企業の値上げが他の企業の協調的な値上げを誘発するとの仮定によって，寡占市場の価格硬直性を説明する。
3　売り手と買い手のいずれもが，完全な独占である場合には，一般に売り手の限界費用と買い手の限界生産物の価値とが等しくなるように価格が決定される。

4 フル・コスト原理の理論によれば，不完全競争下にあっては，企業は生産のための平均費用に一定のマーク・アップ率を乗ずることによって，限界費用に等しくなるように価格を決定する。
5 参入阻止価格理論によれば，新規企業が市場に参入してくることを断念するような価格のうち，最も高い水準に決定される。

解説 屈折需要曲線では1企業が値上げしても他の企業が価格を据え置くと仮定されているので2は誤り。双方独占では，売り手と買い手の交渉によって解が決まるので，3は誤り。

ボーモルの売上高最大化仮説によると，企業は必ずしも利潤最大化ではなく，むしろ売上高を最大化しようという傾向がある。図5-6(a)における総収入曲線TRの頂点Rで売上高が最大となる。その点における接線の傾き（＝限界収入）は0である。5-6(b)では需要曲線と限界収入曲線MR，限界費用曲線MCが描かれている。売上高が最大化される$\bar{y}$では，MRが横軸と交わる。売上高Rは四角形$pr\bar{y}$Oの面積である。このときの価格pはMRとMCが交わる生産量y^*で決定される利潤最大化価格p^*よりも低い水準になる。よって1は誤り。

ホールとヒッチによるフル・コスト原理は，実際の企業が価格決定に用いている方式といわれるものである。企業は単位当たりの平均可変費用に一定のマーク・アップ（上乗せ）をして価格を決めるという。したがってマーク・アップ原理とも呼ばれる。この原理によると，企業は需要曲線を知らなくても価格が決められる。これは，限界原理では需要曲線を知らなければ，生産物および

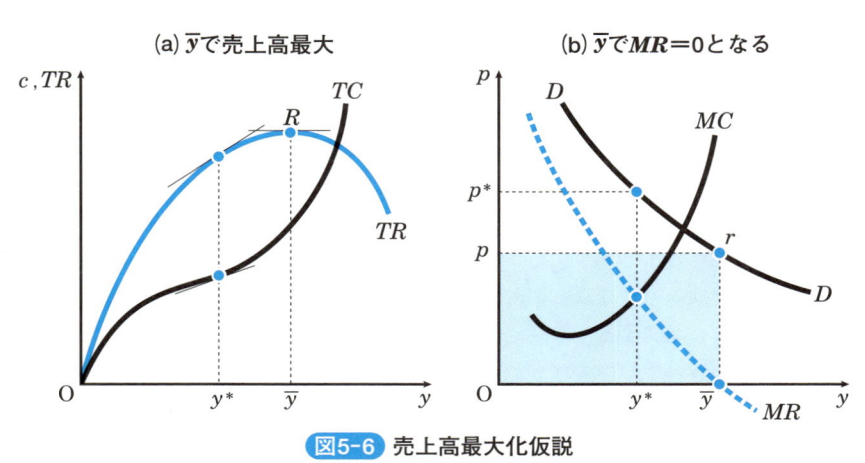

図5-6 売上高最大化仮説

図5-7 第2企業に残される需要

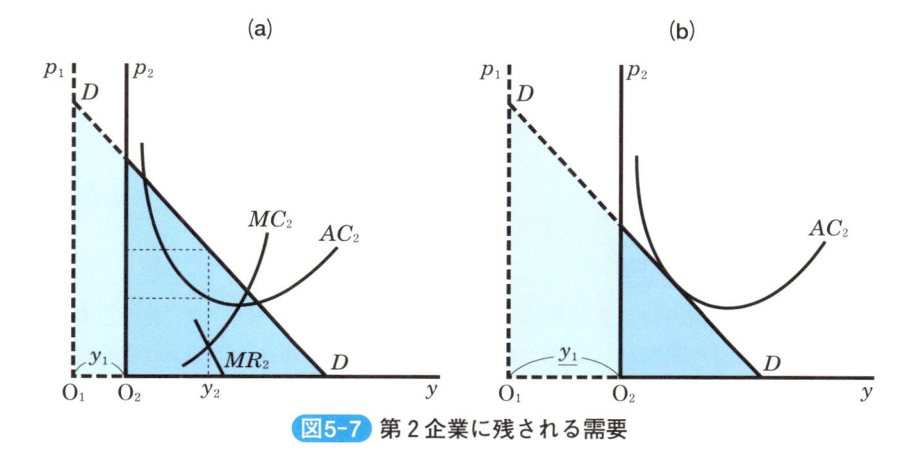

価格の決定ができないのと対照的である。また，フル・コスト原理によると，需要が多少変化しても価格が硬直的であることが説明できる。この点で屈折需要曲線が費用が多少変化しても価格が硬直的であることを説明しているのと対照的である。また，フル・コスト原理によるマーク・アップ率 m は，

$$p = (1+m)AVC \quad \text{すなわち} \quad m = \frac{p - AVC}{AVC}$$

として定義されるものである。しかし，このマーク・アップ率がどのようにして決定されるかは明らかではない。なお，4で価格が限界費用と等しいとあるが，これは誤りである。

　参入阻止価格の理論は**ベイン，シロス＝ラビーニ**によって提唱されたものである。既存の大企業は，自己の平均費用よりも高い水準に価格を定めるが，それが十分高ければ新規企業が市場に参入して，超過利潤を上げ，やがて既存の企業を脅かすほど成長することも可能であろう。そこで新規企業が参入して生産を行っても，平均費用が価格を上回って利潤を上げられないという水準に価格をとどめる。これは価格の上限，したがってフル・コスト原理が説明しなかったマーク・アップ率の上限を説明する理論である。これを**図5-7**で説明する。DD を市場の需要曲線とする。既存の企業1が y_1 を生産すると，潜在的な参入企業2は，O_2 を原点として DD 上の残された需要に直面する。**図5-7(a)** は企業2が正の最大利潤を上げられる例である。したがって，企業2は，当然市場に参入してくる。企業2の参入を防ぐためには，企業1は生産量を $\underline{y_1}$ まで増加

して，図5-7(b)のように企業2の平均費用曲線と企業2に残された需要曲線が接するようにする。このとき，企業2は決して正の利潤を上げることができなくなる。このときの価格は，参入阻止価格である。企業1がこれ以上生産量を増加すると価格はさらに低下し，企業2の最大利潤は負となってしまう。

正答　5

例題5.3-3　管理価格

現代は寡占経済の時代であるといわれている。寡占の市場地位は，独占と完全競争との間，その混在として規定される。一部独占的であり，一部分競争的であるということである。寡占的市場で支配する少数大企業の行動に見られる次の①，②，③のそれぞれについて説明しなさい。（不動産鑑定士）

①管理価格の設定
②リーダーシップ（たとえば建値制）
③非価格競争

解説　①**管理価格**：完全競争企業は，プライス・テイカーとして行動し，価格への支配力はゼロであった。これに対し，不完全競争企業は，ある程度価格への支配力を持つ。『管理価格とはミーンズによって用いられた概念で，市場の与件の変化にもかかわらず一定期間維持される寡占価格のことである。与件の変化としては，費用曲線のシフトや需要曲線のシフトがある。費用曲線がある程度シフトしても価格が固定的であることを説明するのが屈折需要曲線の理論，需要曲線がある程度シフトしても価格が固定的であることを説明するのがフル・コスト原理である。』もちろん，価格カルテルや②のプライス・リーダーシップも管理価格を行動の例と考えられる。

②**リーダーシップ**：カルテルは寡占企業が共同で価格，生産量，マーケット・シェアなどについての協定を結ぶ行為であるが，今日の日本では原則として禁じられている。そこでむしろ，暗黙の合意の下で協調的行動をとる。『プライス・リーダーシップはある企業が値上げを公表すると，他の企業も一斉に値上げに踏み切るという，ビール・新聞などの価格で見られる行動である。これは，実質的に，価格カルテルと同様の作用をする。また，鉄鋼・セメントなどの産業で，生産者の一部が卸売業者に対する販売価格（建値）を公表し，それを基準として価格を決めてゆく場合にも見られる行動である。』

③**非価格競争**：寡占市場では，1社による値下げが，他の企業も含めた値下げ競争を誘発し，結果的に共倒れとなる危険性がある。②のプライス・リーダーシップなどもそれを防ぐ方法の一つであるが，『各社の製品間に十分な差別化が可能な場合には，価格引下げではなく，むしろ製品のデザイン，品質，広告などで競争する。これを非価格競争と呼ぶ。』

正答　解説中の『　』の部分

練習問題

【No.1】次の図は，寡占市場の下で，縦軸に価格・費用を，横軸に生産量を取り，ある寡占企業が直面する需要曲線をDD'，限界費用曲線をMC，限界収入曲線MRで表したものであるが，今，この寡占市場の限界費用曲線MC_1がMC_2にシフトした場合，この寡占企業の生産物価格の動きに関する記述として，妥当なのはどれか。（地方上級）

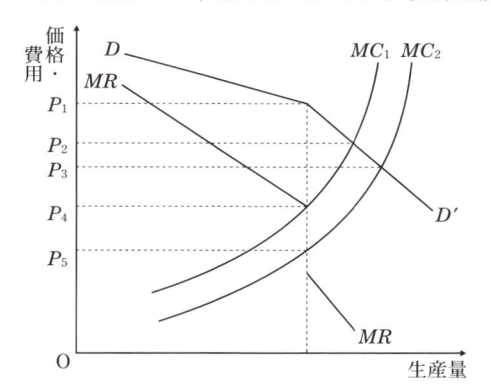

1 生産物価格は，限界費用曲線がシフトしても，P_1のまま変化しない。
2 生産物価格は，限界費用曲線のシフトに伴い，P_1からP_3に低下する。
3 生産物価格は，限界費用曲線のシフトに伴い，P_2からP_3に低下する。
4 生産物価格は，限界費用曲線がシフトしても，P_4のまま変化しない。
5 生産物価格は，限界費用曲線のシフトに伴い，P_4からP_5に低下する。

[解説] MCがMC_1からMC_2にシフトしても，$MR=MC$となる生産量は変化しないので，生産物価格はP_1のまま変化しない。

【No.2】図はある寡占企業の総費用曲線（TC），総収入曲線（TR），総利潤曲線（π），最低利潤の水準（$\pi \min$）を示したものである。この企業が売上高最大仮説に従って生産量を決めるとすると，生産量は次のどれになるか。（地方上級）

1 　x_1

2 　x_2
3 　x_3
4 　x_4
5 　x_5

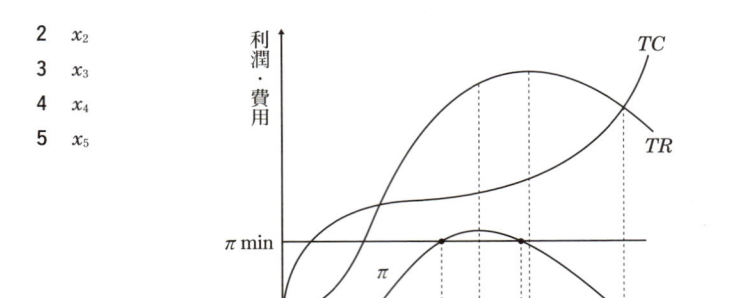

[解説] 売上高とは，総収入 TR である。これが一番高いのは $x=x_4$ のときである。しかし，x_4 では利潤が最低利潤を下回るので，利潤が $\pi\min$ を上回る範囲で最も生産量を高く取ると，x_3 となる。

【No.3】 寡占市場における企業の行動に関する次の記述のうち，妥当なものはどれか。

(国税専門官)

1　寡占企業の行動を説明するのに，ボーモルは現実の企業とのインタビューから，長期的に売上高を最大にするために短期的には利潤を最大化することが企業の目的となっていると主張した。

2　カルテル，プライス・リーダーシップなどは寡占市場において，相手企業の行動の不確実性をさらに増幅するので，売上高を最大にするためには好ましいが，安定した利潤の確保のためには好ましくない。

3　寡占市場における既存企業は，常に限界費用と限界収入が等しくなるように価格を決定するため，価格は硬直性を持つが，このようにして決定される価格水準は一般に参入阻止価格と呼ばれる。

4　寡占市場における価格の硬直性は，屈折需要曲線により説明されるが，これが成り立つのは一企業が価格を変更したとき，他企業の引上げには同調しないと，どの企業も予想するからである。

5　クールノーは，複占企業間の利潤最大化について，先導者と追随者の考え方を導入し，寡占市場においても競争市場と同様のパレート最適が達成されると主張した。

[解説] 短期的には売上高を最大化，長期的には利潤を最大化するのが正しいので1は誤り。カルテルやプライス・リーダーシップとは安定した利潤を確保するために行うので2は誤り。参入阻止価格は，限界収入と限界費用を等しくする価格より低く設定されるので，3は誤り。先導者と追随者はシュタッケルベルクのモデルなので5は誤り。

正答 【No.1】1　【No.2】3　【No.3】4

第6章

市場と効率性

Market and Efficiency

6.1 余剰分析

例題 6.1-1 消費者余剰と生産者余剰の和

下の図は，ある財の需要曲線と供給曲線を表している。下の図において，消費者余剰と生産者余剰の和はどのように表されるか。（地方上級）

1 ABE
2 ACE
3 BEC
4 $OAEF$
5 $OBEF$

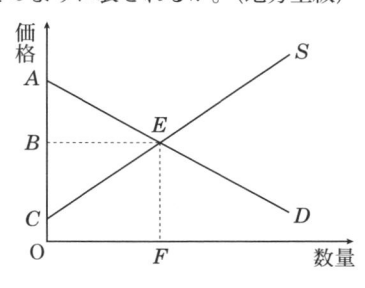

解説 図6-1(a)の需要曲線を縦に読んで，消費者は財の最初の1単位を手に入れるためにp_1円を払ってもよく，次の1単位にはp_2円を払ってもよいと考えていると解釈しよう。このとき需要曲線は限界評価曲線とも呼ばれる。このように考えると$\bar{x}$の量を需要するためには，合計して，台形$AE\bar{x}O$の面積に等しい額を支払ってもよいことになる。しかし，財の市場価格が$\bar{p}$であれば，消費者の実際の支出総額は$\bar{p}\cdot\bar{x}$であり，これは四角形$\bar{p}E\bar{x}O$の面積に等しい。

(a) 消費者余剰 △$AE\overline{p}$

(b) 生産者余剰 △$\overline{p}EC$

図6-1 消費者余剰と生産者余剰

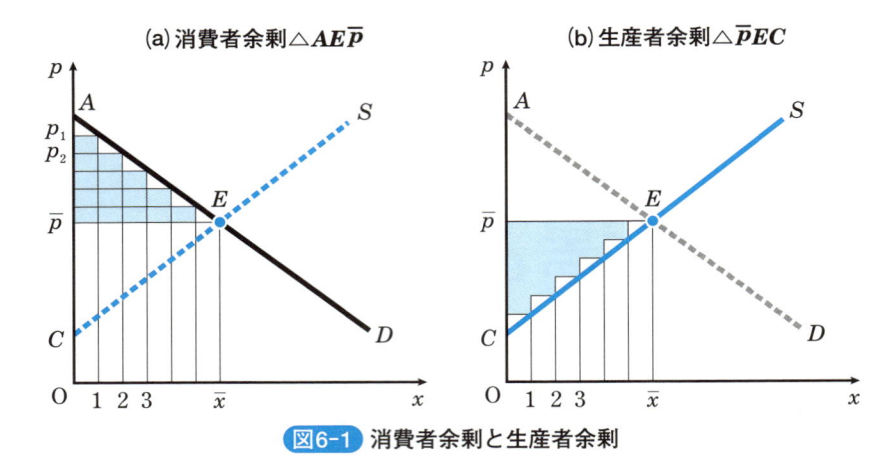

払ってもよいと考えている額のうち実際に支払う額を超過する部分を**消費者余剰**といい，その額は△$AE\overline{p}$の面積に等しくなる。

次に，個々の企業の供給曲線が限界費用曲線からなることを用いると，市場の供給曲線も社会的な限界費用を表す曲線となることがわかる。よって，図6-1(b)において，Oと$\overline{x}$の間での供給曲線Sの下方の台形$CE\overline{x}O$の面積は，限界費用の総和，すなわち総可変費用となる。価格$\overline{p}$で財を$\overline{x}$だけ販売することによる総収入は四角形$\overline{p}E\overline{x}O$の面積に等しいので，△$\overline{p}EC$は生産者が受け取る収入が総可変費用を超過する部分である。これを**生産者余剰**という。

結局，完全競争市場における均衡Eが達成されるとき，消費者余剰と生産者余剰の和は，△AECの面積に等しくなる。　　　　　　　　　　　　　　正答　**2**

例題 6.1-2　過少生産

p：価格，q：数量として下図のような需要曲線と供給曲線が与えられているとき，次の記述のうち妥当なものはどれか。（地方上級）

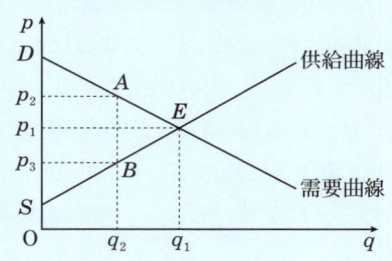

1 　供給量を q_2 に制限したときの消費者余剰は，p_2ABp_3 の面積で表される。
2 　p_2p_3 の従量税を課したとき，生産者余剰は p_2ABS の面積で表される。
3 　p_2p_3 の従量税を課したとき，消費者余剰は減少するが，生産者余剰は増加する。
4 　供給量を q_2 に制限すれば，消費者余剰は増大するが，生産者余剰は減少する。
5 　供給制限や従量税を撤廃して，生産量が q_1 になれば，生産者余剰＋消費者余剰＋税収が最大になる。

解説　例題の図を用いると，均衡 $E=(q_1, p_1)$ における余剰の和は $\triangle DES$ の面積に等しい。生産量を q_2 に制限すると，需要曲線上で価格が p_2 に定まる。すると消費者余剰は $\triangle DAp_2$，生産者余剰は台形 p_2ABS の面積に等しくなる（1，4は誤り）。よって余剰の和は，均衡 E に比べて $\triangle AEB$ の面積分だけ少なくなる。この減少分を<u>厚生損失</u>あるいは<u>死荷重</u>と呼ぶ。

次に，1単位当たり t 円の従量税をかける。供給曲線を垂直方向にシフトしてできる直線が点 A を通るように t を決める。すると，新しい均衡は点 A となり，消費者余剰は再び $\triangle DAp_2$ の面積に等しくなる。一方，生産者には，1単位当たり p_3 の収入があるので，生産者余剰は $\triangle p_3BS$ である。均衡 E の場合に比べ，消費者余剰，生産者余剰ともに小さくなる（よって2，3は誤り）。税収 tq_2 は四角形 p_2ABp_3 の面積に等しいので，結局，余剰の和＋税収は $\triangle DES$ から $\triangle AEB$ を引いた面積に等しい。課税をしないときの均衡 E に比べて，供給制限をした場合と同様に $\triangle AEB$ の厚生損失がある。

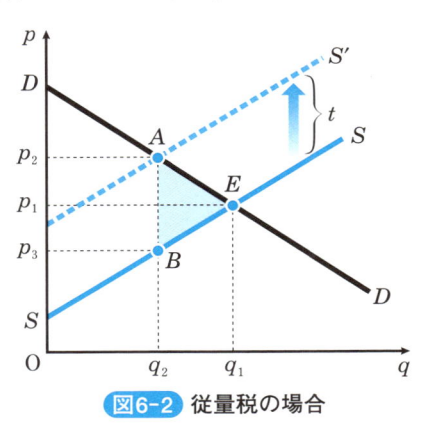

正答　5

図6-2 従量税の場合

練習問題

【No.1】 ある消費者がスーツを購入しようとしている。この消費者は，スーツは1着なら40,000円で買ってもよいと考えており，2着なら60,000円で買ってもよいと考えているとする。このとき，スーツの販売者は以下のa，またはbで販売しようとしている。
　　a　1着買おうが，2着買おうが，価格は変わらずに1着25,000円
　　b　1着目は35,000円だが，2着目は25,000円
の2つの場合の消費者余剰を比較した説明として正しいものはどれか。（地方上級）
1　a，bともに消費者余剰の大きさは同じである。
2　aのほうがbよりも消費者余剰が大きい。
3　bのほうがaよりも消費者余剰が大きい。
4　aの場合，1着目の消費者余剰はマイナスであるが，2着目の消費者余剰はプラスになる。
5　bの場合，1着目の消費者余剰はマイナスであるが，2着目の消費者余剰はプラスになる。

[解説] この消費者は，スーツ1着目に対して40,000円，2着目に対して20,000円支払う意向がある。スーツ2着の購入費用は，販売価格がaの場合には50,000円であり，bの場合には60,000円であるので，この消費者はaの場合にもbの場合にも2着購入する。販売価格がaの場合，1着目の消費者余剰は15,000円，2着目は−5,000円であり，2着購入する場合の消費者余剰は10,000円である。bの場合，1着目の消費者余剰は5,000円，2着目は−5,000円である。よって，**2** が正しい。

【No.2】 ある消費財が完全競争市場で取引されており，この財の需要曲線が $p=200-0.4q$，供給曲線が $p=100+0.6q$（ただし，p：価格，q：取引数量）と表されるとき，この財に関する消費者余剰はいくらか。（地方上級）
1　1,000
2　2,000
3　3,000
4　4,000
5　5,000

[解説] 需要曲線で $q=0$ と置くと，$p=200$。よって $(0, 200)$ で，縦軸と交わる。需要と供給が一致する取引数量は，$200-0.4q=100+0.6q$ を解いて，$q=100$。これを需要曲線に代入して $p=160$。よって，均衡点の座標は $(100, 160)$ であり，消費者余剰は以下の値となる。

$$\frac{1}{2}\times(200-160)\times100=2000$$

【No.3】 ある財に関して，市場全体の供給曲線が，
　　$S=-10+2p$　　（S：供給量，p：価格）
各消費者の需要曲線が，

$$D_i = 25 - \frac{p}{2} \quad (D_i:\text{消費者}i\text{の需要量},\ i=1,2)$$

で示されるとする。ここでは消費者は2人のみ存在するものとする。

　この場合の生産者余剰はどれか。(国税専門官)

1 205　　**2** 210　　**3** 215　　**4** 220　　**5** 225

[解説] 市場の需要曲線は，2人の消費者の需要量を足して求められるので，
$$D = D_1 + D_2 = 50 - p$$
である。これと供給曲線$S = -10 + 2p$を等しく置いて，$p=20$が求まる。このとき，$S=30$になる。供給曲線の縦軸との交点は$(0, 5)$なので，生産者余剰は，均衡点$(30, 20)$と縦軸上の点$(0, 20)$，$(0, 5)$で決まる三角形の面積に等しい。

$$(20-5) \times 30 \times \frac{1}{2} = 225$$

【**No.4**】　次の図は完全競争市場におけるある財の需要曲線(DD')と供給曲線(SS')を示したものである。この財についての消費者余剰と生産者余剰に関する次の記述のうち，必ず成り立つものはどれか。(国税専門官)

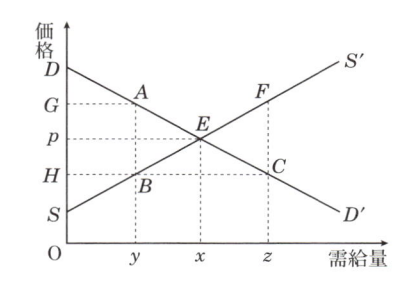

1　財の供給量がxの場合，生産者余剰はpED，消費者余剰はSEpである。
2　財の供給量がyの場合，消費者余剰と生産者余剰の合計はABEである。
3　財の供給量がyの場合，生産者余剰は財の供給量がxの場合より小さくなる。
4　財の供給量がzの場合，消費者余剰と生産者余剰の合計はSEDからECFを差し引いた部分になる。
5　財の供給量がzの場合，生産者余剰は正になる。

[解説] 消費者余剰は，xで△DEp（1は誤り），yで△DAG，zで△DCHである。生産者余剰は，xで△pES，yで台形$GABS$，zで△$HBS - $△$FCB$である。余剰の和は，$x$で△$DES$，$y$で台形$DABS$（2は誤り），$z$で△$DES - $△$FCE$である（4が正しい）。3，5はケースにより異なるが，与えられた図から判断すれば誤りとなる。

【**No.5**】　次の図は，ある財の需要曲線(D)と供給曲線(S)を示している。政府が価格統制を行い，市場価格p^*より低いp'に価格を設定した場合の消費者余剰と生産者余剰に関する次の記述のうち，正しいものはどれか。ただし，政府は，価格統制を行うに当たって，一切の財政措置はとらないものとする。(国家Ⅱ種)

1　消費者余剰は，③＞②であれば減少する。
2　消費者余剰は，②＞④であれば増大する。
3　生産者余剰は，③＞④であれば増大する。
4　生産者余剰は，必ず減少する。
5　余剰の合計は統制の前に比べて，②＋④だけ増大する。

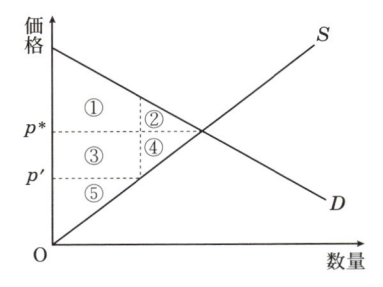

[解説] 均衡価格p^*では，消費者余剰はC_0＝①＋②，生産者余剰はS_0＝③＋④＋⑤である。価格統制後の均衡価格はp'で，消費者余剰がC_1＝①＋③，生産者余剰がS_1＝⑤である。
　余剰の差は，
　　$C_1 - C_0$＝①＋③－（①＋②）＝③－②
　　$S_1 - S_0$＝⑤－（③＋④＋⑤）＝－（③＋④）
　③＞②なら消費者余剰は増大する（1と2は誤り）。一方，生産者余剰は必ず減少する（3は誤り。4が正しい）。なお，余剰の合計は②＋④だけ減少する（5は誤り）。

正答　【No.1】2　【No.2】2　【No.3】5　【No.4】4　【No.5】4

6.2　不完全競争

例題 6.2-1　独　占

下図は，供給独占市場における限界費用曲線（MC），需要曲線（D），限界収入曲線（MR）を示している。このとき供給独占企業が利潤極大化を図った場合の記述のうち，正しいものはどれか。（国家Ⅱ種）

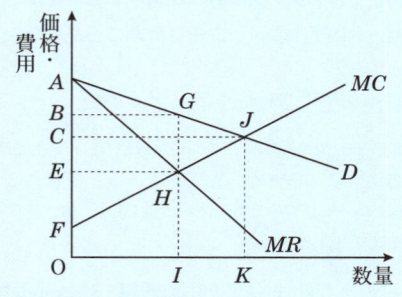

1　価格，供給量の組合せは，点Hで示される。
2　価格，供給量の組合せは，点Jで示される。
3　生産者余剰は，EHFで囲まれた部分の面積で示される。

4 消費者余剰は，AGB で囲まれた部分の面積で示される。
5 完全競争の場合と比べて，生産者余剰と消費者余剰の合計は大きくなっている。

解説 完全競争市場では，需要曲線と供給曲線が交わる点で余剰の和が最大となる。独占企業には供給曲線はない。需要曲線が与えられると，利潤を最大化するように生産量と価格を決めてしまうからである。独占企業は $MR=MC$ となるように生産量を決定するので，価格，供給量の組合せは点 G となる（1と2は誤り）。供給曲線の代わりに，限界費用曲線を用いると独占企業の生産者余剰を定義できる。完全競争市場でも，供給曲線が限界費用曲線であることを用いて，生産者余剰が定義された。独占市場でも，問題の図の台形 $BGHF$ が生産者余剰になり（3は誤り），消費者余剰は $\triangle AGB$ となる（4は正しい）。需要曲線と限界費用曲線の交点 J で生産量と価格が決まる完全競争市場と比較すると，独占によって $\triangle GJH$ の厚生損失が生じる（5は誤り）。　　　　**正答　4**

例題 6.2-2　自然独占

ある産業は1企業によって独占されており，その財に対する需要（D），限界費用曲線（MC），平均費用曲線（AC），限界収入曲線（MR）が図のように示されているとき，次の記述のうち正しいものはどれか。（国家Ⅰ種類題）

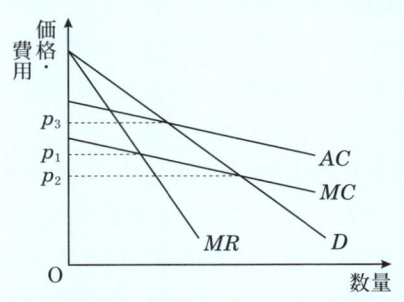

1 この産業に対し政府がなんらの規制も行わず，企業が利潤最大化を図った場合，この財の価格は p_1 に決定され，これによって最適な資源配分が実現される。
2 政府がこの産業に対し規制を行い，「限界費用価格形成原理」によって価格を決定した場合，この財の価格は p_2 となるので，企業にその損失分だけ補助金を与えれば最適な資源配分が実現される。

3 政府がこの産業に対して規制を行い,「平均費用価格形成原理」によって価格を決定した場合, この財の価格はp_3となり, 企業の利潤はゼロとなって最適な資源配分が実現される。
4 このような産業は「費用逓減産業」と呼ばれており, 価格設定をどのように行っても最適な資源配分を実現するのは不可能であるが, この財を供給することは社会的に見ると望ましい。
5 最適な資源配分を実現するように財の価格を設定した場合, この企業の損失額は消費者余剰よりも大きいので, この財を供給することは社会的に見て望ましくない。

解説 図6-3参照。規模に関して収穫逓増の生産関数では, 生産量を増加するほど, 投入生産要素の増加量 (限界費用) が減少してゆく。それに従って, 生産量1単位当たりの費用, すなわち平均費用も低下する。このような産業は, より規模の大きい生産をする企業によって支配されることになる。産業の技術的条件から必然的に独占となるという意味で, 規模に関して収穫逓増すなわち長期平均費用が逓減する産業での独占を自然独占と呼ぶ。

自然独占は, 電力, ガス, 水道, 電話, 鉄道など, 公益事業に関する産業に見られる。この場合, 国民の日常生活に必要なサービスであり, 安い価格で多くの量を供給することが望ましいが, 独占企業に任せると利潤を最大化する生産量y_0は少なく, 価格p_0は高くなる。したがって, 政府がこの市場を規制することが必要になる (政府による規制が行われなければ, 生産量はMRと長期限界費用曲線LMCの交点で, 価格はそのときの需要曲線上の点Mで決まり, 最適な資源配分とはならないので1は誤り)。

社会にとって最も望ましい最適な資源配分は, 余剰の和が最大となる生産量y_2と価格p_2の組合せで実現され, LMCと需要曲線DD'の交点Eで決まる。限界費用に等しく価格づけをすることを限界費用価格形成と呼ぶ。この点 (E) では, 消費者余剰が$\triangle DEp_2$で, 生産者余剰 (粗利潤) は, $-\triangle BEp_2$となり, 企業は損失を出す。その結果, 余剰の和が$\triangle DEB$となる。限界費用価格形成では, 企業の利潤が負となるので, 企業の損失を埋め合わせるだけの政府の補助があれば, この企業は長期にわたって生産を継続することができる (よって2が正しく, 4, 5は誤り)。

企業が採算をとれるようにするには, 政府は, LACと需要曲線DD'の交点A

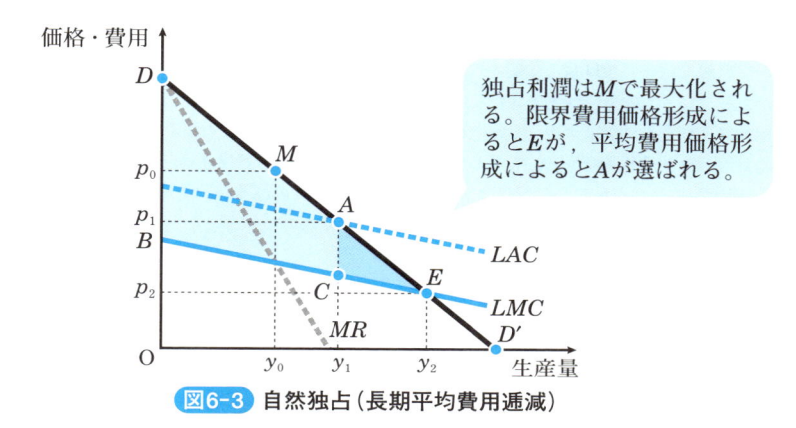

独占利潤はMで最大化される。限界費用価格形成によるとEが，平均費用価格形成によるとAが選ばれる。

図6-3 自然独占（長期平均費用逓減）

で，価格を平均費用に等しくするように規制すればよい。これを平均費用価格形成と呼ぶ。しかし，この価格づけの下では，企業は利潤も損失も出さない。しかも，生産費用が増加すれば価格の上昇が認められるので，生産費用を最小化しようという努力をしなくなる。また，総余剰は四角形$DACB$となり，△AECの厚生損失が生じる。したがって最適な資源配分とはならない（よって，3は誤り）。

正答　2

練習問題

【No.1】 費用逓減が著しい公益企業における価格設定に関する次の記述のうち，正しいものはどれか。（地方上級）

1　限界収入曲線と限界費用曲線が交わる点で，利潤が最大となり，同時にパレート最適となる。
2　ホテリングは，需要曲線と平均費用曲線の交わる点が，資源配分上，最も望ましいと主張した。
3　需要曲線と限界費用曲線が交わる点で，総余剰は最大となるが，ここでは企業経営は赤字となる。
4　独立採算制をとったほうが，限界費用価格形成原理をとるよりも，価格は安くなる。
5　利潤最大化原理をとったほうが，独立採算制をとるよりも生産量は多くなる。

［解説］余剰の和が最大となるのが，資源配分上，最も望ましい場合で，これは長期限界費用曲線LMCと需要曲線DD'が交わる点Eで生産をして，価格づけを行う場合である（ホテリングの主張。よって2は誤り）。ところが，この生産量では，長期平均費用LACのほうが大きくなり，この公益企業の利潤は負となる（3は正しい）。

一方，この公益企業の独占利潤が最大となるのは，限界収入曲線MRと，長期限界費用曲線LMCの交点Mで決まる生産量で生産を行う場合である。しかし，このとき，生産量は少なく，厚生損失が生じパレート効率性は達成されない（1は誤り）。長期平均費用は逓減しているので，長期限界費用曲線より上方に位置する。長期平均費用と価格が等しくなる独立採算制の価格体系では，長期平均費用曲線と需要曲線が交わる点Aの高さ（価格）が長期限界費用曲線と需要曲線が交わる点Eの高さ（価格）より高くなる（4は誤り）。なお，生産量は点Aのほうが，点Mより多くなる（5は誤り）。

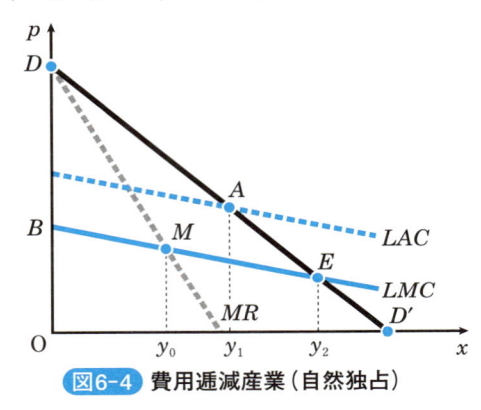

図6-4 費用逓減産業（自然独占）

【**No.2**】 下図は，ある費用逓減産業の需要曲線と費用曲線を示したものである。この図に関する記述として，妥当なのはどれか。（地方上級）

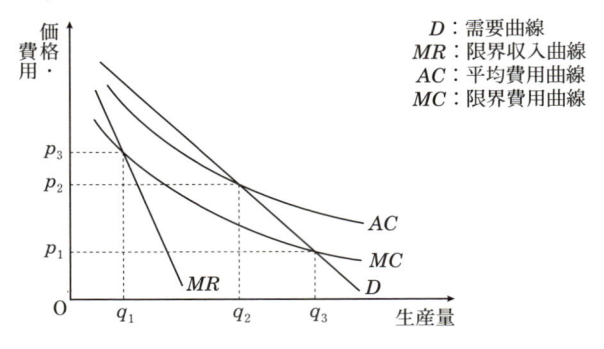

D：需要曲線
MR：限界収入曲線
AC：平均費用曲線
MC：限界費用曲線

1 限界費用価格形成原理により価格を設定した場合，生産量はq_3となり，社会的厚生はゼロとなる。
2 平均費用価格形成原理により価格を設定した場合，生産量はq_2となり，企業の損失が発生する。
3 企業が生産量をq_2からq_3に増加させた場合，消費者余剰は企業の損失額以上に増加するため，社会的厚生は増加する。
4 企業が生産量をq_2からq_1に減少させた場合，政府が企業に補助金を与えることにより，最適な資源配分が実現する。

5 政府が一切規制を行わず，企業が利潤最大化を図った場合，生産量はq_1，価格はp_3に決定される。

[解説] 限界費用価格形成原理で価格を設定した場合，生産量はq_3となり，社会的厚生は最大となる（1は誤り）。平均費用価格形成原理により価格を設定した場合，生産量はq_2となり，企業の利潤はゼロとなる（2は誤り）。企業の生産量がq_1のとき$MR=MC$となり，独占企業の利潤は最大となるが，資源配分は最適にはならない（4は誤り）。企業の生産量がq_1のとき価格はq_1に対応する需要曲線の高さで決定する（5は誤り）。

【No.3】 ある財の市場の需要曲線が，

$p = 120 - d$ （d：需要量，p：価格）

で示され，この財はある企業によって独占的に供給されるものとする。企業の限界費用曲線が，

$MC = 2x$ （MC：限界費用，x：生産量）

で示されるとすると，この独占企業によって引き起こされる経済余剰の損失はいくらか。

（地方上級）

1 50　　2 80　　3 100　　4 120　　5 150

[解説] 需要曲線$p = 120 - x$から，限界収入曲線MRは，**公式5.1**より，

$MR = 120 - 2x$

これを限界費用$2x$と等しく置いて，$x = 30$，価格は需要曲線から$p = 120 - 30 = 90$。点Rの縦軸座標は60。

限界費用曲線MCと需要曲線Dの交点Eは，$120 - x = 2x$より，$x = 40$，$p = 80$。

厚生損失は，△MERの面積に等しく，

$(90 - 60) \times (40 - 30) \times \dfrac{1}{2} = 150$

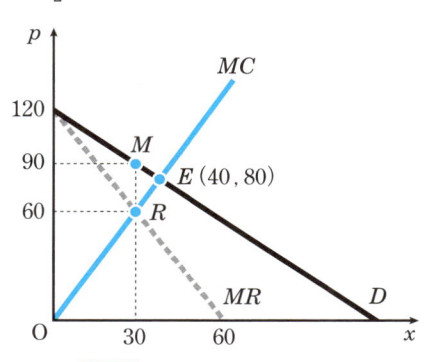

図6-5 独占による厚生損失

正答 【No.1】3　【No.2】3　【No.3】5

6.3 パレート効率性

例題 6.3-1　契約曲線

次図はエッジワースのボックス・ダイアグラムである。これに関する正しい記述は次のうちどれか。（国家Ⅰ種）

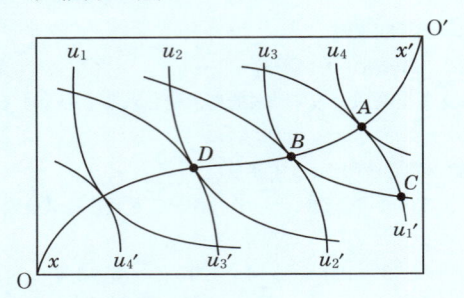

1. 契約曲線xx'上の社会的効用は等しい。
2. 点Bにおける社会的効用は点Aより大きい。
3. 点Cから点Dへの移行は両者の効用をともに増大させる。
4. 点Bにおける社会的効用は点Cより大きい。
5. xx'上では2財の限界代替率は常に一定である。

解説　前節までは，1個の市場のみに注目し部分均衡分析を行ってきた。そこでは余剰の和が社会的厚生を測る目安として用いられてきた。互いに関連するいくつかの市場を同時に扱うのは，一般均衡分析と呼ばれる。一般均衡分析では，余剰概念は用いずに，パレート効率性と社会的厚生の最大化というものを問題にする。余剰の和の最大化に対応するのがパレート効率性である。これまでは，曖昧に余剰の和の最大化を社会的厚生の最大化とみなしてきたが，厳密には，余剰の和の最大化はパレート効率性とも社会的厚生の最大化とも異なることである。

今，消費者が2人いて2財からなる経済を考える。財の存在量が限られているとし，第1財の存在量を横，第2財の存在量を縦の長さとする長方形をつくる。これが例題の長方形である。そして消費者1の消費量をOを原点にして測り，Oに対して凸な無差別曲線u_1, u_2, u_3, …を描く。消費者2の消費量はO'を原点として測り，O'に対して凸な無差別曲線u_1', u_2', u_3', …を描く。長方

図6-6 効用可能曲線

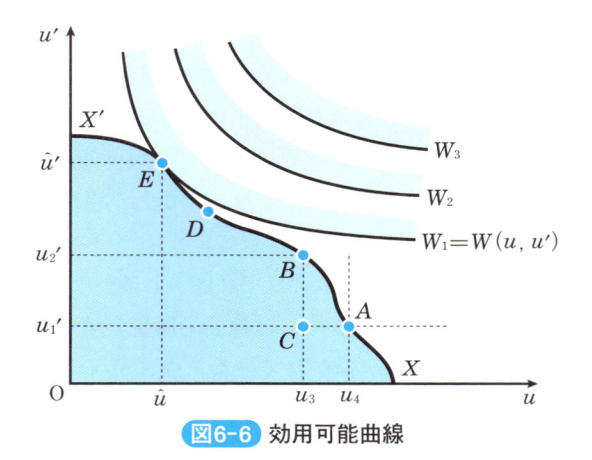

形の内部の点（たとえばC）に対応して，財の総量の2人の間での配分量が決まる。それぞれの個人の取り分は原点をOあるいはO′としたときのその点（C）の座標である。このような構造を持つ長方形の図形が<u>エッジワース</u>による<u>ボックス・ダイアグラム</u>である。

<u>契約曲線</u>xx'は2人の無差別曲線が互いに接する点の軌跡である。したがってxx'上の点では，2人の個人の限界代替率が等しい。しかし，限界代替率の値が一定である必要はない（5は誤り）。契約曲線上の点から，長方形内の他の点に移動すると必ず，少なくとも1人の個人の効用が低下する。たとえば点Aから点Bに移ると，消費者2の効用はu_1'からu_2'に上昇するが，消費者1の効用はu_4からu_3に低下する。このように，他の消費者の効用を犠牲にせずには，どの消費者の効用も上げられない状況を<u>パレート効率的</u>と呼ぶ。契約曲線はパレート効率的な配分の集合である。契約曲線上では，2人の消費者の限界代替率が等しいが，これは消費のパレート効率性の条件となる。消費者1の限界代替率をMRS，消費者2の限界代替率をMRS'とすると，その条件は，

公式6.1　　$MRS = MRS'$

契約曲線上の2人の効用の値の組は，**図6-6**の太い曲線XX'で描かれ，<u>効用可能曲線</u>と呼ばれている。効用可能曲線およびその内側の点は，例題の図のボックス・ダイアグラム内の点（配分）の生む効用の組である。**図6-6**の点A, B, C, Dは例題の図の点A, B, C, Dと対応している。効用可能曲線はパレート

効率的な効用の組である．効用可能曲線上の点，たとえば，点Aよりも消費者1および2の効用がともに高い点，すなわちAの右上方に位置する点は達成不可能な効用の組である．点Cと点Bでは1人の効用はu_3のままで，他の1人の効用はu_1'からu_2'に上昇している．同様にして，効用可能曲線上でABの間の点は点Cに比べると両者の効用を増大させる．ただし，点Dでは消費者1の効用が点Cにおけるよりも小さくなる（3は誤り）．

社会的厚生は，2人の効用の値に依存して評価される．それが$W=W(u, u')$という関数で表されるとする．図6-6には社会的厚生の値がW_1, W_2, W_3であるときの（社会的）無差別曲線が描かれている．点Bが点Cよりも高いWの値を与えることは明らかであろう（4は正しい）．点Aと点Bについては，どちらが高い社会的効用（厚生）を生むかは明らかではない（2は誤り）．社会的厚生は，社会的無差別曲線と効用可能曲線の接点で最大化される．$E=(\hat{u}, \hat{u}')$とする．消費者の効用$\hat{u}, \hat{u}'$の値は，背後の所得分配によって実現されると考えることができる．すなわち，パレート効率性を達成することは，XX'上の組を実現させることであり，最適な所得分配を達成することは，社会的厚生関数を導入して，XX'上の特定の点を選択することである．もちろん，社会的厚生関数を特定することは，各個人の効用をなんらかの価値判断を入れて評価せずにはできないことである．

なお，図6-6の点A, B, Dに見るように，契約曲線上の点の社会的効用が等しいとはいえない（1は誤り）．

正答　**4**

例題 6.3-2　厚生経済学の基本定理

厚生経済学の基本定理（第1と第2がある）とは何か．また，同定理の経済政策上の意味内容を説明せよ．（公認会計士）

解説　厚生経済学の第1定理は「競争均衡における資源配分はパレート効率的である」というものである．競争が妨げられなければ，市場に任せておくほうが，資源配分の無駄がないことになる．

一方，厚生経済学の第2定理は，「任意のパレート効率的な資源配分は，適切な所得の再分配によって，競争均衡として，達成できる」というものである．あるパレート効率的な資源配分を達成しようとすると，課税と所得補償によっ

て所得の再分配を行い、経済の構成員の財の初期保有量を変えることで、あとは市場に任せるなら、その均衡における資源配分が、望ましいパレート効率的な配分となる。

どちらの定理も市場メカニズムの資源配分における有効性を証明するものである。

練習問題

【No.1】 次の図は、2人の消費者A、Bと第1財、第2財の2種類の財からなる経済のエッジワースのボックス・ダイアグラムであるが、この図の説明として、妥当なのはどれか。ただし、U_1, U_2, U_3, U_4 は、消費者Aの無差別曲線を表し、V_1, V_2, V_3, V_4 は、消費者Bの無差別曲線を表すものとする。(地方上級)

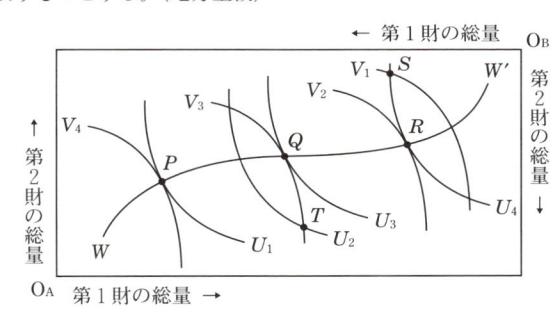

1 点P, 点Q, 点Rは、いずれもパレート最適な状態であり、これらの点の軌跡である曲線W-W'を効用可能曲線という。
2 点Tでは、消費者Aの効用と消費者Bの効用が等しくなるため、消費者Aと消費者Bの限界代替率は等しくなる。
3 点P, 点Q, 点Rは、いずれもパレート最適な状態であり、これらの点において、資源配分の効率性かつ所得分配の公平性が実現される。
4 点Sから点Rへの移行は、消費者Bの効用が増加し、消費者Aの効用が不変であることから、パレート改善である。
5 点P, 点Q, 点Rは、いずれもパレート最適な状態であるが、これらの点のうち、消費者A、Bともに効用が最も高いのは、点Qである。

[解説] 曲線W-W'は契約曲線と呼ばれる(1は誤り)。点Tでは消費者A、Bの限界代替率は等しくない(2は誤り)。点P, 点Q, 点Rはパレート最適な状態であるが、所得分配の公平性が実現されているかは保証されない(3は誤り)。消費者Aについては点Qよりも点Rのほうがより効用が高く、消費者Bについては点Qよりも点Pのほうがより効用が高い(5は誤り)。

【No.2】 パレート最適に関する記述として、正しいものはどれか。(地方上級)

1　パレート最適は，資源の最適配分と所得分配の公平とを達成するための条件である。
2　外部不経済はパレート最適の達成を阻害するが，外部経済は阻害しない。
3　パレート最適は平均費用と需要によって決定される。
4　パレート最適は消費者と企業との限界代替率が一致するところで達成される。
5　パレート最適では，ある経済主体の厚生を増加させると，他の経済主体の厚生を減少させることになる。

[解説] 図6-6を用いるとパレート効率性（最適性）は資源が効率的に配分されて，効用の組が効用可能曲線 XX' 上にあることを意味する。XX' 上のどの点を選ぶかが所得分配に関する問題である。これは社会的厚生関数を特定化して論じなければならない。パレート効率性とは次元の異なる問題である。よって1は誤り。外部効果は，市場を通じることなく，生産や効用に与える効果である。生産を増加したり，効用を増加するなら「外部経済」といい，それらを減少させるなら「外部不経済」という。その効果が市場で評価されないため，外部経済，外部不経済のどちらも，需給を通じた供給量の調整がされないのでパレート効率性が達成されない（2は誤り）。パレート効率性は，2人の消費者なら互いの限界代替率，2つの企業なら互いの限界生産物の均等あるいは互いの技術的限界代替率の均等の下で成り立つ。消費者と生産者の間では，各消費者の2つの財の間での限界代替率と，経済の生産物でのその2つの財の間の限界変形率（生産可能曲線の傾きの絶対値）が等しいときに成り立つ（3と4は誤り）。

【No.3】　生産，消費，価格が市場で決定される市場経済とそれらが中央政府により決定される中央集権経済について，厚生経済学の第1，第2定理が示唆することとして，正しいものはどれか。（国家Ⅱ種）
1　医療などの国民の厚生にかかわる資源配分については，公共財的性格を有するため，市場経済においても市場の調整にゆだねてはパレート最適性が達成されない。
2　市場経済において達成される均衡は，一般に政府が他の消費者の効用を減少させずに，ある消費者の効用を高めるように財を再配分することによって改善することは可能である。
3　中央集権経済において選択されたパレート最適な均衡を市場の調整にゆだね達成することは，仮に財の初期保有量の再配分が行われたとしても不可能である。
4　市場経済において達成された均衡は常にパレート最適である。一方，中央集権経済において選択されたパレート最適な配分は，適当に初期保有量が再配分されれば，常に市場に調整をゆだねても達成できる。
5　中央集権経済においては，市場が存在しないため，パレート最適性の概念は成立しない。

[解説] 1は公共財の例であり，厚生経済学の定理とは直接関係はない。「市場均衡はパレート最適」（厚生経済学の第1定理）なので，2と3は誤り。中央集権経済か市場経済かにかかわらず，資源配分一般についてパレート最適性を考えることができるので5は誤り。中央集権経済でもパレート最適性は考えられ，「パレート最適を所得を再分配したうえで市場均衡で達成することは可能である」（厚生経済学の第2定理）ので，4は正しい。

正答　【No.1】4　【No.2】5　【No.3】4

第7章

市場の失敗

Market Failure

7.1 外部効果

> **例題 7.1-1　外部不経済**
>
> 「生産活動に伴って外部不経済が生じる場合，市場機構は最適な生産量を実現せず，厚生損失が生まれる」といわれているが，その論拠を説明せよ。
>
> （外務専門職員）

解説　ある経済主体の経済活動が他の経済主体の経済活動に与える効果を，外部効果と呼ぶ。その効果が，外部効果の受け手にとって好ましいものであれば外部経済，好ましくないものであれば外部不経済と呼んでいる。

　外部効果として，特に取り上げて問題とすべきなのは，ある経済主体の行動が他の経済主体の生産関数や効用関数を直接変化させる効果で，これを技術的外部効果という。

　川の上流の企業Aが工場廃水を川に放出し，その量が多いほど，下流で操業する染物工場が水の浄化能力を増大せざるをえなくなるというのは，企業Aが企業Bに外部不経済を与える例になる。

　今，産業Aの供給曲線を**図7-1**のSとして，需要曲線Dとの交点E（完全競争解）で生産量y_Aと価格p_Aが決まるとする。産業Aの供給曲線Sは，産業Aの

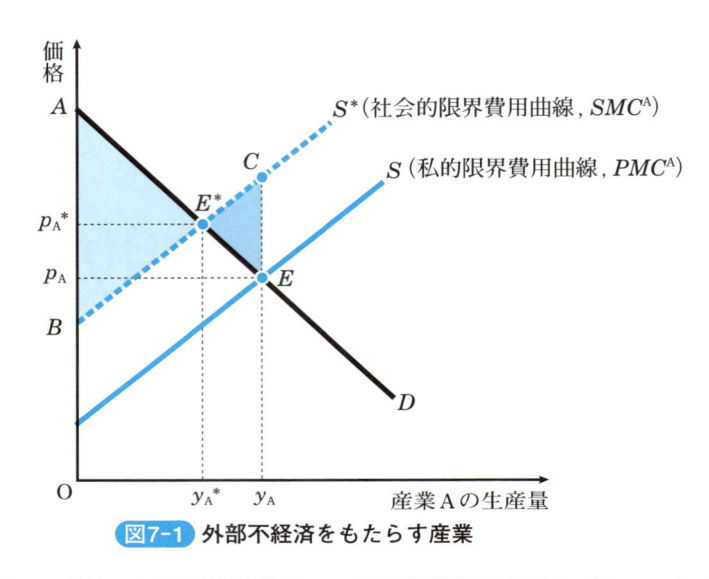

図7-1 外部不経済をもたらす産業

みの生産費用から計算した限界費用曲線で，私的限界費用曲線と呼ぶ。これをPMC^Aと書く。今，産業Aの活動が他の産業に外部不経済をもたらすとしよう。他の産業の被る損失は，この経済が負担する費用の一部に加えるべきものである。そこで産業Aが生産量を1単位増加するごとに他の産業に与える外部不経済を計算して，それを産業Aの供給曲線に上乗せしたものを曲線S^*とする。この私的限界費用に他の企業が被る限界的な損失を加えて得られる曲線S^*は社会的限界費用曲線と呼ばれる。これをSMC^Aと書く。

社会的な厚生は，私的限界費用曲線ではなく，社会的限界費用曲線S^*を用いて測られる。そこで余剰の和が最大となるのは，生産量y_A^*における点E^*であり，社会的余剰は△AE^*Bで表される。

他方，市場に任せると，産業Aの生産量y_Aが達成される。生産量y_Aでは厚生損失△CEE^*が生じる。市場に任せると，外部不経済の額が産業Aの行動決定に反映されず，結果として，生産量は社会的に望ましい水準よりも大きくなるのである。

外部不経済を生む経済活動に対して政府が課税するなら，産業Aの生産量は減少する。生産量1単位当たりに，SMC^AとPMC^Aの差の分だけ課税するとしよう。すると，企業にとっての限界費用は，社会的限界費用SMC^Aと等しくなり，生産量はy_A^*に等しく決まることになる。

> **例題 7.1-2　外部不経済の内部化**
>
> 外部効果に関する次の記述のうち，妥当なものはどれか。（国家Ⅱ種）
> 1　ある経済主体の活動が，他の経済主体に及ぼす効果を外部効果といい，負の外部効果の例として，環境汚染や騒音などの公害現象が挙げられる。
> 2　課税や補助金の交付などを通じて外部効果を内部化させた場合にも，パレート効率的な資源配分は実現できない。
> 3　生産時に公害を発生させている製品の価格に，市場の外部で生じている限界費用が反映されていないとき，市場にのみゆだねた場合の市場均衡需給量は社会的に最適な需給量より過小になり，価格は過大となる。
> 4　教育などの正の外部効果の場合，私的限界費用は社会的限界費用に比べて過小となり，その結果，市場均衡需給量は社会的に最適な需給量よりも過大となり，価格は過小となる。
> 5　外部効果が存在してパレート効率的な資源配分が達成されない場合，取引費用の有無に関係なく，経済主体の交渉を通じてもパレート効率的な資源配分は実現できない。

解説　ある外部不経済の発生者あるいは受け手が広範囲にわたる場合は政府による介入が必要としても，どちらも少数の場合は，当事者間の交渉によって外部不経済を減少させることが可能である。交渉の結果，発生者が受け手に対して，社会的限界費用SMCと私的限界費用PMCの差に等しい額の補償金を支払うということになれば，政府が課税をする場合と同じく，生産量は最適な水準に落ち着く。

一方，もし外部不経済の発生者が生産量を減らすとき，1単位につきSMCとPMCの差に等しい額を受け手が発生者に支払うことに合意するなら，やはり，生産量は最適な水準に落ち着く。

以上から，どちらが貨幣を支払うかによって所得分配は変わるが，発生者が受け手に支払う，受け手が発生者に支払う，そのどちらの方法でも，最適な生産量を実現できることがわかる。これは，シカゴ大学のコースによって指摘された，コースの定理である。

1．正しい。2．外部効果を内部化させた場合，パレート効率的な配分が実現できる。3．私的限界費用は公害で失うコストを含まないので，社会的限界費用より低めになり，生産は過大となる。4．正の外部効果の場合，私的限界費用から，正の効果を引いたものが社会的限界費用なので，市場均衡需給量は

最適な需給量より過少となり，価格は過大となる。誤り。**5．**取引費用がなければ，外部効果の内部化や交渉でパレート最適が達成できる。　　**正答　1**

例題 7.1-3　外部経済と補助金

次図のように，生産量1単位当たり FG の技術的外部経済をもたらす産業の私的限界費用曲線 PMC および，この産業に対する需要曲線 D が示されているとする。今，この産業に生産量1単位当たり FG の補助金を与え，その補助金は一括固定税で賄われているとすると，補助金を与えた後における社会的厚生は補助金を与える前と比較してどのように変化するか。

ただし，図において $AE=BC=FG$ が成立しているとする。（国家Ⅱ種）

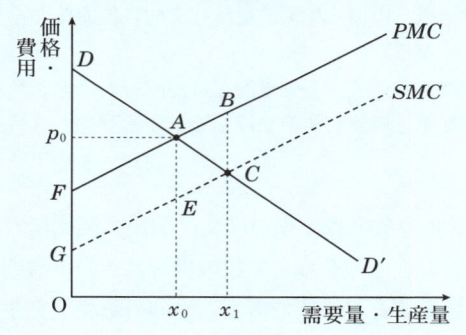

1　△ABC だけ減少する。
2　△ACE だけ増加する。
3　四角形 $BCGF$ だけ減少する。
4　四角形 $ABCE$ だけ増加する。
5　四角形 $ACGF$ だけ増加する。

解説　もし，発生者が外部経済を与えるなら，社会の限界費用 SMC は，私的限界費用 PMC から外部経済の便益を引いた額となり，SMC は PMC の下方に位置する。この場合，市場均衡における生産量は，社会的厚生を最大化する最適な生産量よりも小さくなる。生産量を増加させるためには，生産量を増加するごとに発生者に補助金を与えるという政策が考えられる。当事者間の自発的交渉も可能である。補助金を与える前の社会的厚生は四角形 $DAEG$ である。補助金を与えた後の社会的厚生は △DCG となり，補助金を与える前に比べ，△ACE だけ増加する。　　**正答　2**

例題7.1-4 消費の外部性

ある財の市場において各個人は，他の人々が購入した場合にはその財をより多く購入するという現象（バンドワゴン効果）が存在する。人々はその市場における総購入量の予想値x^*を合理的期待仮説に基づいて形成するものとし，バンドワゴン効果を含む需要曲線は，

　　$D = -10p + 0.5x^* + 55$　　〔D：需要量，p：価格〕

で示されるものとする。

他方，その財の市場供給曲線は，

　　$S = 5p + 10$　　〔S：供給量，p：価格〕

で示されるとすると，この市場における均衡価格はいくらか。（国家Ⅰ種）

1 4　　**2** 5　　**3** 6　　**4** 8　　**5** 10

解説　これは，一種の消費の外部効果とみなすことができる。**合理的期待**とは，予想値x^*が実現する需給量xと一致すると考えることである。そこで，$D = S = x^*$とすると，需要曲線の式および供給曲線の式から，

　　$x^* = -10p + 0.5x^* + 55$　……①
　　$x^* = 5p + 10$　………………②

②式を①式に代入して，

　　$-10p + 0.5(5p + 10) + 55 = 5p + 10$
　　$-10p + 2.5p + 5 + 55 = 5p + 10$
　　$50 = 12.5p$
　　$p = 4$　……………………③

よって，**1**が正しい。

総購入量は，③式を②式に代入して，

　　$x^* = 20 + 10 = 30$

正答　1

練習問題

【No.1】 次図には私的限界費用に基づく供給曲線S_0と外部限界費用を含んだ社会的限界費用を表す供給曲線S_1が描かれている。この図において，政府が外部限界費用に相当するtを供給者に課税することによって外部不経済が内部化される場合の説明として妥当なのはどれか。（国家Ⅱ種）

1 外部不経済が発生しているとしても，政府による規制がなければ生産水準はx_0になるが，その場合の社会的余剰の大きさは，$AE_0C - E_1DE_0$の面積となる。 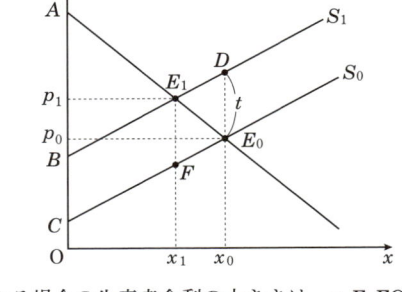
2 外部不経済が発生しているとき，政府の課税による規制が行われ，生産水準がx_1になる場合の消費者余剰の大きさは，AE_1Bの面積となる。
3 外部不経済が発生しているとき，政府の課税による規制が行われ，生産水準がx_1になる場合の生産者余剰の大きさは，p_1E_1FCの面積となる。
4 外部不経済が発生しているとしても，政府による規制がなければ生産水準はx_0になるが，その場合の外部不経済の大きさは，$AE_1B - E_1DE_0$の面積となる。
5 外部不経済が発生しているとき，政府の課税による規制が行われ，生産水準がx_1になる場合の社会的余剰の大きさは，$AE_1p_1 + p_1E_1FC - BE_1FC$の面積となる。

[解説] 外部不経済が発生しているとき，市場に任せると均衡点E_0で生産水準x_0が決まり，社会的余剰の大きさは△AE_1B −△E_1DE_0で，△E_1DE_0が厚生損失となる。したがって，1は誤りである。また，4は，社会的余剰の大きさを外部不経済の大きさとしているので誤りである。生産量がx_0のとき，外部不経済の大きさは，四角形BDE_0Cである。

課税による規制が行われる場合，S_1とS_0の垂直差tは1単位当たりの税（従量税）に相当する。S_1の高さが生産者の負担する限界費用と従量税の合計を表し，均衡はE_1となり，生産量はx_1に決まる。社会的余剰の大きさは，△AE_1Bである。これは，消費者余剰△AE_1p_1（2は誤り）に，生産者余剰である「収入−税額−費用」すなわち$p_1E_1x_1O - BE_1FC - CFx_1O = p_1E_1FC - BE_1FC$（3は誤り）を加えた額と等しい。よって，5が正しい。

【No.2】 外部不経済を生じているある生産物の私的限界費用曲線（①）と，外部費用曲線（③）が次図のように示されている。今，外部費用と同額の従量税を課して①が②にシフトしたときの記述として，正しいものは次のうちどれか。（地方上級）

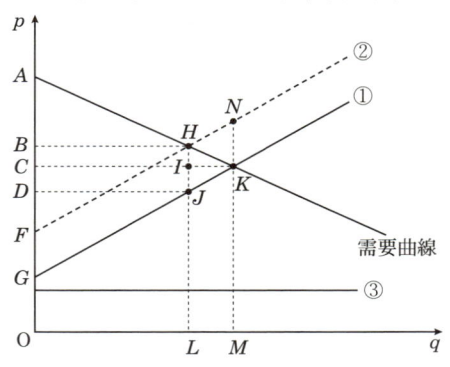

1 税収は四角形 $BHIC$ の部分で示される。
2 生産者余剰は △ HKI だけ減少する。
3 生産者の税負担は四角形 $BHIC$ で示される。
4 総余剰は △ HNK だけ増大する。
5 総余剰は △ HKJ だけ減少する。

[解説] 市場に任せると均衡は K で，外部不経済は四角形 $FNKG$ で表されるので，余剰の和（総余剰）は，△ AKG −四角形 $FNKG$ ＝△ AHF −△ HNK である。他方，外部費用に等しい従量税を①に足して，②を企業の限界費用とすると，総余剰は △ AHF となり，△ HNK だけ増大する。このとき税収は，四角形 $BHJD$ ＝ $FHJG$ で表される。

【No.3】 下図は，外部経済を発生させるある産業における，需要曲線 DD' ，私的限界費用曲線 PMC ，社会的限界費用曲線 SMC を示している。この図に関する記述として，妥当なのはどれか。（地方上級）

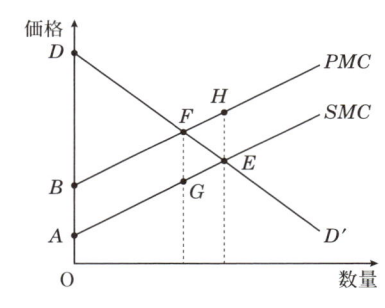

1 完全競争均衡における消費者余剰と生産者余剰の和は BDF であり，外部経済は $ABHE$ である。
2 完全競争均衡における消費者余剰と生産者余剰の和は BDF であり，外部経済は EFH である。
3 完全競争均衡における消費者余剰と生産者余剰の和は ADE であり，外部経済は EFH である。
4 この産業が1単位増産するごとに，政府が HE に等しい補助金を与えることにより，社会的厚生を $ABFG$ だけ高めることができる。
5 この産業が1単位増産するごとに，政府が HE に等しい補助金を与えることにより，社会的厚生を EGF だけ高めることができる。

[解説] 完全競争均衡における消費者余剰と生産者余剰の和は BDF ，外部経済は $ABFG$ である（1，2，3は誤り）。政府が1単位増産するごとに HE に等しい補助金を与えると，社会的厚生は EGF だけ増加する（4は誤り，5が正しい）。

正答 【No.1】5 【No.2】4 【No.3】5

7.2 公共財

例題 7.2-1 公共財と「市場の失敗」

公共財はなぜ「市場の失敗」を招くのか，民間財と対比しながら説明しなさい。
(不動産鑑定士)

解説 通常の消費財は，ある消費者が購入すれば，その量が市場から消えてしまい，他の人は残りの量を購入しなければならない。しかも，価格を支払わない人は購買できない。このような財は，私的財と呼ばれる。問題文の民間財とは，私的財のことであろう。一方，公園などは，いったん造られてしまえば，公園で体操をする，ベンチに座るなど，消費者Aが公園で楽しむことが，消費者Bが公園に入ることを妨げるわけではない。基本的には，混雑を別にするとすべての人が同じように公園の供給するサービスを楽しむことができる。全員がその財の供給量を消費できるという側面を非競合性と呼ぶ。また，料金あるいは税金を払う人だけに公園が開放されているわけではなく，だれでも利用できる。この側面を非排除性と呼ぶ。非競合性と非排除性の両方の性質を持つ財は，(純粋)公共財と呼ばれる。

消防，国防，テレビ，ラジオの放送なども公共財の例である。もっとも，公園や放送は，料金所を設けた公園，ケーブルテレビを通じて見る放送など，排除性を持たせて私的財として供給することも可能である。なお，教育，学校給食，老人医療など，私的財として供給することが可能であるにもかかわらず，政府が社会的に重要であるとみなして公共財として供給するサービスがある。これはメリット財(価値財)と呼ばれる。

図7-2(c)は，政府あるいは地方公共団体が供給する公共財の限界費用MCを右上がりの曲線Sとしている。一方，消費者A・Bの，公共財に対するそれぞれの需要曲線d_A(図7-2(a))とd_B(図7-2(b))を垂直方向に足し上げて，右下がりの社会的限界評価曲線Dをつくる。消費者が支払ってもよいと思う額の合計が公共財を供給する限界費用曲線Sと一致する点Eで公共財の最適供給量y^*が決まる。Eで決まるp_Aとp_Bは，それぞれAとBの公共財の量y^*に対する限界評価の額であり，それを足し合わせたp^*が社会的限界評価の額となる。すな

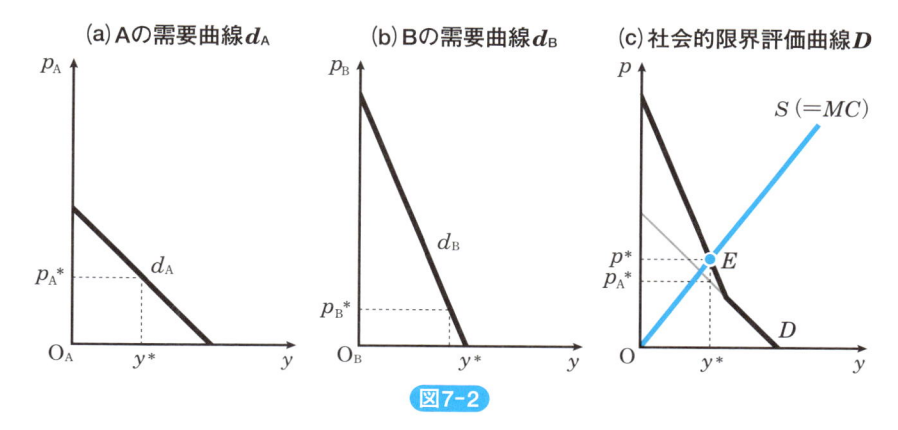

(a) Aの需要曲線 d_A　　(b) Bの需要曲線 d_B　　(c) 社会的限界評価曲線 D

図7-2

わち，社会的限界評価 p^* は，

(7.1) 　　$p^* = p_A^* + p_B^*$

である。他方，公共財の限界費用は $S = MC$ であるので，公共財の最適供給の条件は，

(7.2) 　　$p_A^* + p_B^* = MC$

である。これは (ボーエン=) サミュエルソンの条件と呼ばれる。

　ここで，公共財を供給する費用をだれが負担するかという問題を考えよう。限界評価に応じて，各消費者がそれぞれ費用の一部を負担すればよいが，限界評価を客観的に測ることはできない。一方，消費者の自己申告に頼ったとしても，公共財は非排除性を持ち，いったん供給されればだれでも消費できるので，費用負担を軽くするために，消費者は自己の公共財に対する選好を低く申告する。いわゆる，フリー・ライダー (ただ乗りする人) になろうとする。そのため，(7.2) 式の条件が満たされず，図7-2(c)の E 点を実現できない。これが公共財の「市場の失敗」と呼ばれるものである。

　現実の公共財である国防，消防，警察，公園などは，国あるいは地方政府が税金で負担して行っている。また，民営の放送局は，コマーシャルを入れることで企業からの収入でカバーする。NHKは視聴者に一律の料金を課している。

例題 7.2-2　市場の失敗

市場経済における欠陥について述べよ。(外務専門職員)

[解説] これまでの記述と重なるので簡単に説明する。市場を通じてはパレート効率性が満たされず，厚生損失が生じる状況があり，それを一般に「市場の失敗」と呼ぶ。不完全競争も市場の失敗が起こる例である。中古車（レモン）市場のように，「情報の非対称性」（第8章の8.2を参照）も市場の失敗の原因となる。さらに，「外部効果」，そしてその特殊ケースと考えることもできる「公共財」においても市場の失敗が起こる。

練習問題

【No.1】 公共財に関する次の記述のうち，妥当なものはどれか。（国家Ⅱ種）

1 公共財の基本的性格の一つは，対価を支払った人のみに限定してサービスを提供することが不可能または困難であることである。その典型的な例としては，政府の安全保障サービスや警察活動が挙げられる。

2 一般的に，公共財の供給は民間部門の市場機構を通じて行うことができる。しかし，リンダール均衡においては，例外的に公共部門による公共財の供給が社会的に最適量の公共財の供給をもたらしうることが示されている。

3 現代の先進国経済においては，財政支出のほとんどが，外交，法務，警察，消防および防衛などの純粋な公共財のための支出に充てられている。

4 パレート最適を満たす公共財の供給水準は，所得分配とは独立に決定することができる。したがって，所得分配が変化しても，社会にとっての公共財の最適供給水準は変化しない。

5 公共財の基本的性格の一つは，ある人の消費が他の人の消費を減少させることである。この性格を競合性といい，混雑していない高速道路や音楽会場の利用は，競合性が成立している典型的な例である。

[解説] 1．正しい。2．公共財は市場では適切に取引できないので，誤り。そこで，各消費者が公共財について持つ限界評価を私的財の公共財に対する限界代替率で測り，その限界評価に等しい額を消費者に課税することによって公共財の供給費用を負担すれば，公共財と私的財の最適な配分が可能になる。ここで決まる財の量と各人の払う価格（税額）の組合せをリンダール均衡と呼ぶ。3．財政支出には，教育などのメリット財や生活保護などの社会保障などもある。4．一般均衡論的には，財は生産要素を投入して生産され，生産要素（労働，資本）は消費者が供給する。消費者の効用は，余暇の消費量（あるいは労働の投入量）と私的財と公共財の消費量に依存する。よって，個人の生産要素保有量，すなわち所得分配は，公共財の供給水準を決める際に影響してくる。誤り。5．公共財の大きな特徴の一つは，競合性ではなく，非競合性である。誤り。

【No.2】 2人の消費者A，Bの存在する社会において，それぞれの消費者の公共財に対する限界評価曲線（需要曲線）は，次に示されるものとする。

消費者A：$P_A = 10 - Q_A$ 〔P_A：個人Aの限界評価，Q_A：個人Aの需要量〕

消費者B：$P_B = 20 - Q_B$　　〔P_B：個人Bの限界評価，Q_B：個人Bの需要量〕

この公共財の生産に要する限界費用曲線が，

$MC = 4Q$　　〔MC：限界費用，Q：供給量〕

であるとするとき，パレート最適を実現するための公共財の最適供給量はいくらか。

(国税専門官)

1　5　　　**2**　10　　　**3**　15　　　**4**　20　　　**5**　25

[解説] 公共財の場合，需給量を $Q = Q_A = Q_B$ として，個人の限界評価 P_A と P_B を加えて社会的限界評価 P と置く。$P = 30 - 2Q$。これを限界費用 $MC = 4Q$ と等しく置くと，$4Q = 30 - 2Q$ となり，$Q = 5$ である。

【No.3】 消費者Aと消費者Bのある財に対する需要曲線がそれぞれ，

$d_A = 100 - p$

$d_B = 200 - p$

〔d_A：消費者Aの需要量，d_B：消費者Bの需要量，p：価格〕

で表され，この財の限界費用は50である。この財が公共財である場合と私的財である場合の最適供給量の組合せとして妥当なものはどれか。(市役所)

	公共財	私的財
1	120	150
2	125	200
3	150	125
4	150	200
5	200	125

[解説] この財が公共財である場合，需要曲線の式から消費者Aは $p_A = 100 - d_A$，消費者Bは $p_B = 200 - d_B$ であるので，社会的限界評価は，$p = p_A + p_B = (100 - d_A) + (200 - d_B) = 300 - 2d$ である。限界費用は50であるので，公共財の最適供給は，$300 - 2d = 50$ から，$d = 125$ となる。他方，この財が私的財である場合，市場需要曲線は $D = d_A + d_B = 300 - 2p$，すなわち $p = 150 - 0.5D$ である。限界費用は50であるので，$p = MC$ を満たす生産量は $150 - 0.5D = 50$ から $D = 200$ である。

【No.4】 下の空欄に当てはまる語句として妥当なものは，次のうちどれか。(地方上級)

高等教育，学校給食，公営住宅などのサービスは，私的欲求の対象ではあるが，消費者の選好に干渉を加えて，市場機構よりも政府によって供給するほうが，社会的に望ましい量を確保できる。このような公共財について，R.A.マスグレイブは，□□□□と呼んだ。

1　混合財　　　**2**　必需財　　　**3**　社会財

4　集合財　　　**5**　価値財

[解説] 義務教育などが個人の選択に任せるよりも，強制的に一律に与えられるのは，政府がそれを社会的に重要なこととみなしているからである。このような理由で公共的に供給される財をメリット財 (価値財) と呼ぶ。

【No.5】 市場機構の限界に関する次の記述のうち，妥当なものはどれか。(国家Ⅰ種)

1 公共財の特徴の一つは，消費者が対価を払わなくとも財の供給を受けうるという「消費の共同性」であり，公共財の最適配分条件は，限界生産費用がおのおのの消費者の限界効用と等しくなることである。
2 企業間に外部性が存在する場合，もし取引費用がゼロならば資源配分は損害賠償に関する法的制度によって変化することはなく，常に企業間の交渉によって最適配分となる。
3 技術的外部性とは，ある経済活動の影響が市場を通さずに他の経済主体に及ぶことであり，その例としては地価の高騰による土地所有者の資産の増大などを挙げることができる。
4 企業間に外部性が存在する場合，課税や補助金などの政策手段を用いたとしても市場を通じて資源の最適配分を達成するのは不可能である。
5 費用逓減産業では，市場機構を通じて自然独占が形成されるが，この独占企業がなんら規制を受けずに利潤の最大化を図ると，価格は消費者の限界効用よりも高いところに決定され，資源の最適配分が達成されない。

[解説] 2が正しい。1．「消費の共同性」ではなく「消費の非排除性」のことであり，誤り。また，公共財の最適供給の条件は，限界生産費用が各消費者の限界効用（限界評価）の和と等しくなることである。3．技術的外部性（技術的外部効果）とは，市場を通じないで，直接，技術や効用に影響する外部効果である。地価の高騰による土地所有者の資産の増大は市場を通じた外部効果であり，金銭的外部効果と呼ばれる。誤り。4．課税や補助金により資源の最適配分は達成できる。5．価格は消費者の限界効用（＝需要曲線の高さ）と等しい点に決定される。

正答 【No.1】1 【No.2】1 【No.3】2 【No.4】5 【No.5】2

第 8 章

不確実性

Uncertainty

8.1 危険に対する態度

例題 8.1-1 保 険

ある個人の効用関数が，
$$U = x^{\frac{1}{2}} \quad 〔U：効用水準, x：所得〕$$
で示されている。

この個人の所得は不確実で，0.6の確率で900万円，0.4の確率で1,600万円になるとする。この個人に1,180万円の所得が確実に得られる保険が提供されたとき，最高いくらまでの保険料なら負担することができるか。ただし，この個人は期待効用を最大にするものとする。(国税専門官類題)

1　24万円
2　26万円
3　28万円
4　30万円
5　36万円

解説　所得の期待値とは，それぞれの結果の起こる確率とその結果が起きたときに得る所得を掛けて足し合わせたものである。所得の期待値と期待効用の関係を説明するために，図8-1を考える。今，来年度に，ある自然災害に遭う確

図8-1 危険回避者の場合

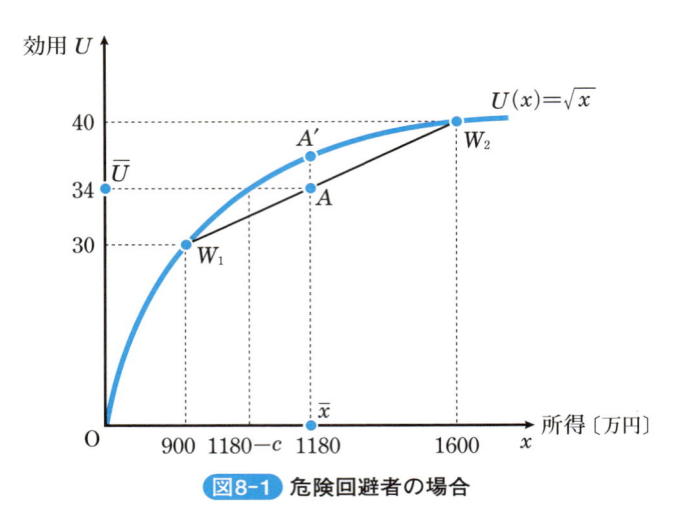

率を0.6として，災害があれば900万円の所得，災害がなければ1,600万円の所得になるとする。このとき，所得の期待値は，

(8.1)　　$0.6 \times 900 + 0.4 \times 1600 = 1180$〔万円〕

である。これは，**図8-1**の$\bar{x}$である。

　所得がx万円のときのこの人の効用が，$U = x^{\frac{1}{2}} = \sqrt{x}$であるとすると，災害に遭えば効用は$\sqrt{900} = 30$，災害に遭わなければ効用は$\sqrt{1600} = 40$である。**期待効用**とは，各状況で得られる効用の値に，各状況が実現する確率を掛けた値の和で，効用の期待値のことである。すると，0.6の確率で効用30，0.4の確率で効用40が得られるときの期待効用$\bar{U}$は，

(8.2)　　$\bar{U} = 0.6 \times 30 + 0.4 \times 40 = 34$

である。

　図8-1では，災害に遭ったときの所得と効用の組がW_1，災害に遭わなかったときの効用の組がW_2で表されている。所得の期待値と期待効用の組が点Aで，Aの高さが期待効用である。もし，この経済主体が所得の期待値と同じ1,180万円を確実に得ることができるなら，効用は**図8-1**の点A'の高さに等しい。点A'が点Aよりも高い位置にあるのは，所得の限界効用が逓減する，すなわち効用曲線が上に凸であるからであり，これは消費者が不確実な所得の期待値よりも，同じ額で確実に得られる所得のほうを好むことを意味する。このような経済主体は**危険回避者**と呼ばれる。

保険料（プレミアム）をcとすると，保険に入ったときの期待効用は，$(1180-c)^{\frac{1}{2}}$である。これが不確実な所得からの期待効用34よりも大きくなるならば，保険に加入する。そこで，まず保険に加入したときの期待効用がちょうど34と等しくなるときのcの値を求めてみる。それは，

(8.3) $\quad (1180-c)^{\frac{1}{2}} = 34$

となる場合である。両辺を2乗すると，

(8.4) $\quad 1180-c = 34 \times 34 = 1156$

となる。これを解くと$c=24$が得られる。以上から，cの値が24より小さければ，保険に加入したときの効用のほうが不確実な所得からの期待効用34より大きくなるので保険に加入する。この24万円をリスク・プレミアムと呼ぶ。リスク・プレミアムとは危険回避者が支払ってもよいと思う保険料の上限である。

正答 1

例題8.1-2 危険愛好者

1,000万円の資産を所有する個人が全資産をリスクを伴うある事業に投資し，事業が成功すると彼の資産はx円となり，失敗するとすべての資産を失うものとする。個人が事業に成功する確率は4％であり，個人の資産に関する効用関数が，

$\quad U = y^2 \quad$ 〔U：効用水準，y：資産額〕

で示されるとする。個人が成功して得られる資産額xがいくら以上ならばその事業に投資するか。その最小値はいくらか。ただし，個人は期待効用の最大化を図るものとする。（国家Ⅰ種）

1　2,000万円
2　5,000万円
3　1億円
4　2億円
5　5億円

解説 図8-2で所得の限界効用が逓増する，すなわち効用曲線が下に凸である経済主体を考える。事業は0.04の確率で成功し，成功すると，彼の資産がx円，失敗すると0円になる状況を考える。資産の期待値は$0.04x$円である。

x円の資産から得られる経済主体の効用は，問題文の効用関数のyにxを代入すると，$U=x^2$となるので，事業に成功したときは効用がx^2，失敗すると0に

図8-2 危険愛好者の場合

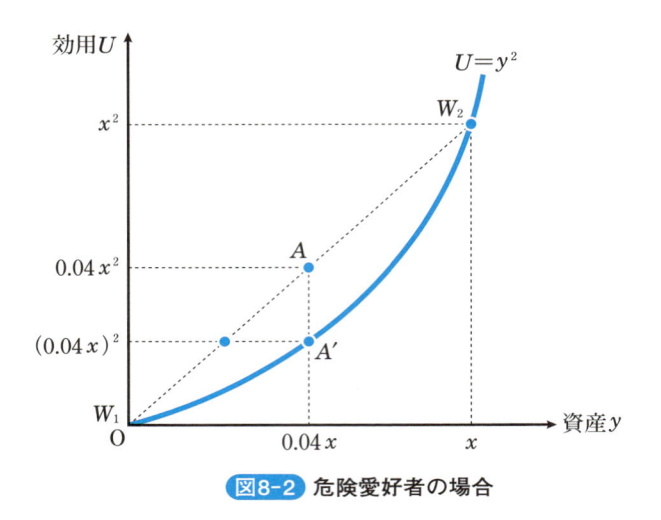

なる。期待効用は，W_1とW_2を結ぶ線分上の点Aの高さ$0.04x^2$である。一方，資産の期待値$0.04x$に等しい資産を確実に得るなら，その効用はA'の高さ$(0.04x)^2$であり，事業に成功したときの効用の期待値$0.04x^2$より小さくなる。このような経済主体は，確実に得られる所得と同じ期待値を持つ不確実な状況があるなら，不確実な状況のほうを好む危険愛好者である。

もし，所得の限界効用が一定（＝効用関数が直線）なら，不確実な状況下での期待効用と，所得の期待値に等しい額を確実に得ることからの効用とが等しくなり，不確実な状況と不確実性のない状況が無差別になる。このような経済主体は危険中立者と呼ばれる。

事業からの期待効用$0.04x^2$が，投資しなかったときの効用$(1000万円)^2$より大きいのは，$0.04x^2 \geq (1000万円)^2$である。したがって，

$x^2 \geq 25 \times (1000万円)^2$

∴ $x \geq 5000万円$

となる。

正答　**2**

練習問題

【**No.1**】 保険会社は医療保険を提供しており，保険の価格（加入料）はp円であるとする。この保険に加入すれば病気になったときに必要な医療費は，保険会社によって全額支払われる。ある個人は当初100万円の所得を持ち，医療費または保険加入料を除いた残りすべて

を他の財の購入に使い，その効用関数が，
$$U = x^{\frac{1}{2}} \quad [x：他の財の購入額]$$
で示されるとする。この個人の病気になる確率が0.1であり，病気になった場合は治療のために19万円必要であるとき，保険価格pがいくら以下ならば保険に加入するか。その最大値として，妥当なものはどれか。ただし，効用関数は病気には依存せず，個人は自分が病気になる確率を知っており，また期待効用の最大化を図るものとする。(国家Ⅰ種)

1　19,900円
2　29,900円
3　39,900円
4　49,900円
5　59,900円

[解説] 保険に入らなかった場合の所得は，病気になれば$100-19=81$〔万円〕，病気にならなければ100万円である。期待効用は，
$$0.1 \times (810000)^{\frac{1}{2}} + 0.9 \times (1000000)^{\frac{1}{2}}$$
$$= 0.1 \times 900 + 0.9 \times 1000$$
$$= 990$$

保険に加入した場合，所得は100万円$-p$円であり，このときの期待効用は，$(1000000-p)^{\frac{1}{2}}$である。以上より，
$$(1000000-p)^{\frac{1}{2}} \geq 990$$
$$\therefore \ p \leq 19900$$
であれば，この個人は保険に加入する。

【No.2】 ある個人が所有する全財産は1億4,400万円とする。この個人の効用をU，財産をW，効用関数を$U=W^{\frac{1}{2}}$とする。この個人が所有する4,400万円の自宅が地震により完全崩壊し同額の損失を被る確率が25％の場合，この個人が支払ってもよいと考える保険料（全額補償型）の最高額として正しいのはどれか。

ただし，この個人は期待効用を最大化するものとする。(国家Ⅰ種)

1　750,000円
2　11,000,000円
3　11,500,000円
4　11,750,000円
5　13,300,000円

[解説] 地震で自宅が完全崩壊して，財産が1億円に減る確率が0.25，損失を被らない確率が0.75なので，期待効用は，
$$0.25 \times \sqrt{100000000} + 0.75 \times \sqrt{144000000}$$
$$= 0.25 \times 10000 + 0.75 \times 12000$$
$$= 2500 + 9000$$
$$= 11500$$
保険料をc円支払って，全額補償型の保険に入ると効用は，

$\sqrt{144000000-c}$

これが11,500より大きくなるcを求めればよい。すなわち，

$144000000-c \geq (11500)^2$

これを解いて，$11750000 \geq c$ である。

【No.3】 次のような3つの投資計画を考えよう。計画1は25億円の収入をもたらす。計画2は$\frac{1}{2}$の確率で49億円，$\frac{1}{2}$の確率で16億円の収入が期待される。また，計画3は$\frac{1}{2}$の確率で81億円，$\frac{1}{2}$の確率で0円の収入が期待される。このとき，以下の各問に答えなさい。

（公認会計士）

問1　期待利得を最大にする計画と最大利得を求めよ。

問2　確実なx円の収入がもたらす効用が$\sqrt{x}$で与えられるとき，期待効用を最大にする計画と効用の最大値を求めよ。

問3　確実にどのような収入xが得られれば計画2の期待効用と同じ効用を得ることができるか，xの値を求めよ。

[解説] 問1　期待利得は，計画1は25億円，計画2は，$0.5 \times 49 + 0.5 \times 16 = 32.5$〔億円〕。計画3は，$0.5 \times 81 = 40.5$〔億円〕である。よって，計画3の40.5億円が最大利得である。

問2　期待効用を求めると，計画1が$\sqrt{25}=5$，計画2は，$0.5 \times \sqrt{49} + 0.5 \times \sqrt{16} = 5.5$，計画3は，$0.5 \times \sqrt{81} = 4.5$である。よって，計画2の5.5が最大値である。

問3　確実な所得xからの効用は$\sqrt{x}$なので，$\sqrt{x}=5.5$を解いて，$x=30.25$〔億円〕である。

【No.4】 所得のすべてを宝くじに投資するか，投資せずに保持するかのどちらかを選択する個人がいるとする。この個人は1万円の所得を持ち，所得xに対する効用関数が，

$U = x^2$　〔U：効用水準〕

で示される場合，1％の確率で賞金が当たる宝くじについて，賞金がいくら以上であれば，個人は宝くじに投資するか。なお，個人は期待効用を最大化するものとする。（国家Ⅱ種）

1　1万円
2　5万円
3　10万円
4　50万円
5　100万円

[解説] 1万円の所得からの効用は，$U=1$である。1％の確率でyの賞金が当たるとすると，期待効用は，

$EU = 0.01y^2 + 0.99 \times 0$

である。これが1より大きくなるのは，$0.01y^2 \geq 1$を解いて，$y \geq 10$のときである。

【No.5】 事業家であるA氏には，毎年2億円の所得がある。

ある年に特別な事業を企てると$\frac{1}{2}$の確率でさらに1億円の所得が期待され，所得は合計3

億円になる可能性が出てきた。しかし，この事業に失敗する確率も $\frac{1}{2}$ で，その際，1億円の損失が発生し，所得が1億円に減少する可能性もあった。

A氏は所得からの期待効用をできるだけ大きくするように行動すると仮定すると，A氏の行動に関する次の記述のうち，妥当なものはどれか。（地方上級）

1 　所得が増加するにつれて，所得の限界効用が逓減するとすれば，A氏はこの特別な事業を企てる。
2 　所得が増加するにつれて，所得の限界効用が逓減するとすれば，A氏はこの特別な事業を企てない。
3 　所得が増加するにつれて，所得の限界効用が逓増するとすれば，A氏はこの特別な事業を企てない。
4 　所得が増加しても，所得の限界効用が一定であるときにのみ，A氏はこの特別な事業を企てる。
5 　所得が増加しても，所得の限界効用が一定であるときにのみ，A氏はこの特別な事業を企てない。

[解説] 所得の限界効用が逓減するのは危険回避者（図8-1参照），逓増するのは危険愛好者（図8-2参照），一定なのは危険中立者である。1，2．危険回避者なのでこの事業を企てない。3．危険愛好者なのでこの事業を企てる。4，5．危険中立者の場合のみではなく，危険回避者や危険愛好者の場合にも事業を企てたり企てなかったりする。危険中立者の場合には，事業を企てるか否かは別の要因で決まる。

正答　【No.1】1　【No.2】4　【No.3】問1　計画3で40.5億円　問2　計画2で5.5億円　問3　30.25億円　【No.4】3　【No.5】2

8.2 情報の非対称性

例題8.2-1 道徳的危険と逆選択

「道徳的危険」と「逆選択」に関する次の記述のうち，妥当なものはどれか。

（地方上級）

1 　自動車保険で保険料を引き上げると，良質なドライバーが多く加入することになるため，道徳的危険と呼ばれる損失を増加させる。
2 　強制加入の医療保険は，健康な人も病気がちな人も加入することとなるので，逆選択の問題を生ずる。
3 　金融市場において優良な借り手と不良な借り手を区別するのは困難であることから，貸倒れによって道徳的危険と呼ばれる損失が発生する。

4 預金保険機構があると，銀行経営は，よりリスクの大きい融資を行いがちになり，道徳的危険と呼ばれる損失を増加させる。
5 労働市場において企業が職歴や学歴等によって労働者を区別することは，労働者の能力を正しく評価することを妨げるから，逆選択の原因となる。

解説 不確実性は，すべての経済主体にとって等しく不明な状況を対象としていたが，情報の非対称性は，買い手と売り手の間で持っている情報の量に差があることを意味する。

レモンには「果物のレモン」のほかに「欠陥品」の意味があり，欠陥のある中古車をレモンと呼ぶ。中古車を買おうとする消費者は，良質車についても自分の買う車がレモンであるか良質車であるかは不確実なので，良質車の売り手が希望する価格を支払おうとはしない。良質車の供給者は買い手の言い値では自分の車を売らないので，結局，買い手が払おうとする金額で買える車は，レモンばかりになる。中古車市場では，「悪貨が良貨を駆逐する」というグレシャムの法則と同じことが起きる。このように，よい品を選ぼうとするのに結果的には悪い品を選ぶという現象を逆選択（adverse selection）と呼ぶ。

逆選択が起きないようにするには正しく品質を伝えるシグナルを送ることである。ディーラーが販売する中古車に無料修理の保証期間をつける，また，衣料やバッグのブランドは品質を保証するシグナルである。

弁護士を選ぶと，依頼人は弁護士を信じざるをえない。医者を選ぶ患者，自宅を建築する建設会社を選ぶ依頼主なども同じである。依頼主が心配することは，代理人が契約前は熱心だったのに，契約の成立そのことが彼の行動を変化させ，契約前に想定したようには行動しなくなることである。契約後の代理人の行動の変化の可能性を道徳的危険もしくはモラル・ハザード（moral hazard）と呼ぶ。道徳的危険は，依頼人と代理人，英語ではプリンシパル（principal）とエージェント（agent）の間に典型的に生じる問題である。プリンシパルとエージェントは，地主と小作人，タクシー会社とタクシー運転手，株主と経営者，保険会社と保険加入者などの例にも当てはまる。

保険加入者の例では，健康保険に加入することで些細なことで通院するようになったり，自動車の損害保険に加入することで運転が雑になったりするのが道徳的危険である。

道徳的危険を防ぐためには，相手が契約前に想定した行動をするインセンティブを与えるような契約であればよい。そのような契約は，医療保険において医療費の一部を自己負担にする，自動車の損害保険で一定額は加入者が負担し，その額を超える額のみを保険会社が払うなど，現実にも考えられる。後者の例で，もし一定額を自己負担することがなければ，いくら車をぶつけてもすべて保険会社が払ってくれるので，加入者の運転が雑になることは明らかである。

　また，セールスマンやタクシー運転手の給料を，契約数や売上げに応じる歩合給とするのも，やはりインセンティブ契約の例である。

　1．保険料を上げると，良質なドライバーの加入が減少するので誤り。2．誤り。3．優良な借り手と不良な借り手の区別が困難なことによって生じる問題は逆選択である。4．正しい。5．職歴や学歴は，労働者の能力を知るシグナルになる。

正答　4

例題8.2-2　レモン市場

　ある中古車市場において，中古車が事故車であるか非事故車であるかを販売店は知っているが，消費者は知らない。80％は非事故車で，20％は事故車である。非事故車の場合，消費者にとっては180万円，販売店にとっては160万円の価値があり，事故車の場合，消費者にとっては10万円，販売店にとっては5万円の価値がある。販売店は価値評価以上の価格でしか中古車を販売せず，消費者は価値評価以下の価格でしか中古車を買わないとすると，この場合の取引価格としてありうるものは次のうちどれか。（市役所類題）

1　175万円
2　160万円
3　10万円
4　4万円
5　取引は成立しない

解説　供給曲線（S）は図8-3のとおりである。販売店は，価格5万円未満では事故車を売ろうとしないし，価格160万円未満では非事故車を売らない。

　一方，需要曲線（D）は，価格が10万円以下ならば事故車への需要はあるが，価格が10万円を超えると需要がないことを示している。

　例題では，中古車市場では，80％の確率で非事故車，20％の確率で事故車となる可能性があるとされているので，消費者の期待評価は，

図8-3 レモン市場

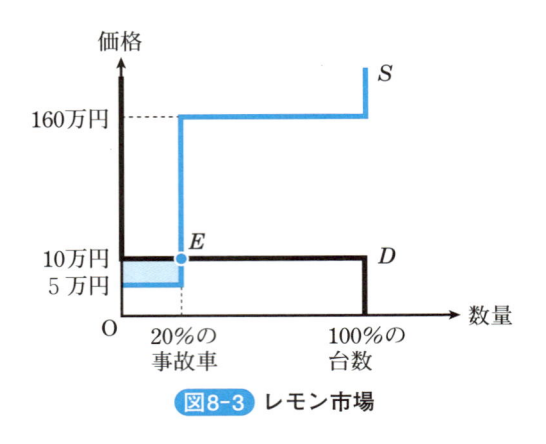

$180〔万円〕\times 0.8 + 10〔万円〕\times 0.2 = 146〔万円〕$

である。

価格160万円はこの評価を上回るので，非事故車が160万円で供給されても需要がない。また，10万円より高く160万円未満の価格の場合は，事故車ばかりが供給され，消費者の評価10万円を上回るので，この場合も需要がない。

以上より，需要曲線と供給曲線は図8-3に表されるものとなり，均衡価格は点Eに対応する10万円になる。

よって，正答は3である。

正答 **3**

練習問題

【No.1】 情報が完全でない市場においては，しばしば「道徳的危険」（moral hazard）と呼ばれる現象が発生するが，その例として妥当なものはどれか。（国税専門官）
1 雨天により，野球観戦を予定していた人々の多くが映画館に押し寄せることによって，映画館が非常に混雑すること。
2 中古車市場において，「レモン」と呼ばれる品質不良車があふれること。
3 サラリーマン金融を利用する人の中には，資力が一定水準に満たず，ローン返済能力に乏しい者がかなり多く存在すること。
4 講義内容は優秀でないにもかかわらず，甘い成績をつける教師が学生から歓迎されること。
5 高額の火災保険に加入すると，防火訓練の実施回数が減ったり，防災設備の整備を怠ったりするようになること。

[解説] 1．外部不経済である。2，3，4．逆選択である。5．正しい。道徳的危険とは，保険に入

ることで，病気になるとすぐ病院に行くようになるなどのことである。

【No.2】 市場と情報の関係に関する次の記述のうち，妥当なものはどれか。（地方上級）
1 　市場で取引される財・サービスに関する情報が，供給者あるいは需要者のいずれかに偏在している場合，品質の優良な財・サービスが淘汰され，結果的に品質の劣悪なものばかりが市場で取り引きされるという「モラル・ハザード（道徳的危険）」が生じることがある。
2 　個人のさまざまなリスク（危険）を軽減するために，「保険」という危険分散を利用したサービスが利用されている。しかし，保険契約に入ったために，被保険者の行動が変化して保険が成立しなくなったり，余分な負担が被保険者にかかるなどの経済的非効率性が生じる場合がある。このような状況は「逆選択（アドバース・セレクション）」が生じているケースである。
3 　エージェンシー（代理人関係）においては，エージェント（代理人）が常時，プリンシパル（依頼人）の行動を監視することができないために，すなわちプリンシパルの行動についての情報が不足しているために，契約や取引関係を工夫することによってプリンシパルの行動をエージェントの利益に合致する方向に持っていく必要がある。
4 　ある市場が複占の状態にあり，両方の企業は競争関係にあるものとする。その下で両者は互いに相手の供給量を所与のものとみなし，かつ自分の行動は相手に影響を与えないものと想定して行動する際に成立する均衡状態を，「シュタッケルベルク均衡」という。
5 　公共財の供給におけるリンダールのメカニズムは，人々が公共財に対する真の需要量を正しく表明することを前提としているために，現実に人々が真の需要量を表明しているかどうかをチェックすることができない。このため，このメカニズムには「ただ乗り」を防ぐ機能が備わっていないという問題がある。

［解説］ 1．逆選択に関する説明である。 2．道徳的危険に関する説明である。 3．エージェントとプリンシパルの関係が逆である。 4．クールノー均衡の説明である。 5．正しい。

正答 【No.1】5　【No.2】5

8.3　不確実性のある市場

例題8.3-1　医療保険

ある個人は病気のときにのみ医療を需要し，その需要曲線DD'と供給曲線SS'が図のように与えられているとする。この個人は確率αで病気になるが，病気になったとき，保険がなければ価格Cでx_0だけ医療を需要し，医療費がただになる保険に加入していればx_1まで需要する。このとき保険に加入することにより生じ

た損失(個人の厚生の減少)は図のどの部分の面積に相当するか。なお保険料は個人が平均的に支出する医療費に等しいものとする。(地方上級)

1 $\alpha \times$ 三角形SDE
2 $\alpha \times$ 三角形ODD'
3 $\alpha \times$ 三角形$ED'G$
4 $\alpha \times$ 三角形EFD'
5 $\alpha \times$ 四角形$ODEF$

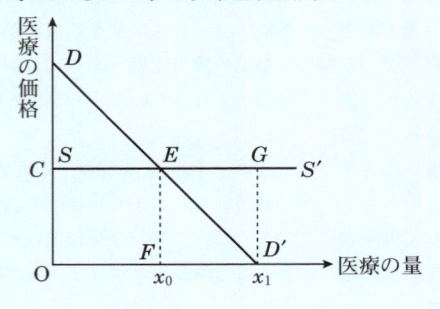

解説 保険に入った個人が支出する医療費は,病気にならなければ0,病気になれば四角形$CGD'O$である。よって,平均的な医療費(保険料)は$\alpha \times$四角形$CGD'O$である。平均的な便益が$\alpha \times$三角形$DD'O$だから,平均の純便益は,

$\alpha \times$(三角形$DD'O$ − 四角形$CGD'O$) =
$\alpha \times$(三角形DEC − 三角形EGD')

である。

保険に加入しない場合は,平均的な医療費が$\alpha \times$四角形$CEFO$,平均的な便益が$\alpha \times$四角形$DEFO$,よって,平均的な純便益は,

$\alpha \times$(四角形$DEFO$ − 四角形$CEFO$) =
$\alpha \times$三角形DEC

である。よって保険に入る損失は,$\alpha \times$(三角形DEC − 三角形EGD') − $\alpha \times$三角形DECより,$\alpha \times$三角形$ED'G$である。　　　**正答　3**

例題 8.3-2　合理的期待

ある財の需要は不確実であり,市場の需要曲線が,
　$d = 200 − 3p + \varepsilon$
　　〔d:需要量,p:価格,ε:かく乱項〕
で示されるとする。かく乱項εの値は,確率0.4で−20,確率0.6で+30になるものとする。この財を供給する企業は財の価格を予想し,期待価格p^eに依存して供給量を決めると,市場の供給曲線は,
　$s = 10 + 2p^e$　　〔s:供給量〕

で示されるとする。企業の価格予想に関して合理的期待仮説が妥当し，$p^e=E(p)$（Eは客観的〈数学的〉期待値を表す）が成立するとき，期待価格p^eはいくらか。

(国家Ⅰ種)

1 35　　**2** 40　　**3** 45　　**4** 50　　**5** 55

解説 需要曲線は，確率0.4, 0.6で，それぞれ，

$$p=\frac{1}{3}(180-x), \quad p=\frac{1}{3}(230-x)$$

となる。需要と供給が一致することから，$x=10+2p^e$を代入すると，

$$p=\frac{1}{3}(170-2p^e), \quad p=\frac{1}{3}(220-2p^e)$$

価格の期待値は，

$$E(p)=\frac{1}{3}\{0.4\times(170-2p^e)+0.6\times(220-2p^e)\}$$

である。$p^e=E(p)$と置くと，$p^e=40$を得る。　　　　　　**正答　2**

練 習 問 題

【No.1】 ある個人が病気になる確率をπとする。個人は健康であるときは医療を必要とせず，病気になったときは医療を需要するが，そのときの医療の需要曲線を図のDD'線とする。他方，1単位は一定の値cとなる費用で供給され，医療の供給曲線はSS'線で表されるものとする。

もし医療費の全額がカバーされる医療保険が提供され，個人がその保険に加入した場合，保険が提供される以前と比較して，保険によって引き起こされる非効率性（期待損失額）は，図のどの部分で表されるか。

ただし，個人の貨幣の限界効用は1とする。(国家Ⅰ種)

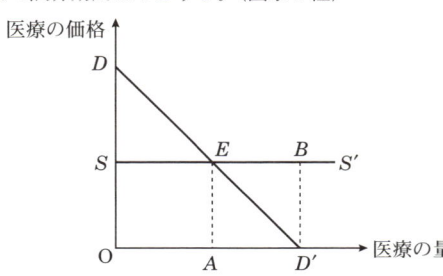

1   $\pi \times$ 三角形 DES
2   $\pi \times$ (三角形 DES − 三角形 EBD')
3   $\pi \times$ 三角形 EBD'
4   $\pi \times$ (三角形 DES − 四角形 $AEBD'$)
5   $\pi \times$ 四角形 $AEBD'$

［解説］保険がなければ，この個人が病気になったら OA まで医療を利用する。このときの余剰は三角形 DES であるので，期待余剰は $\pi \times$ 三角形 DES である。

　保険に入ると，病気のときは，保険が全額負担するので，OD' まで医療を利用し，保険がカバーする費用は四角形 $SBD'O$ である。期待費用は $\pi \times$ 四角形 $SBD'O$ であり，それが保険料となる。よって，余剰の期待値は，

$$\pi \times (三角形 DD'O − 四角形 SBD'O) = \pi \times (三角形 DES − 三角形 EBD')$$

である。損失は $\pi \times$ 三角形 EBD' ということになる。

【No.2】 ある財の需要曲線，供給曲線が，それぞれ，

$$D_t = a_1 − b_1 p_t, \quad S_t = a_2 + b_2 p_t^e$$

で示されるものとする。p_t^e が合理的期待仮説に基づいて形成されるとした場合，p_t の値はいくらか。（国家Ⅰ種）

$\begin{bmatrix} D_t：t \text{期の需要量，} S_t：t \text{期の供給量，} \\ p_t^e：(t-1) \text{期において予想される} t \text{期の価格，} \\ a_1, \ a_2, \ b_1, \ b_2：\text{正の定数，ただし，} a_1 > a_2 \end{bmatrix}$

1   $\dfrac{a_1 − a_2}{b_1 + b_2}$ 2 $\dfrac{b_1 + b_2}{a_1 − a_2}$ 3 $\dfrac{a_1 + a_2}{b_1 − b_2}$

4   $\dfrac{a_1 b_2 − a_2 b_1}{b_1 + b_2}$ 5 $\dfrac{b_1}{b_2}$

［解説］需要と供給が等しいので，

$a_1 − b_1 p_t = a_2 + b_2 p_t^e$

$p_t = \dfrac{1}{b_1}(a_1 − a_2 − b_2 p_t^e)$

この期待値 $E(p_t)$ が p_t^e と等しいので，$p_t^e = \dfrac{1}{b_1}(a_1 − a_2 − b_2 p_t^e)$ を p_t^e について解いて，

$p_t^e = \dfrac{a_1 − a_2}{b_1 + b_2}$

を得る。

正答 【No.1】3 　【No.2】1

第9章 ゲーム理論

Game Theory

9.1 ナッシュ均衡

例題 9.1-1 ナッシュ均衡

次の表は，企業Aと企業Bの広告戦略がもたらす利益を表したものである。表中，たとえば，(18, 2)は，企業Aの利得が18，企業Bの利得が2であることを表している。

A，B両企業は，広告において協力行動はとらないと仮定したとき，両企業の戦略に関する次の記述のうち，妥当なものはどれか。（地方上級）

		Bの広告行動	
		広告支出の据置き（戦略B_1）	広告支出の増加（戦略B_2）
Aの広告行動	広告支出の据置き（戦略A_1）	(10, 10)	(2, 18)
	広告支出の増加（戦略A_2）	(18, 2)	(5, 5)

1 A，B両企業の利得が等しくなる戦略の組 (A_1, B_1) と (A_2, B_2) がともにナッシュ均衡となり，両企業ともいずれかの戦略の組を選ぶことになる。

2 A，B両企業の利得が等しくなる戦略の組のうち，利得の大きい組 (A_1, B_1) がナッシュ均衡となり，両企業ともこの戦略の組を選ぶことになる。

3 A，B両企業が互いに選んだ戦略が予想したものと一致する組は (A_2, B_2) で

あるので，両企業ともこのナッシュ均衡と呼ばれる戦略の組を選ぶことになる。
4　この利得表のケースは「囚人のジレンマ」と呼ばれるケースであるので，A, B両企業ともいずれの戦略をとるかは確定できない。
5　この利得表のケースでは戦略の組 (A_1, B_1) がパレート効率的であるので，両企業ともこの戦略の組を選ぶことになる。

解説　ビール会社が企業Aと企業Bの2つであるとして，それぞれは相手企業の行動を予想しながら，広告への支出を据え置くか増加させるかのどちらかの戦略に決めるとする。企業Aが広告支出を据え置くことを戦略A_1，増加させることを戦略A_2と呼ぶことにする。また，企業Bが広告支出を据え置くかあるいは増加させることを，それぞれ戦略B_1，戦略B_2と呼ぶ。Aが戦略A_i，Bが戦略B_jを選ぶとき，戦略の組を (A_i, B_j) と書く。戦略を選ぶ主体AとBをそれぞれプレーヤーと呼ぶ。企業Aと企業Bの戦略の組に対応する利得を表9-1に表す。Aが広告支出を据え置き，Bが増加させるとすると，Aの利益が2，Bの利益が18となり，AとBの利益の組 (2, 18) として，それを表9-1の右上の欄に書いている。2と18のそれぞれを利得と呼ぶ。複数のプレーヤー，複数の戦略，各戦略の組のもたらす利得によって，ゲームが定義される。表9-1は利得行列（利得表）と呼ばれる。ゲームの均衡は，戦略の組で示される。

AがA_iを選ぶとするならBはB_jを選び，BがB_jを選ぶならAがA_iを選ぶという戦略の組 (A_i, B_j) はナッシュ均衡と呼ばれている。

表9-1で与えられたゲームのナッシュ均衡を求めよう。Aが戦略A_2を選ぶとするなら，Bは戦略B_1なら利得2，戦略B_2なら利得5を得ることになるので，BはB_2を選んだほうが利得が高くなる。逆に，Bが戦略B_2を選ぶなら，Aは戦略A_1とA_2のうち，A_2を選ぶほうが利得が高くなる。したがって，(A_2, B_2)

表9-1　ナッシュ均衡

	戦略B_1	戦略B_2
戦略A_1	(10, 10)	(2, 18)
戦略A_2	(18, 2)	(5, 5)

表9-2 囚人のジレンマ・ゲーム

		B	
		黙秘	自白
A	黙秘	（6か月, 6か月）	（10年, 釈放）
A	自白	（釈放, 10年）	（5年, 5年）

（注）（ ）内…左：Aの刑，右：Bの刑

がナッシュ均衡である。

表9-1では，ナッシュ均衡（A_2, B_2）における利得（5, 5）を，戦略の組（A_1, B_1）における利得（10, 10）と比べると，プレーヤーAとBのどちらの利得も小さくなっている。ナッシュ均衡は必ずしもパレート効率的とは限らないのである。

正答　3

表9-1は，「囚人のジレンマ」と呼ばれるゲームの例にもなっている。囚人のジレンマとは，表9-2のような状況をいう。AとBは共同で犯罪を犯して，容疑者として警察に拘束されているとする。AとBは別々に拘束されていて相談することができない。AとBの2人がともに黙秘し続けるなら，6か月後に釈放される。もし，1人がすぐに自白するなら，その容疑者はすぐに釈放されて，他の容疑者は懲役10年の判決を受けるとする。そして，2人ともすぐに自白するなら，刑は軽くなり懲役5年の判決を受けるとする。このようなゲームでは，2人がともに黙秘し続けるなら半年で釈放されるのにもかかわらず，2人がともに自白をして5年の刑を受けることになるのである。囚人のジレンマ・ゲームでは，ナッシュ均衡はパレート最適とはならない。

練習問題

【No.1】結託していない2つの企業A，Bからなる寡占市場において，各企業は，自らの利潤をできるだけ高めようとして，「価格の引上げ」と「価格の現状維持」とのどちらかの戦略をとる。また，企業A，Bは，表のようなおのおのの戦略の組合せからもたらされる利潤について，事前に知っているものとする。このときの次の記述のうち，妥当なものはどれか。（国税専門官）

企業Aの戦略＼企業Bの戦略	価格の引上げ	価格の現状維持
価格の引上げ	(100, 50)	(85, 60)
価格の現状維持	(120, 40)	(80, 70)

（注）（　）内の数値は，左側が企業Aの利潤，右側が企業Bの利潤を示す。

1　企業Aは，企業Bのとる戦略に関係なく，「価格の現状維持」の戦略を選択することにより，120という最も高い利潤を得ることができる。このようなケースを囚人のジレンマという。
2　企業Aは「価格の現状維持」の戦略を，企業Bは「価格の引上げ」の戦略をとることになる。このようなケースをナッシュ均衡という。
3　企業A，企業Bともに，「価格の現状維持」の戦略をとることになる。このようなケースをナッシュ均衡という。
4　企業A，企業Bともに，相手の企業のとる戦略の予想ができないため，特に決まった戦略をとることはない。このようなケースを囚人のジレンマという。
5　企業Aは「価格の引上げ」を，企業Bは「価格の現状維持」を選択することが最適の戦略である。このようなケースをナッシュ均衡という。

[解説]　Aが価格を引き上げるなら，Bは価格を据え置くほうがよい（60＞50）。Aが価格を据え置くとしても，Bは価格を据え置くほうがよい（70＞40）。Bが価格を据え置くなら，Aは価格を引き上げるのがよい（85＞80）。結局，Aが価格を引き上げて，Bが価格を据え置くのがナッシュ均衡である。

【No.2】 企業Aと企業Bがそれぞれ2種類の戦略を持つときの利得行列が以下の表で示されるとする。利得行列の各要素は企業Aの利潤（企業Bの損失）を表す（たとえば，企業Aが戦略1を，企業Bが戦略Ⅰをとったとき，企業Aの利潤は100，したがって企業Bの損失は100である）。

		企業B	
		戦略Ⅰ	戦略Ⅱ
企業A	戦略1	100	−50
	戦略2	120	−80

2企業はいずれの戦略を選ぶか。ただし，各企業は，相手企業の戦略を所与とみなし，自己の利益が最大となるような戦略を選ぶものとする。（地方上級）

1　企業Aは戦略1を，企業Bは戦略Ⅰを選ぶ。
2　企業Aは戦略1を，企業Bは戦略Ⅱを選ぶ。
3　企業Aは戦略2を，企業Bは戦略Ⅰを選ぶ。
4　企業Aは戦略2を，企業Bは戦略Ⅱを選ぶ。

5 均衡は存在せず，2企業とも戦略を決定することができない。

[解説] Aが戦略1をとったときには，Bは戦略Ⅱが有利（50＞－100）。Aが戦略2をとるなら，Bはやはり戦略Ⅱが有利（80＞－120）。Bが戦略Ⅱを選ぶなら，Aは戦略1が有利（－50＞－80）。よって，Aが戦略1，Bが戦略Ⅱを選ぶのがナッシュ均衡である。

【No.3】 2国A，Bからなる世界経済において，両国間では貿易が行われている。表は両国政府の政策に応じた両国国民の経済厚生（金額表示）を示したものである。今，両国政府は相手国のとっている政策を知っており，その時点における相手国の政策を不変と考え，自国国民の経済厚生を最大化させるような政策を選ぶとする。この場合，どちらの政府も政策を変更する誘因のない両国の政策の組合せ（ナッシュ均衡）として，妥当なものはどれか。ただし，表中の（ ）内の2つの数字は，上の数字がA国国民の経済厚生を，下の数字がB国国民の経済厚生を示す。（国家Ⅰ種）

		A国の政策	
		自由主義	保護主義
B国の政策	自由主義	(100, 100)	(130, 10)
	保護主義	(20, 140)	(30, 30)

1 A国政府は保護主義政策を，B国政府は自由主義政策をとる。
2 A国政府は自由主義政策を，B国政府は保護主義政策をとる。
3 A国，B国の両政府とも自由主義政策をとる。
4 A国，B国の両政府とも保護主義政策をとる。
5 どのような政策の組合せであれ，どちらかの政府は必ず政策を変更する。

[解説] A国が自由主義ならB国は保護主義（140＞100），A国が保護主義ならB国は保護主義（30＞10）が有利である。B国が自由主義なら，A国は保護主義（130＞100），B国が保護主義ならA国は保護主義（30＞20）が有利である。よってA，B両国ともに保護主義をとるのがナッシュ均衡である。

【No.4】 企業Aは戦略a，戦略bをとることができ，企業Bは戦略c，戦略dをとることができるとする。

また，企業A，企業Bの採用する戦略とそれぞれの利得の関係は，次の表で与えられるものとする。

ただし，表の（ ）内の左側の数字が企業Aの利得であり，右側の数字が企業Bの利得である。

		企業B	
		戦略c	戦略d
企業A	戦略a	(3, 9)	(9, 8)
	戦略b	(6, 5)	(10, 2)

表で示された状況に関する次の記述のうち，妥当なのはどれか。(国家Ⅰ種)
1　ナッシュ均衡は存在しない。
2　ナッシュ均衡は（戦略a，戦略d）であり，その状態はパレート効率的でない。
3　ナッシュ均衡は（戦略a，戦略d）であり，その状態はパレート効率的である。
4　ナッシュ均衡は（戦略b，戦略c）であり，その状態はパレート効率的でない。
5　ナッシュ均衡は（戦略b，戦略c）であり，その状態はパレート効率的である。

[解説]　企業Aが戦略aをとったとき，企業Bは，戦略cによる利得9のほうが戦略dによる利得8より高い。企業Aが戦略bをとると，企業Bの利得は，戦略cのときの5のほうが戦略dのときの2よりも高い。
　一方，企業Bが戦略cをとると，企業Aは戦略bでより高い利得6を得る。企業Bが戦略dをとると，企業Aは戦略bでより高い利得10を得る。
　よって，企業Aがb，企業Bがcの戦略をとるのがナッシュ均衡である。このときの利得 (6, 5) は，戦略 (a, d) のときの (9, 8) より，AもBも利得が少ないので，このナッシュ均衡はパレート効率的ではない。

【No.5】　ゲーム理論における「囚人のジレンマ」が発生する経済的事例を1つ挙げ，その例で「共倒れ」を防ぐための方策について論ぜよ。(外務専門職員類題)

[解説]　表9-3のように，同一の商品を販売している2つの企業A，Bが競争している状況を考える。企業Aと企業Bは，現在同じ価格で販売して，両者は (Aの利益，Bの利益) として，一定の利益 (6, 6) を得ているとする。もし，企業Bが価格を据え置いているとき，企業Aが値下げをすれば，Aの利益は10，Bの損失は2となる。逆に企業Aが価格を据え置いているとき，企業Bが値下げをすると，両者の利益は (-2, 10) となる。つまり，自社が価格を据え置いているとき，相手が値下げをすると，損失が2となってしまう。一方，相手が価格を据え置いているとき，自社が値下げをすれば，利益が10となるので，ともに値下げをするインセンティブが存在する。しかも，ともに値下げをして，(0, 0) の利得を得ることはナッシュ均衡である。
　表9-3の利得行列を見ると，両方の企業が価格を据え置くことで，両者ともに，6ずつの利益を得られるが，値下げをすれば利益は0ずつとなる。(6, 6) が (0, 0) よりもパレート優越なので，(0, 0) はパレート非効率である。この状況が囚人のジレンマであり，両企業が値下げ競争で共倒れとなることを意味する。
　この例で，もし寡占企業が互いに結託して価格を維持するなら，利潤の合計をより大きくすることができる。しかし，これはカルテルと呼ばれ禁止されている。現実には，企業間の関係が長期に

表9-3

		企業B	
		据置き	値下げ
企業A	据置き	(6, 6)	(-2, 10)
	値下げ	(10, -2)	(0, 0)

わたって繰り返され，各企業とも価格を据え置くという暗黙の協調行動が生まれ，共倒れを防いでいる。さらに，暗黙の合意の下で，1社が値上げをすると他社も値上げをするというプライス・リーダーシップと呼ばれる行動が，わが国のビールや新聞の業界で見られる。

【**No.6**】 次の表は，企業Aと企業Bからなる寡占市場において，A，B両企業がそれぞれ3種類の戦略を持つときの利得行列を示したものである。表の（ ）内の数字は，左側が企業Aの利得であり，右側が企業Bの利得である。A，B両企業は，協調行動をとらないと仮定し，両企業は互いに相手企業の戦略を予想しながら，自己の利得が最大となるような戦略を選ぶものとする。この場合，ナッシュ均衡となる戦略の組合せとして，妥当なのはどれか。（地方上級）

		企業B		
		戦略B_1	戦略B_2	戦略B_3
企業A	戦略A_1	(90, 40)	(70, 20)	(20, 60)
	戦略A_2	(70, 50)	(40, 70)	(30, 80)
	戦略A_3	(80, 60)	(60, 50)	(10, 70)

	企業Aの戦略	企業Bの戦略
1	A_1	B_1
2	A_2	B_2
3	A_2	B_3
4	A_3	B_1
5	A_3	B_2

[解説] 企業Bが戦略B_1をとるとき，企業Aは戦略A_1をとると利得は90で最大となる。企業Bが戦略B_2をとるとき，企業Aは戦略A_1をとると利得は70となり最大となる。企業Bが戦略B_3をとるとき，企業Aは戦略A_2をとると利得は30となり最大となる。他方，企業Aのいずれの戦略に対しても，企業Bは戦略B_3をとるときに利得は最大となる。互いの戦略が相手の戦略に対する最適反応になっている戦略の組は，{戦略A_2，戦略B_3}である。

正答 【No.1】5 【No.2】2 【No.3】4 【No.4】4 【No.5】解説を参照 【No.6】3

9.2　展開形ゲーム

例題 9.2-1　ゲームの木

　ガソリン・スタンドは、石油会社からガソリンを仕入れて顧客に販売している。両者は販売データなどをコンピュータで処理しており、そのデータの管理にA形式とB形式のいずれかを選択できる。石油会社がいずれかのデータ管理形式を選択した後に、ガソリン・スタンドが選択するとしよう。この状況は、次のゲームの樹で表され、両者は互いに利得についてすべての情報を知っているものとする。
　このゲームの均衡において生じる結果は、次のうちどれか。

(経済学検定試験 (ERE))

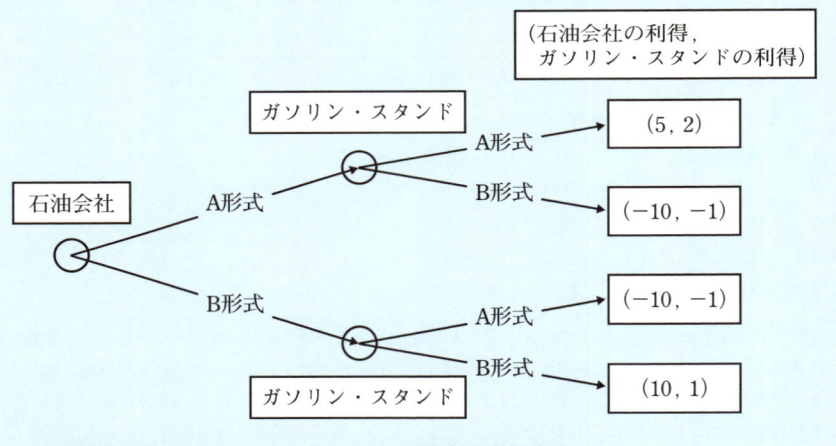

(石油会社の利得, ガソリン・スタンドの利得)

```
                    ガソリン・スタンド
                         ○――― A形式 ―――→ (5, 2)
                         │
          A形式          └――― B形式 ―――→ (-10, -1)
石油会社 ○
          B形式
                         ┌――― A形式 ―――→ (-10, -1)
                         ○
                    ガソリン・スタンド B形式 ―――→ (10, 1)
```

1　石油会社もガソリン・スタンドもA形式を選択する。
2　石油会社はA形式を、ガソリン・スタンドはB形式を選択する。
3　石油会社はB形式を、ガソリン・スタンドはA形式を選択する。
4　石油会社もガソリン・スタンドもB形式を選択する。

解説　例題は、展開形ゲームの問題である。ゲーム理論におけるゲームの記述の方法には、利得表を用いて表される戦略形（または標準形）ゲームという記述の方法と、例題の図のようにゲームの木（ゲームの樹、game tree）と呼ばれる図を用いて表される展開形ゲームという記述の方法の2つがある。前節で説明した表9-1や表9-2はプレーヤーがとりうる戦略と利得を表に表した戦略形ゲームの表現であり、プレーヤーは相手の行動を知らずに同時に戦略の選択を

行う。これに対して，展開形ゲームでは，上の例題のように，プレーヤーが先手と後手のように順番に行動の決定を行うゲームを記述するのに適している。

まず，例題のゲームの木の読み方を説明しよう。ゲームの木は，◯で囲まれた分岐点，分岐点から伸びる枝，末端の枝の右（後ろ）に書かれたカッコ内の数字（各プレーヤーの利得を表している），で構成されている。◯で囲まれた分岐点は，プレーヤーが行動の決定を行う場所であり，その場所で選択を行うプレーヤーが明示されている。ゲームの木の分岐点は，手番と呼ばれる。展開形ゲームでは，プレーヤーが順番に行動を選択する流れとその結果の利得が，ゲームの木の◯で囲まれた分岐点，分岐点から伸びる枝，枝の最後の利得をたどることで明らかになるように表現されている。

例題の図のゲームの木の左端では石油会社が行動の選択を行う。図の中ほどでは，ガソリン・スタンドの手番であり，それが上と下の2か所に◯で囲まれた分岐点で示されている。例題の図では，石油会社がA形式を採用したとすると，ガソリン・スタンドが次に意思決定を行う順番となる（ガソリン・スタンドの手番）。ここでガソリン・スタンドがA形式を選択すると，利得が確定し利得の組は図の最上段の (5, 2) となる。このとき石油会社の利得は5，ガソリン・スタンドの利得は2となる。

さて，例題の図において，プレーヤーがとる戦略の組（均衡）がどのようになるかを説明しよう。そのためにガソリン・スタンドの手番から考えてみる。まず石油会社がA形式を採用し，ガソリン・スタンドが上の手番で行動を選択する場合を考える。もしもガソリン・スタンドがA形式を採用すれば，例題の図のカッコ内の数値から，ガソリン・スタンドの利得は2になる。他方，B形式を採用すれば利得は−1になる。したがって，ガソリン・スタンドはA形式を選択する。次に，石油会社がB形式を採用した場合には，ゲームの木の下の分岐点でのガソリン・スタンドの手番について考えることになる。石油会社がB形式を採用すると，ガソリン・スタンドがA形式を採用すれば利得は−1になり，B形式を採用すれば利得は1になる。したがって，ガソリン・スタンドはB形式を採用する。

次に，以上のガソリン・スタンドの選択を前提にして，例題の図の左端の分岐点での石油会社の選択について考えよう。石油会社がガソリン・スタンドの立場に立って考えれば，石油会社がA形式を採用すればガソリン・スタンドも

A形式を採用すると推測できる。このとき石油会社の利得は5となる。他方，石油会社がB形式を採用すればガソリン・スタンドもB形式を採用すると推測できる。このとき石油会社の利得は10である。したがって，石油会社はB形式を採用すると考えられる。以上から，石油会社とガソリン・スタンドがともにB形式を採用することになり，正答は4である。

以上のように，ゲームの木の最も右に位置する分岐点（手番）から逆向きに推論していく方法を逆向きの（後ろ向きの）帰納法と呼び，これは展開形ゲームでの均衡を見いだす有効な方法である。

正答　4

例題9.2-2　参入阻止ゲーム

以下のグラフは，潜在的参入企業Aと既存企業Bとの戦略と利得の組を表すゲームの樹を表している。既存企業Bは潜在的参入企業Aの戦略を見てから自己の戦略を決定する。潜在的参入企業Aの戦略は「参入する」と「参入しない」である。既存企業Bの戦略は，企業Aを受け入れて「協調する」か，あるいは企業Aの参入に対抗して「抗戦する」の2つである。カッコ内は（Aの利得，Bの利得）を表している。このとき，選択肢の中で**誤っているもの**はどれか。

（経済学検定試験（ERE））

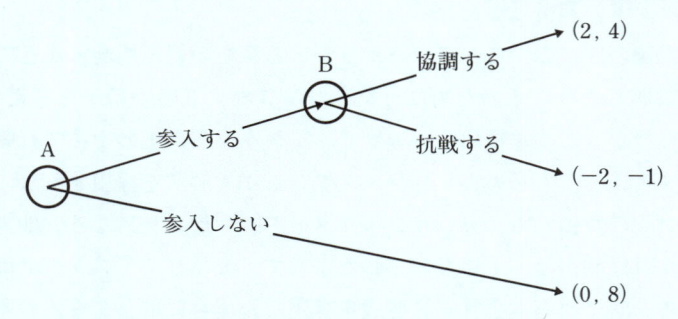

1　戦略の組（参入する，協調する）は，ナッシュ均衡である。
2　戦略の組（参入する，協調する）は，サブゲーム完全均衡である。
3　戦略の組（参入しない，抗戦する）は，ナッシュ均衡である。
4　戦略の組（参入しない，抗戦する）は，サブゲーム完全均衡である。

解説　例題では，企業Aの戦略は「参入する」と「参入しない」であり，企業Bの戦略は「協調する」と「抗戦する」である。例題の図では，企業Aが「参入しない」を選択した場合の利得の組が(0, 8)となっており，**例題9.2-1**の

表9-4 戦略形ゲームの表現

		企業B	
		協調する	抗戦する
企業A	参入する	(2, 4)	(−2, −1)
企業A	参入しない	(0, 8)	(0, 8)

ように企業Bの手番での分岐が描かれていない。これは，企業Aと企業Bの戦略の組（参入しない，協調する）と（参入しない，抗戦する）のいずれもが同じ利得の組（0, 8）をもたらすため簡略化されているのであり，**例題9.2-1**のゲームの木のように企業Bの手番となる分岐点を2か所持つゲームの木を描くことも可能である。

例題のゲームでは，企業Aの戦略「参入する」および「参入しない」と企業Bの戦略「協調する」および「抗戦する」と利得から，**表9-4**の戦略形（標準形）のゲームとして表すことが可能である。

表9-4から，戦略の組（参入する，協調する）と（参入しない，抗戦する）がナッシュ均衡であることがわかる。以上から，1と3は正しい。

表9-4で見ると，ナッシュ均衡は2つ存在する。しかし，問題のゲームの木では，企業Aが「参入する」を戦略として選んだ場合，企業Bは利得が4となる「協調する」を選ぶ。他方，企業Aは「参入しない」を戦略とすると利得はゼロになるが，「参入する」を選べば利得が2になる。したがって，（参入しない，抗戦する）は展開形ゲームの解としては適当ではなく，均衡は（参入する，協調する）となる。

ゲームの木では，任意の分岐点から先は，ゲームの木全体で表される展開形ゲームの一部であると同時に，独立したゲームとしても考えることができる。これを部分ゲーム（サブゲーム）と呼ぶ。全体のゲームのうち，どの部分ゲームを取り出しても最適な戦略の組となるナッシュ均衡を部分ゲーム完全均衡と呼ぶ。例題のゲームの木では，（参入する，協調する）は，ゲームの木の2つの分岐点のどちらから先のゲームを取り出しても最適な戦略の組となっているので，サブゲーム完全均衡である。以上から，2は正しく4が誤りであり，正答は4である。

正答　4

練習問題

【No.1】 コンビニエンス・ストア（加盟店）は，フランチャイズ本部（企業本部）から商品を仕入れて顧客に販売している。両者は販売データなどをコンピュータで処理しているが，そのデータの管理にA形式とB形式のいずれかを選択できる。フランチャイズ本部がいずれかのデータ管理形式を選択した後に，コンビニエンス・ストアが選択するとする。この状況は，次のゲームの樹で表され，両者は互いに利得についてすべての情報を知っているものとする。この場合のゲームの均衡において生じる結果として，正しいものはどれか。

（経済学検定試験（ERE）類題）

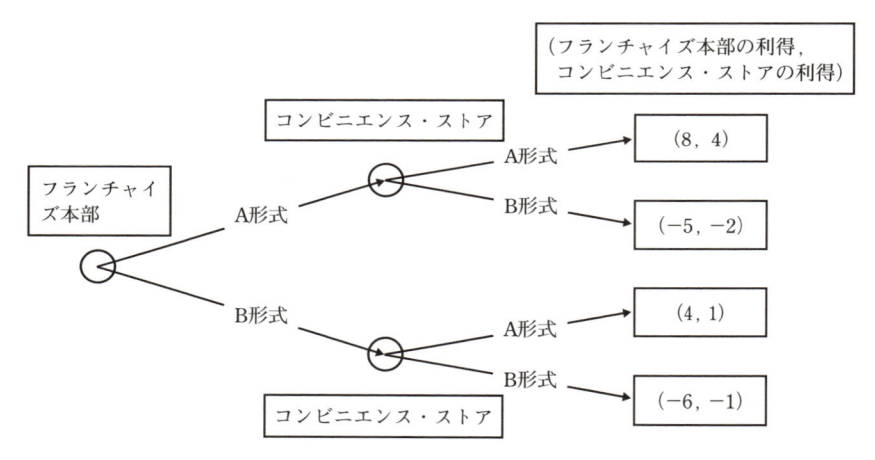

（フランチャイズ本部の利得，コンビニエンス・ストアの利得）

- フランチャイズ本部 → A形式 → コンビニエンス・ストア
  - A形式 → (8, 4)
  - B形式 → (−5, −2)
- フランチャイズ本部 → B形式 → コンビニエンス・ストア
  - A形式 → (4, 1)
  - B形式 → (−6, −1)

1　フランチャイズ本部もコンビニエンス・ストアもA形式を選択する。
2　フランチャイズ本部はA形式を，コンビニエンス・ストアはB形式を選択する。
3　フランチャイズ本部はB形式を，コンビニエンス・ストアはA形式を選択する。
4　フランチャイズ本部もコンビニエンス・ストアもB形式を選択する。

［解説］逆向き帰納法で考える。フランチャイズ本部がA形式を選択するとき，コンビニエンス・ストアがA形式を選択すると利得は4，B形式を選択すると利得は−2となるので，コンビニエンス・ストアはA形式を選択する。他方，フランチャイズ本部がB形式を選択するとき，コンビニエンス・ストアがA形式を選択すると利得は1，B形式を選択すると利得は−1となるので，コンビニエンス・ストアはA形式を選択する。次に，フランチャイズ本部はA形式を選択すると利得は8となり，B形式を選択すると利得は4となることが推測できるので，フランチャイズ本部はA形式を選択する。

正答　【No.1】1

第10章

国際貿易

International Trade

10.1 リカード・モデル

例題10.1-1　比較優位

　今，2つの国民経済があるものとし，それをA国とB国とする。いずれの国も2つの産業部門から成り立ち，それをa産業とb産業とする。A国のどちらの産業部門をとっても，その労働生産性はB国のそれぞれに対応する産業部門の労働生産性よりも高いものとする。そのとき，「両国の間で貿易を行っても，無駄なことである」とか，あるいはまた，「貿易によって利益を得るのはB国だけである」と言ったら，それは一般的に誤りである。その理由を説明せよ。ただし，生産要素は労働力のみとし，また，両国間の労働生産性は2つの産業部門でそれぞれ異なるものとする。（公認会計士）

解説　イギリスの古典派経済学者リカードによる貿易モデルでは，各国は労働のみを用いて財を生産する。産業は2つあり，第1産業が第1財，第2産業が第2財を生産する。A国とB国の2国モデルであり，A国の生産は総労働量 L^A を L_1^A と L_2^A に分け，第1産業に労働量 L_1^A，第2産業に労働量 L_2^A を投入する。よって，$L_1^A + L_2^A = L^A$ である。財1単位を生産するために必要な労働量は，投入係数と呼ばれる。投入係数は産出量にかかわらず一定とし，それを固定投入係数と呼ぶ。今，A国では，第1財と第2財を生産するための固定投入

(a) A国　(b) B国

図10-1 生産可能曲線

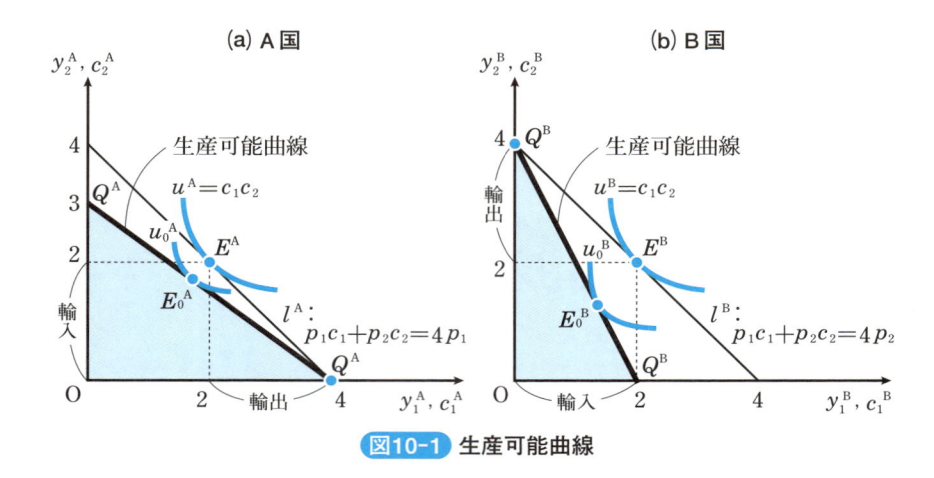

係数がそれぞれ1と$\frac{4}{3}$であるとする。すると生産量y_1^Aとy_2^Aを生産するために必要な労働量は，$L_1^A = y_1^A$, $L_2^A = \frac{4y_2^A}{3}$となる。これを$L_1^A + L_2^A = L^A$に代入すると，$3y_1^A + 4y_2^A = 3L^A$を得る。これはA国の総労働量が限られているという制約の下で，最大限に生産できる2財の量の組である。総労働量L^Aを4とすると，図10-1(a)の生産可能（性）曲線$Q^A Q^A$が得られる。

B国では，第1産業は労働をL_1^B単位投入して，A国の第1産業と同じ財をy_1^B単位生産する。第2産業は，労働量をL_2^B単位投入して，A国の第2産業と同じ財をy_2^B単位生産する。固定投入係数は，第1産業で$\frac{1}{2}$, 第2産業で$\frac{1}{4}$であるとする。このときy_1^B, y_2^Bを生産するのに必要な労働量は，$L_1^B = \frac{y_1^B}{2}$, $L_2^B = \frac{y_2^B}{4}$である。B国の総労働量を$L^B = L_1^B + L_2^B$とすると，生産可能曲線$2y_1^B + y_2^B = 4L^B$が得られる。

今，B国の総労働量がA国の$\frac{1}{4}$倍で，L^Bが1であると仮定したとき，B国の生産可能曲線は，図10-1(b)の$Q^B Q^B$として得られる。

A国とB国の固定投入係数をまとめたのが表10-1である。第1財と第2財のどちらについても，B国がA国より少ない労働量で1単位の財を生産できる。

表10-1 投入係数：1単位の財を生産するために必要な労働量

	第1産業	第2産業	第1財の相対的生産費用
A国	1	$\frac{4}{3}$	$\frac{1}{\frac{4}{3}} = \frac{3}{4}$
B国	$\frac{1}{2}$	$\frac{1}{4}$	$\frac{\frac{1}{2}}{\frac{1}{4}} = 2$

これを，B国はどちらの財の生産についても絶対優位にあるという。しかし，貿易のパターンを決めるのは，絶対優位ではない。第1財の1単位を生産するために必要な労働量を第2財の1単位を生産するために必要な労働量で割った値は，第1財の相対的生産費用（機会費用と考えてもよい）である。この値はA国で $\frac{3}{4}$，B国で2で，A国のほうが低いことがわかる。このとき，A国は第1財の生産に比較優位を持ち，逆にB国は第2財の生産に比較優位を持つという。リカードの理論は，相対的生産費用の違いで貿易を説明するので，比較生産費説とも呼ばれる。

　もし，貿易をしなければ，A国とB国は，それぞれの生産可能曲線上の点を生産量とし，それを消費しなければならない。各国が，社会的厚生を表す効用関数を持つとすると，図10-1（a）の点 E_0^A や図10-1（b）の点 E_0^B などの生産可能曲線上の点で消費する。

　A国とB国が貿易を始めるなら，その効用は E_0^A と E_0^B におけるよりも高くなる。今，第1財の国際価格 p_1 の第2財の国際価格 p_2 に対する比が，A国の相対的生産費用とB国の相対的生産費用の間の値であるなら，すなわち $\frac{3}{4} < \frac{p_1}{p_2} < 2$ を満たしているなら，両国は貿易をすることによって効用を高めようとする（詳しくは拙著『ミクロ経済学入門（第2版）』〈岩波書店〉参照）。各国は，自国の生産物の総価値額の範囲内で消費をする。すなわち，第1財の消費量を c_1，第2財の消費量を c_2 とすると，$p_1 c_1 + p_2 c_2 \leq p_1 y_1 + p_2 y_2$ を満たす範囲で消費量 c_1, c_2 を決定し，効用を高めようとする。

まず分業について考える。ここで$p_1=p_2=1$とすると，$\dfrac{p_1}{p_2}=1$となるので，p_1, p_2は$\dfrac{3}{4}<\dfrac{p_1}{p_2}<2$を満たす価格である。**図10-1**では，$p_1=p_2=1$として，直線$l^A$と$l^B$を描いている。このとき生産物の総価値額である$p_1y_1+p_2y_2$の値が最も大きくなるのは，A国では点$(4, 0)$，B国では点$(0, 4)$である。A国は第1財の生産に完全特化し，B国は第2財の生産に完全特化するという分業が成立し，第1財の総供給量が4，第2財の総供給量が4となる。

次の消費の組合せについて見てみよう。両国の効用関数は同じで$u=c_1c_2$であるとする。予算制約式l^Aとl^B上の効用を最大化する点はE^AとE^Bになる。予算制約式の傾きが-1，無差別曲線が直角双曲線で，どちらも45°線に関して対称なので，$E^A=E^B=(2, 2)$となる。このとき，**図10-1**で見るように，第1財のA国の輸出＝B国の輸入，第2財のA国の輸入＝B国の輸出となっている。価格$p_1=p_2=1$は，均衡価格なのである。そして，貿易後の効用と貿易をする前の効用の差である$u^A-u_0^A$と$u^B-u_0^B$はA国とB国のそれぞれの貿易利益を表す。

正答　本文参照

練習問題

【No.1】 表は，A国とB国において農産物と工業製品を1単位生産するのに必要な労働力の単位数をそれぞれ示したものである。「比較優位の原理」に従うとき，次の記述のうち，妥当なものはどれか。なお，両国において生産可能な財は農産物と工業製品のみであり，2財の生産に当たっては，労働力のみが用いられるものとする。また，両国間の労働力の移動はないものとする。（国家Ⅱ種）

	農産物	工業製品
A 国	10	8
B 国	5	6

1　A国とB国の間では，貿易が行われる可能性はない。
2　A国は農産物に比較優位を持つので，両国間で貿易が行われるとすれば，農産物を輸出すると考えられる。
3　B国は工業製品に比較優位を持つので，両国間で貿易が行われるとすれば，工業製品を輸出すると考えられる。

4 A国は工業製品に比較優位を持つので，両国間で貿易が行われるとすれば，農産物を輸入すると考えられる。
5 B国は農産物と工業製品のどちらにも比較優位を持つ。

[解説] 農産物の相対的生産費用はA国で$\frac{10}{8}=\frac{5}{4}$，B国で$\frac{5}{6}$である。$\frac{5}{4}>\frac{5}{6}$なので，B国は農産物に比較優位を持つ。よって，B国は工業製品を，A国は農産物を輸入する。

【No.2】 次図は，リカードの比較生産費の原理に基づいたものであり，点C，GはX国とY国との貿易によりそれぞれの国が消費することができる農産品および工業品の消費量の組合せを示す点である。このとき，X国の輸出量を表すものとして，妥当なものはどれか。
(地方上級)

1 AB
2 AC
3 OA
4 OD
5 OE

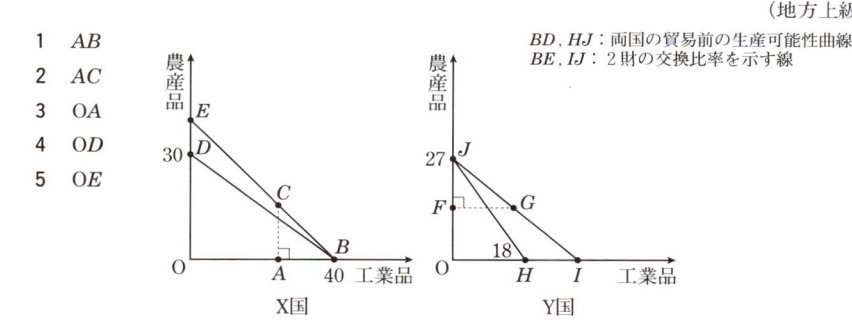

BD，HJ：両国の貿易前の生産可能性曲線
BE，IJ：2財の交換比率を示す線

[解説] X国は，点Bで生産し，ABの工業品を輸出し，ACの農産品を輸入する。Y国は，点Jで生産し，JFの農産品を輸出し，GFの工業品を輸入する。

【No.3】 A国およびB国，ならびにx財およびy財からなる貿易モデルにおいて，図のaa'線およびbb'線は，それぞれA国およびB国の2財の生産可能性フロンティアである。

x財とy財の価格をそれぞれp_x，p_yとすると，2国間で貿易が行われるためには，価格比$\frac{p_x}{p_y}$はどのような値でなければならないか。

ただし，2財の市場は競争的であるものとする。(地方上級)

1 $\frac{1}{2} \leq \frac{p_x}{p_y} \leq 1$

2 $\frac{1}{2} \leq \frac{p_x}{p_y} \leq \frac{2}{3}$

3 $\frac{1}{3} \leq \frac{p_x}{p_y} \leq 1$

4 $\frac{1}{3} \leq \frac{p_x}{p_y} \leq \frac{2}{3}$

5 $\frac{1}{3} \leq \frac{p_x}{p_y} \leq \frac{1}{2}$

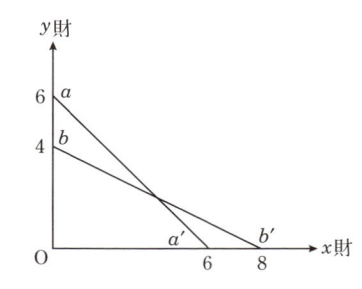

[解説] 2財の価格比は，A国で $\frac{6}{6}=1$，B国で $\frac{4}{8}=\frac{1}{2}$ である。価格比 $\frac{p_x}{p_y}$ はこの間になる。よって，1が正しい。なお，「生産可能性フロンティア」とは生産可能(性)曲線のことである。

正答 【No.1】4 【No.2】1 【No.3】1

10.2 部分均衡分析

例題10.2-1　関税と余剰

次図において DD'，SS' は，それぞれある財についての国内消費者の需要曲線，国内生産者の供給曲線を示している。現在この財に AB の関税（従量税）が課されているが，これを撤廃した場合の余剰の変化に関する次の記述のうち，正しいものはどれか。（地方上級）

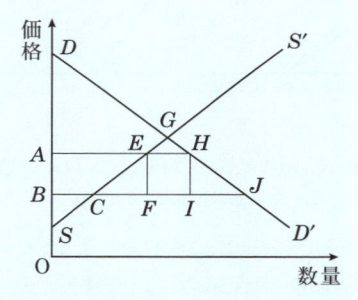

1. 消費者余剰は ASE から BSC に減少し，生産者余剰は DAH から DBJ に増加し，総余剰は $ECF+HIJ$ だけ増加する。
2. 消費者余剰は DAH から DBJ に増加し，生産者余剰は ASE から BSC に減少し，総余剰は $CJHE$ だけ増加する。
3. 消費者余剰は DAH から DBJ に増加し，生産者余剰は ASE から BSC に減少し，総余剰は $ECF+HIJ$ だけ増加する。
4. 消費者余剰は $DAEG$ から DBJ に増加し，生産者余剰は ASE のまま不変であり，総余剰は GCJ だけ増加する。
5. 消費者余剰は $DBIH$ から DBJ に増加し，生産者余剰は BSC のまま不変であり，総余剰は HIJ だけ増加する。

[解説] 例題の図で，貿易をしていなければ国内の均衡は G で，余剰の和は△ DGS である。この財の国際価格が OB であるとき，この国が貿易をして，関

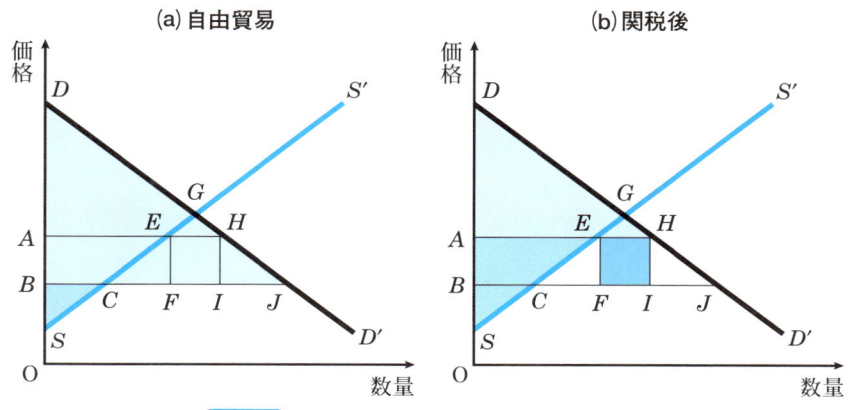

図10-2 小国の輸入関税効果の部分均衡分析

税を課さなければ，国内の価格は OB で，これは国際価格と等しい。外国からの輸入により，国内の生産量は BC に縮小し，消費量が BJ に拡大する。消費者余剰は，△DJB に増加し，生産者余剰は BCS に減少する。余剰の和は，貿易前と比べて△GCJ の面積だけ増加する。この△GCJ の面積は貿易利益と呼ばれる。

以上の議論で，貿易前の財の国際価格がそのまま貿易後も維持されるなら，この国は小国と呼ばれる。小国とは，経済の規模が小さいので，国際貿易市場でプライス・テイカーとして行動する国である。もし，この国が貿易をする前と後で，財の国際価格が変わるようなら，この国の経済は，国際価格を左右するほどの規模であり，大国と呼ばれる。

関税（かんぜい）は関（せき）あるいは関所を通過する意味で，ここでは国境を通過する商品に課せられる税金である。国境を通る財は輸入される財か輸出される財であり，前者に課せられる関税を輸入税，後者に課せられる関税を輸出税と呼ぶ。関税を算定する方法には，価格100円当たりに t 円というように価格を基準にする従価税と，財の数量1単位もしくは重量1kg当たり t 円というように数量か重量を基準にする従量税がある。

小国が関税をかけずに輸入するとして，**図10-2**(a)のように財の国際価格が OB で，貿易の利益が△GCJ であるとする。関税をかけたり，補助金を出したり，輸出量や輸入量の制限などを行わない状況を自由貿易と呼ぶ。もし，この国が，1単位当たりに AB の関税をかけ，関税を課した後の価格が OA であれ

ば，輸入量がEHに減少する（図10-2(b)）。自由貿易の場合と比較すると，消費者余剰と生産者余剰の和は，台形$CEHJ$だけ減少する。ただし，長方形$EHIF$の面積に等しい値が政府に関税収入として入るので，それを台形$CEHJ$の面積から引くと，$\triangle ECF + \triangle HIJ$が残る。これが，輸入関税を課すことによる社会的厚生の損失である。

例題は，課されていた関税が撤廃された場合の余剰の変化を問うている点に注意。

正答　3

例題10.2-2　輸入割当

ある財の国内の需要曲線と供給曲線が，それぞれ下図のDD'曲線とSS'曲線で示され，当初この財の輸入は禁止されているものとする。もし仮に，政府が国内の輸入業者に輸入量がmとなるように輸入割当を行ったならば，この国の経済厚生はいくら増加するか。ただし，この財の海外市場における価格はp_fとする。

（地方上級）

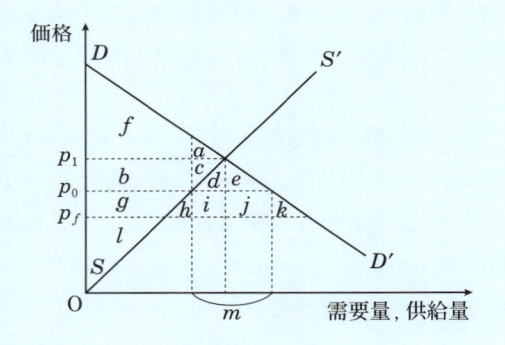

1　$a+c$
2　$d+c$
3　$a+c+d+e$
4　$d+e+i+j$
5　$h+i+j+k$

解説　**輸入割当**は輸入クォーター制とも呼ばれ，特定品目の国内産業を守るため，輸入量を割り当てることである。貿易がない場合の余剰の和は，

(10.1)　　$(f+a)+(b+c+g+l)$

である。mの量の輸入割当を行うと，国内の価格はp_0になる。消費者余剰は，$f+a+b+c+d+e$である。生産者余剰は，$g+l$である。輸入業者は，p_0-

p_f の価格差と輸入量から $i+j$ の利益を上げる。したがって，輸入割当を行った場合の余剰の和は，

(10.2) $(f+a+b+c+d+e)+(g+l)+(i+j)$

である。よって，経済厚生の増加は (10.1) と (10.2) の差である $d+e+i+j$ となる。

正答 4

例題10.2-3 関税と補助金

ある国における X 財の需要曲線，供給曲線は次図でそれぞれ DD'，SS' によって示される。この国の国内には X 財の生産者が多数存在しており，また X 財は価格 p_w で国際的に取引されており，国際価格はこの国の生産量によって影響を受けない。現在，この国では完全な自由貿易が行われているが，仮にこの国の政府が国内生産者を保護するために，

（ア）輸入品への関税（X 財1単位当たり q）の賦課
（イ）国内生産に対する従量補助金（X 財1単位当たり q）の給付
（ウ）国内生産に対する定額補助金の給付

の政策のいずれかをとったとすると，現在と比べた経済厚生の変化に関する次の記述のうち，妥当なものはどれか。（国家Ⅰ種）

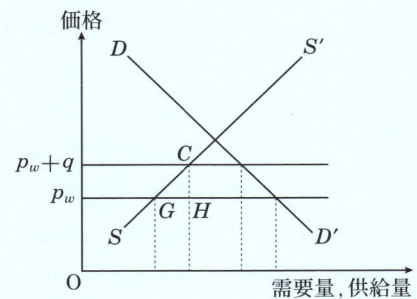

1　（イ）と（ウ）の経済厚生の損失は同じである。
2　（ウ）よりも（イ）のほうが経済厚生の損失が少ない。
3　（ウ）よりも（ア）のほうが経済厚生の損失が少ない。
4　経済厚生の損失の大きさは（ア）＞（イ）＞（ウ）となる。
5　経済厚生の損失の大きさは（イ）＞（ア）＞（ウ）となる。

解説　（ア）図10-3(a) により，財1単位当たり FB の関税をかけると，価格は OB で，消費者余剰は $\triangle DEB$，生産者余剰は $\triangle BCS$，関税収入は四角形 $CEIH$ となる。自由貿易の場合と比べて，$\triangle CGH + \triangle EJI$ の経済厚生の損失が生ず

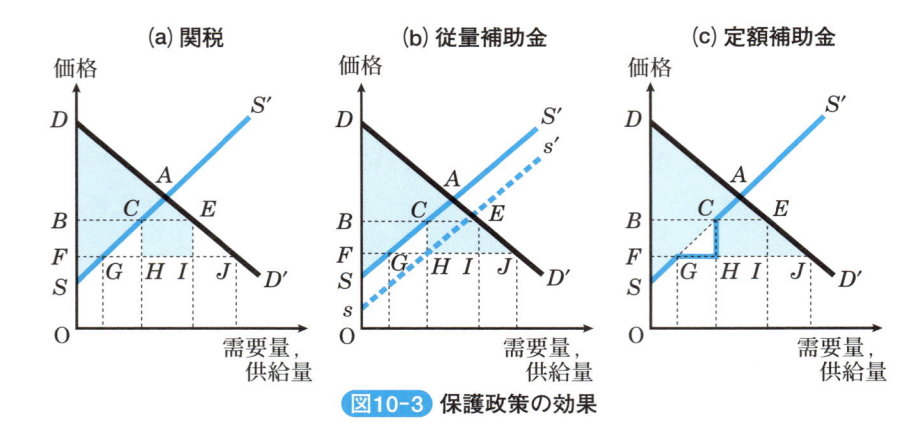

図10-3 保護政策の効果

(a) 関税
(b) 従量補助金
(c) 定額補助金

る。

(イ) 図10-3(b)により，(ア)の関税と同じ額の従量補助金を給付すると，供給曲線SS'は，$BF=CH$の額だけ下方にシフトしてss'となる。ss'はH点を通る。国内価格は国際価格と等しくOF，国内生産量はFHとなる。また，消費者余剰は$\triangle DJF$，生産者余剰は$\triangle FHs$となる。それらの和から補助金の額である四角形$SCHs$を引くと，総余剰は$\triangle DEB$，$\triangle BCS$，四角形$CEJH$の和である。自由貿易の場合と比べて，$\triangle CGH$の経済厚生の損失が生ずる。よって，(イ)は(ア)よりも，$\triangle EJI$だけ総余剰が大きい。

(ウ) 図10-3(c)参照。政策効果(ア)(イ)(ウ)の比較であるので，(ウ)の定額補助金の場合にも，(ア)(イ)の場合と同じく国内生産量はFHとなることが暗黙の仮定となっている。国内生産量をFHとするために，定額補助金を支出して価格をOFに保とうとする場合は，OFを超える費用分の$\triangle CGH$について補助金を出せばよい。よって，消費者余剰$\triangle DJF$＋生産者余剰$\triangle FGS$から補助金$\triangle CGH$を引いたものが総余剰となる。これは，$\triangle DEB$，$\triangle BCS$，四角形$CEJH$の和と等しい。

よって，(イ)と(ウ)の総余剰は等しく，自由貿易の場合と比べるといずれも$\triangle CGH$の経済厚生の損失が生ずる。

正答　1

練習問題

【No.1】図は輸入に関し小国であるA国のX財に関する需要曲線DD'と供給曲線SS'を示す。

A国は国内品と同質の外国品を国際価格OP_3でいくらでも輸入できると仮定する。政府が輸入品X財にP_2P_3の関税をかけるとする。すると，国内需要量は　A　となり，国内生産量は　B　となる。この結果，外国からの輸入量は　C　となる。

上文の空欄A～Cに当てはまるものの組合せとして妥当なものはどれか。（地方上級）

	A	B	C
1	OQ_3	OQ_3	0
2	OQ_3	OQ_3	Q_3Q_4
3	OQ_4	OQ_2	Q_2Q_4
4	OQ_4	OQ_2	Q_1Q_5
5	OQ_5	OQ_1	Q_1Q_5

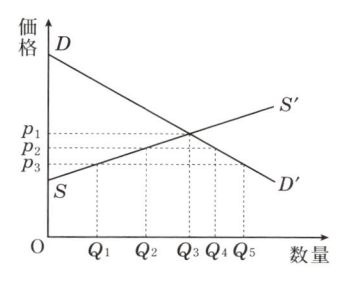

[解説] 関税をかけると，国内価格はp_2となり，国内需要量はOQ_4，国内供給量はOQ_2，輸入量はOQ_4－OQ_2となる。

【No.2】 自由貿易のある財の市場が次の図で表されているとする。このとき，空欄アに入る語句として，妥当なものはどれか。（地方上級）

関税を課す前の財の国際市場における価格がPであり，この市場にTだけの関税をかけたとする。関税をかける前の消費者余剰は　　　，関税を課した後の消費者余剰は　　　である。一方，関税をかける前の生産者余剰は　　　，関税を課した後の生産者余剰は　　　である。したがって，関税を課したことによる経済厚生の損失は　ア　の部分である。

1　b
2　$a+c$
3　$a+b+c$
4　$a+b+c+d$
5　$a+b+c+f$

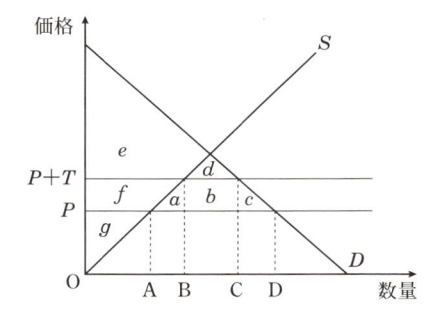

[解説] 関税をかける前の消費者余剰は，価格Pの水平線と需要曲線Dに囲まれた三角形で，$e+d+f+a+b+c$である。関税を課すと，価格$P+T$の水平線と需要曲線Dに囲まれた三角形で，$e+d$となる。生産者余剰は，関税をかける前は，価格Pでの水平線と供給曲線Sで囲まれた三角形g，関税をかけた後は，価格$P+T$での水平線と供給曲線の囲む三角形$f+g$である。関税をかけた場合，政府の関税収入は四角形$T\times BC=b$である。関税を課したことによる厚生の損失は$(e+d+f+a+b+c)+g-((e+d+f+g)+b)=a+c$である。

【No.3】 次図は，ある財の需要曲線と供給曲線を示したものである。政府がある輸入業者に

Q_1Q_2の輸入数量割当てを行った場合，輸入業者の超過利潤を表す部分として，妥当なものはどれか。ただし，自由貿易のときの国内価格をp，輸入数量割当後の国内価格をp_1とする。(地方上級)

1　FCE
2　$GBEF$
3　$GADF$
4　p_1pEF
5　$GBDF$

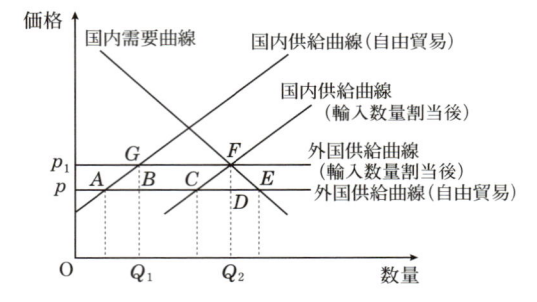

[解説]　国内供給曲線（輸入数量割当後）と国内需要曲線の交点Fで，価格p_1が決まり，輸入業者はQ_2-Q_1の数量をp_1の価格で売る。原価は，pであるから，利益（超過利潤）は，$(p_1-p)\times(Q_2-Q_1)$，すなわち$GBDF$に等しい。

【No.4】　小国のA国が，特定財の国内生産量を自由貿易の場合に比べて一定量増加させることを目的として行う政策のうち，A国の経済厚生水準の低下を最小にするものとして妥当なものは次のうちどれか。ただし，生産要素の完全移動性，収穫一定，外部経済・外部不経済の欠如，完全雇用，完全競争の仮定が満たされているものとする。(国家Ⅰ種)

1　特定財の国内生産に対する補助金の交付を行うこと。
2　特定財の輸入に対して関税の賦課を行うこと。
3　特定財の輸入数量制限を行うこと。
4　A国の特定財を輸入している国に対して輸出自主規制を行うように要請すること。
5　特定財に対して関税を賦課し，関税収入に等しいだけの国内生産に対する補助金の交付を行うこと。

[解説]　自由貿易のときの価格をp，国内の供給をS_0とする。関税tをかけると，余剰の損失は，△

図10-4

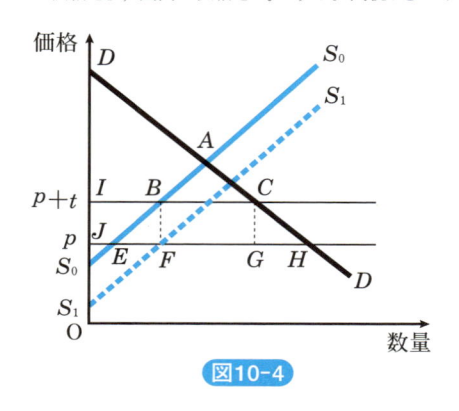

BFE と $\triangle CHG$ である。

　輸入制限や相手国の自主規制で輸入量を BC に限ったとすると，国内価格 q は $p+t$ と同じ水準で，国際価格を超える額 $BCGF$ は輸入業者の利益となり，関税の場合と余剰の和は変わらない。

　関税を課さずに，国際価格 p の下での国内生産量を BI に等しく，JF とするために，単位当たり t の補助金を与えて，生産者の供給曲線を下方にシフトさせ S_1 とすると，消費者余剰は $\triangle DHJ$，生産者余剰は $\triangle IBS$，それから，政府の補助金支出に相当する四角形 $IBFJ$ を引くと，損失が $\triangle BFE$ であることがわかる。損失が $\triangle CHG$ だけ減少する。

【No.5】　ある国のコメの国内市場の需要曲線と供給曲線が，それぞれ，

$$D = 1000 - P$$
$$S = 2P - 200$$

$\begin{bmatrix} D：需要量，S：供給量 \\ P：価格 \end{bmatrix}$

で示されるものとする。

　もし仮にコメの市場開放が行われたならば，開放以前と比較してこの国の経済厚生はいくら増加するか。ただし，海外市場におけるコメの価格は200であるとする。（地方上級）

1　20,000
2　30,000
3　40,000
4　50,000
5　60,000

［解説］市場開放前の均衡は，

$$1000 - p = 2p - 200$$

より，$p = 400$，$x = 600$ である。市場開放後は，国際価格200に対し，消費量は，$1000 - 200 = 800$，国内供給量は，$2 \times 200 - 200 = 200$ である。貿易の利益は図の $\triangle E_0 E_1 A$ で，$200 \times \dfrac{600}{2} = 60000$ である。

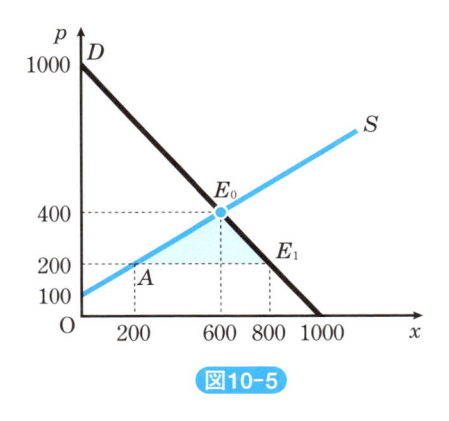

図10-5

正答　【No.1】3　【No.2】2　【No.3】5　【No.4】1　【No.5】5

10.3 ヘクシャー＝オリーン・モデル

例題10.3-1 リプチンスキーの定理

ある小国において資本と労働からx財とy財が生産され，その生産関数が，それぞれ，

$x = \min \{2K_x, L_x\}$

$y = \min \{K_y, 2L_y\}$

〔x, y：生産量，K：資本量，L：労働量〕

で示され，世界市場におけるx財とy財の価格P_x, P_yは等しく，$P_x = P_y = 1$であるとする。この国において資本蓄積がなされ，資本量が増加したときの，x財とy財の生産量の変化の組合せとして，妥当なものはどれか。ただし，当初この国の資本と労働の賦存量の比率$\frac{K}{L}$は1であるとする。（国家Ⅰ種）

	x財	y財
1	増加	増加
2	減少	増加
3	増加	減少
4	減少	減少
5	不変	増加

解説 リカード・モデルは，技術すなわち投入係数の違いで，両国の生産可能(性)曲線の形が異なり，そして貿易が生じるというものであった。これに対し，両国の生産要素の存在量すなわち要素賦存量の違いで貿易を説明する理論がある。このモデルはヘクシャー＝オリーン・モデルと呼ばれる。ヘクシャー＝オリーン・モデルは，リカード・モデルと同じ2部門モデルであるが，各財を生産する過程では「資本と労働の2種類の生産要素を投入する」こと，そして，A国とB国の2国を想定し，2国は同じ生産関数を持つ，すなわち「2国は同じ生産技術を持つ」とする点で，リカード・モデルと異なっている。

また，リカード・モデルでは，財の生産には労働Lのみが用いられていた。ヘクシャー＝オリーン・モデルでは，財の生産には，資本Kと労働Lの両方が用いられる。一般に，生産関数としては，規模に関して収穫が一定で，かつ等量曲線が原点に対して凸のいわゆる新古典派的生産関数が仮定されているが，

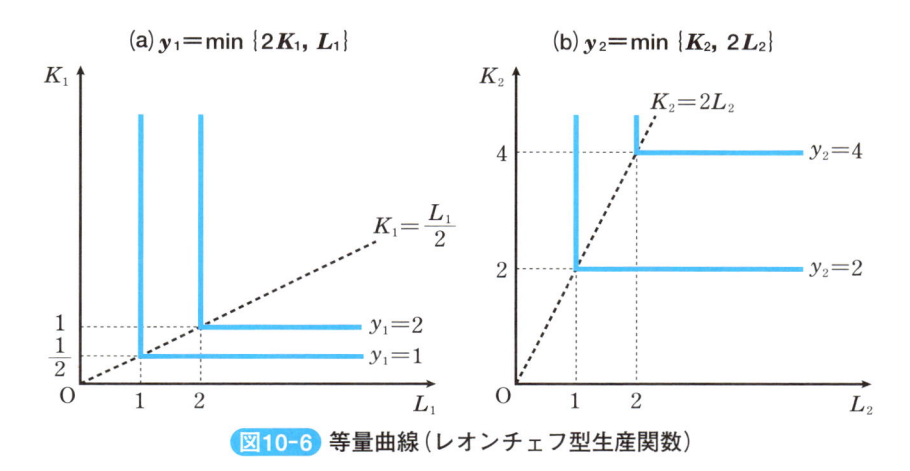

図10-6 等量曲線（レオンチェフ型生産関数）

ここでは簡単化のために，その特殊ケースであるレオンチェフ型生産関数を用いる。

第1産業のレオンチェフ型生産関数は，

(10.3) 　　$y_1 = \min\{2K_1, L_1\}$

であるとする。この式の意味は，$2K_1$とL_1のうち，より小さい値をy_1とするということである。(10.3)式は，資本と労働が$K_1 = \dfrac{L_1}{2}$すなわち$\dfrac{K_1}{L_1} = \dfrac{1}{2}$の比率で投入されると生産量は$y_1 = 2K_1 = L_1$を満たし，$2K_1 < L_1$であれば，労働の一部が利用されずに$y_1 = 2K_1$となり，$2K_1 > L_1$であれば資本の一部が利用されずに$y_1 = L_1$となるというものである。したがって，等量曲線は，**図10-6(a)**のようなL字型となる。

第2産業のレオンチェフ型生産関数は，

(10.4) 　　$y_2 = \min\{K_2, 2L_2\}$

であるとする。この等量曲線も，**図10-6(b)**のようなL字型になる。

図10-6の2つの等量曲線からわかることは，生産要素が無駄なく利用されている状況では，第1産業で$\dfrac{K_1}{L_1} = \dfrac{1}{2}$，第2産業で$\dfrac{K_2}{L_2} = 2$であり，第1産業の資本・労働比率が，第2産業の資本・労働比率よりも低いことがわかる。これを第1産業はより労働集約的で，第2産業はより資本集約的であるという。

要素賦存量をK, Lとして，それを2つの産業での生産に配分する。する

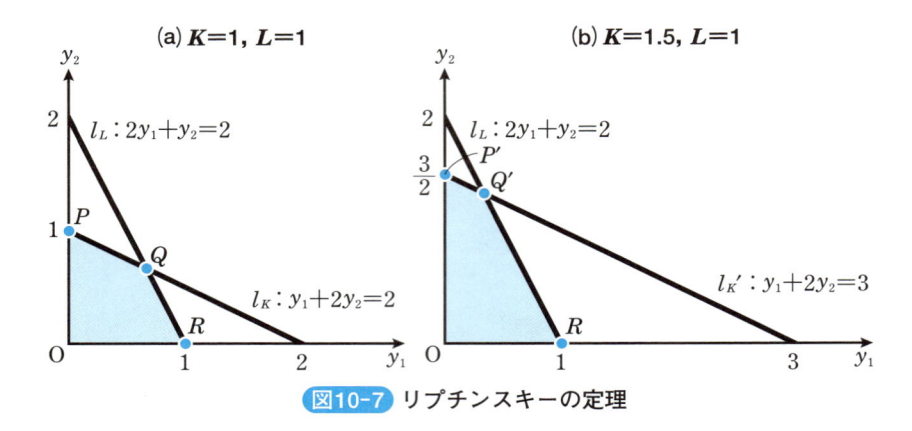

図10-7 リプチンスキーの定理

と，

(10.5)　　$K_1 + K_2 = K, \quad L_1 + L_2 = L$

が成り立つ。そして，(10.3)式と(10.4)式から生じる生産量の制約条件，

(10.6)　　$\dfrac{y_1}{2} \leq K_1, \quad y_1 \leq L_1, \quad y_2 \leq K_2, \quad \dfrac{y_2}{2} \leq L_2$

を考慮すると(10.5)式から，

(10.7)　　$y_1 + 2y_2 \leq 2K, \quad 2y_1 + y_2 \leq 2L$

が得られる。例題では，当初は$\dfrac{K}{L} = 1$であると仮定されているので，要素賦存量を$K=1$と$L=1$であるとし，その値を(10.7)式のKとLに代入すると，資本と労働の制約式を満たす生産量の組が図10-7(a)の青色の領域として得られる。そして，その境界PQRは生産可能(性)曲線となる。

図10-7(a)の青色の領域の境界PQRは，生産要素の存在量$K=1$，$L=1$のときの生産可能曲線を表す。PQ間では資本の存在量がすべて利用され，労働が余る。QR間では労働の存在量がすべて利用され，資本が余る。点Qにおける生産量の組では，資本も労働もすべて利用される。これを完全利用あるいは完全雇用と呼ぶ。

今，資本の存在量が$K=1$から$K=1.5$に増加したとすると，資本の制約を表す直線は，l_Kから，図10-7(b)のl_K'にシフトする。生産可能曲線は，PQRから$P'Q'R$に変わる。Qと比較すると，資本と労働が完全利用される生産量の組は，左上方のQ'に移動する。資本の存在量が増加すると，資本集約的な第

2財の生産量が増加し，労働集約的な第1財の生産量が減少する。これは，

> ある資源の存在量が増加すると，その資源をより集約的に投入する財の生産量が増加し，他の財の生産量が減少する。

という結果としてまとめられ，リプチンスキーの定理と呼ばれる。例題では，リプチンスキーの定理によって，y財が増加して，x財が減少する。　　**正答　2**

例題10.3-2　要素価格フロンティア

2つの生産要素x_1, x_2を用いて，1つの生産物を産出している企業A，Bの等産出量曲線が，図のa, bで示されているとする。企業A，Bの要素価格フロンティアとして，正しいものはどれか。ただし，w_1は生産要素x_1の要素価格，w_2は生産要素x_2の要素価格であるとする。（国家Ⅰ種）

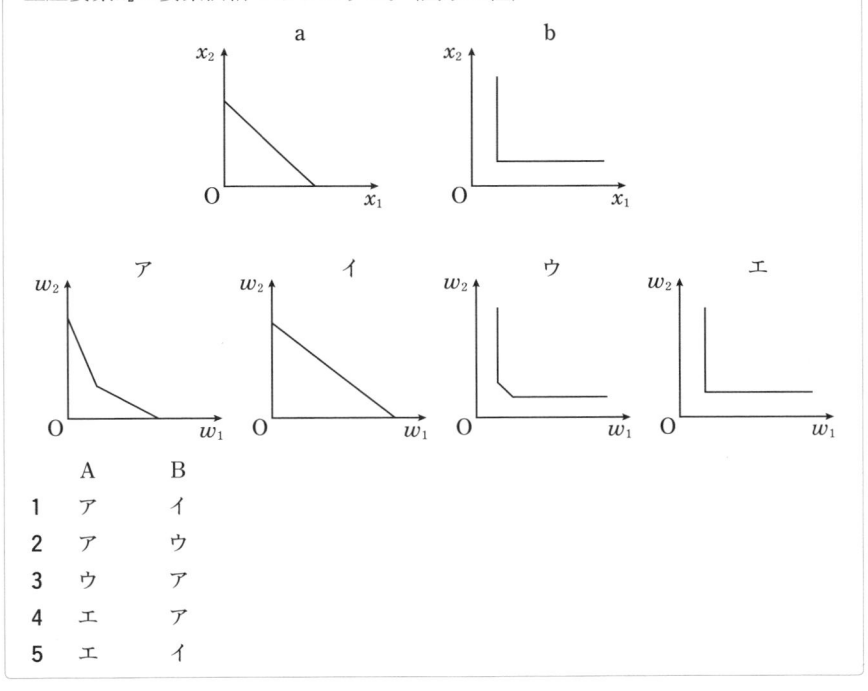

	A	B
1	ア	イ
2	ア	ウ
3	ウ	ア
4	エ	ア
5	エ	イ

解説　レオンチェフ型生産関数は，規模に関して収穫が一定な関数である。これは各要素をa倍すると，生産量もa倍される。たとえば生産関数$y = \min\{2K, L\}$を例とすると，

(10.8) $\quad ay = \min\{2aK, aL\}$

となることからわかる。産出量を $y = \dfrac{1}{p}$ と置くと，$2K = L = \dfrac{1}{p}$ から投入量が決まる。規模に関して収穫一定の場合に，最大利潤は 0 となる。よって，

(10.9) $\quad py - rK - wL = 0 \quad \left[\begin{array}{l} p：生産物の価格，y：生産量 \\ K：資本投入量，L：労働投入量 \\ r：資本レンタル価格，w：賃金率 \end{array}\right]$

が成り立つ。そこで生産量を $y = \dfrac{1}{p}$ と置き，(10.9) 式に代入すると，

(10.10) $\quad rK + wL = 1$

となる。$y = \dfrac{1}{p}$ は 1 円で購入できる財の量に当たる。また，(10.10) 式は，総費用を 1 円としたときの等費用曲線を表している。生産量が $y = \dfrac{1}{p}$ に固定されたレオンチェフ型の生産関数 (10.8) 式では，資本と労働が $\dfrac{1}{2p}$ と $\dfrac{1}{p}$ となる。その組合せを (10.10) 式に代入し変形すると，

(10.11) $\quad r + 2w = 2p$

となる。この r と w の関係を表す式は，要素価格フロンティアまたは賃金曲線と呼ばれる。(10.11) 式は直線となる。以上から例題の図の b に対応する要素価格フロンティアは，イである。

次に，a のような線形の生産関数は，たとえば，

(10.12) $\quad y = 2K + L$

と表される。レオンチェフ型関数とは異なり，一定の生産量 $y = \dfrac{1}{p}$ を生産する資本 K と労働 L，すなわち，$2K + L = \dfrac{1}{p}$ を満たす組合せは無数にある。この場合にも，生産量を $y = \dfrac{1}{p}$ に固定すると，(10.9) 式から総費用を 1 円とした総費用曲線は (10.10) 式の形となる。費用が最小となるのは，等費用曲線が線形生産関数と重なる場合である。このとき，等費用曲線の傾きは唯一となるので，

$\dfrac{w}{r}$ は一定である。したがって，aに対応する要素価格フロンティアは，エである。

正答　5

例題10.3-3　ストルパー＝サミュエルソンの定理

ある国ではx財とy財が資本と労働から生産され，それらの生産関数は，

$$X = \min\left\{K_x, \dfrac{L_x}{2}\right\} \qquad Y = \min\left\{\dfrac{K_y}{2}, L_y\right\}$$

$$\begin{bmatrix} X：x\text{財の生産量，} Y：y\text{財の生産量} \\ K_x, K_y：\text{資本投入量，} L_x, L_y：\text{労働投入量} \end{bmatrix}$$

で示されるとする。

x財とy財は世界市場において取引されているが，労働と資本は国際的に移動せず，また市場はすべて競争的であるとする。x財の価格が上昇した場合の国内における労働と資本の価格，すなわち賃金率wと資本レンタル価格rの変化に関する次の記述のうち，妥当なものはどれか。ただし，y財の価格は一定であり，生産の完全特化は生じないものとする。(国家Ⅰ種)

1　wとrはともに上昇し，要素価格比$\dfrac{w}{r}$も上昇する。

2　wとrはともに上昇するが，要素価格比$\dfrac{w}{r}$は低下する。

3　wは上昇，rは低下し，要素価格比$\dfrac{w}{r}$は上昇する。

4　wは低下，rは上昇し，要素価格比$\dfrac{w}{r}$は低下する。

5　wとrはともに低下するが，要素価格比$\dfrac{w}{r}$は上昇する。

解説　レオンチェフ型生産関数は，規模に関して収穫が一定な関数である。

規模に関して収穫一定の場合に，最大利潤は0となる。よって，

(10.13)　$p_i y_i - r K_i - w L_i = 0 \quad (i = 1, 2)$

が成り立つ。

そこで生産量を$y_i = \dfrac{1}{p_i}$と置くと，(10.13)式から，$rK_i + wL_i = 1$という第1産業と第2産業に共通な等費用曲線が得られる。

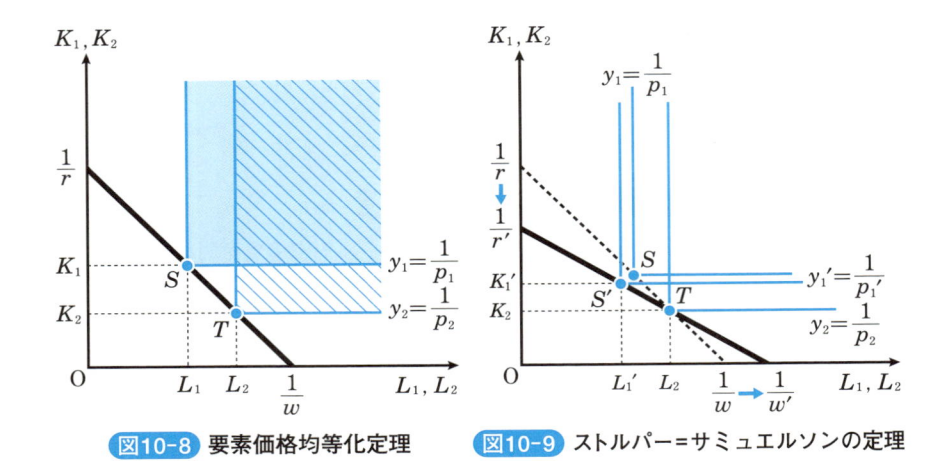

図10-8 要素価格均等化定理

図10-9 ストルパー＝サミュエルソンの定理

$y_1 = \dfrac{1}{p_1}$, $y_2 = \dfrac{1}{p_2}$ としたときの等（産出）量曲線を求めたものが**図10-8**である。ただし，この図では$K_1 > K_2$，$L_2 > L_1$と仮定している。

2つの産業の等量曲線の頂点SとTを通る直線を求めると，この直線は，

(10.14) $rK_1 + wL_1 = 1$, $rK_2 + wL_2 = 1$

を満たし，その傾きは，財の価格p_1とp_2が与えられたときに，最大利潤を0とする生産要素の価格rとwを与えている。財の価格p_1とp_2が与えられると，**図10-8**の等費用曲線が座標軸と交わる点も決まりrとwの値が一意的に決まる。2国が同じ生産関数を持つなら，財の国際価格が与えられると，唯一の組の生産要素価格だけが実現する。したがって，2国の国内の要素価格は同じものになるという**要素価格均等化定理**が得られる。**図10-8**では$\dfrac{K_1}{L_1} > \dfrac{K_2}{L_2}$なので，第1財が資本集約的となっている。

図10-8において，財の価格が変化すれば，生産物1円当たりの等量曲線がシフトする。今，**図10-8**に比べて，第1財の価格がp_1からp_1'に上昇したとすると，第1財の等量曲線は**図10-9**のように左下方にシフトする。等量曲線の角であるSはS'に変わり，等費用曲線がTを中心に回転して，資本のレンタル価格がr'に上昇し，労働の賃金（率）がw'に下落する。資本集約的である第1財の価格が上昇することによって，資本のレンタル価格が上昇し，労働の賃金が下落したのである。これは，

> 「財の価格の上昇は，その財の生産により集約的に投入される生産要素の価格を上昇させ，他の生産要素の価格を下落させる」

という，ストルパー＝サミュエルソンの定理と呼ばれる結果である。

例題では，

$$\frac{K_x}{L_x} = \frac{1}{2} < \frac{K_y}{L_y} = 2$$

である。y財がより資本集約的で，x財がより労働集約的である。ストルパー＝サミュエルソンの定理から，x財の価格が上昇すると，その財がより集約的に用いている労働の価格wが上昇し，他の要素，資本のレンタル価格rが下落し，要素価格比$\frac{w}{r}$は上昇する。

正答　3

例題10.3-4　ヘクシャー＝オリーンの定理

A，B 2国からなる経済がある。両国は資本と労働のみを生産要素としてX，Y財を生産する。A国の生産可能曲線はSSであり，Ⅰ，Ⅱ，ⅢはA国の消費の無差別曲線である。生産関数は両国ともに同一であり，X財はY財よりも資本集約的な財であるとする。A，B両国のX，Y財の交換比率を直線RVの勾配とすると，分業の利益を求めて2国間の貿易はどのようになるか。（地方上級）

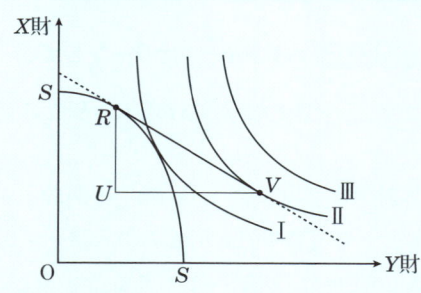

1　資本集約国Aは生産をX財に特化し，B国へRUだけ輸出する。
2　資本集約国Aは生産をY財に特化し，B国へUVだけ輸出する。
3　労働集約国Aは生産をX財に特化し，B国へRUだけ輸出する。
4　労働集約国Aは生産をY財に特化し，B国へUVだけ輸出する。
5　労働集約国Aは生産をX財に特化し，B国からY財をUVだけ輸入する。

解説　ヘクシャー＝オリーン・モデルでは，2国の技術が同じ，すなわち2国

(a) 労働が豊富なA国

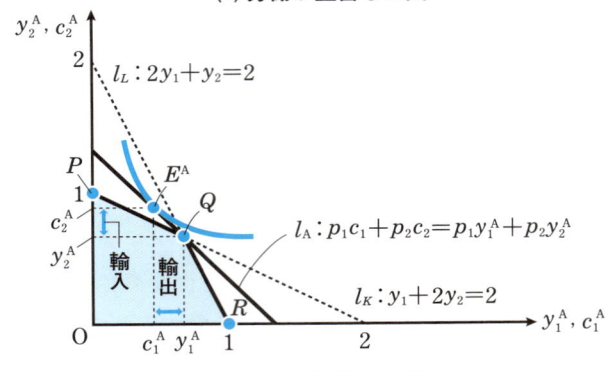

$l_L: 2y_1 + y_2 = 2$

$l_A: p_1 c_1 + p_2 c_2 = p_1 y_1^A + p_2 y_2^A$

$l_K: y_1 + 2y_2 = 2$

(b) 資本が豊富なB国

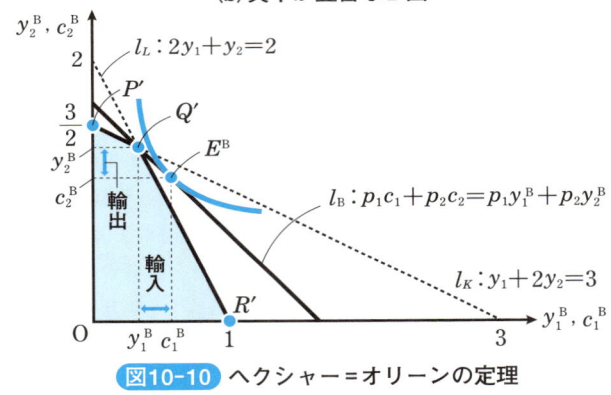

$l_L: 2y_1 + y_2 = 2$

$l_B: p_1 c_1 + p_2 c_2 = p_1 y_1^B + p_2 y_2^B$

$l_K: y_1 + 2y_2 = 3$

図10-10 ヘクシャー＝オリーンの定理

が同じ生産関数を持つとし，2国の要素賦存比率が異なると仮定する（**例題10.3-1**参照）。

たとえば，2国に共通する2財（y_1, y_2）の生産関数を$y_1 = \min\{2K_1, L_1\}$，$y_2 = \min\{K_2, 2L_2\}$とし，今，資本Kと労働Lの総量が，A国において$K^A = 1$と$L^A = 1$で，B国において$K^B = 1.5$と$L^B = 1$であるとすると，A国の生産可能曲線が**図10-10**(a)のPQR，B国の生産可能曲線が**図10-10**(b)の$P'Q'R'$となる（ただし，図中のp_1, p_2は各財の価格，c_1, c_2は各財の消費量である）。資本と労働の存在量の比をとると，

(10.15) $\quad \dfrac{K^A}{L^A} = 1 < \dfrac{K^B}{L^B} = 1.5$

であり，A国が低く，B国が高くなる。このとき，A国は労働が豊富な国で，B

国は資本が豊富な国であるという。

両国の技術が同じなので，財の相対価格 $\frac{p_1}{p_2}$ が PQ の傾きの絶対値と QR の傾きとの絶対値の間にあるなら，すなわち，

(10.16) $\quad \frac{1}{2} < \frac{p_1}{p_2} < 2$

を満たすなら，A国は生産量を Q に，B国は生産量を Q' に決める。このとき，両国は，各財の生産量の多少はあるにしても，2財ともに生産している。この状況を不完全特化と呼ぶ。生産量を比較すると，A国では第1財 (y_1)，B国では第2財 (y_2) の量が相対的に多く生産される財である。A国は第1財に，B国は第2財に比較優位を持つということもできる。そして，両国の効用関数が同じであれば，均衡価格の下では，A国が第1財を輸出し，B国が第2財を輸出する。第1財は労働集約的，第2財は資本集約的なので，労働の豊富なA国が労働集約的な財を，資本の豊富なB国が資本集約的な財を輸出する。これは，

「自国に豊富に存在する資源をより集約的に投入して生産する財を輸出する」

という，ヘクシャー＝オリーンの定理と呼ばれる結果である。これを，

「自国に豊富に存在する資源をより集約的に投入して生産する財に比較優位を持つ」

と言い換えることもできる。

例題のA国は，Y 財の UV 量を輸入，X 財の RU 量を輸出している。A国は X 財の生産に（不完全）特化している。X 財は Y 財より資本集約的な財なので，A国は資本集約国と考えられる（ヘクシャー＝オリーンの定理による）。

正答　1

例題10.3-5　効用関数の最大化

A国とB国の2国，農産物と工業製品の2財を考える。生産要素は労働のみで，国家間の移動は不可能とする。財1単位の生産に必要な労働投入量は国によって異なり，下の表で与えられる。A国における労働の存在量は100，B国は80とする。

農産物と工業製品は2国間のみで貿易され，輸送費などは無視するものとする。

	農産物	工業製品
A国	10	5
B国	4	8

A国の農産物と工業製品の消費量をそれぞれxとy，社会的厚生を$W=x^{\frac{1}{3}}\cdot y^{\frac{2}{3}}$，B国の農産物と工業製品の消費量をそれぞれ$x^*$と$y^*$，社会的厚生を$W^*=x^{*\frac{2}{3}}\cdot y^{*\frac{1}{3}}$とするときの自由貿易均衡におけるA国の貿易量はどれか。（国家Ⅰ種）

1　農産物$\frac{20}{3}$単位を輸入，工業製品$\frac{20}{3}$単位を輸出

2　農産物$\frac{20}{3}$単位を輸入，工業製品$\frac{40}{3}$単位を輸出

3　農産物10単位を輸入，工業製品10単位を輸出

4　農産物$\frac{40}{3}$単位を輸出，工業製品$\frac{20}{3}$単位を輸入

5　農産物$\frac{20}{3}$単位を輸出，工業製品$\frac{40}{3}$単位を輸入

解説　工業製品を1単位生産するのに必要な労働量に対し，農産物を1単位生産するのに必要な労働量は，A国で$\frac{10}{5}=2$倍，B国で$\frac{4}{8}=\frac{1}{2}$倍である。リカードの比較生産費説に従うと，A国は，工業製品の生産に特化して，$\frac{100}{5}=20$単位，B国は農産物の生産に特化して，$\frac{80}{4}=20$単位生産する。

農産物の価格をp_1，工業製品の価格をp_2とすると，A国は，$p_1x+p_2y=20p_2$の下で，$x^{\frac{1}{3}}\cdot y^{\frac{2}{3}}$を最大化する。<u>コブ＝ダグラス型効用関数</u>が$W=x^{\frac{1}{3}}\cdot y^{\frac{2}{3}}$であるとき，$x$と$y$に対する支出金額の割合は1：2となる。したがって，$p_1x=\frac{1}{2}p_2y$が成り立つ。これをA国の予算制約式$p_1x+p_2y=20p_2$に代入すると，A国の工業製品の輸出（B国の工業製品の輸入）は，生産量から自国での消費量を引いて，

$$20-\frac{40}{3}=\frac{20}{3}$$

である。

一方，B国は，$p_1 x^* + p_2 y^* = 20 p_1$の下で，$x^{*\frac{2}{3}} \cdot y^{*\frac{1}{3}}$を最大化する。$x^*$と$y^*$に対する支出金額の割合は2：1となるので，$\frac{1}{2} p_1 x^* = p_2 y^*$が成り立つ。これをB国の予算制約式$p_1 x^* + p_2 y^* = 20 p_1$に代入すると，$\frac{3}{2} p_1 x^* = 20 p_1$となり，$x^* = \frac{40}{3}$を得る。

B国の農産物の輸出（A国の農産物の輸入）は，

$$20 - \frac{40}{3} = \frac{20}{3}$$

である。

正答　1

練習問題

【No.1】 貿易理論に関する次の記述のうち，妥当なものはどれか。ただし，各記述における学説・定理の前提条件は満たされているものと仮定する。（地方上級）
1 アダム・スミスの絶対生産費説に従うと，貿易による厚生が増大するためには，自国におけるすべての財の生産費は他国に対して絶対優位でなければならない。
2 リカードの比較生産費説に従うと，2財について考えた場合，各国はそれぞれ比較優位を持つ財に完全特化するが，一国が他国に対して2財の生産費で絶対優位であってはならない。
3 ヘクシャー＝オリーンの定理によると，各国のある財の比較優位を決定する要因は，その財の生産量の大きさにある。
4 要素価格均等化定理に従えば，世界市場で財の価格が決まると，すべての国の要素価格は均等化する。
5 ストルパー＝サミュエルソンの定理に従うと，ある財の相対価格の上昇はその財の生産に集約的に投入される資源の相対価格を下落させる。

［解説］ 1．リカードの比較生産費説に関する説明である。2．絶対優位であってもかまわない。比較優位のみが重要である。3．ヘクシャー＝オリーンの定理では，生産量でなく，生産要素の存在量が，比較優位を決定する。4．正しい。5．その財の生産に集約的に投入される資源の相対価格を上昇させる。

【No.2】 貿易に関する学説として**誤っているもの**は，次のうちどれか。（地方上級）
1 ヘクシャー＝オリーンの分業定理とは，貿易パターンの説明原理で，各国は賦存量が

比較的豊富な生産要素を集約的に使用する財に偏った生産を行い，その財を輸出する傾向があるという定理である。
2 　ストルパー＝サミュエルソンの定理とは，要素価格とその生産要素を集約的に用いて生産される財の価格の関係を示したもので，ある財の相対価格が上昇すると，不完全特化の国では，その財の生産に集約的に使用されている生産要素の価格は上昇し，他の要素価格は低下するという定理である。
3 　要素価格均等化定理とは貿易が国々の生産を不完全にしか特化させない場合には，要素価格は国際的に完全に等しくなり，完全特化の場合でも均等化の方向に変化するという定理である。
4 　リプチンスキーの定理とは，財の価格が一定に保たれるなら，不完全特化の状態にある国においてある要素の賦存量が増大すると，その要素を集約的に使用する財の生産量が要素の増加率以上の率で増大し，他の財の生産量は減少するという定理である。
5 　比較生産費説とは，2国間の相互比較において，ある商品の生産コストを単純比較したとき，自国が他国より下回る場合には，その財に特化し生産物を輸出すべきであるという説である。

［解説］比較生産費説は，相対的生産費用を比較するもので，生産費用を単純比較するものではない。5が誤り。

【No.3】　貿易理論におけるストルパー＝サミュエルソンの定理とは，次のうちどれをいうか。

(国家Ⅰ種)

1 　国際貿易の実物的側面に関し，一定の仮定を置いた場合，同じ税率の輸入税と輸出税の経済効果は同等であることをいう。
2 　一般に関税保護を行った場合には，その国において比較的豊富な生産要素にとって不利，希少な生産要素にとって有利な所得分配効果をもたらすことをいう。
3 　2要素2財モデルにおいて，一方の要素存在量が変化せず，もう一方の要素存在量が増加するとき，生産物の相対価格が一定であれば，存在量が変化しない要素を集約的に使用する産業の産出量は絶対的に減少することをいう。
4 　ヘクシャー＝オリーン理論の発展として，一定の仮定の下では，貿易の結果，生産要素の価格がある程度均等化することが導かれるが，この命題のことをいう。
5 　一定の単純化の諸仮定の下では，自由貿易が世界全体にとっても，また一国にとっても資源の最適配分をもたらすことをいう。

［解説］輸入品に関税を課すと，国内における輸入財の相対価格が上昇する。これは輸入財に集約的に投入される生産要素，すなわちこの国にとって比較的希少な生産要素の価格を上昇させる。

正答　【No.1】4　【No.2】5　【No.3】2

第11章

経済動学

Economic Dynamics

11.1 異時点にわたる消費配分

例題11.1-1 貯蓄の変化

家計は，貯蓄や借入れによって異時点間の消費配分を変えることができる。その異時点間の消費配分方法は消費者行動理論を援用して説明できる。以上のことを踏まえて，次の各問に答えなさい。(不動産鑑定士)

(1) 今期の所得Y_1，来期の所得Y_2，今期の消費c_1，来期の消費c_2，利子率i（ただし$i>0$）とするとき，資産制約線を求め，図示しなさい。
(2) 家計は，今期の資産制約線と無差別曲線の接点から求められるS_1の正の貯蓄をしているとする。今，他の諸条件を不変にして利子率が上昇するとき，家計の今期の貯蓄はどのように変化するかを述べなさい。なお，$S_1 = Y_1 - c_1 > 0$とする。

解説 (1) 2期間のみにわたる計画を考え，第1期を「今期」と呼び，第2期を「来期」と呼ぶ。各期における財の種類は，複数であってもよいが，異時点間での配分の問題に焦点を当てるために，1種類であるとする。今期の消費量をc_1，来期の消費量をc_2とし，消費者は，異時点にわたる消費に関する効用関数，$U(c_1, c_2)$を持つとする。

消費財の価格は，今期にはP_1，来期にはP_2であるとする。それぞれの期の

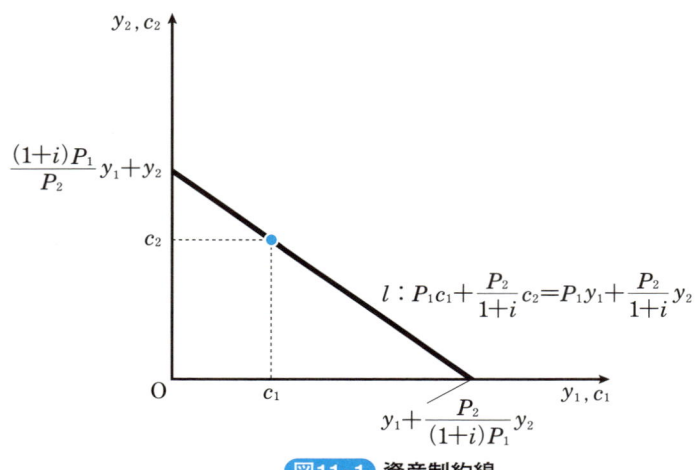

図11-1 資産制約線

消費量 c_1, c_2 の価値は, $P_1 c_1$, $P_2 c_2$ となる。各期での財の価格を**経常価格**と呼ぶが,経常価格で評価した額をそのまま足し合わせることはできない。異時点の価値を関係づけるものが必要である。今,銀行の利子率が i であるとする。今期に銀行に預金すると,今期の1円が来期には $1+i$ 円になる。逆に,来期に1円にするためには,今期に $\dfrac{1}{1+i}$ 円を預金すればよいことになる。このことから,来期の価格 P_2 を,今期の価格に換算すると,$\dfrac{P_2}{1+i}$ に相当する。今期の価格に換算することを,「**現在価値**に直す」という。$p_2 = \dfrac{P_2}{1+i}$ と置いて,p_2 を**現在価格**と呼ぶ。

もし,消費者が今期に Y_1,来期に Y_2 の所得を得るなら,所得の総現在価値は,$W = Y_1 + \dfrac{Y_2}{1+i}$ である。また,もし,今期に消費財の量 y_1,来期に消費財の量 y_2 を保有するなら,その総現在価値は,

(11.1) $\quad W = P_1 y_1 + \dfrac{P_2}{1+i} y_2$ すなわち,

$\quad\quad\quad\quad W = P_1 y_1 + p_2 y_2$

である。この W を「**資産の現在価値**」と呼ぶ。

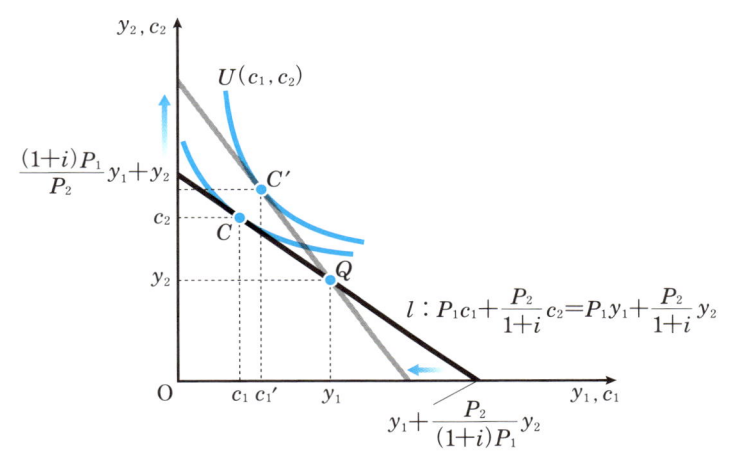

図11-2 今期のy_1-c_1を貯蓄に回し，来期にc_2-y_2を買う

他方，それぞれの期の消費の現在価値の合計は，$P_1 c_1 + \dfrac{P_2}{1+i} c_2$である。したがって，(11.1) 式の資産を今期と来期の2期間ですべて支出し消費するときの資産制約式は，

(11.2) $\quad P_1 c_1 + \dfrac{P_2}{1+i} c_2 = P_1 y_1 + \dfrac{P_2}{1+i} y_2$

となる。(11.2) 式をグラフに表したものが，**図11-1**である。

ところで，今期の所得は$Y_1 = P_1 y_1$，来期の所得は$Y_2 = P_2 y_2$，今期の消費額は$C_1 = P_1 c_1$，来期の消費額は$C_2 = P_2 c_2$であるので，(11.2) 式は，

(11.3) $\quad C_1 + \dfrac{C_2}{1+i} = Y_1 + \dfrac{Y_2}{1+i}$

と表すこともできる。

(2) 消費者は，資産の制約の下で，消費計画を立てる。**図11-2**は，財の量を今期にy_1，来期にy_2保有する消費者が，資産の制約の下において，点Cで効用を最大化することを表している。財の保有量が点Qで，資産制約線lはQを通る直線である。今期に財の保有量y_1より少ない量c_1を消費し，余ったy_1-c_1を市場で売って，$S_1 = P_1 (y_1 - c_1)$を得て，それを貯蓄して，来期に$(1+i) P_1 (y_1 - c_1)$の額を得る。それで来期における財の保有量を超える消費量の価値$P_2 (c_2 - y_2)$を賄うのである。この関係は，資産制約式を変形して得られる$(1+i)$

$P_1(y_1-c_1)=P_2(c_2-y_2)$ から明白である。図11-2の例では，利子率iが上昇すると，資産制約線は，Qの周りを時計回りに回転し，消費量の組合せはCからC'へ変化し，貯蓄y_1-c_1がy_1-c_1'へと減少する。

例題11.1-2　厚生の最大化

今期および来期にそれぞれ50の所得がある個人に，来期において政府から25の臨時給付がある旨の通知があった。

この個人の効用関数が，

$U=C_0 \cdot C_1$ 〔C_0：今期消費，C_1：来期消費〕

であり，利子率25％の下で自由に貯蓄と借入れができるならば，この個人は効用を最大にするために今期にどのような行動をすることが合理的か。

なお，この個人に前期までの貯蓄および借入れはないものとし，今期および来期の所得は来期までに使い切るものとする。（国税専門官）

1　5の貯蓄　　2　10の貯蓄　　3　15の貯蓄
4　5の借入れ　5　10の借入れ

解説　資産制約式は，

$$C_0+\frac{C_1}{1.25}=50+\frac{50+25}{1.25} \quad \text{すなわち} \quad 1.25C_0+C_1=25\times5.5$$

をC_1について解いて，$U=C_0C_1$に代入する。

$U=C_0(25\times5.5-1.25C_0)$
　$=-1.25(C_0-55)^2+(55)^2\times1.25$

$C_0=55$で最大となる。今期の消費が55，所得が50なので，5の借入れである。

　　　　　　　　　　　　　　　　　　　　　　　　　　　　　　　　　正答　**4**

[別解]　**公式2.1**を応用すると，$1.25C_0=C_1=\dfrac{25\times5.5}{2}$のとき$U=C_1C_2$は最大化される。よって，

$$1.25C_0=\frac{25\times5.5}{2} \quad \text{すなわち} \quad C_0=55$$

を得る。

[補足]　**公式2.1**を応用すると，資産制約式$(1+r)c_1+c_2=(1+r)Y_1+Y_2$の下で，$u=c_1c_2$を最大化するときは，

$$(1+r)\,c_1 = c_2 = \frac{(1+r)\,Y_1 + Y_2}{2}$$

のときである。

練習問題

【No. 1】 所得OAのすべてを今期,来期の2期間にわたり支出する合理的な個人を考える。この個人の効用の無差別曲線がu,投資曲線がAB,資金の貸借可能曲線がDCで次図のように与えられている。次の記述のうち,正しいものはどれか。(地方上級)

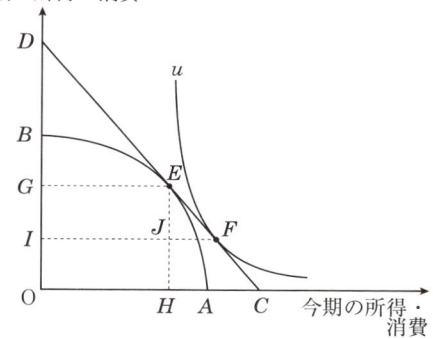

1 市場利子率は$\dfrac{OD-OC}{OC}\times 100$で示される。

2 個人は今期OHだけ,来期OGだけ消費する。

3 個人は今期OAだけ借入れを行う。

4 個人は今期OAだけ投資を行う。

5 個人の借入れ返済後の投資の純利益はOIである。

[解説] この個人は,今期にFI,来期にOIの消費を行う。Eが今期と来期の所得を表しており,今期にFJを借り入れ,来期にEJを返済する。

$$\frac{EJ}{JF}-1=\frac{OD}{OC}-1=\frac{OD-OC}{OC}$$

に100を掛けた値が利子率である。

【No. 2】 ある土地から毎期100万円の地代が得られるが,その土地には毎期20万円の土地保有税が課されている。利子率が4%であるならば,その土地の合理的な値段(土地から得られる将来収益の現在価値)として,最も近いものは次のうちどれか。ただし,地代,利子率および税額は将来にわたって一定であるものとし,地代は期末に得られ,また保有税も期末に支払うものとする。(地方上級類題)

1   1,000万円
2   2,000万円
3   3,000万円
4   4,000万円
5   5,000万円

[解説] 毎期末に得られる純利益は80万円であるので，その現在価値の合計Pは，利子率をrとして，

(11.4) $$P = \frac{80}{1+r} + \frac{80}{(1+r)^2} + \frac{80}{(1+r)^3} + \cdots\cdots$$

両辺に$(1+r)$を掛けて，

(11.5) $$(1+r)P = 80 + \frac{80}{1+r} + \frac{80}{(1+r)^2} + \cdots\cdots$$

となる。(11.5)式から(11.4)式を差し引くと，$(1+r)P - P = 80$である。

よって，利子率が4％であるので，$P = \frac{80}{r} = \frac{80}{0.04} = 2000$〔万円〕が得られる。

[No.3] 今期と来期において最適消費を行う消費者の効用が，
$$u = c_1^{\frac{1}{2}} c_2^{\frac{1}{2}}$$
〔u：効用, c_1：今期の消費, c_2：来期の消費〕
で示されるとする。

以下の文は，この消費者のとる行動に関する記述である。この文中の空欄A，Bに入る数値の組合せとして，妥当なものはどれか。

今期の所得を180，来期の所得を210，利子率を0.05とし，この利子率で自由に貸借できるとした場合，この消費者の今期の消費は　A　となる。また，今期の所得を180，利子率を0.08とし，この利子率で自由に貸借できるとした場合，今期の所得から貯蓄を行うとき，来期の所得が　B　であれば，貯蓄は15となる。(国家Ⅰ種)

	A	B
1	150	145
2	190	162
3	190	172
4	200	162
5	200	172

[解説] 資産制約式は，
$$c_1 + \frac{c_2}{1.05} = 180 + \frac{210}{1.05} = 380$$

である。uを最大化する解とu^2を最大化する解は同じである。**公式2.1**を応用すると，$c_1 = \frac{c_2}{1.05} = \frac{380}{2}$のときに，$u^2 = c_1 c_2$が最大化されるので，$c_1 = 190$となる。次に，

$$c_1 + \frac{c_2}{1.08} = 180 + \frac{y_2}{1.08}$$

とすると，$c_1 = \dfrac{c_2}{1.08} = \dfrac{180 + \dfrac{y_2}{1.08}}{2}$ のときに u および u^2 は最大化される。よって，

$$c_1 = 90 + \frac{y_2}{2.16}$$

が得られる。貯蓄は $180 - c_1 = 15$ なので，

$$180 - 90 - \frac{y_2}{2.16} = 90 - \frac{y_2}{2.16} = 15 \quad \therefore \quad y_2 = 162$$

【No.4】 ある個人は第1期において得た100万円の所得を2期間にわたって全部支出する。個人の効用関数は，

$$u = c_1 c_2$$

〔u：効用水準，c_i：第 i 期の支出額（$i = 1, 2$）〕

で示され，個人の第1期における貯蓄には5％の利子がつくものとする。

個人は効用最大化を図るものとすると，個人の第1期の貯蓄額はいくらか。ただし，個人の第1期の所得と第2期の利子収入には10％の所得税が賦課されるものとする。（地方上級）

1　40万円　　2　45万円　　3　50万円
4　55万円　　5　60万円

[解説] 第1期の所得には $100 \times 0.1 = 10$ の税金がかかるので，貯蓄は $90 - c_1$ で，第2期の利子収入は，$0.05(90 - c_1)$ である。第2期の所得税を引いた残りは，$0.05(90 - c_1) \times 0.9$ である。第2期の消費 c_2 は，$c_2 = (90 - c_1) + 0.05(90 - c_1) \times 0.9 = 1.045(90 - c_1)$ である。これを効用関数 $u = c_1 c_2$ に代入して整理すると，

$$u = 1.045\{-(c_1 - 45)^2 + 45^2\}$$

となる。したがって，$c_1 = 45$ のとき効用は最大となり，貯蓄額は，$90 - c_1 = 45$〔万円〕である。

正答　【No.1】1　【No.2】2　【No.3】2　【No.4】2

第12章

産業連関表

Input-Output Table

12.1 産業連関表

例題12.1-1 産業連関表

農業と工業の2部門からなる経済の産業連関表が次のように示されるとする。この国の国内総生産はいくらか。(地方上級)

投入＼産出		農業	工業	最終需要		産出合計
				国内需要	純輸出	
農　業		5	20	90	−15	100
工　業		15	200	165	20	400
付加価値	賃　金	40	120			
	利　潤	10	50			
	地　代	30	10			
投入合計		100	400			

(単位：兆円)

1　240兆円　　2　255兆円　　3　260兆円
4　275兆円　　5　500兆円

解説　産業連関表は，中間生産物を含めたある時点の産業間の生産の連関を記述したものであり，経済学者レオンチェフによって最初に作成された。この表

は生産の技術的な関係を記述する目的で作成されるが，利用できるデータは部門間の取引金額であるので，実際に作成されている表は金額表である。

取引金額に基づいて作成された産業連関表を物量の関係を表すものとみなすことができるようにするために，通常，円価値単位が用いられる。これは物量の単位を変更し，1円で購入できる単位を1単位とみなす方法である。たとえば，1個100円の生産物があるとすると，1円で購入できる財の数量は0.01個であり，その価値は1円である。そこで1円で購入できる0.01個を新たに1個と再定義し，100円では100個購入できるとみなすことにする。これが円価値単位の考え方である。円価値単位を物量の単位とすれば，表の取引金額の値がそのまま物量の総単位数を表すと考えることができる。円価値単位が採用されるとき，すべての部門の財の価格は1円とみなされる。

次に，産業連関表の構成について見てみる。例題の表では，農業の産出額（産出量）は100であり，投入額（投入量）もまた100である。工業の産出額（産出量）は400，投入額（投入量）も400である。このように産業連関表では，産出合計と投入合計が等しくなるように構成されている。

最終需要の項目の純輸出は，純輸出＝輸出－輸入である。農業部門の純輸出は－15であるので，農業部門では輸入のほうが輸出より15だけ大きい。反対に工業部門では純輸出が20であるので，輸出が輸入を20超過している。産業連関表は国内の生産関係を記述したものであるのに対して，輸入財は海外生産者によって生産されたものである。

表の横方向（行）は需要構成（販路構成）を表している。農業部門の行では，中間需要として5が農業部門で，20が工業部門で購入され，最終需要として90が購入されている。したがって，農業部門の国内の総需要は5＋20＋90＝115であり，純輸入＝－純輸出＝15を差し引いた総需要（＝中間需要＋最終需要）は100である。これが産出合計で満たされているので，以下のバランス式が得られる。

(12.1)　　5＋20＋90－15＝100

同様に，工業については，

(12.2)　　15＋200＋165＋20＝400

となる。

他方，表の縦方向（列）は，投入構成（費用構成）を表している。農業部門

の列では，農業部門が中間投入として農業部門から5，工業部門から15購入し，付加価値として労働の投入の対価である賃金40，資本の投入の対価である利潤10，土地の投入の対価である地代30の支払いが計上されている。これらの合計が投入合計となるので，

(12.3)　　$5+15+40+10+30=100$

となる。同様に，工業についても

(12.4)　　$20+200+120+50+10=400$

となる。

産業連関表の特徴は，産業の部門間の投入産出関係を明示することにあるが，この表からマクロの概念である国内総生産GDPを求めることができる（第13章の**例題13.1-1**で改めて説明する）。まず，支出面では，産業連関表を横に見て，

(12.5)　　$(90-15)+(165+20)=260$

となる。これが国内総生産である。次に，分配面では，産業連関表を縦に見て，国内総生産は国内で生産された付加価値の合計として以下のようになる。

(12.6)　　$(40+10+30)+(120+50+10)=260$

最後に，生産面では，産出合計から中間需要合計（中間投入合計）を差し引くと，国内総生産となり

(12.7)　　$(100+400)-(5+20+15+200)=260$

である。(12.5)(12.6)(12.7)はともに等しい値である。　　　　**正答　3**

練習問題

【**No.1**】　2つの産業からなる経済の産業連関表が下表のように示されたとする。ただし，表の一部の値は不明である。表中のAの値はいくらか。（地方上級）

1　30
2　40
3　50
4　60
5　70

投入＼産出	中間需要		最終需要	産出合計
	産業1	産業2		
産 業 1	20	A	B	100
産 業 2	50	C	30	D
付加価値	E	10		
投入合計	F	G		

［解説］表の各行について横方向に足していくと，
　　$20+A+B=100$，$50+C+30=D$

213

また，表の各列について縦方向に足していくと，

$20+50+E=F, \ A+C+10=G$

となる。投入合計と産出合計は等しいので，$F=100, \ D=G$ が成り立つ。これを上の2つの式に代入して連立方程式を解くと

$A=70, \ B=10, \ E=30, \ D-C=G-C=80$

が得られる。

正答 【No.1】 5

12.2 投入係数表

例題12.2-1 投入係数表

AおよびBの2つの産業からなる産業連関表において，投入係数の値が次のように与えられている。ここで，各産業の総産出量が，産業Aは300，産業Bは200であるとするとき，各産業の付加価値の組合せとして正しいのはどれか。

(国家Ⅱ種)

	産業A	産業B
1	52	40
2	72	60
3	84	56
4	184	132
5	216	100

投入＼産出	産業A	産業B
産業A	0.04	0.20
産業B	0.24	0.30

解説 **投入係数**とは，1単位の生産を行うために必要な投入量のことである。前節の**例題12.1-1**の問題の表の数値では，表の最下段の投入合計＝産出合計で中間投入の値を割って得られる値が投入係数であり，以下のように求められる。最後の表の青色部分の値が投入係数である。

表12-1 投入係数

	農業	工業
農業	5	20
工業	15	200
投入合計	100	400

→

	農業	工業
農業	$\frac{5}{100}$	$\frac{20}{400}$
工業	$\frac{15}{100}$	$\frac{200}{400}$
投入合計	$\frac{100}{100}$	$\frac{400}{400}$

→

	農業	工業
農業	0.05	0.05
工業	0.15	0.5
投入合計	1	1

今，産業1，2としたときの産業連関表が以下の記号で表されるものとする。

表12-2

投入＼産出		中間需要		最終需要	産出合計
		産業1	産業2		
中間投入	産業1	x_{11}	x_{12}	F_1	X_1
	産業2	x_{21}	x_{22}	F_2	X_2
付加価値		V_1	V_2		
投入合計		X_1	X_2		

これより投入係数をa_{ij} ($i, j=1, 2$)とすると，a_{ij}は次のように定義される。

(12.8) $\quad a_{11}=\dfrac{x_{11}}{X_1} \quad a_{12}=\dfrac{x_{12}}{X_2}$

$\quad\quad\quad a_{21}=\dfrac{x_{21}}{X_1} \quad a_{22}=\dfrac{x_{22}}{X_2}$

このように投入係数は投入量と産出量の比率である。たとえば，a_{21}は産業1の生産物1単位を生産するために必要な産業2の投入量を表している。

例題では産業Aの産出量は300，産業Bの産出量は200であるので，例題の投入係数の値から，中間需要＝中間投入は(12.8)式より，

(12.9) $\quad x_{11}=a_{11}X_1=0.04\times 300=12 \quad x_{12}=a_{12}X_2=0.20\times 200=40$

$\quad\quad\quad x_{21}=a_{21}X_1=0.24\times 300=72 \quad x_{22}=a_{22}X_2=0.30\times 200=60$

となる。以上より，例題に対応する産業連関表は，

表12-3

	産業1	産業2	最終需要	産出合計
産業1	12	40	F_1	300
産業2	72	60	F_2	200
付加価値	V_1	V_2		
投入合計	300	200		

となる。この表から

$12+40+F_1=300 \quad\quad 72+60+F_2=200$

$12+72+V_1=300 \quad\quad 40+60+V_2=200$

となる。以上から$F_1=248$, $F_2=68$, $V_1=216$, $V_2=100$である。

正答　5

練習問題

【No.1】 表は，産業1，産業2からなる，ある国民経済の産業連関表の一部と投入係数を表したものである。これらの表に関する次の記述のうち，妥当なものはどれか。（市役所類題）

投入＼産出	産業1	産業2	最終需要	産出合計
産業1				
産業2				150
付加価値				
投入合計	100			

投入＼産出	産業1	産業2
産業1	0.1	0.2
産業2	0.5	0.4

1　この国民経済のGDPは250である。
2　付加価値合計は100である。
3　産業1と産業2の最終需要の額は等しい。
4　産業1から産業2への投入は50である。
5　産業2から産業1への投入は75である。

[解説] 産出合計と投入合計は等しいので，産業1では産出合計＝投入合計＝100，産業2では産出合計＝投入合計＝150である。これらの値と問題の投入係数表から，中間投入＝中間需要は，(12.8)式から $x_{ij}=a_{ij}X_j$ であるので，

$x_{11}=0.1\times100=10$　　$x_{12}=0.2\times150=30$
$x_{21}=0.5\times100=50$　　$x_{22}=0.4\times150=60$

となる。これより，産業連関表は，以下のようになる。

投入＼産出	産業1	産業2	最終需要	産出合計
産業1	10	30	F_1	100
産業2	50	60	F_2	150
付加価値	V_1	V_2		
投入合計	100	150		

この表から，$V_1=40$，$V_2=60$，$F_1=60$，$F_2=40$ が得られる。以上から，付加価値の合計（GDP）は，$F_1+F_2=V_1+V_2=100$ である。

正答 【No.1】 2

12.3 産業連関分析

例題12.3-1　生産の波及効果

産業連関表とそれから得られた投入係数表が以下の表のように示されている。このとき，最終需要が20ずつ増加したとすると，総産出量(X_1+X_2)はどれだけ増加するか。（地方上級）

産業連関表

投入＼産出		中間生産物		最終需要	生産高
		Ⅰ産業	Ⅱ産業		
中間投入物	Ⅰ産業	x_{11}	x_{12}	70	X_1
	Ⅱ産業	x_{21}	x_{22}	60	X_2
付加価値		V_1	V_2		
総投入		X_1	X_2		

投入係数表

	Ⅰ	Ⅱ
Ⅰ	0.1	0.1
Ⅱ	0.4	0.4

1　20　　2　60　　3　80　　4　120　　5　190

解説　投入係数表は，各種の産業連関分析の基礎となる表である。産業連関分析においては，生産の技術的関係を表す投入係数が，生産量や投入量の変化から独立であり一定であると仮定されている。

まず例題の産業連関表のⅠ産業の最終需要をF_1，Ⅱ産業の最終需要をF_2とし，各行について横方向に足すと，以下のバランス式が得られる。

(12.10)　$x_{11}+x_{12}+F_1=X_1$

(12.11)　$x_{21}+x_{22}+F_2=X_2$

ここで，(12.8)式で定義される投入係数を用いて(12.10)(12.11)式を書き換えてみよう。(12.10)(12.11)式に(12.8)を変形して得られる$x_{ij}=a_{ij}X_j$ $(i,j=1,2)$を代入すると，F_1, F_2を外生変数，X_1, X_2を内生変数として以下の式が得られる。

(12.12)　$a_{11}X_1+a_{12}X_2+F_1=X_1$

(12.13)　$a_{21}X_1+a_{22}X_2+F_2=X_2$

これは産業連関分析の均衡産出量モデルと呼ばれる。

次に，中間生産物の変化分をΔx_{ij}，産出量の変化分をΔX_jとすると，投入係

数が一定であるという仮定の下では，$a_{ij}=\dfrac{x_{ij}}{X_j}=\dfrac{\varDelta x_{ij}}{\varDelta X_j}$ $(i,j=1,2)$ となるので，変化分に関する産出量モデルは

(12.14)　　$a_{11}\varDelta X_1+a_{12}\varDelta X_2+\varDelta F_1=\varDelta X_1$

(12.15)　　$a_{21}\varDelta X_1+a_{22}\varDelta X_2+\varDelta F_2=\varDelta X_2$

となる。

　例題の投入係数表の値 $a_{11}=0.1$，$a_{12}=0.1$，$a_{21}=0.4$，$a_{22}=0.4$ と各部門の最終需要の増加分 $\varDelta F_1=\varDelta F_2=20$ を (12.14)(12.15) 式に代入すると，

　　$0.1\varDelta X_1+0.1\varDelta X_2+20=\varDelta X_1$

　　$0.4\varDelta X_1+0.4\varDelta X_2+20=\varDelta X_2$

が得られる。よって，連立方程式

　　$0.9\varDelta X_1-0.1\varDelta X_2=20$

　　$-0.4\varDelta X_1+0.6\varDelta X_2=20$

を得る。これから，$\varDelta X_1=28$，$\varDelta X_2=52$ が得られ，その和 $\varDelta X_1+\varDelta X_2$ は80となる。

正答　3

例題12.3-2　雇用量への波及効果

次の表は2部門からなる産業連関表を示している。今，第1部門の最終需要が5増加した場合に，雇用量はいくら増加するか。ただし，投入係数は固定されているものとする。(国家Ⅱ種)

投入＼産出	中間需要		最終需要	産出量
	第1部門	第2部門		
第1部門	10	10	20	40
第2部門	10	0	10	20
雇用量	40	20		

1　5　　2　10　　3　15　　4　20　　5　25

解説　まず生産量への波及効果を求めてみる。例題の産業連関表から投入係数表は，

表12-4

$\dfrac{10}{40}=0.25$	$\dfrac{10}{20}=0.5$
$\dfrac{10}{40}=0.25$	$\dfrac{0}{20}=0$

である。この表の投入係数と各部門の需要量の変化分 $\Delta F_1=5$, $\Delta F_2=0$ を (12.14) (12.15) 式に代入すると,変化分に関する産出量モデルは,

$0.25 \times \Delta X_1 + 0.5 \times \Delta X_2 + 5 = \Delta X_1$

$0.25 \times \Delta X_1 + 0 \times \Delta X_2 + 0 = \Delta X_2$

となる。これより,

$0.75 \Delta X_1 - 0.5 \Delta X_2 = 5$

$\Delta X_1 = 4 \Delta X_2$

となるので, $\Delta X_2 = 2$, $\Delta X_1 = 8$ が得られる。

次に,雇用係数(労働投入係数)をそれぞれ l_1, l_2 としよう。雇用係数(労働投入係数)とは,産出量1単位当たりの労働投入量であり,第1部門の労働投入量を L_1, 第2部門の労働投入量を L_2 とすると,

(12.16)　$l_1 = \dfrac{L_1}{X_1}$　　$l_2 = \dfrac{L_2}{X_2}$

と定義される。ここで,雇用係数が生産量変化から独立であり一定であると仮定すると, $l_1 = \dfrac{\Delta L_1}{\Delta X_1}$, $l_2 = \dfrac{\Delta L_2}{\Delta X_2}$ である。これより,各部門の雇用量の変化分は

(12.17)　$\Delta L_1 = l_1 \Delta X_1$　　$\Delta L_2 = l_2 \Delta X_2$

となる。例題の表から雇用係数(労働投入係数)は

(12.18)　$l_1 = \dfrac{40}{40} = 1$　　$l_2 = \dfrac{20}{20} = 1$

である。経済全体の雇用量の変化分は, $\Delta L_1 + \Delta L_2$ であるので,(12.18)式の値と $\Delta X_2 = 2$, $\Delta X_1 = 8$ を (12.17) 式に代入すると

(12.19)　$\Delta L_1 + \Delta L_2 = 1 \times \Delta X_1 + 1 \times \Delta X_2 = 8 + 2 = 10$

である。

正答　2

練習問題

[No.1] 表は，2つの産業から構成される産業連関表を表している。今，第1部門の最終需要が10だけ増加したとき，経済全体の雇用量はどれだけ変化するか。（国家Ⅰ種）

	第1部門	第2部門	最終需要	産出量
第1部門	75	30	45	150
第2部門	60	90	50	200
雇用量	60	105		

1 10　　**2** 20　　**3** 30　　**4** 40　　**5** 50

[解説] 需要増加の雇用量への波及効果の分析である。まず，各部門の生産量への波及効果を求める。投入係数は，

$$\begin{bmatrix} \dfrac{75}{150}=\dfrac{1}{2} & \dfrac{30}{200}=\dfrac{3}{20} \\ \dfrac{60}{150}=\dfrac{2}{5} & \dfrac{90}{200}=\dfrac{9}{20} \end{bmatrix}$$

である。この投入係数と各部門の最終需要の変化分 $\Delta F_1=10$，$\Delta F_2=0$ から，

$$\dfrac{1}{2}\Delta X_1 + \dfrac{3}{20}\Delta X_2 + 10 = \Delta X_1$$

$$\dfrac{2}{5}\Delta X_1 + \dfrac{9}{20}\Delta X_2 = \Delta X_2$$

が得られる。第2式から $\Delta X_2 = \dfrac{8}{11}\Delta X_1$ なので，第1式に代入して，$\Delta X_1 = \dfrac{1100}{43}$，$\Delta X_2 = \dfrac{800}{43}$ を得る。

次に，雇用量への波及効果を求める。雇用係数は，$\dfrac{60}{150}=\dfrac{2}{5}$，$\dfrac{105}{200}=\dfrac{21}{40}$ である。これより，雇用量の増加分は

$$\Delta L_1 + \Delta L_2 = \dfrac{2}{5}\times\dfrac{1100}{43} + \dfrac{21}{40}\times\dfrac{800}{43} = \dfrac{800\times(22+21)}{40\times 43} = 20$$

となる。

正答 【No.1】 2

12.4 逆行列係数表

例題12.4-1 逆行列係数

次のレオンチェフ逆行列を前提とし，第1産業の最終需要が1単位だけ増加した場合に関する次の記述のうち，妥当なものはどれか。（市役所）

	第1産業	第2産業
第1産業	$\dfrac{4}{3}$	$\dfrac{2}{3}$
第2産業	$\dfrac{1}{2}$	$\dfrac{3}{2}$

1　第1産業の産出高は$\dfrac{4}{3}$増加するが，第2産業の産出高は変化しない。

2　第1産業の産出高は2単位増加するが，第2産業の産出高は変化しない。

3　第1産業の産出高は$\dfrac{4}{3}$，第2産業の産出高は$\dfrac{2}{3}$，それぞれ増加する。

4　第1産業の産出高は$\dfrac{4}{3}$，第2産業の産出高は$\dfrac{1}{2}$，それぞれ増加する。

5　第1産業の産出高は$\dfrac{4}{3}$，第2産業の産出高は$\dfrac{3}{2}$，それぞれ増加する。

解説　例題12.3-1の (12.12) (12.13) 式をX_1, X_2について解くと，その解は

$$(12.20)\quad X_1 = \frac{1-a_{22}}{(1-a_{11})(1-a_{22})-a_{12}a_{21}}F_1 + \frac{a_{12}}{(1-a_{11})(1-a_{22})-a_{12}a_{21}}F_2$$

$$(12.21)\quad X_2 = \frac{a_{21}}{(1-a_{11})(1-a_{22})-a_{12}a_{21}}F_1 + \frac{1-a_{11}}{(1-a_{11})(1-a_{22})-a_{12}a_{21}}F_2$$

となる。**例題12.3-1**の答え$\varDelta X_1=28$, $\varDelta X_2=52$は，投入係数$a_{11}=0.1$, $a_{12}=0.1$, $a_{21}=0.4$, $a_{22}=0.4$と，各部門の最終需要$F_1=20$, $F_2=20$を (12.20) (12.21) 式に代入して求めることもできる。

ここで，(12.20) (12.21) 式の右辺のF_1, F_2の係数を

$$(12.22)\quad b_{11}=\frac{1-a_{22}}{(1-a_{11})(1-a_{22})-a_{12}a_{21}} \qquad b_{12}=\frac{a_{12}}{(1-a_{11})(1-a_{22})-a_{12}a_{21}}$$

$$b_{21} = \frac{a_{21}}{(1-a_{11})(1-a_{22})-a_{12}a_{21}} \qquad b_{22} = \frac{1-a_{11}}{(1-a_{11})(1-a_{22})-a_{12}a_{21}}$$

と置くことにしよう。この b_{11}, b_{12}, b_{21}, b_{22} は逆行列係数と呼ばれる。(12.22)式の逆行列係数を用いて(12.20)(12.21)式を表すと

(12.23)　　$X_1 = b_{11}F_1 + b_{12}F_2$

(12.24)　　$X_2 = b_{21}F_1 + b_{22}F_2$

である。

　逆行列係数の意味は次のように説明できる。(12.23)(12.24)式で $F_1=1$, $F_2=0$ と置いてみよう。このとき $X_1 = b_{11}$, $X_2 = b_{21}$ となる。これより逆行列係数 b_{11} は、第1産業の最終需要のみが1単位であり $F_1=1$, $F_2=0$ であるときの第1産業の生産量、b_{21} は $F_1=1$, $F_2=0$ であるときの第2産業の生産量を表す。また、逆行列係数表の列の和 $b_{11}+b_{21}$ は、$F_1=1$, $F_2=0$ であるときの全産業の生産量を表す。なぜなら、$F_1=1$, $F_2=0$ のとき $X_1+X_2=b_{11}+b_{21}$ となるからである。例題の逆行列係数表の列を縦に足した値は列和と呼ばれる。

　例題で与えられた逆行列係数表から、第1産業の最終需要のみが1単位増加するとき、第1産業の産出量は $\frac{4}{3}$、第2産業の産出量は $\frac{1}{2}$、全産業の総産出量は $\frac{4}{3} + \frac{1}{2} = \frac{11}{6}$ 増加する。

正答　4

練習問題

【No.1】 物量表示の産業連関表が次のように与えられている。今、産業Ⅱの最終需要が1単位増加したとすると産業Ⅰの産出量は何倍になるか。（市役所）

投入＼産出	中間需要		最終需要	産出合計
	産業Ⅰ	産業Ⅱ		
産業Ⅰ	4	5	3	12
産業Ⅱ	2	6	2	10

1　1倍　　2　$\frac{27}{22}$倍　　3　$\frac{25}{22}$倍　　4　$\frac{25}{11}$倍　　5　$\frac{27}{11}$倍

[解説] 逆行列係数表を計算することによって解いてみよう。まず投入係数表は

$\dfrac{4}{12}=\dfrac{1}{3}$	$\dfrac{5}{10}=\dfrac{1}{2}$
$\dfrac{2}{12}=\dfrac{1}{6}$	$\dfrac{6}{10}=\dfrac{3}{5}$

である。これより逆行列係数は，

$$b_{11}=\dfrac{1-\dfrac{3}{5}}{\left(1-\dfrac{1}{3}\right)\left(1-\dfrac{3}{5}\right)-\left(\dfrac{1}{6}\right)\left(\dfrac{1}{2}\right)}=\dfrac{24}{11}$$

$$b_{12}=\dfrac{\dfrac{1}{2}}{\left(1-\dfrac{1}{3}\right)\left(1-\dfrac{3}{5}\right)-\left(\dfrac{1}{6}\right)\left(\dfrac{1}{2}\right)}=\dfrac{30}{11}$$

$$b_{21}=\dfrac{\dfrac{1}{6}}{\left(1-\dfrac{1}{3}\right)\left(1-\dfrac{3}{5}\right)-\left(\dfrac{1}{6}\right)\left(\dfrac{1}{2}\right)}=\dfrac{10}{11}$$

$$b_{22}=\dfrac{1-\dfrac{1}{3}}{\left(1-\dfrac{1}{3}\right)\left(1-\dfrac{3}{5}\right)-\left(\dfrac{1}{6}\right)\left(\dfrac{1}{2}\right)}=\dfrac{40}{11}$$

である。産業Ⅱの最終需要が1単位増加するとき（$F_1=0$，$F_2=1$），産業Ⅰの産出量は，逆行列係数b_{12}より$\dfrac{30}{11}$増加する。したがって，産業Ⅰの産出量は$12+\dfrac{30}{11}=\dfrac{162}{11}$となる。これより，産出量の増加率は$\dfrac{162}{11}\div 12=\dfrac{27}{22}$となる。

【No.2】 表は産業Ⅰ，産業Ⅱの2つの産業部門からなる産業連関表である。この表に関する以下の文章の空欄A，Bに該当する数値の組合せとして，妥当なものはどれか。ただし，CO_2排出量は総産出量に比例するものとし，また，投入係数は不変とする。（国家Ⅰ種）

投入＼産出	産業Ⅰ	産業Ⅱ	最終需要	総産出量
産業Ⅰ	20	20	10	50
産業Ⅱ	25	50	25	100
付加価値	5	30		
CO_2排出量	5	10		

産業Ⅰと産業Ⅱの最終需要がそれぞれ10増加した場合，産業Ⅰの総産出量は　　A　　と

なる。また，最終需要を減らして産業Ⅰ，産業ⅡのCO$_2$排出量をそれぞれ2，5にするためには，産業Ⅱの最終需要は B としなければならない。

	A	B
1	60	12.5
2	60	15
3	75	12.5
4	85	12.5
5	85	15

[解説] まず産業連関表から投入係数を求めると，

$$\begin{bmatrix} \frac{20}{50}=0.4 & \frac{20}{100}=0.2 \\ \frac{25}{50}=0.5 & \frac{50}{100}=0.5 \end{bmatrix}$$

である。このときの逆行列係数は，投入係数を(12.22)式に代入して，

$$\begin{bmatrix} b_{11} & b_{12} \\ b_{21} & b_{22} \end{bmatrix} = \begin{bmatrix} 2.5 & 1 \\ 2.5 & 3 \end{bmatrix}$$

となる。各産業の最終需要の増加分$\Delta F_1=10$，$\Delta F_2=10$であるときの各産業の総産出量の増加分は，逆行列係数を用いて解くと，

$\Delta X_1 = 2.5 \times \Delta F_1 + 1 \times \Delta F_2 = 2.5 \times 10 + 1 \times 10 = 35$

$\Delta X_2 = 2.5 \times \Delta F_1 + 3 \times \Delta F_2 = 2.5 \times 10 + 3 \times 10 = 55$

以上から，産業Ⅰの総産出量は，50＋35＝85となる（1，2，3は誤り）。

次に，産出量1単位当たりのCO$_2$排出量（CO$_2$排出係数）は，

$\frac{5}{50}=0.1$, $\frac{10}{100}=0.1$

である。CO$_2$排出量は総産出量に比例するものと仮定されているので，この値は各産業の総産出量が変化しても一定である。産業Ⅰ，産業ⅡのCO$_2$排出量をそれぞれ2，5にするためには，$0.1X_1=2$，$0.1X_2=5$より，各産業の総産出量を$X_1=20$，$X_2=50$とする必要がある。これらの値と投入係数の値を(12.12)(12.13)式に代入すると，

$0.4 \times 20 + 0.2 \times 50 + F_1 = 20$

$0.5 \times 20 + 0.5 \times 50 + F_2 = 50$

となる。これより，$F_1=2$，$F_2=15$が得られる（4は誤り，5が正しい）。

正答 【No.1】2 【No.2】5

第13章 国民所得勘定

National Income Accounts

13.1 三面等価の原則

例題13.1-1 産業連関表と国民所得勘定

次の産業連関表において国内総生産（GDP）はいくらか。（国家Ⅱ種類題）

投入＼産出		中間財需要		最終需要					産出合計
		第1部門	第2部門	消費支出	投資支出	政府支出	輸出	輸入	
中間財投入	第1部門	171	41	58	72	14	32	△30	358
	第2部門	53	52	107	7	15	8	△5	237
粗付加価値	賃金	73	68						
	利潤	38	49						
	固定資本減耗	15	23						
	生産・輸入品に課される税－補助金	8	4						
産出合計		358	237						

1　228　　2　240　　3　266　　4　278　　5　595

解説　マクロ経済学はさまざまな財・サービスを集計した数量をもとに分析を行う。そこで，産業連関表を基礎にして集計量としての国内総生産（Gross

Domestic Product：GDP）を求めてみよう。

国内総生産（GDP）は，ある一定期間（1年間）に国内で新たに生産された最終生産物の価値を合計したものである。最終生産物の価値は，財・サービスの産出額（生産総額）から中間生産物の価値を差し引いた額である。すなわち，

> 国内総生産（GDP）＝最終生産物の価値
> 　　　　　　　　＝国内産出額－中間生産物の価値
> 　　　　　　　　＝粗付加価値額

である。例題の産業連関表の数値からGDPの値を求めてみる。産業連関表から，国内産出額の合計から中間財需要＝中間財投入の価値を差し引くと，

　　GDP＝358＋237－（171＋41＋53＋52）＝278

となる。これは経済活動を生産面からとらえたものである。以上から正答は **4** である。

GDPを分配面からとらえると，粗付加価値の合計である。粗付加価値は賃金や利潤として人々に分配される。この値を国内総所得（Gross Domestic Income：GDI）と呼ぶ。すなわち，

> 国内総所得（GDI）＝粗付加価値額
> 　　　　　　　　＝賃金＋利潤＋固定資本減耗
> 　　　　　　　　　＋（生産・輸入品に課される税－補助金）

である。例題の産業連関表から粗付加価値の項目を合計すると，

　　GDI＝（73＋68）＋（38＋49）＋（15＋23）＋（8＋4）＝278

となり，生産面から経済活動をとらえた国内総生産（GDP）と等しくなる。

GDPを支出面からとらえたものは，国内総支出（Gross Domestic Expenditure：GDE）と呼ばれる。国内総支出（GDE）は，GDPに対する支出，すなわち国内で生産された最終生産物に対する支出の合計である。例題の産業連関表の最終需要の項目の消費支出，投資支出，政府支出の合計は，国内の最終需要の合計である。この最終需要には，海外で生産された最終生産物に対する需要である輸入分も含まれている。また，国内で生産された最終生産物に対する海外からの需要である輸出は含まれていない。そこで，GDEを求めるためには，国内の最終需要の合計に輸出を加え輸入を差し引く必要がある。した

がって，国内総支出（GDE）は，

> 国内総支出（GDE）＝最終需要の合計
> 　　　　　　　　＝消費＋投資＋政府支出＋輸出－輸入

と表される。例題の産業連関表からこの値を求めると，

　　GDE＝(58＋107)＋(72＋7)＋(14＋15)＋(32＋8)－(30＋5)＝278

である。この値もまた，GDPに等しい。

　国内の経済活動の規模を生産面，分配面，支出面でとらえた国内総生産（GDP），国内総所得（GDI），国内総支出（GDE）は会計上（事後的に）等しいので，

> 国内総生産（GDP）＝国内総所得（GDI）＝国内総支出（GDE）

となっている。この会計上の原則は三面等価の原則と呼ばれる。　　正答　4

練習問題

【No.1】 次の産業連関表より国内総生産を求めるといくらになるか。（国家Ⅰ種）

（単位：兆円）

投入＼産出	農業	工業	サービス業	最終需要 国内需要	最終需要 輸出	産出合計
農業	5	20	15	60	0	100
工業	20	70	30	180	30	330
サービス業	5	10	15	170	0	200
付加価値 賃金	50	130	90			
付加価値 利潤	10	60	50			
輸入	10	40	0			
合計	100	330	200			

1　250兆円　　2　390兆円　　3　410兆円
4　440兆円　　5　630兆円

　[解説] まず支出面からは，最終需要の合計から輸入を差し引くと，
　　60＋180＋170＋30－10－40＝390
　分配面からは，付加価値の合計を求めると，
　　(50＋10)＋(130＋60)＋(90＋50)＝390

227

である。また，生産面からは産出合計から中間投入と輸入を差し引くと，

$(100＋330＋200)－(5＋20＋5＋20＋70＋10＋15＋30＋15)－(10＋40)＝390$

となる。

正答【No.1】2

13.2 国内総生産（GDP）

例題13.2-1 国内総生産（GDP）と国民総所得（GNI）

GDPに関する次の記述のうち，妥当なのはどれか。（国家Ⅱ種）

1 1億円の土地が売買され，その取引を仲介した不動産業者に10％の手数料が支払われた場合，この取引による土地の代金および仲介手数料はGDPに計上される。
2 絵画が10億円で売買され，仲介手数料として画商に取引金額の5％が支払われたとしても，絵画や株式のような資産の取引はGDPに計上されないので，仲介手数料についても計上されない。
3 GDPには，市場で取引されるものがすべて計算されるわけではなく，各産業の生産額から原材料などの中間生産物額を差し引いた付加価値だけが計上される。
4 農家の生産物の自家消費分は市場で取引されなくてもその金額がGDPに計上されるのと同様に，サラリーマンが庭で野菜を栽培し，それを自分で消費する場合も自家消費分としてGDPに計上される。
5 日本の企業がアメリカへ進出し，そこに工場を建てて生産を行った場合，現地で雇用したアメリカ人労働者が得た所得は，アメリカのGDPを増加させるが，日本から派遣された日本人労働者が得た所得は，日本のGDPを増加させることになる。

解説 国内総生産（GDP）は，ある一定期間（1年間）に国内で新たに生産され市場で取引された最終生産物の価値を合計したものである。それゆえGDPは，①中間生産物の取引額，②資本や資産の価値，③中古品の代金，④海外からの純所得の受取りを含まない。またGDPは，市場で取引されない財・サービスの価値を含めることもある。以上を詳しく順に説明してみよう。

まず，中間生産物の価値を差し引くのは，二重計算を避けるためである。たとえば，タイヤの価格5万円（中間生産物の価値）と新車の価格100万円（最

終生産物の価値）を合計すると105万円となる。しかし，この合計額ではタイヤの価格5万円が2回計算されていることになる。この二重計算を回避し経済の規模を適切にとらえるために，中間生産物の価値を生産総額から差し引くのである。以上から3は正しい。

次に，GDPはフローの数量をとらえたものであるので，ストックの数量はGDPには含まれない。フローの数量とは，ある一定期間を定めてとらえることができる数量であり，1年間の消費額や1年間の貯蓄額等である。これに対して，ストックの数量とは，ある時点の残高としてとらえられる数量であり，資本量，貨幣量，預金の残高のような数量である。土地はストックの数量であるので，土地の代金はGDPには含まれない。これに対して，不動産業者の土地取引の際の仲介手数料は，不動産業者が新たに生み出したサービスに対する支払いであるので，GDPに含まれる。したがって，1は誤りである。また，土地と同様に，絵画や株式のような資産はストックであるので，購入代金はGDPには含まれず，仲介手数料はGDPに含まれる。したがって，2は誤りである。

第3に，GDP統計は，一定期間内の経済活動の結果をとらえたものである。それゆえ，過去の生産物の価値（たとえば，中古車の代金）はGDPには含まれない。中古車が3年前に新車として販売されたとすれば，3年前のGDPにその自動車の価値が含まれているからである。これに対して，今期の中古車の取引の仲介手数料は，仲介サービスの価格であるので今期のGDPに含まれる。

第4に，市場で取引が行われない財・サービスであっても，その価値を計算してGDPに含める場合がある。たとえば，農家が自分で消費する生産物（自家消費分）の価値は，市場に売られる生産物の価値で評価されGDPに含められる。また，個人の持家のサービスの価値は，同種の賃貸住宅の賃貸料で評価され，やはりGDPに含められる。この価値の計算は帰属計算と呼ばれる。これに対して，市場で取引されない財・サービスで，その価値をとらえることが困難なものは，GDPに含まれない。たとえば，主婦の家事労働の価値はGDPに含まれない。同様に，サラリーマンが庭で栽培した野菜の価値もGDPに含まれないので，4は誤りである。

第5に，GDPは「国内」の経済活動をとらえたものである。「国内」とは，政治的な領土のことである。ただし，領土外に所在する当該国の公館や軍隊な

どは「国内」に含み，当該国に存在する外国政府の公館や軍隊は「国内」から除外される。これに対して，「国民」の経済活動をとらえた代表的な指標は，国民総所得（Gross National Income：GNI）である。「国民」とは，国籍にかかわりなく1年以上当該国で経済活動を行う居住者のことであり，海外にいる外交官，1年以内の海外滞在者，さらに外国企業の子会社や支店も「国民」に含まれる。

　次に，所得とは，労働者が受け取る雇用者報酬（賃金等），企業が受け取る営業余剰（利潤等），株式などの財産の保有によって生じる配当・利子などの財産所得等である。「国内」概念と「国民」概念の相違から，一国の経済活動をとらえるとき，海外から受け取った所得と外国人や外国企業に支払った所得の差額に相当する相違が生じることになる。なぜなら，「海外からの所得の受取り」は国民が獲得するものであるが海外での生産によってもたらされるものであり，「海外への所得の支払い」は外国人に支払われるが国内の生産によって生み出された価値だからである。それゆえ，

　　海外からの所得の純受取＝海外からの所得の受取り
　　　　　　　　　　　　　　　　　　－海外への所得の支払い

とすると，「海外からの所得の純受取」は国民総所得（GNI）には含まれるが，GDPには含まれない。すなわち，

> 国民総所得（GNI）＝国内総生産（GDP）
> 　　　　　　　　　　　＋海外からの所得の純受取

である。日本人労働者がアメリカで得た所得は，アメリカのGDPに含まれて日本のGDPには含まれず，日本のGNIには含まれてアメリカのGNIには含まれない。したがって，日本人労働者がアメリカで得た所得は日本のGDPを増加させないので，5は誤りである。

　三面等価の原則は，国民概念に基づく場合には，生産面をとらえた指標を国内総生産（GNP），支出面をとらえた指標を国民総支出（GNE）とすると，

> 国民総生産（GNP）＝国民総所得（GNI）＝国民総支出（GNE）

となる。この関係もまた，事後的な会計上の関係である。　　　　正答　3

> **例題13.2-2 国内総支出（GDE）**
>
> 次の項目がそれぞれの大きさであるとき，国内総支出の大きさとして妥当なものはどれか。ただし，海外からの所得の受取りおよび海外への所得の支払いはないものとする。（地方上級）
>
> | 民間最終消費支出 | 300 | 政府最終消費支出 | 45 |
> | 国内総固定資本形成 | 90 | 在庫品増加 | 15 |
> | 固定資本減耗 | 75 | 財貨・サービスの輸出 | 70 |
> | 財貨・サービスの輸入 | 30 | | |
>
> 1　385　　2　415　　3　475　　4　490　　5　565

解説　一定期間終了後に適正在庫を上回っている在庫は企業家から見れば売れ残りである。しかし，国民所得勘定では在庫品増加を次期の販売のために在庫ストックとして蓄積したとみなして在庫投資としている。それゆえ，在庫品増加はGDEに含まれる。

　工場や生産設備のような資本ストック（固定資本）を増加させる投資は固定資本形成と呼ばれる。民間企業の投資は民間固定資本形成，政府の投資は公的固定資本形成，両者の合計は国内総固定資本形成と呼ばれる。国内総固定資本形成と在庫品増加の合計は総資本形成と呼ばれ，投資のことである。

　以上から，GDEは，

> **GDE＝民間最終消費支出＋国内総固定資本形成＋在庫品増加**
> 　　　　　　**＋政府最終消費支出＋輸出－輸入**

と表すことができる。民間最終消費支出をC，国内総固定資本形成と在庫品増加の合計をI，政府支出をG，輸出をX，輸入をMとすると，

　（13.1）　　GDE＝$C+I+G+X-M$

である。

　GDEは，経済の循環的流れを購入主体別に支出面からとらえたものである。国民経済計算では，生産，分配，支出の3面のうち支出面からとらえた国内総支出GDEを最も正確な推計値であるとみなすことによって，GDEの大きさを国内総生産GDPの大きさとしている。粗付加価値額を直接求めた値とGDEの推計値との間に生じる誤差は統計上の不突合として処理されている。

例題の数値を (13.1) 式に代入すると，

$$GDE = C + I + G + X - M = 300 + (90 + 15) + 45 + 70 - 30 = 490$$

となる。例題では，海外からの所得の受取りおよび海外への所得の支払いはないものとされているので，GNE＝GDE＝490である。　　　　　　　　**正答　4**

練習問題

【No.1】 A～Fの経済量をフロー概念とストック概念とに分けると，フロー概念に該当するものは次のうちどれか。（地方上級）

　　　A　消費　　　B　資本存在量　　C　投資
　　　D　国富　　　E　通貨発行高　　F　国民所得
1　A，C，F
2　B，C，D
3　A，D，E
4　B，D，F
5　C，E，F

[解説] フローの概念とは，一定期間の数量としてとらえられるものであり，消費，投資，国民所得などがこれに当たる（1は正しい）。これに対して，ストックの概念は，ある時点での存在量であり，資本存在量，通貨発行高などがこれに相当する。国富は，土地，企業設備，住宅などの実物資産に海外で保有される資産の純額である対外純資産を加えたものである。したがって，国富もまたストックの概念である。

【No.2】 国民所得勘定に関する次の記述のうち，妥当なものはどれか。（地方上級）
1　国内総生産は，国内において生産された付加価値と，国内に居住する人々が海外に出資した分に相当する付加価値との合計である。
2　国民総所得は，国内において生産された付加価値から，外国人が国内の企業に出資した分に相当する付加価値を差し引いたものである。
3　国内総生産には，国内に住宅を所有する家計は自己に住宅を賃貸しているとみなされ，持ち家の帰属家賃が含まれる。
4　売れ残りによる在庫品増加は，国民が購入しなかったものであるから，国民総所得には含まれない。
5　国内総支出は，国内における最終消費支出，総固定資本形成，在庫品増加の合計に輸入を加えたものである。

[解説] 1．国内に居住する人々が海外に出資した分は，海外の資本・資産の取得（資本流出）である。資本や資産はストックである。国内総生産はストックの取引をとらえたものではない。したがって，海外への出資額は国内総生産にも国民総所得にも含まれないので，誤り。2．外国人が国内

の企業に出資した額は，資本の流入（資本・資産の購入）になるので，国内総生産にも国民総所得にも含まれない。よって，誤り。3．正しい。4．在庫投資として国民総所得（GNI）に含まれる。よって，誤り。5．国内総支出（GDE）は，民間最終消費支出，国内総固定資本形成，在庫品増加，政府最終消費支出，輸出の合計から輸入を差し引いたものである。よって，誤り。

正答 【No.1】1 【No.2】3

13.3 国内純生産と国民所得

例題13.3-1 国内純生産（NDP）と国民純生産（NNP）

国民経済計算の諸概念について，以下の値が与えられている。このときの国内総生産，国民純生産の値の組合せとして妥当なものはどれか。（国家Ⅱ種類題）

最終消費支出	250
総固定資本形成	120
在庫品増加	5
財・サービスの輸出	60
海外に対する所得の支払い	15
財・サービスの輸入	40
海外からの所得の受取り	10
生産・輸入品に課される税―補助金	30
固定資本減耗	50

	国内総生産	国民純生産
1	390	340
2	395	345
3	395	340
4	390	310
5	395	315

解説 生産に用いられる機械設備や工場などの<u>資本ストック</u>（固定資本）は，時間の経過に伴って減耗する。この資本ストックの減耗分を補填しなければ，減耗分だけ資本ストックは減少する。この資本ストックの減耗分は<u>固定資本減耗</u>と呼ばれる。固定資本減耗は減価償却費に相当する。

投資のうち固定資本減耗に相当する額は資本ストックの減耗分の補填とな

る。このような資本ストックの水準を保つための投資は，補塡投資あるいは更新投資と呼ばれる。投資によって資本を増加することができるのは，固定資本減耗を除いた分のみである。固定資本減耗分を除いた投資額は純投資と呼ばれる。純投資と補塡投資を合わせた総投資は，粗投資と呼ばれる。言い換えれば，粗投資＝純投資＋固定資本減耗である。投資と資本ストックの関係は，図13-1のようになる。

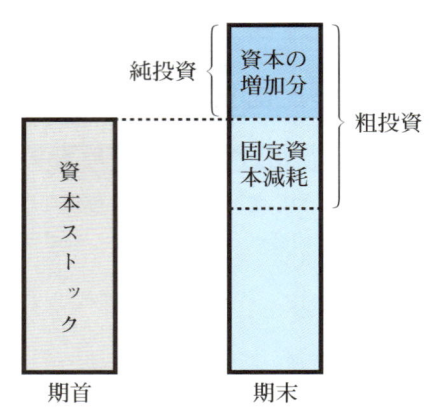

図13-1 資本ストックと投資の関係

　国内総生産や国民総所得などの概念は，粗投資を基礎として計算された「粗（Gross）」の概念に基づく指標である。GDPやGNIのGはGrossの頭文字であり，「総」と呼ばれるものは「粗」の意味であり，固定資本減耗分の価値を含んでいる。これに対して，固定資本減耗分を差し引いた純投資の価値のみを含む「純（Net）」の概念の指標には，国内純生産（NDP）や国民純生産（NNP）がある。国内総生産（GDP）と国内純生産（NDP）との関係は，減価償却費に当たる固定資本減耗を含むかどうかの相違であり，

　　　国内純生産NDP＝国内総生産GDP－固定資本減耗

となる。国民純生産は，

　　　国民純生産NNP＝国民総所得GNI－固定資本減耗
　　　　　　　　　＝国内純生産NDP＋海外からの純所得

となる。

例題の数値から，まず国内総生産（GDP）を求めてみよう。

GDP＝250＋120＋5＋60－40＝395

となる。次に，国内純生産（NDP）を求めると，

NDP＝395－50＝345

である。国民純生産（NNP）は，NNP＝NDP＋「海外からの所得の純受取」（＝海外からの所得の受取り－海外に対する所得の支払い）であるから，

NNP＝345＋(10－15)＝340

となる。なお，国民純生産は「市場価格表示」と「要素費用表示」の相違があり，従来「市場価格表示の国民純生産」と「要素費用表示の国民純生産」と呼ばれてきたが，現在では「**市場価格表示の国民所得**」と「**要素費用表示の国民所得**」という用語を用いるようになっている。「市場価格表示」と「要素費用表示」の相違は純間接税分であり，次の**例題13.3-2**で説明する。**例題13.3-1**では，選択肢の数値から判断して市場価格表示の国民純生産の値を正答としている。

正答　3

例題13.3-2　国民所得

次の表をもとに計算すると，要素費用表示の国民所得（A）と市場価格表示の国民所得（B）の組合せとして妥当なものは，次のうちどれか。（市役所類題）

雇用者報酬（P）	265
営業余剰・混合所得（Q）	125
生産・輸入品に課される税（R）	30
補助金（S）	6
海外からの雇用者報酬（T）	5
海外に対する雇用者報酬（U）	3
海外からの財産所得（V）	12
海外に対する財産所得（W）	13

	A	B
1	395	420
2	390	414
3	380	405
4	391	415
5	414	431

解説 GDP＝GDI＝GDEやGNP＝GNI＝GNEで表される三面等価の原則は，固定資本減耗や（生産・輸入品に課される税－補助金）を含んだ場合に成り立つ原則である。「生産・輸入品に課される税」とは，従来，「間接税」と呼ばれていたものであり，その例は消費税，関税，酒税などの国内消費税や，不動産取得税，印紙税，固定資産税，自動車税などである。以下では，便宜的に，

　　　純間接税＝生産・輸入品に課される税－補助金

として表すことにする。

　GDP統計は，原則として市場取引の結果を計上したものであるので，市場価格を基礎として計算されている。市場価格は生産・輸入品に課される税や補助金を反映したものとなっている。例題にある「市場価格表示の国民所得」と「要素費用表示の国民所得」の相違は先に挙げた純間接税（＝生産・輸入品に課される税－補助金）の分の相違であり，

　　　市場価格表示の国民所得＝要素費用表示の国民所得＋純間接税

となる。また，要素費用表示の国民所得は

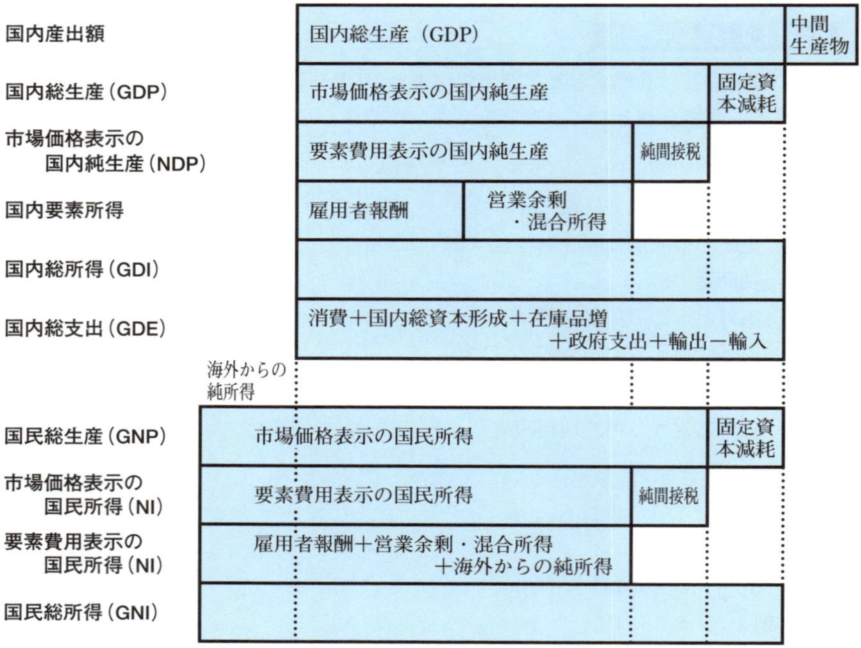

国内産出額	国内総生産（GDP）			中間生産物
国内総生産（GDP）	市場価格表示の国内純生産			固定資本減耗
市場価格表示の国内純生産（NDP）	要素費用表示の国内純生産		純間接税	
国内要素所得	雇用者報酬	営業余剰・混合所得		
国内総所得（GDI）				
国内総支出（GDE）	消費＋国内総資本形成＋在庫品増＋政府支出＋輸出－輸入			
	海外からの純所得			
国民総生産（GNP）	市場価格表示の国民所得			固定資本減耗
市場価格表示の国民所得（NI）	要素費用表示の国民所得		純間接税	
要素費用表示の国民所得（NI）	雇用者報酬＋営業余剰・混合所得＋海外からの純所得			
国民総所得（GNI）				

図13-2 国民所得勘定

要素費用表示の国民所得＝雇用者報酬＋営業余剰・混合所得
**　　　　　　　　　　　　　　＋海外からの純所得**

である。ここで，雇用者報酬はおおよそ賃金に対応するものであり，営業余剰は利潤に対応する。混合所得は家計のうち個人企業の取り分である。

雇用者報酬と営業余剰・混合所得の合計は，要素費用表示の国内純生産であり，国内要素所得と呼ばれることもある。すなわち，

国内要素所得＝要素費用表示の国内純生産
**　　　　　　＝雇用者報酬＋営業余剰・混合所得**

である。

これまでに登場した国民所得勘定の諸概念を整理すると，**図13-2**のようになる。

例題では，要素費用表示の国民所得（A）は，例題の記号と数値から，

要素費用表示の国民所得（A）＝P＋Q＋（T－U）＋（V－W）
$$=265+125+(5-3)+(12-13)=391$$

となる。また市場価格表示の国民所得（B）は，例題の記号と数値から，

市場価格表示の国民所得（B）＝A＋（R－S）
$$=391+(30-6)=415$$

となる。　　　　　　　　　　　　　　　　　　　　　　　　　　　　**正答　4**

練 習 問 題

【No.1】 次の表は，ある国の経済活動の規模を表したものであるが，この場合における空所A～Cの値の組合せとして，妥当なのはどれか。（地方上級）

国内総生産	515
国民所得（市場価格表示）	420
国民所得（要素費用表示）	385
民間最終消費支出	A
政府最終消費支出	85
国内総資本形成	140
財貨・サービスの純輸出	5
海外からの所得の純受取	5
固定資本減耗	B
生産・輸入品に課される税（間接税）	40
補助金	C

	A	B	C
1	285	100	5
2	250	75	10
3	250	100	10
4	285	75	5
5	250	100	5

[解説] まず国内総支出GDEを求めると，(13.1) 式に表の数値を代入しGDE＝A＋85＋140＋5＝A＋230となる。表よりGDP＝515であり，GDP＝GDEであるので，515＝A＋230となる。これより，民間最終消費支出はA＝285である。

次に，固定資本減耗は，固定資本減耗B＝GDP－市場価格表示の国民所得＋海外からの純所得となるので，表の数値より，B＝515－420＋5＝100である。

最後に，補助金は，補助金＝生産・輸入品に課される税－純間接税であり，純間接税＝市場価格表示の国民所得－要素費用表示の国民所得であるので，純間接税＝420－385＝35，補助金＝40－35＝5である。よって，C＝5である。

正答 【No.1】 1

13.4 名目値と実質値

例題13.4-1 物価指数

基準年次におけるA商品の価格を80，その取引量を40，B商品の価格を70，その取引量を160とする。比較年次において，A商品の価格は120，その取引量は110に，B商品の価格は100，その取引量は140に変化した。基準年次を100とするとき，ラスパイレス式による物価指数の値として，妥当なものはどれか。ただし，小数点以下は四捨五入する。(地方上級)

1　142　　2　144　　3　146　　4　148　　5　150

[解説] 物価指数には，ラスパイレス型の物価指数とパーシェ型の物価指数がよく用いられる。第3章の**公式3.2**で見たように，基準年次の財の生産量をx_1^0，x_2^0，価格をp_1^0，p_2^0，比較年次の価格をp_1^1，p_2^1，比較年次の生産量をx_1^1，x_2^1とすると，ラスパイレス物価指数L_P，パーシェ物価指数P_P，ラスパイレス数量指数L_Q，パーシェ数量指数P_Qは，

$$L_P = \frac{p_1^1 x_1^0 + p_2^1 x_2^0}{p_1^0 x_1^0 + p_2^0 x_2^0} \qquad P_P = \frac{p_1^1 x_1^1 + p_2^1 x_2^1}{p_1^0 x_1^1 + p_2^0 x_2^1}$$

$$L_Q = \frac{p_1^0 x_1^1 + p_2^0 x_2^1}{p_1^0 x_1^0 + p_2^0 x_2^0} \qquad P_Q = \frac{p_1^1 x_1^1 + p_2^1 x_2^1}{p_1^1 x_1^0 + p_2^1 x_2^0}$$

と定義される。

例題の数値をラスパイレス物価指数に代入すると,

$$L_P = \frac{120 \times 40 + 100 \times 160}{80 \times 40 + 70 \times 160} = 1.444 \cdots$$

となる。基準年次を100とするので,この値に100を掛け,小数点以下を四捨五入すると,144となる。以上から,正答は2である。

ここで,例題の数値から各年次の取引金額を求めてみる。基準年次の取引金額は80円×40個＋70円×160個＝14,400円である。これに対して比較年次の取引金額は120円×110個＋100円×140個＝27,200円である。市場価格と数量を単純に掛けて合計した値は名目値と呼ばれる。例題の数値例では比較年次の取引金額（名目）は基準年次の取引金額（名目）の約1.88倍（＝27200÷14400）になっている。この変化には,商品Aと商品Bの価格がともに上昇しているので,価格変化による見かけの増加分の約1.44倍が含まれており,実際の取引量の変化を表してはいない。名目値から価格変化の見かけの効果を取り除いた値は実質値と呼ばれる。名目値から実質値を算出するために用いられる価格指数はデフレーターと呼ばれる。

正答　2

> **例題13.4-2　GDPデフレーター**
>
> GDPデフレーターに関する以下の記述について,妥当なものはどれか。
> 1　GDPデフレーターは,ストックも考慮されて計算されている。
> 2　GDPデフレーターは,ラスパイレス型の物価指数である。
> 3　GDPデフレーターは,輸入価格の変化分も含んでいる。
> 4　GDPデフレーターは,企業物価指数と消費者物価指数の平均である。
> 5　GDPデフレーターは,名目GDPを実質GDPで割った値である。

解説　名目GDPは500兆円のように円表示で表される。名目GDPも市場価格を用いて集計されているので,その変化には市場価格の全般的な変化による見かけの変化を含んでいる。そこで,実質的なGDPの増減をとらえた実質GDPという概念が必要になる。名目GDPをY,デフレーターをP,実質GDPをyとすると,実質GDPは,

$$(13.2) \quad y = \frac{Y}{P}$$

となる。

例題 **13.4-1** と同様に，財は 2 種類だけであるとし，基準年次の財の生産量を x_1^0, x_2^0, 価格を p_1^0, p_2^0, 比較年次の生産量を x_1^1, x_2^1, 価格を p_1^1, p_2^1 とする。比較年次の名目 GDP は，$p_1^1 x_1^1 + p_2^1 x_2^1$ と表される。一方，比較年次の実質 GDP は，基準年次の価格で評価して $p_1^0 x_1^1 + p_2^0 x_2^1$ と定義される。比較年次の名目 GDP をパーシェ物価指数で割ると，

$$(13.3) \quad (p_1^1 x_1^1 + p_2^1 x_2^1) \div \frac{p_1^1 x_1^1 + p_2^1 x_2^1}{p_1^0 x_1^1 + p_2^0 x_2^1} = p_1^0 x_1^1 + p_2^0 x_2^1$$

となる。この式の右辺の値は，基準年次の価格で評価した比較年次の実質 GDP である。それゆえ，

$$\text{実質 GDP} = \frac{\text{名目 GDP}}{\text{パーシェ物価指数}}$$

である。したがって，GDP デフレーターはパーシェ物価指数である。

しかし，実際には，実質 GDP を求めるために経済全体に関するパーシェ物価指数を利用するのではなく，先に実質 GDP を求めて，それから物価の変化を表す GDP デフレーターを定義することが行われている。消費 C，投資 I，政府支出 G，輸出 E，輸入 M を名目額，それぞれの物価指数を p_C, p_I, p_G, p_E, p_M とすると，それぞれの実質値が，

$$c = \frac{C}{p_C}, \quad i = \frac{I}{p_I}, \quad g = \frac{G}{p_G}, \quad e = \frac{E}{p_E}, \quad m = \frac{M}{p_M}$$

となる。実質 GDP は，

$$(13.4) \quad y = c + i + g + e - m$$

である。この y に対する名目 GDP の値 Y の比の値として GDP デフレーターが定義されるのである。すなわち，

$$(13.5) \quad \text{GDP デフレーター} = \frac{\text{名目 GDP}}{\text{実質 GDP}}$$

である。こうして，事後的に算出されるデフレーターをインプリシット・デフレーターと呼ぶ。実質消費支出などの項目も，実はさらに細やかな項目の実質

値の和として定義され，ここでの p_c などの価格の値も実際には物価指数ではなく，インプリシット・デフレーターが用いられる。

例題では，1. GDPはフローの数量をとらえたものであるので，GDPデフレーターもフローの数量のみを対象としストックの数量は考慮していない（1は誤り）。2. GDPデフレーターはパーシェ価格指数である（2は誤り）。3. 輸入はGDPを計上する際には控除項目となっている。GDPデフレーターにおいても控除項目である。それゆえ輸入価格が上昇して国内価格が上昇しても国内価格の上昇のうち輸入価格の上昇分は相殺される。そこでGDPデフレーターは国内で引き起こされたインフレ（ホーム・メード・インフレ）の指標となっている（3は誤り）。4，5. GDPデフレーターは (13.5) 式のように表されるので4は誤り，5は正しい。

正答 5

練習問題

【No.1】 国民所得勘定の諸概念に関する次の記述のうち，妥当なものはどれか。

(国家Ⅱ種類題)

1 ある国の国民総所得に，その国の国民が外国で獲得した所得（賃金・投資収益等）を加え，外国人がその国で取得した所得を引いたものを，国内総生産という。
2 国民総生産から固定資本減耗（減価償却）を控除したものを国民純生産といい，国民純生産から輸出を引き輸入を加えたものを国民所得という。
3 名目国内総生産は各時点の価格で測ったものであり，実質国内総生産は基準時点の価格で測ったものである。また実質国内総生産を名目国内総生産で除したものは，GDPデフレーターと呼ばれる。
4 GDPデフレーターは，名目国内総生産から実質国内総生産を計算するための物価指数であり，輸入価格の上昇を含むインフレーションの指標としての特徴を持っている。
5 国民所得勘定の対象となるものは原則として市場で取引が行われているものである。したがって理髪店で散髪したときには，そのサービスは国民所得勘定の対象となりうるが，自宅で散髪したときは，国民所得勘定の対象となりえない。

[解説] 1．国内総生産（GDP）と国民総所得（GNI）が逆である（1は誤り）。2．国民純生産から「生産・輸入品に課される税－補助金」を差し引いたものは国民所得である（2は誤り）。3．GDPデフレーター＝名目国内総生産／実質国内総生産である（3は誤り）。4．GDPデフレーターは，名目国内総生産から実質国内総生産を計算するための物価指数であるが，実際には事後的に算出されるインプリシット・デフレーターである。また，輸入価格の上昇の効果を除いた国内価格の上昇（ホーム・メード・インフレ）の指標としての特徴を持っている。

【No.2】 国民経済計算に関する次の記述のうち,妥当なものはどれか。(地方上級)

1 実質国内総生産は,GDPデフレーターで名目国内総生産を除すことによって求められる。
2 政府による補助金は真の所得ではないことから,国内所得は国内総生産から補助金を差し引くことによって求められる。
3 国内総生産の計算では帰属計算が用いられることがあるが,原則として市場価格から計算される「市場価値」が用いられる。
4 企業が生産した財は売れ残ると在庫品となり,価値を生み出さないので,国内総生産には含まれない。
5 国家公務員の給与は民間市場で決まらないので,国内所得には計上されない。

[解説] 1.実質国内総生産は(13.4)式のように求められる。GDPデフレーターは事後的にインプリシット・デフレーターとして求められる(1は誤り)。2.国内所得は**表13-2**の国内要素所得である。国内総生産から固定資本減耗と純間接税=生産・輸入品に課される税-補助金を引いた値であるので,補助金は国内所得に含まれる(2は誤り)。3.正しい。4.在庫品は,在庫投資として国内総生産に含まれる(4は誤り)。5.国家公務員の給与は政府支出の一部であり,(13.1)式からGDEおよび国内所得に含まれる(5は誤り)。

正答 【No.1】5 【No.2】3

第14章

国民所得の決定

Determination of National Income

14.1 45度線モデル

例題14.1-1 均衡国民所得の決定

政府部門,海外部門を考えない経済において,消費をC,国民所得をYとすると消費関数は$C=0.6Y+10$である。投資Iが90単位であるとき,均衡国民所得はいくらになるか。(地方中級類題)
1　100単位
2　150単位
3　200単位
4　250単位
5　300単位

解説　均衡国民所得とは,生産物の総供給と総需要とが等しくなるときの国民所得の水準である。生産物の総供給と総需要とが等しいことは,生産物市場の均衡のための条件である。総供給をY^S,総需要をY^Dとすると,マクロ生産物市場の均衡条件は,

(14.1)　　$Y^S = Y^D$

となる。この条件は総供給と総需要の均等である。この均衡条件を満たすときの国民所得Y^*が均衡国民所得と呼ばれる。

図14-1 均衡国民所得の決定

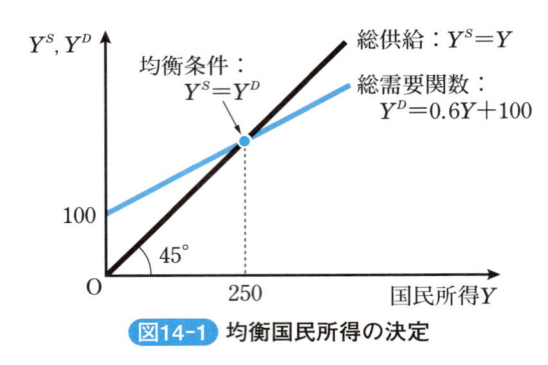

消費関数と投資水準が与えられているときに，(14.1)式を満たす均衡国民所得がいくらになるかを例題の式と数値を用いて説明してみよう。総供給が国民所得Yと等しいとすると，

(14.2)　　$Y^S = Y$

となる。他方，総需要は，政府支出と純輸出を無視すると，消費と投資の合計であり，消費をC，投資をIとすると，

(14.3)　　$Y^D = C + I$

と表される。例題ではこの式の右辺の消費Cが消費関数として，

(14.4)　　$C = 0.6Y + 10$

と与えられている。この式の右辺のYの係数0.6は，**限界消費性向**と呼ばれるものである。限界消費性向は，国民所得の増加分ΔYに対する消費の増加分ΔCの比$\left(\dfrac{\Delta C}{\Delta Y}\right)$として定義され，国民所得の増加分$\Delta Y$のうち消費に向けられる割合（この式では60％）を表している。また，(14.4)式の右辺の10は**基礎消費**と呼ばれ，国民所得の変化から独立な消費支出である。

次に，**例題14.1-1**では投資Iは独立した値で90と与えられている。国民所得に依存しない投資は独立投資と呼ばれる。これを式で表すと，

(14.5)　　$I = 90$

である。(14.4)式の消費関数と(14.5)式の投資Iを(14.3)式の総需要の定義式に代入すると，

(14.6)　　$Y^D = 0.6Y + 100$

が得られる。そこで，(14.2)(14.6)式を生産物市場の均衡条件式(14.1)に代入すると，

(14.7)　　$Y = 0.6Y + 100$

が得られる。これを解くと，均衡国民所得は$Y^* = 250$となる。したがって，正答は4である。(14.2)の総供給の式と(14.6)の総需要の式をグラフに表すと，**図14-1**のY^S線（45度線）とY^D線となる。

(14.2)式の総供給線は傾き45度の原点を通る直線として描かれている。均衡国民所得は，45度線と総需要線との交点で与えられている。それゆえ，以上のマクロ経済モデルは，45度線モデルと呼ばれている。これまでの議論から，均衡国民所得が総需要と総供給の双方によって決定されることがわかる。その均衡における総需要は有効需要と呼ばれる。45度線モデルはケインズの有効需要の原理を最も単純に表したモデルである。

均衡国民所得を求める第2の方法を説明してみよう。(14.2)(14.3)式を(14.1)式に代入すると，

(14.8)　　$Y = C + I$

が得られる。この条件は，所得と支出（総需要）の均等である。この条件は(14.1)式と同様にマクロの生産物市場の均衡条件である。そこで，(14.1)～(14.6)式の連立方程式で表されるマクロモデルは，

(14.9)　　$\begin{cases} Y = C + I \\ C = 0.6Y + 10 \\ I = 90 \end{cases}$

と書き換えることができる。この連立方程式体系もまた単純なマクロモデルである。これを解くと，均衡国民所得$Y^* = 250$が得られる。

第3の方法として，(14.8)式から，

(14.10)　　$Y - C = I$

が得られる。ここで，貯蓄をSとすると，

(14.11)　　$S = Y - C$

と定義されるので，(14.10)(14.11)式から，

(14.12)　　$S = I$

が得られる。この条件は貯蓄と投資の均等である。この式もまた，(14.1)(14.8)式と同様にマクロの生産物市場の均衡条件である。他方，ケインズ型消費関数が与えられると，貯蓄関数を求めることができる。それは，例題の消費関数を(14.11)式に代入して，

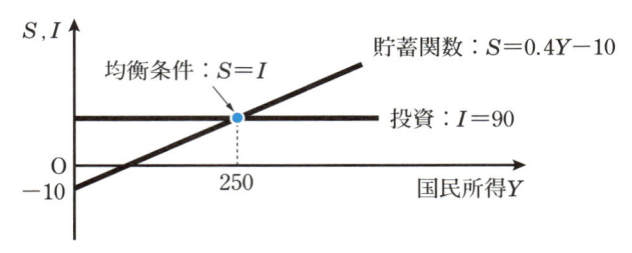

図14-2 貯蓄・投資による均衡国民所得の決定

(14.13)　$S = 0.4Y - 10$

となる。この式の右辺のYの係数0.4は，**限界貯蓄性向**と呼ばれる。限界貯蓄性向は国民所得の増加分ΔYに対する貯蓄の増加分ΔSの比$\left(\dfrac{\Delta S}{\Delta Y}\right)$として定義される。限界貯蓄性向と限界消費性向の関係は，

公式14.1　　限界消費性向＋限界貯蓄性向＝1

である。以上から，(14.9)式のマクロモデルは，

(14.14)　$\begin{cases} S = I \\ S = 0.4Y - 10 \\ I = 90 \end{cases}$

と表すことも可能である。この連立方程式を解くと，やはり$Y^* = 250$が得られる。グラフでは図14-2となる。　　　　　　　　　　　　　　　**正答　4**

例題14.1-2　均衡国民所得への調整

以下の文中の空欄A〜Dに該当する語の組合せとして正しいものはどれか。

(地方上級)

投資を一定としたとき，国民所得が均衡国民所得水準よりも大きいならば　A　が　B　を上回り，企業は生産を　C　し，その結果，国民所得は均衡国民所得水準に近づく。また国民所得が均衡国民所得水準よりも小さいならば，　B　が　A　を上回り，企業は生産を　D　し，その結果，国民所得は均衡国民所得水準に近づく。

	A	B	C	D
1	貯蓄	投資	拡大	縮小
2	貯蓄	投資	縮小	拡大

3	投資	貯蓄	拡大	縮小
4	投資	貯蓄	縮小	縮小
5	投資	貯蓄	拡大	拡大

解説 均衡国民所得と異なる国民所得水準では，45度線モデルでは総供給と総需要は一致しない。このときマクロの生産物市場は不均衡にあるという。45度線モデルでは，不均衡の状態にあるとき生産数量が調整される。45度線モデルの調整過程は数量調整過程である。

図14-3では，国民所得がY_1またはY_2のとき，不均衡の状態にある。このときの調整過程を説明してみよう。均衡国民所得よりも大きい国民所得の水準Y_2では$Y^*<Y_2$となり，総供給が総需要を上回るので，その差$\varDelta_2$は計画外の在庫増となる。企業は生産量を削減して総需要に合わせようとする。他方，均衡国民所得より低い国民所得の水準Y_1では$Y_1<Y^*$となり，総需要が総供給を上回るので，その差$\varDelta_1$は計画外の在庫減となる。企業は生産量を拡大して総需要に合わせようとする。

図14-3の下段の図は，以上の関係を貯蓄Sと投資Iのグラフで見たもので

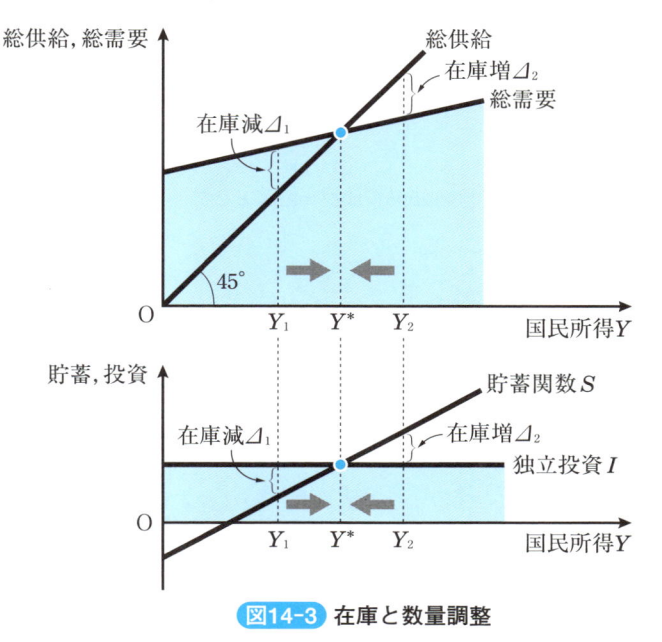

図14-3 在庫と数量調整

ある。$Y_2 > Y^*$のときは，A 貯蓄 がB 投資 を上回り，企業は生産をC 縮小 する。$Y_1 < Y^*$のときは，投資が貯蓄を上回り，企業は生産をD 拡大 する。以上のような数量の調整過程によって，均衡国民所得が実現されるとするのが，45度線モデルの考え方である。

第13章で見た国民所得勘定では，以上のような調整メカニズムは考慮せず，ある年の経済活動が終了し，たとえば生産水準がY_2の水準となった場合，そのときに生じる計画外の在庫増を投資とみなして会計計算を行っていた。つまり，国民経済計算は一定期間の経済活動が終了した後の結果を事後的に記述したものである。

正答　2

練習問題

【No.1】 消費関数および投資が，

$C = 0.8Y + 500$

$I = 1000$

と示されるとする。投資を200増加させた場合の均衡国民所得として妥当なものは，次のうちどれか。ただし，政府部門および海外との取引は無視するものとする。（地方上級）

1　8,000　　2　8,500　　3　9,000　　4　9,500　　5　10,000

［解説］投資が200増加して1200となるので，マクロ経済モデルは，

$Y = C + I$

$C = 0.8Y + 500$

$I = 1200$

となる。この連立方程式を解くと，均衡国民所得は$Y^* = 8,500$となる。

正答　【No.1】　2

14.2　インフレ・ギャップとデフレ・ギャップ

例題14.2-1　グラフの問題

ある国のマクロ経済が次の図のように表されていたとする。ここで，Y_Fは完全雇用国民所得を表し，Y_1，Y_2はそれぞれ国民所得の水準を，D_1，D_2はそれぞれ総需要を表している。次の記述のうち図を正しく説明しているものはどれか。

（地方上級）

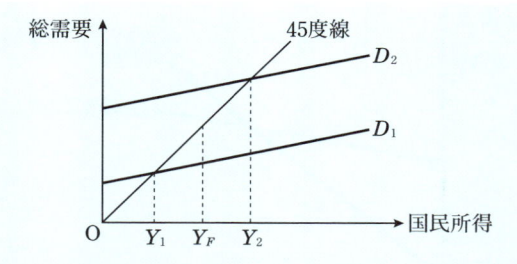

総需要 45度線
D_2
D_1
O Y_1 Y_F Y_2 国民所得

1 総需要がD_1のとき国民所得がY_Fの水準で均衡し，デフレ・ギャップが存在する。
2 総需要がD_1のとき国民所得がY_1の水準で均衡し，デフレ・ギャップが存在する。
3 総需要がD_1のとき国民所得がY_1の水準で均衡し，インフレ・ギャップが存在する。
4 総需要がD_2のとき国民所得がY_Fの水準で均衡し，インフレ・ギャップが存在する。
5 総需要がD_2のとき国民所得がY_2の水準で均衡し，インフレ・ギャップが存在する。

解説 均衡国民所得は，**例題14.1-1**で見たように，(14.1) 式，(14.8) 式，(14.12) 式で表される生産物市場の均衡条件を満たす場合の国民所得の水準である。これに対して，インフレ・ギャップとデフレ・ギャップは，完全雇用国民所得水準を基準として，総需要と総供給のギャップがどのような意味を持ち，どれだけの大きさになるかを見るものである。

まず，インフレ・ギャップを見てみよう。完全雇用国民所得水準Y_Fにおいて$Y^D > Y^S$の状態となっている場合には，インフレ・ギャップが存在するという。そしてインフレ・ギャップは，総供給Y^Sと総需要Y^Dの差 ($Y^D - Y^S$) で定義される。完全雇用が実現しているとき$Y^D > Y^S$であれば，雇用をこれ以上増やすことができないので，インフレ・ギャップ ($Y^D - Y^S$) を解消できず，インフレーションを引き起こす可能性がある。この状態をグラフに表すと，**図14-4**のようになる。

インフレ・ギャップは，完全雇用国民所得水準Y_Fを基準として総需要と総供給のギャップの大きさを測ったものであるので，**図14-4**ではABの長さがインフレ・ギャップの大きさを表している。経済は完全雇用水準にあるので，

図14-4 インフレ・ギャップ

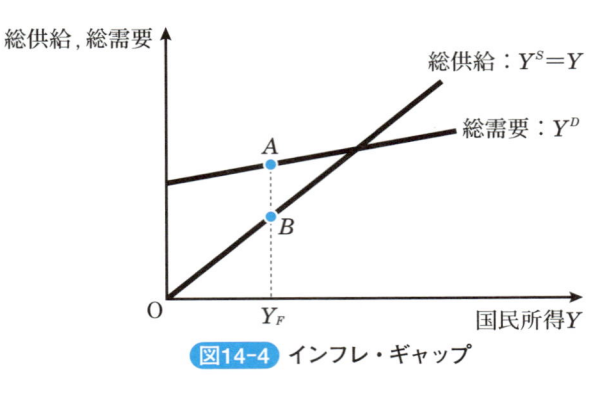

AB の長さに対応する総供給の不足は満たすことができない。

例題では，総需要が D_2 のとき，インフレ・ギャップが存在する。またこのとき，国民所得は完全雇用水準を超えることができないので，国民所得の水準は完全雇用国民所得 Y_F の水準となる。したがって，**5** は誤りである。またインフレ・ギャップが存在するとき，総供給 Y^S ＜総需要 Y^D となるので，完全雇用国民所得 Y_F が均衡国民所得であるということはできない。したがって，**4** は誤りである。

次に，デフレ・ギャップについて見てみよう。完全雇用国民所得水準 Y_F において $Y^S ＞ Y^D$ の状態となっている場合にはデフレ・ギャップが存在するといい，デフレ・ギャップは総供給 Y^S と総需要 Y^D の差 $(Y^S - Y^D)$ で定義される。完全雇用国民所得水準で $Y^S ＞ Y^D$ であれば，総需要がデフレ・ギャップ $(Y^S - Y^D)$ の分だけ不足し，均衡国民所得は完全雇用水準より低い水準になり，失業の増大を招く。この状態をグラフに表すと，**図14-5** のようになる。

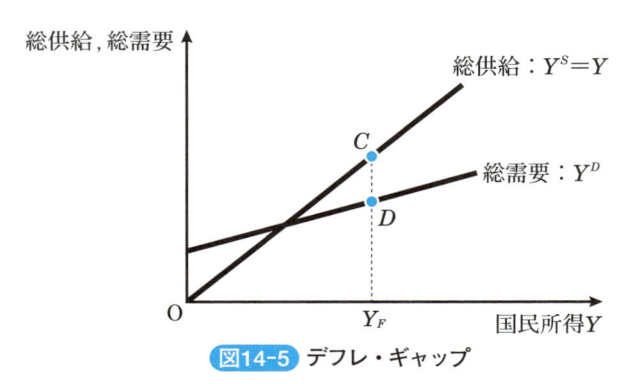

図14-5 デフレ・ギャップ

図14-5では，線分CDがデフレ・ギャップの大きさを表している。例題のグラフでは，総需要がD_1のとき均衡国民所得はY_1の水準となる。またこのとき，Y_Fではデフレ・ギャップが存在する。したがって，1，3は誤りで，2が正しい。

正答　2

例題14.2-2　計算問題

民間経済活動のみからなる封鎖経済において，消費関数が，

$C = 0.6Y + 40$　　　〔C：消費，Y：国民所得水準〕

で与えられ，投資は独立投資のみからなり，

$I = 200$　　　〔I：投資〕

とする。完全雇用国民所得水準が800であったとするとき，この国の経済は完全雇用の状態と比較して何％インフレ・ギャップあるいはデフレ・ギャップにあるといえるか。（地方上級）

1　10％のインフレ・ギャップ
2　20％のインフレ・ギャップ
3　10％のデフレ・ギャップ
4　20％のデフレ・ギャップ
5　40％のデフレ・ギャップ

解説　インフレ・ギャップ，デフレ・ギャップの問題は，完全雇用国民所得の水準を基準として総供給と総需要の乖離の値を求める問題である。それゆえ，まず，完全雇用国民所得が800であるときの総需要の水準を求めてみよう。

民間経済活動のみからなる封鎖経済の総需要は，$Y^D = C + I$と表されるので，この式に例題の消費関数と独立投資を代入して，

$Y^D = 0.6Y + 40 + 200$

が得られる。この式の右辺の国民所得Yに完全雇用国民所得水準800を代入する。そうすると，$Y^D = 720$となる。$Y_F = 800$であるので，$Y_F > Y^D$となり，デフレ・ギャップが存在する。またギャップの大きさは，

$Y_F - Y^D = 800 - 720 = 80$

である。したがって，比率では，$\dfrac{80}{800} = 0.1$すなわち10％のデフレ・ギャップとなる。正答は3である。

正答　3

練習問題

【No.1】 総需要関数 $D=cY+C_0+I+G$ が想定されたマクロ経済体系において，限界消費性向0.6，基礎消費支出60兆円，投資支出60兆円，政府支出40兆円がそれぞれ与えられているものとする。完全雇用国民所得水準が440兆円であるとき，どれだけの大きさのギャップが発生しているか。〔D：総需要，c：限界消費性向，C_0：基礎消費支出，Y：国民所得，I：投資支出，G：政府支出〕（市役所）

1　16兆円のデフレ・ギャップ
2　16兆円のインフレ・ギャップ
3　20兆円のデフレ・ギャップ
4　20兆円のインフレ・ギャップ
5　24兆円のデフレ・ギャップ

[解説] 問題の総需要関数 $D=cY+C_0+I+G$ に数値を代入すると，

$D=0.6Y+60+60+40$

となる。この式の右辺の Y に，完全雇用国民所得水準 $Y_F=440$ を代入すると，

$D=424$

が得られる。したがって，$Y_F>D$ であるのでデフレ・ギャップが存在する。ギャップの大きさは，

$Y_F-D=440-424=16$

である。したがって，デフレ・ギャップは16兆円である。

正答　【No.1】1

14.3　乗数効果

例題14.3-1　投資乗数と政府支出乗数

次の図で，政府支出を1兆円増加させたとき，国民所得に及ぼす効果として妥当なものはどれか。ただし，総需要線の傾きは，限界消費性向の値である。

（市役所）

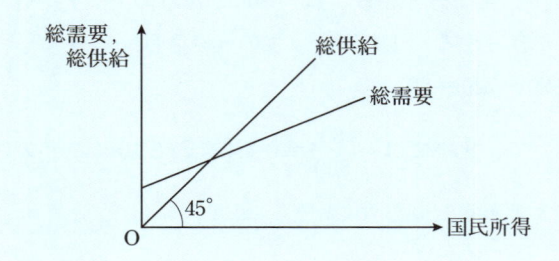

1 総需要曲線が上方にシフトし，(限界消費性向の逆数)×(1兆円)だけ均衡国民所得は増える。
2 総需要曲線が上方にシフトし，(限界貯蓄性向の逆数)×(1兆円)だけ均衡国民所得は増える。
3 総需要曲線が上方にシフトし，1兆円だけ均衡国民所得は増える。
4 総需要曲線は変化せず，(平均消費性向の逆数)×(1兆円)だけ均衡国民所得は増える。
5 総需要曲線は変化せず，(平均貯蓄性向の逆数)×(1兆円)だけ均衡国民所得は増える。

解説 総供給線（45度線）と総需要線の交点は，生産物市場の均衡条件（$Y^S = Y^D$）を満たす状態となるので，この交点に対応する国民所得が均衡国民所得である。独立投資や政府支出などの国民所得の変化から独立な支出が変化すると，総需要線が上または下に移動（シフト）し45度線との交点も変化する。それゆえ，独立投資や政府支出の変化は均衡国民所得を変化させる効果を持つのである。独立投資や政府支出の変化が国民所得に与える効果は，**乗数効果**と呼ばれる。そこで，乗数効果を数式を用いて説明してみよう。

国民所得をY，消費をC，投資をI，政府支出をGとして，ケインズ型の単純なマクロ経済モデルが，

(14.15) $$\begin{cases} Y = C + I + G \\ C = cY + C_0 \\ I = I_0 \\ G = G_0 \end{cases}$$

で表されるとする。ここで，cは限界消費性向であり$0 < c < 1$の定数である。またC_0は当初の基礎消費，I_0は当初の独立投資，G_0は当初の政府支出で定数である。このときの均衡国民所得をY_0^*とすると，Y_0^*を決定する方程式は，

(14.16) $$Y_0^* = \frac{1}{1-c}(C_0 + I_0 + G_0)$$

となる。

まず，投資が変化する場合から考えてみる。(14.15)式の投資がI_0ではなくI_1に変化したとすると，(14.15)式の解である均衡国民所得もY_1^*に変わる。その値は，

$$(14.17) \quad Y_1^* = \frac{1}{1-c}(C_0 + I_1 + G_0)$$

となる。そこで，(14.17) 式から (14.16) 式を引いて，整理すると，

$$(14.18) \quad Y_1^* - Y_0^* = \frac{1}{1-c}(I_1 - I_0)$$

となる。ここで，$\varDelta Y = Y_1^* - Y_0^*$，$\varDelta I = I_1 - I_0$ とすると，(14.18) 式は，

$$(14.19) \quad \varDelta Y = \frac{1}{1-c}\varDelta I$$

と表すことができる。(14.19) 式より，計画された投資が $\varDelta I$ だけ増加すると，国民所得は，その $\frac{1}{1-c}$ 倍だけ増加するのである。限界消費性向 c は，$0 < c < 1$ の値をとるので，$\frac{1}{1-c}$ は 1 より大きな値となる。この数値 $\frac{1}{1-c}$ が **投資乗数** と呼ばれるものである。また，限界消費性向 c と限界貯蓄性向 s の和は 1 となるので，$1 - c = s$ である。したがって，投資乗数は限界貯蓄性向の逆数 $\frac{1}{s}$ に等しい。したがって，マクロ経済モデルが (14.15) 式のように与えられているとき，

公式14.2 投資乗数：$\dfrac{\varDelta Y}{\varDelta I} = \dfrac{1}{1-c} = \dfrac{1}{s}$

である。

次に，政府支出が G_0 から G_2 に変化したとしよう。政府支出の値が G_2 に変わるときの均衡国民所得を Y_2^* とすると，

$$(14.20) \quad Y_2^* = \frac{1}{1-c}(C_0 + I_0 + G_2)$$

となる。そこで，(14.20) 式から (14.16) 式を引き，(14.19) 式と同様に $\varDelta G = G_2 - G_0$ として変化分の式で表すと，

$$(14.21) \quad \varDelta Y = \frac{1}{1-c}\varDelta G$$

となる。

図14-6 乗数効果

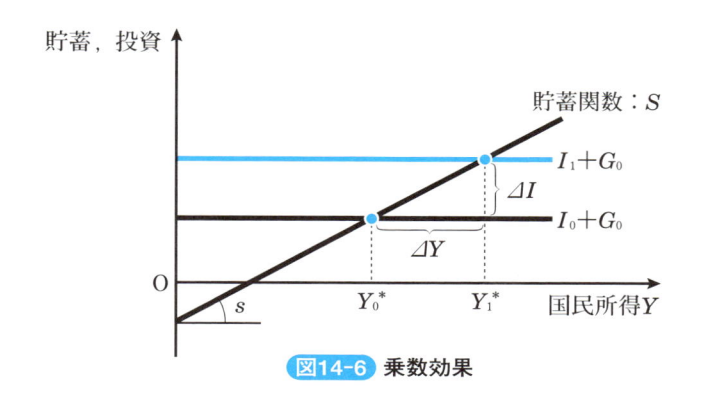

政府支出が ΔG だけ増加すると，均衡国民所得は，その $\dfrac{1}{1-c}$ 倍だけ増加するのである。この数値 $\dfrac{1}{1-c}$ を**政府支出乗数**と呼ぶ。$1-c=s$ であるので，政府支出乗数もまた限界貯蓄性向の逆数に等しい。したがって，マクロ経済モデルが (14.15) 式のように与えられている場合には，

公式14.3 政府支出乗数：$\dfrac{\Delta Y}{\Delta G} = \dfrac{1}{1-c} = \dfrac{1}{s}$

となる。例題では政府支出が1兆円増えるときの効果を問題にしている。そこで，(14.21) 式の右辺の ΔG に 1（兆円）を代入すると，均衡国民所得の増加は政府支出乗数の値 $\dfrac{1}{s}$ となる。以上から，2 が正しい。

投資の増加による乗数効果をグラフで見たものが，**図14-6**である。投資 I_0 が I_1 に増加すると，直線 S に沿って均衡点が変化する。S の傾きは s なので，明らかに $s = \dfrac{\Delta I}{\Delta Y}$ が成り立つ。この式の逆数が投資乗数である。

乗数効果は，独立支出の増加の波及効果である。投資の増加を例にとると，投資の増加が国民所得（またはGDP）の増加をもたらす過程を次のように理解することもできる。投資財の追加的注文 ΔI は，注文を受けた企業を通じて，最終的には誰かの所得として分配される。その所得のうち $c\Delta I$ が消費に回され，$s\Delta I$ は貯蓄される。消費に回された $c\Delta I$ は，需要であるので企業の生産を促し

再び他の誰かの所得として分配される。この追加の所得 $c\Delta I$ のうち $c(c\Delta I)$ もまた再び消費に回され，$s(c\Delta I)$ は貯蓄に回される。このようにして投資の増加は波及的に，

(14.22) $\quad \Delta Y = \Delta I + c\Delta I + c^2 \Delta I + c^3 \Delta I \cdots\cdots$

だけ国民所得を増加させる。(14.22) 式の両辺に c を掛けると，

(14.23) $\quad c\Delta Y = c\Delta I + c^2 \Delta I + c^3 \Delta I + c^4 \Delta I \cdots\cdots$

となる。ここで (14.22) 式から (14.23) 式を引くと，

(14.24) $\quad (1-c)\Delta Y = \Delta I$

となり，両辺を $(1-c)$ で割ると，やはり (14.19) 式が得られるのである。

正答　2

練習問題

【No.1】 国民所得が消費 (C)，投資 (I)，政府支出 (G) からなる経済において，消費関数が $C=20+0.8Y$，投資 $I=10$ 兆円，政府支出 $G=30$ 兆円であり，均衡国民所得を維持しているものとする。

このとき，完全雇用国民所得水準が350兆円であるとき，この水準を達成するためには，政府支出をいくら拡大する必要があるか。

1　10兆円　　2　15兆円　　3　20兆円　　4　25兆円　　5　30兆円

[解説] 当初のマクロモデルは，

$Y = C + I + G$
$C = 20 + 0.8Y$
$I = 10$
$G = 30$

である。これを解くと均衡国民所得は300兆円となる。完全雇用国民所得水準は350兆円であるので，完全雇用を実現するためには，350－300＝50兆円の国民所得の増加が必要である。これより，$\Delta Y = 50$ である。

他方，政府支出乗数 $\dfrac{\Delta Y}{\Delta G} = \dfrac{1}{1-c}$ は，限界消費性向が0.8であるので，

$$\frac{\Delta Y}{\Delta G} = \frac{1}{1-0.8} = 5$$

となる。この式を変形し，$\Delta Y = 50$ を代入すると，

$$\Delta G = \frac{1}{5}\Delta Y = \frac{1}{5} \times 50 = 10$$

となる。したがって，政府支出は10兆円増加させればよい。

[別解] 総需要関数は，

$Y^D = 20 + 0.8Y + 10 + 30$

であり，この式の右辺の Y に完全雇用国民所得水準 $Y_F = 350$ を代入すると，$Y^D = 340$ となる。したがって，デフレ・ギャップは，

$Y_F - Y^D = 350 - 340 = 10$

である。したがって，このデフレ・ギャップに等しい総需要の増加があれば完全雇用国民所得350兆円が実現する。したがって，政府支出は10兆円増加させればよい。

正答 【No.1】 1

14.4 租税を含む45度線モデル

例題14.4-1 定額税を含むモデル

ある経済において，マクロ経済モデルが次の式で示されている。完全雇用を実現する国民所得水準が95であるとき，完全雇用を実現するために必要となる減税額の大きさとして，正しいのはどれか。（地方上級）

$Y = C + I + G$
$C = 0.8(Y - T) + 10$
$I = 30$
$G = 15$
$T = 50$

$\begin{bmatrix} Y：国民所得，C：民間消費 \\ I：民間投資，G：政府支出 \\ T：租税 \end{bmatrix}$

1 4 **2** 5 **3** 6 **4** 7 **5** 8

解説 例題のマクロモデルを解くと，

$$(14.25) \quad Y^* = \frac{1}{1-0.8}(-0.8 \times 50 + 10 + 30 + 15) = 75$$

である。例題の問題文より，完全雇用国民所得水準は95であるので，均衡国民所得は完全雇用国民所得水準より $95 - 75 = 20$ だけ低い水準にある。

そこで，国民所得を減税によって20増加させることのできる減税額を求めるために，租税乗数を計算してみよう。定額税を T_0 とすると租税は $T = T_0$ と表される。また，租税が考慮される場合には，消費 C は国民所得 Y ではなく，国民所得から租税を差し引いた可処分所得 $Y_d = Y - T$ に依存して決まる。そこで，定額税を含むケインズ型の単純なマクロモデルは，

と表される。

$$(14.26) \quad \begin{cases} Y = C + I + G \\ C = c(Y-T) + C_0 \\ I = I_0 \\ G = G_0 \\ T = T_0 \end{cases}$$

と表される。このとき均衡国民所得を Y_0^* とすると，Y_0^* を決定する方程式は (14.26) の連立方程式を解いて，

$$(14.27) \quad Y_0^* = \frac{1}{1-c}(-cT_0 + C_0 + I_0 + G_0)$$

となる。この式から，**例題14.3-1**で見た (14.19) 式と同様に，変化分に関する式を求めると，次のようになる。

$$(14.28) \quad \Delta Y = \frac{1}{1-c}(-c\Delta T + \Delta C + \Delta I + \Delta G)$$

まず，租税のみが変化する場合には，$\Delta C = 0$，$\Delta I = 0$，$\Delta G = 0$ であるので，これを (14.28) 式に代入し，

$$(14.29) \quad \Delta Y = \frac{-c}{1-c}\Delta T$$

となる。したがって，租税乗数は，

公式14.4 租税乗数：$\dfrac{\Delta Y}{\Delta T} = \dfrac{-c}{1-c}$

である。

例題の式から限界消費性向を租税乗数の式に代入すると $\dfrac{-c}{1-c} = -4$ となる。そこで，$\Delta Y = 20$ となるような減税額は，(14.29) 式と租税乗数の値 -4 から $20 = -4\Delta T$ を解けばよい。したがって，求める減税額は，$\Delta T = -5$ であるので，5となる。よって，正答は**2**である。

ところで (14.26) 式で表されるマクロ経済モデルにおける投資乗数および政府支出乗数は，(14.28) 式から，

$$(14.30) \quad \Delta Y = \frac{1}{1-c}\Delta I$$

(14.31) $\quad \Delta Y = \dfrac{1}{1-c} \Delta G$

となる。$1-c=s$であるので，(14.26)式で表されるマクロ経済モデルでは，

> **公式14.5** 　投資乗数・政府支出乗数：$\dfrac{\Delta Y}{\Delta I} = \dfrac{\Delta Y}{\Delta G} = \dfrac{1}{1-c} = \dfrac{1}{s}$

である。　　　　　　　　　　　　　　　　　　　　　　　　　　　正答　2

> **例題14.4-2　均衡財政乗数**
>
> ある閉鎖された国のマクロ経済が，
> 　$Y = C + I + G$ 　　　 $\begin{bmatrix} Y：国民所得，C：消費，I：投資（一定） \\ G：政府支出，T：徴税された租税 \end{bmatrix}$
> 　$C = 0.8(Y-T)$
> で示されるとする。この国の政府は10の政府支出拡大を行う一方で，均衡財政を維持するため同時に10の増税を行うことを決定した。この政策の国民所得に与える効果として妥当なものは次のうちどれか。（国家Ⅱ種）
>
> 1　国民所得は40減少する
> 2　国民所得は変わらない
> 3　国民所得は10増加する
> 4　国民所得は40増加する
> 5　国民所得は50増加する

解説　政府支出の増加と増税の額が等しい場合には，$\Delta T = \Delta G$となる。マクロ経済モデルが(14.26)式で表されるとき，この均衡財政を保つ場合の乗数の値は1になる。**例題14.4-2**は，この<u>均衡財政乗数</u>に関する問題である。

政府支出の変化による乗数効果によって変化する国民所得をΔY_Gとしよう。また，租税額の変化による乗数効果によって変化する国民所得をΔY_Tとしよう。そうすると，政府支出の変化による国民所得の変化の効果と租税額の変化による国民所得の変化の合計は，(14.31)式の効果と(14.29)式の効果を合わせたものであるので，

(14.32) $\quad \Delta Y = \Delta Y_G + \Delta Y_T = \dfrac{1}{1-c} \Delta G + \dfrac{-c}{1-c} \Delta T$

となる。さらに，均衡財政を保つ場合には$\Delta T = \Delta G$であるので，(14.32)式は，

(14.33)　　$\Delta Y = \Delta Y_G + \Delta Y_T = \dfrac{1-c}{1-c}\Delta G = \dfrac{1-c}{1-c}\Delta T$

すなわち，均衡財政を保つ$\Delta T = \Delta G$の場合には，

(14.34)　　$\Delta Y = \Delta G = \Delta T$

となる。(14.34)式において，ΔGまたはΔTの係数は1であるので，均衡財政乗数は1となる。均衡財政乗数が1になることは，政府支出乗数＋租税乗数＝1となることからも確かめることができる。均衡財政乗数は1であるので，例題の場合には，政府支出と租税がともに10増加するので，国民所得の増加も10となる。

正答　3

例題14.4-3　比例税を含むモデル

ある国のマクロ経済が，
$Y = C + I + G$
$C = 40 + 0.8(Y - T)$
$T = 0.2Y$

[Y：国民所得，C：消費，I：投資
　G：政府支出，T：所得税]

で示され，また，投資Iが210，政府支出Gが110であるとする。政府支出が200に増加したとき，均衡国民所得はどれだけ増加するか。（国税専門官）

1　90　　　2　100　　　3　150　　　4　200　　　5　250

解説　例題では，租税が所得の関数として$T = 0.2Y$と表されている。この式は租税収入Tが国民所得Yの変化に応じて比例的に変化することを表しており，右辺の0.2は税率（平均税率または租税負担率）が20％であることを示している。

まず，当初の均衡国民所得を求めてみよう。問題文から，当初の投資Iは210，政府支出Gは110であるので，マクロモデルは以下のように表される。

(14.35)　　$\begin{cases} Y = C + I + G \\ C = 40 + 0.8(Y - T) \\ I = 210 \\ G = 110 \\ T = 0.2Y \end{cases}$

この連立方程式を解くと，当初の均衡国民所得Y_0^*は，

$$(14.36) \quad Y_0^* = \frac{1}{1-0.8(1-0.2)} \times 360 = 1000$$

となる。

次に政府支出が200に増加したときの均衡国民所得を求めてみよう。(14.35)式の連立方程式の政府支出 $G=110$ の式を $G=200$ として連立方程式を解くと，政府支出増加後の均衡国民所得 Y_1^* は，

$$(14.37) \quad Y_1^* = \frac{1}{1-0.8(1-0.2)} \times 450 = 1250$$

となる。以上から，均衡国民所得の変化は (14.36) (14.37) 式より，

$$(14.38) \quad \varDelta Y = Y_1^* - Y_0^* = 1250 - 1000 = 250$$

となる。したがって正答は **5** である。

[別解] 乗数の公式を用いて解く方法を説明してみる。そのために，まず乗数の公式を求めてみよう。限界消費性向を c，税率を t（t は $0<t<1$ の定数），基礎消費を C_0，独立投資を I_0，政府支出を G_0 とすると，当初の均衡国民所得 Y_0^* は次のように表すことができる。

$$(14.39) \quad Y_0^* = \frac{1}{1-c(1-t)}(C_0+I_0+G_0)$$

同様に，政府支出変化後の均衡国民所得 Y_1^* は，変化後の政府支出を G_1 とすると，

$$(14.40) \quad Y_1^* = \frac{1}{1-c(1-t)}(C_0+I_0+G_1)$$

となる。(14.40) 式から (14.39) 式を引くと，政府支出の変化 $\varDelta G = G_1 - G_0$ の効果，

$$(14.41) \quad \varDelta Y = \frac{1}{1-c(1-t)}(G_1-G_0) = \frac{1}{1-c(1-t)} \varDelta G$$

が得られる。同様に投資が変化する場合には，

$$(14.42) \quad \varDelta Y = \frac{1}{1-c(1-t)} \varDelta I$$

となる。(14.41) 式，(14.42) 式から，(14.35) 式の型のマクロモデルの乗数は，

公式14.6

政府支出乗数：$\dfrac{\Delta Y}{\Delta G} = \dfrac{1}{1-c(1-t)}$

投資乗数：$\dfrac{\Delta Y}{\Delta I} = \dfrac{1}{1-c(1-t)}$

となる。

例題では，限界消費性向が $c=0.8$，税率が $t=0.2$，政府支出の変化分は $\Delta G = 200 - 110 = 90$ であるので，これらの値を (14.41) 式に代入すると，

$$\Delta Y = \frac{1}{1-c(1-t)} \Delta G = \frac{25}{9} \Delta G = \frac{25}{9} \times 90 = 250$$

となる。以上から，(14.38) 式の結果と同様に，正答は **5** である。

図14-7は，以上の結果をグラフに表したものである。**図14-7**の上の図は総需要の変化と均衡国民所得の変化を，下の図は政府支出の変化と財政収支の変化を表している。総需要 Y_0^D，Y_1^D の式は，

$Y_0^D = 0.64Y + 360 \qquad Y_1^D = 0.64Y + 450$

である。また当初の財政収支は，

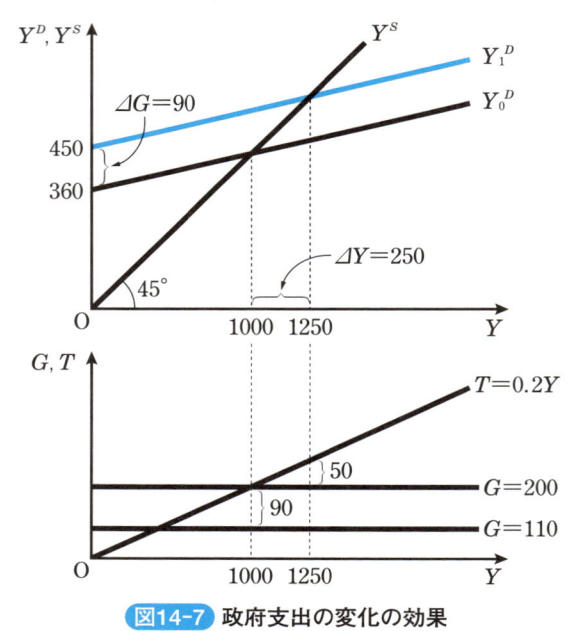

図14-7 政府支出の変化の効果

$T - G = 0.2 \times 1000 - 110 = 200 - 110 = 90$

である。政府支出変化後の財政収支は，

$T - G = 0.2 \times 1250 - 200 = 250 - 200 = 50$

であり，財政黒字が減少している。

正答　5

練習問題

【No.1】 国民所得が民間消費，民間投資，政府支出からなる経済において，政府が1兆円の増税と3兆円の財政支出の増加を同時に行った場合，国民所得の増加額として，正しいのはどれか。ただし，限界消費性向は0.75，民間投資は一定であり，また，租税は定額税とする。（地方上級）

1　3兆円　　2　8兆円　　3　9兆円　　4　11兆円　　5　15兆円

［解説］定額税を持つマクロモデルにおいて，限界消費性向が0.75であるときの租税乗数は，**公式14.4**より $\dfrac{-c}{1-c} = \dfrac{-0.75}{1-0.75} = -3$ である。したがって，1兆円の増税が国民所得に与える効果 ΔY_T は，$\Delta Y_T = -3 \times 1 = -3$（兆円）である。

また，限界消費性向が0.75であるときの政府支出乗数は，**公式14.5**より $\dfrac{1}{1-c} = \dfrac{1}{1-0.75} = 4$ である。したがって，3兆円の政府支出の増加が国民所得に与える効果 ΔY_G は，$\Delta Y_G = 4 \times 3 = 12$（兆円）である。

以上から，均衡国民所得の変化分は，$\Delta Y = \Delta Y_T + \Delta Y_G = -3 + 12 = 9$（兆円）となる。

【No.2】 ある経済において，消費関数が $C = 0.7Y_d + 70$〔C：消費，Y_d：可処分所得〕で与えられており，国民所得に対する平均税率が0.1，民間投資が100，政府支出が200としたときの均衡国民所得の大きさとして，正しいのはどれか。（地方上級）

1　1000　　2　1200　　3　1400　　4　1600　　5　1800

［解説］マクロモデルは，国民所得を Y，投資 $I = 100$，政府支出 $G = 200$，租税を T，可処分所得を Y_d，平均税率を $t = 0.1$ とすると，

$Y = C + I + G$
$Y_d = Y - T$
$C = 0.7Y_d + 70$
$I = 100$
$G = 200$
$T = 0.1Y$

で与えられる。この連立方程式を解くと，均衡国民所得は，

$Y^* = 1000$

となる。したがって，正答は1である。

【No.3】 マクロ経済モデルが次のように与えられている。

$$Y = C + I + G$$
$$C = c(Y-T) + C_0$$
$$T = tY + T_0$$

$\begin{bmatrix} Y：国民所得, G：政府支出 \\ C：消費, T：税収 \\ I：投資（一定）, C_0, T_0 は定数 \end{bmatrix}$

今，$c = 0.8$，$t = 0.2$ のとき，政府支出乗数はいくらになるか。（地方上級）

1　$\dfrac{18}{5}$　　2　$\dfrac{25}{9}$　　3　$\dfrac{7}{3}$　　4　2.0　　5　1.0

［解説］政府支出乗数の**公式14.6**に，$c = 0.8$，$t = 0.2$ を代入すると，

$$\frac{\varDelta Y}{\varDelta G} = \frac{1}{1-c(1-t)} = \frac{1}{1-0.8(1-0.2)} = \frac{25}{9}$$

となる。よって，正答は**2**である。

【No.4】 マクロ経済モデルが，

$$Y = C + I + G$$
$$C = 100 + 0.8(Y-T)$$
$$I = 160$$
$$G = 300$$
$$T = tY$$

$\begin{bmatrix} Y：国民所得, C：消費 \\ I：投資, G：政府支出 \\ T：税収, t：税率（>0） \end{bmatrix}$

で示されるとき，税率 t を0.45から0.3に低下させた場合における均衡国民所得水準の増加はおよそいくらか。（国税専門官）

1　55　　2　108　　3　202　　4　273　　5　307

［解説］税率を $t = 0.45$ として問題のマクロモデルを解くと，均衡国民所得 Y_0^* は，

$$Y_0^* = \frac{1}{1-0.8(1-0.45)} \times 560 = 1000$$

となる。税率を $t = 0.3$ としてマクロモデルを解くと，均衡国民所得 Y_1^* は，

$$Y_1^* = \frac{1}{1-0.8(1-0.3)} \times 560 = 1272.72 \cdots$$

となる。したがって，均衡国民所得の増加 $\varDelta Y$ は，

$$\varDelta Y = Y_1^* - Y_0^* = 1272.72 - 1000 = 272.72$$

となる。税率の低下により，均衡国民所得は約273増加する。

正答　【No.1】3　【No.2】1　【No.3】2　【No.4】4

第15章 IS-LM分析

IS-LM Analysis

15.1 IS-LMモデル

例題15.1-1 均衡国民所得と均衡利子率

ある経済において生産物市場および貨幣市場では、次のような関係が成立しているとする。

生産物市場：$Y=C+I$
$C=10+0.8Y$
$I=90-5r$

貨幣市場：$L=0.2Y-5r+180$

$\begin{bmatrix} Y：国民所得, C：消費 \\ I：投資, r：利子率 \\ L：実質貨幣需要 \end{bmatrix}$

実質貨幣供給量が160であったとすると、この経済における均衡国民所得はいくらになるか。ただし、物価水準は一定であるものとする。（国家Ⅱ種類題）

1　150　　2　180　　3　200　　4　220　　5　250

解説 例題の連立方程式体系は、*IS-LMモデル*と呼ばれる。IS-LMモデルは、生産物市場と資産市場（貨幣市場および債券市場）を対象としたマクロ経済モデルである。45度線モデルでは均衡国民所得の決定のみが説明されたが、IS-LMモデルでは均衡国民所得と均衡利子率の決定が説明される。

例題の最初の3本の式は、生産物市場の関係を表している。まず、例題の最初の式、

(15.1) $\quad Y = C + I$

は，民間部門の消費と投資のみを考慮した生産物市場の均衡条件式である。次に，

(15.2) $\quad C = 10 + 0.8Y$

は消費関数であり，家計全体の消費支出が国民所得Yの関数であることを表している。また，

(15.3) $\quad I = 90 - 5r$

は投資関数であり，企業の投資支出が利子率rに依存していることを表している。(15.1)～(15.3)式を解くと，

(15.4) $\quad Y = 500 - 25r$

あるいは，

(15.5) $\quad r = 20 - \dfrac{1}{25}Y$

となる。この式は(15.1)式の生産物市場の均衡条件式を満たす国民所得Yと利子率rの関係を表す式である。この式をグラフに表したものが **IS曲線** である。

次に，**貨幣需要**と**貨幣供給**を見てみよう。貨幣需要とは人々が手元に置いて保有しようとする貨幣量のことである。例題では，**実質貨幣需要**が，

(15.6) $\quad L = 0.2Y - 5r + 180$

と表されている。この式は，人々の貨幣需要（貨幣保有）が国民所得Yと利子率rの2つの要因に依存していることを表している。

実質貨幣供給については，例題の問題文から実質貨幣供給が160で一定とされている。実質貨幣供給とは，名目貨幣供給M（たとえば500兆円）を物価水準Pで割った値，すなわち$\dfrac{M}{P}$である。実質貨幣供給量が160と与えられているので，

(15.7) $\quad \dfrac{M}{P} = 160$

と置くことができる。

実質貨幣需要と実質貨幣供給が等しいとき，貨幣市場は均衡する。その条件は，

図15-1 IS-LM図

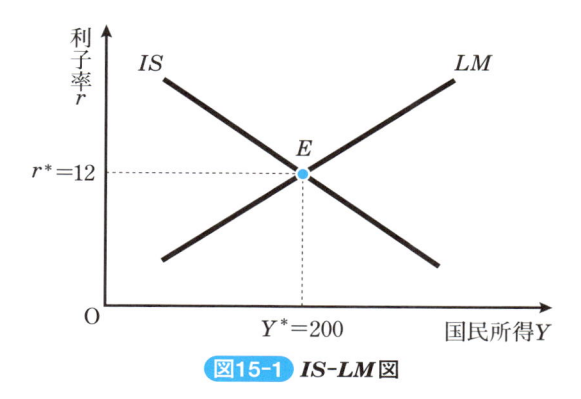

(15.8) $\dfrac{M}{P}=L$

である。(15.6)～(15.8)式を解くと，

(15.9) $Y=-100+25r$

または，

(15.10) $r=4+\dfrac{1}{25}Y$

となる。この式は，実質貨幣供給$\dfrac{M}{P}$と実質貨幣需要Lが等しいときに，国民所得Yと利子率rが満たすべき関係を表している。この式をグラフに表したものが**LM曲線**である。

生産物市場の均衡条件：$Y=C+I$と貨幣市場の均衡条件：$\dfrac{M}{P}=L$を同時に満たす場合の国民所得と利子率が，IS-LMモデルにおける均衡国民所得Y^*と**均衡利子率**r^*である。それらは，(15.4)(15.9)式（または(15.5)(15.10)式）を解いて，

(15.11) $Y^*=200$

(15.12) $r^*=12$

となる。均衡国民所得は200となるので，正答は3である。

図15-1は，(15.5)式で表されるIS曲線と(15.10)式で表されるLM曲線を表したものである。IS曲線とLM曲線の交点に対応する国民所得と利子率が均衡国民所得と均衡利子率である。

正答　3

例題15.1-2 IS-LMモデルと不均衡

次の文は，IS-LM分析に関する記述であるが，文中の空欄ア〜オに該当する語の組合せとして，妥当なのはどれか。（地方上級）

IS-LM分析において，IS曲線は ア の均衡を示し，LM曲線は， イ の均衡を示している。

下の図において，点Aでは，投資が貯蓄を ウ いる。また，点Bでは， ア ， イ ともに エ の状態にあり，点Cでは， イ は オ の状態にある。

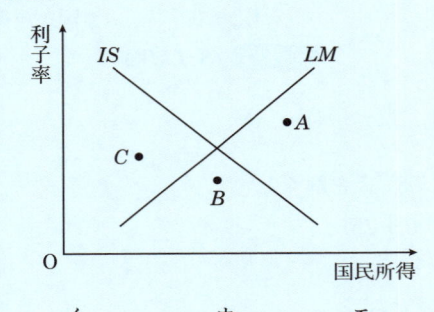

	ア	イ	ウ	エ	オ
1	生産物市場	貨幣市場	下回って	超過供給	超過需要
2	貨幣市場	生産物市場	下回って	超過供給	超過需要
3	生産物市場	貨幣市場	上回って	超過供給	超過需要
4	生産物市場	貨幣市場	下回って	超過需要	超過供給
5	貨幣市場	生産物市場	上回って	超過需要	超過供給

解説 例題15.1-1のマクロモデルの数値を用いて，上の例題を考えてみよう。まず，例題15.1-1の (15.1)〜(15.3) 式の連立方程式は，$S=Y-C$ であるので，

(15.13)　　$S=I$

(15.14)　　$S=0.2Y-10$

(15.15)　　$I=90-5r$

と表すことができる。(15.13)〜(15.15) 式から，$0.2Y-10=90-5r$ を解くと，(15.5) 式と同じく，

(15.16)　　$r=20-\dfrac{1}{25}Y$

が得られる。(15.11)(15.12) 式で与えられた均衡国民所得と均衡利子率は

(15.16) 式を満たしている。そこで，(15.11) 式の均衡国民所得 $Y^* = 200$ を (15.14) 式に代入すると $S = 30$ となる。また，(15.12) 式の均衡利子率 $r^* = 12$ を (15.15) 式に代入すると，$I = 30$ となる。よって，$(Y^*, r^*) = (200, 12)$ のとき，$I = S$ である。次に，$Y = 250$ を (15.16) 式に代入すると $r = 10$ が得られる。この (15.16) 式を満たす組 $(Y, r) = (250, 10)$ を (15.14)(15.15) 式に代入すると $I = S = 40$ となる。このように，IS曲線の式である (15.16) 式の関係を満たす Y と r の値では，必ず $I = S$ となっている。

これに対して，IS曲線の式 (15.16) を満たさない国民所得と利子率の組合せ $(Y, r) = (250, 12)$ では，(15.14)(15.15) 式から $I = 30$，$S = 40$ となり，$I < S$ である。同様に (15.16) 式を満たさない $(Y, r) = (150, 12)$ では，(15.14)(15.15) 式から $I = 30$，$S = 20$ となり，$I > S$ となる。このようにIS曲線の式を満たさない国民所得と利子率の組合せでは，投資 I と貯蓄 S は等しくならない。

以上の結果をグラフで見てみよう。**図15-2** (a) には (15.15) 式，(b) には (15.16) 式，(c) には (15.13) 式，(d) には (15.14) 式が描かれている。

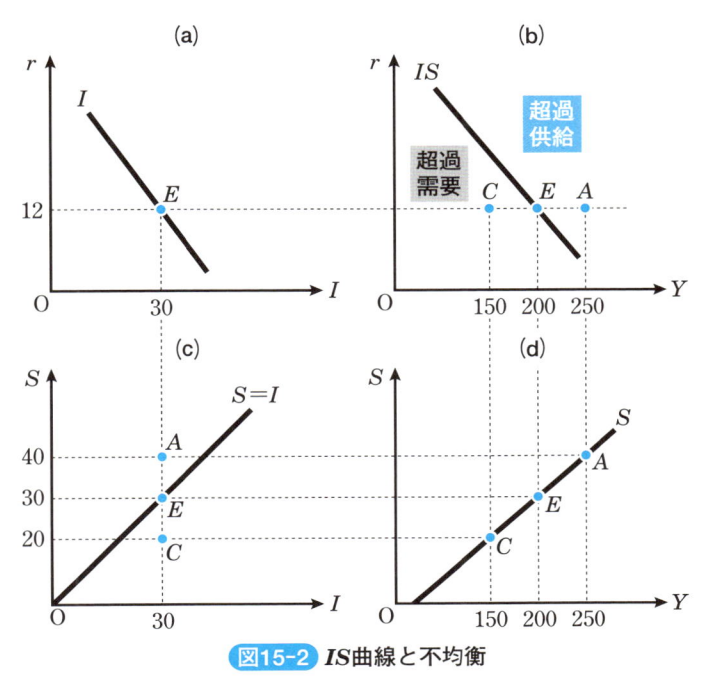

図15-2 IS曲線と不均衡

IS曲線上の点Eは(c)図のEの$I=S$に対応し，IS曲線の右方の点Aは$I<S$に対応し，IS曲線の左方の点Cは$I>S$に対応している。以上から，空欄アには「生産物市場」，空欄ウには「下回って」が入る。

ところで，$I>S$のとき，生産物市場は超過需要の状態である。なぜなら，$I>S$の両辺に消費Cを加えると，$C+I>C+S$となる。それゆえ，総需要は$Y^D=C+I$，総供給は$Y^S=Y=C+S$であるので，$I>S$のとき，$Y^D>Y^S$となるからである。同様にして，$I<S$のとき，生産物市場は超過供給の状態である。したがって，図の点Aでは，生産物市場は超過供給，点Eでは生産物市場は均衡，点Cでは生産物市場は超過需要となる。例題の図の点Bは，点Cと同様にIS曲線の左下方に位置するので，生産物市場は超過需要の状態となっている。そこで，空欄エには「超過需要」が入る。

次に，**例題15.1-1**の数式を用いて，貨幣市場の関係を見てみよう。ここで，実質貨幣需要の式 (15.6) を再び示しておくと，

(15.17)　　$L=0.2Y-5r+180$

である。また，実質貨幣供給は，

(15.18)　　$\dfrac{M}{P}=160$

であり，LM曲線の式は，

(15.19)　　$r=4+\dfrac{1}{25}Y$

である。したがって，(15.19)式を満たす$Y^*=200$，$r^*=12$の値を (15.17) 式に代入すると，$L=160$となる。したがって，$(Y^*, r^*)=(200, 12)$のとき，$\dfrac{M}{P}=L$となっている。また，$Y=250$を (15.19) 式に代入すると，$r=14$が得られる。これらの値 $(Y, r)=(250, 14)$ を (15.17) に代入すると$L=160$となり，$\dfrac{M}{P}=L$となる。このようにLM曲線の式である (15.19) 式の関係を満たすYとrの値では必ず$\dfrac{M}{P}=L$となっている。それゆえ空欄イには「貨幣市場」が入る。

これに対して，LM曲線の式を満たさない国民所得Yと利子率rの組合せで

は，$\frac{M}{P}=L$ とはならない。たとえば $(Y, r) = (200, 10)$ を (15.17) に代入すると $L = 170$ となる。この場合には，$\frac{M}{P} < L$ となるので，貨幣市場は超過需要である。また $(Y, r) = (200, 14)$ を (15.17) に代入すると $L = 150$ となり，$\frac{M}{P} > L$ となる。この場合には貨幣市場は超過供給である。

以上の結果をグラフで見てみよう。そのために (15.17) の右辺を，国民所得に依存する貨幣需要と利子率に依存する貨幣需要に分けて表すことにする。国民所得に依存する貨幣需要を L_1 とすると，

(15.20)　　$L_1 = 0.2Y$

である。貨幣需要 L_1 は，経済活動の指標である国民所得に依存する<u>取引動機に基づく貨幣需要</u>を表している。また，利子率に依存する貨幣需要を L_2 とすると，

(15.21)　　$L_2 = 180 - 5r$

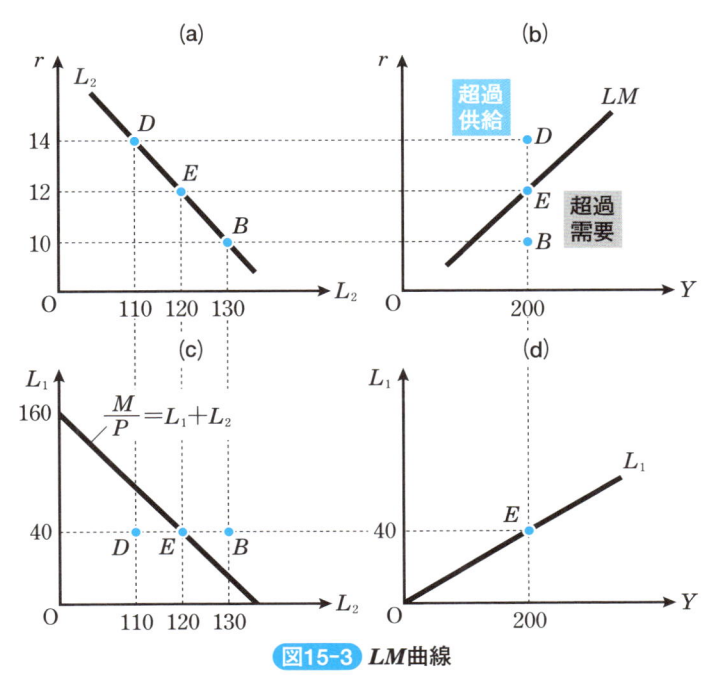

図15-3　**LM曲線**

である。貨幣需要L_2は，利子率に依存する資産としての貨幣需要，すなわち**投機的動機による貨幣需要**を表している。貨幣市場の均衡条件式 (15.8) は，

(15.22) $\quad \dfrac{M}{P} = L_1 + L_2$

となる。

図15-3の (**a**) には (15.21) 式のグラフが，(**b**) には (15.19) 式のグラフが，(**c**) には (15.22) の均衡条件式のグラフが，(**d**) には (15.20) 式のグラフが描かれている。

図15-3の点Eは $(Y^*, r^*) = (200, 12)$ であり，このとき$\dfrac{M}{P} = L$となっている。点Bは $(Y, r) = (200, 10)$ であり，$\dfrac{M}{P} < L$ となる。点Dは $(Y, r) = (200, 14)$ であり，$\dfrac{M}{P} > L$ となる。例題の図のBは，LM曲線の右下方に位置するので，貨幣市場は超過需要の状態である。それゆえ空欄エには「超過需要」が入る。また，例題の図のCは，LM曲線の左上方に位置している。それゆえ貨幣市場は超過供給の状態であり，空欄オには「超過供給」が入る。　　　**正答　4**

練習問題

[No.1] ある国の経済が，

$Y = C + I + G$
$C = 52 + 0.6(Y - T)$
$I = 80 - 12r$
$L = 120 + 0.5Y - 10r$

$\dfrac{M}{P} = 170, \ G = 20, \ T = 20$

$\left[\begin{array}{l} Y：国民所得，C：消費，I：投資 \\ G：政府支出，T：税収 \\ r：利子率，L：実質貨幣需要 \\ M：名目貨幣供給，P：物価水準 \end{array}\right.$

で示されるとき，この国の均衡国民所得はいくらか。(国税専門官)

1　100
2　200
3　300
4　400
5　500

[解説] $Y=C+I+G$, $C=52+0.6(Y-T)$, $I=80-12r$, $G=20$, $T=20$ より, IS曲線の式は,

$Y=350-30r$

である。また $L=120+0.5Y-10r$, $\dfrac{M}{P}=170$, および $\dfrac{M}{P}=L$ より, LM曲線の式は,

$Y=100+20r$

である。IS曲線の式とLM曲線の式から, $Y^*=200$, $r^*=5$ となる。

正答 【No.1】2

15.2 IS-LMモデルと財政・金融政策

例題15.2-1 財政政策の効果

下図は,政府支出が増加したためにIS曲線がシフトする様子を描いたものである。下文の空欄ア~ウに該当する語句等の組合せとして妥当なものは,次のうちどれか。(市役所)

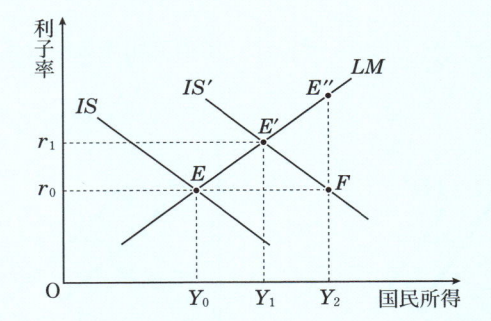

政府支出がなされる前の均衡国民所得が Y_0 で,完全雇用国民所得である Y_2 に比べて Y_2-Y_0 だけ国民所得が不足しているとする。そこで,政府は政府支出を増加させ,IS曲線をISからIS'にシフトさせることにした。IS曲線をISからIS'にシフトさせるためには,この経済における限界消費性向を c とした場合,政府支出を ア だけ増加させればよい。

しかし,点Fでは,IS'曲線上の点ではあってもLM曲線上の点ではないので,実物市場の需給を均衡させてはいても,貨幣市場の需給を均衡させているわけではない。利子率が r_0 のままで国民所得が Y_2 に増大すれば,貨幣に対する取引が増え,貨幣に対する需要が供給を上回って利子率が上昇する。利子率の上昇は イ を減少させるので,経済は点Fから ウ 点に移動する。

	ア	イ	ウ
1	$(1-c)(Y_2-Y_0)$	投資	E'
2	$(1-c)(Y_2-Y_0)$	消費	E''
3	$\dfrac{Y_2-Y_0}{1-c}$	投資	E''
4	$\dfrac{Y_2-Y_0}{1-c}$	消費	E'
5	$\dfrac{1-c}{Y_2-Y_0}$	消費	E''

解説 政府支出や投資が増加すると，例題の図のように，IS曲線は右方向にシフトする。**図15-4**は政府支出の増加によりIS曲線が右方向にシフトする様子を描いたものである。投資が増加する場合にも，IS曲線は右にシフトする。

IS曲線のシフトの幅は，点Eと点Fの水平距離に対応している。EとFにおける利子率の水準はともにr_0で一定であるので，EとFの水平距離の大きさは，政府支出が増加したときの乗数効果に対応する。政府支出乗数は，限界消費性向をcとすると，$\dfrac{1}{1-c}$ である。そこで，政府支出乗数の**公式14.3**から，

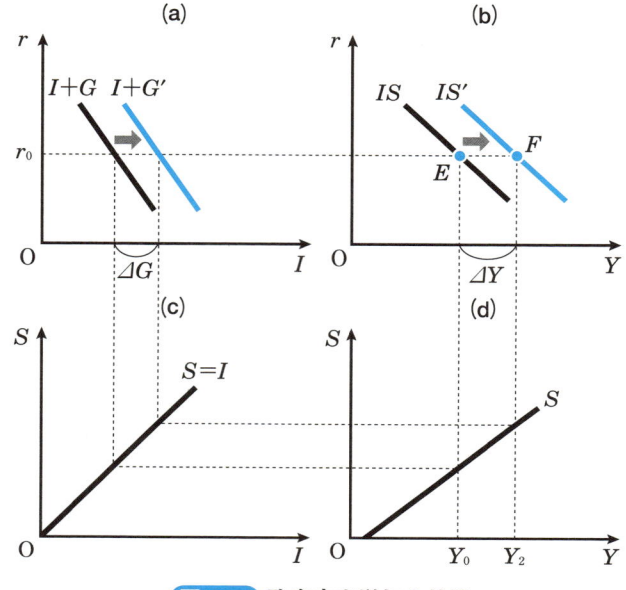

図15-4 政府支出増加の効果

(15.23)　$(1-c)\Delta Y = \Delta G$

となる。これより，$\Delta Y = Y_2 - Y_0$とすると，$Y_2 - Y_0$だけの国民所得の増加をもたらす政府支出の増加は，

(15.24)　$\Delta G = (1-c)(Y_2 - Y_0)$

となる。以上から，1または2が正しい。

例題の図の点FはLM曲線の右方に位置している。このときの貨幣市場の状態は超過需要$\left(\dfrac{M}{P} < L\right)$である。したがって，貨幣市場が均衡する$LM$曲線上の点に至るまで利子率は上昇する。最終的な均衡点はIS'曲線とLM曲線の交点であるE'であり，均衡国民所得の水準は，Y_2よりも小さいY_1の水準となる。Y_2からY_1への減少は，利子率上昇に伴う民間投資の減少によってもたらされる。この利子率の上昇による投資の減少の効果は，クラウディング・アウト効果と呼ばれる。以上から，正答は1である。

正答　1

例題15.2-2　金融政策

マネーサプライが増加したときのIS曲線，LM曲線のシフトの方向として正しいものはどれか。（地方中級）

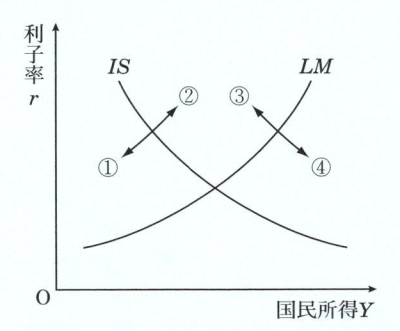

	IS曲線	LM曲線
1	②	③
2	①	変化なし
3	変化なし	③
4	変化なし	④
5	②	変化なし

解説 金融政策によって，マネーサプライ（貨幣供給量）が増加すると，LM 曲線は右方向にシフトする。図15-5は，マネーサプライ（貨幣供給量）が増加するときの LM 曲線のシフトの様子を表したものである。

マネーサプライが増加し M' となると，(15.22)式の貨幣市場の均衡条件式が $\dfrac{M'}{P} = L_1 + L_2$ に変化する。貨幣市場の均衡条件式が右上方向にシフトし，それに対応して図15-5(b)の LM 曲線が右下方向にシフトし LM' となる。その結果，均衡点は E から F に変化し，均衡国民所得は Y_0 から Y_1 に増加し，均衡利子率が r_0 から r_1 に低下する。

例題では，マネーサプライの増加は，LM 曲線を④の方向へシフトさせる。このとき IS 曲線は不変である。よって，正答は 4 である。　　　　**正答　4**

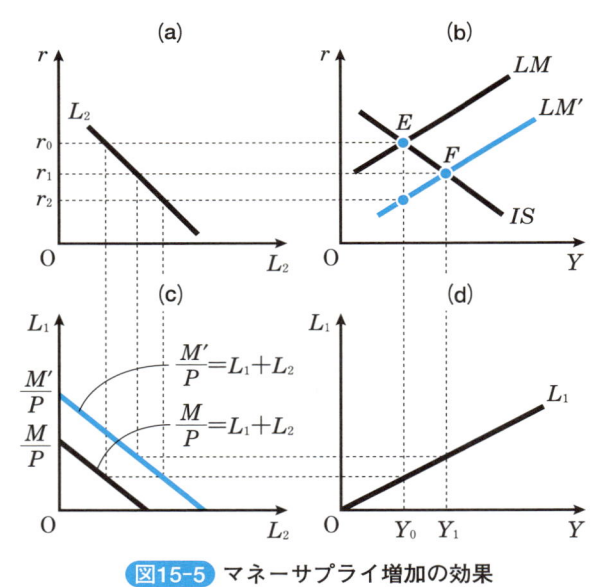

図15-5 マネーサプライ増加の効果

練習問題

【No.1】 ある国の経済が，

$Y = C + I + G$
$C = 10 + 0.6Y$
$I = 90 - 1200r$

Y：国民所得，C：消費
I：投資，G：政府支出
r：利子率，L：実質貨幣需要
M：名目貨幣需要，P：物価水準

$L = 100 + 0.5Y - 1000r$

$\dfrac{M}{P} = 200$

$G = 20$

で示されるとする。政府支出 G が40に増加したとき，民間投資 I はクラウディング・アウトによりどれだけ減少するか。(国税専門官)

1 12　　**2** 14　　**3** 16　　**4** 18　　**5** 20

[解説] 問題の最初の3本の式 $Y = C + I + G$，$C = 10 + 0.6Y$，$I = 90 - 1200r$ と $G = 20$ から，IS曲線の式を求めると，

$Y = 300 - 3000r$

が得られる。また貨幣市場の均衡条件式 $\dfrac{M}{P} = L$ と，問題の $L = 100 + 0.5Y - 1000r$，$\dfrac{M}{P} = 200$ から，LM曲線の式は，

$Y = 200 + 2000r$

となる。以上のIS曲線の式とLM曲線の式から，当初の均衡国民所得 Y_0^* と均衡利子率 r_0^* は，

$Y_0^* = 240$　　　　$r_0^* = 0.02$

となる。このときの民間投資の水準を I_0 とすると，

$I_0 = 90 - 1200 \times 0.02 = 66$

となる。

次に，政府支出を20増加させ40となったときのIS曲線の式は，$Y = C + I + G$，$C = 10 + 0.6Y$，$I = 90 - 1200r$ と $G = 40$ から，

$Y = 350 - 3000r$

となる。このIS曲線の式と先に求めたLM曲線の式から，政府支出変化後の均衡国民所得 Y_1^* と均衡利子率 r_1^* は，

$Y_1^* = 260$　　　　$r_1^* = 0.03$

となる。政府支出変化後の投資の水準を I_1 とすると，

$I_1 = 90 - 1200 \times 0.03 = 54$

である。したがって，利子率上昇による民間投資のクラウディング・アウトの額は，

$I_0 - I_1 = 66 - 54 = 12$

となる。

【No.2】 次のようなIS曲線とLM曲線からなるマクロ経済を考える(ただし，短期の状況を考えるので，物価の変動は無視する)。

　IS曲線：$Y = a_0 - a_1 r + G$

　LM曲線：$Y = b_0 + b_1 r + b_2 M$

$\begin{bmatrix} Y：国民所得，r：金利，G：政府支出，M：マネーサプライ \\ a_0, a_1, b_0, b_1, b_2：正の定数で，当初 a_0 + G > b_0 + b_2 M \end{bmatrix}$

政府支出を一定に保ったまま，マネーサプライを増加させた場合，この経済の説明として妥当なものはどれか。(国家Ⅱ種)

1　金利が上昇し，国民所得も増加する。
2　金利が上昇し，国民所得は減少する。
3　金利が低下し，国民所得は増加する。
4　金利が低下し，国民所得は減少する。
5　金利も国民所得もどちらに動くかは不明である。

[解説]　マネーサプライが増加すると，LM曲線が右シフトする。また，政府支出が一定であるので，IS曲線はシフトしない。この場合は，図15-5で表される場合である。このとき，利子率は低下し，国民所得は増加する。よって，正答は3である。

[別解]　問題のIS曲線とLM曲線の式から均衡国民所得Y^*と均衡利子率r^*を求めてみよう。例題の2つの連立方程式を解くと，

$$Y^* = \frac{1}{a_1+b_1}(a_0b_1+b_1G+a_1b_0+a_1b_2M)$$

$$r^* = \frac{1}{a_1+b_1}(a_0+G-b_0-b_2M)$$

となる。ここで，a_0，a_1，b_0，b_1，b_2はプラスの値であるので，$Y^*>0$である。また，$a_0+G>b_0+b_2M$と仮定されているので，$r^*>0$である。均衡国民所得Y^*の式の右辺のMの係数$\frac{a_1b_1}{a_1+b_1}$がプラスの値であるので，貨幣供給量Mが増加すると均衡国民所得は増加する。また，均衡利子率r^*の式の右辺のMの係数$-\frac{b_2}{a_1+b_1}$がマイナスの値であるので，貨幣供給量Mが増加すると均衡利子率は低下する。したがって，正答は3である。

正答　【No.1】1　【No.2】3

15.3　IS曲線とLM曲線の形状

例題15.3-1　特殊なIS曲線とLM曲線

次の図A～CのようなIS-LM曲線の図と，それが生ずるグループを正しく組み合わせたものはどれか。ただし，rは利子率，Yは国民所得を表している。(市役所)

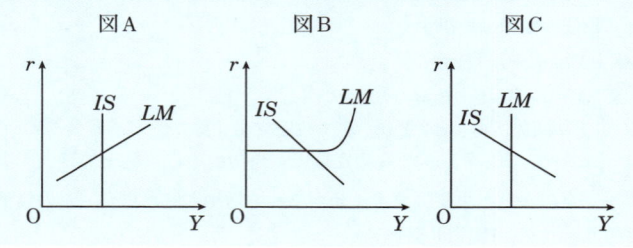

図A　　　　　図B　　　　　図C

	図A	図B	図C
1	貨幣需要の利子非弾力性	流動性トラップ	投資の利子非弾力性
2	貨幣需要の利子非弾力性	投資の利子非弾力性	流動性トラップ
3	投資の利子非弾力性	貨幣需要の利子非弾力性	流動性トラップ
4	投資の利子非弾力性	流動性トラップ	貨幣需要の利子非弾力性
5	流動性トラップ	投資の利子非弾力性	貨幣需要の利子非弾力性

解説 例題はIS曲線やLM曲線が垂直であったり水平であったりする特殊ケースの問題である。

まず、IS曲線の特殊ケースについて見てみよう。図15-6はIS曲線が垂直になる場合と水平になる場合を一つのグラフで表したものである。IS曲線が垂直な場合は、左上の図の投資関数Iが垂直である場合に対応している。投資関数が垂直となるのは、利子率が変化しても投資が変化しない場合、すなわち投資が利子率に対して完全に非弾力的な、言い換えると投資の利子弾力性がゼロのケースである。投資の利子弾力性がゼロの場合にはIS曲線は垂直となる。このケースは例題の図Aのケースに対応する。したがって、3または4が正しい。

IS曲線が水平な場合は、図15-6(a)の投資関数が水平でI^Bとなっている場

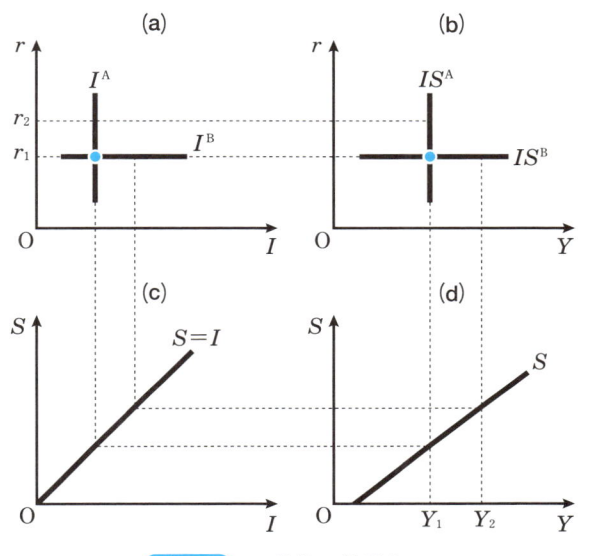

図15-6 IS曲線の特殊ケース

合である。投資関数が水平となるのは，投資が利子率に対して完全に弾力的な，言い換えると投資の利子弾力性が無限大のケースである。投資の利子弾力性が無限大の場合にはIS曲線は水平となる。

次に，LM曲線の特殊ケースについて見てみよう。図15-7はLM曲線が垂直になる場合と水平になる場合を一つのグラフで表したものである。

図15-7(b)のLM曲線が垂直な場合は，図15-7(a)のL_2線が垂直であるL_2^Aの場合に対応している。L_2線が垂直となるのは，利子率が変化しても貨幣需要が変化しない場合，すなわち貨幣需要が利子率に対して完全に非弾力的な（貨幣需要の利子弾力性ゼロの）ケースである。したがって，貨幣需要の利子弾力性がゼロの場合にはLM曲線は垂直となる。この場合は，貨幣需要に対する利子率の効果を無視していた古典派のケースと呼ばれることもある。このケースは例題の図Cに対応し，**4**が正答となる。

次に，LM曲線が水平となる場合は，図15-7(a)のL_2線が水平であるL_2^Bの場合である。L_2線が水平となるのは，貨幣需要が利子率に対して完全に弾力的な，言い換えると貨幣需要の利子弾力性無限大のケースである。貨幣需要の利子弾力性が無限大の場合にはLM曲線は水平となり，流動性のわな（流動性トラップ）のケースと呼ばれている。これは例題の図Bの場合である。**正答　4**

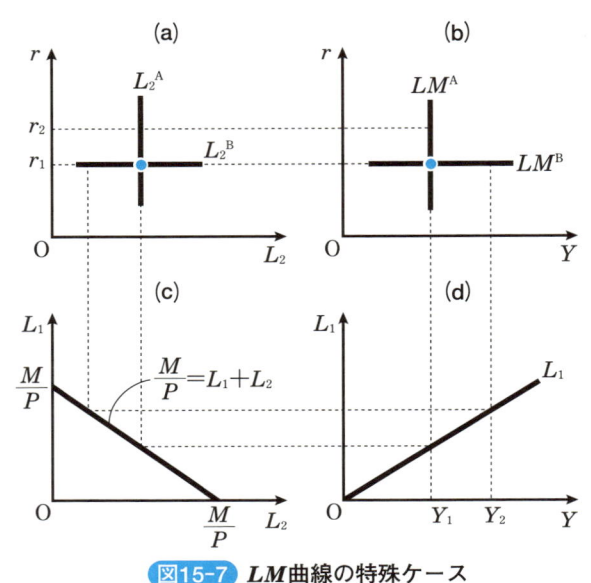

図15-7 LM曲線の特殊ケース

例題15.3-2　財政・金融政策

IS-LM分析に関する以下の記述について，妥当なものはどれか。

(地方上級類題)

1. 投資の利子弾力性がゼロのケースでは，財政政策も金融政策も無効である。
2. 貨幣需要の利子弾力性がゼロのケースでは，財政政策は有効で金融政策は無効である。
3. 「流動性のわな」のケースでは，財政政策は有効で金融政策は無効である。
4. 投資の利子弾力性が無限大のケースでは，財政政策は有効で金融政策は無効である。
5. 貨幣需要の利子弾力性が無限大のケースでは，財政政策は無効で金融政策が有効である。

解説　IS曲線やLM曲線が垂直であったり水平であったりする特殊ケースにおいては，財政政策や金融政策が効果を持たない可能性がある。

まず，投資が利子非弾力的であるためにIS曲線が垂直となるケースについて見てみよう。**図15-8**は，IS曲線が垂直な場合の財政政策と金融政策の効果を示している。

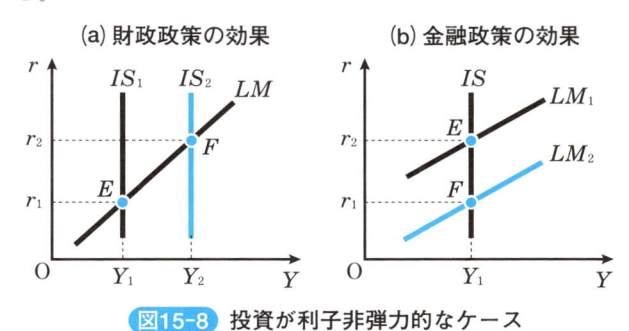

図15-8　投資が利子非弾力的なケース

まず図15-8(a)では，政府支出を増加させる財政政策によってIS曲線が右にシフトしIS_1からIS_2となる様子が描かれている。この場合，均衡点はEからFに変化し，均衡国民所得は増加し，利子率は上昇する。したがって，財政政策によって国民所得は増加するので，財政政策は有効である。これに対して，図15-8(b)の金融政策の場合には，貨幣供給量を増加させLM曲線をシフトさせることができても，均衡点はEからFに変化し，均衡国民所得は不変にとどまる。したがって，金融政策は無効である。以上から，1は誤りである。

図15-9は，投資の利子弾力性が無限大でありIS曲線が水平となるケースである。図15-9(a)では，財政政策を行っても均衡点は変化せず，均衡国民所得は不変のままにとどまる。それゆえ，財政政策は無効である。これに対して，図15-9(b)の金融政策の場合には，貨幣供給量を増加させると，LM曲線が右にシフトし，均衡点はEからFに変化する。その結果，均衡国民所得は増加するので，金融政策は有効である。以上から，4は誤りである。

(a) 財政政策の効果　　(b) 金融政策の効果

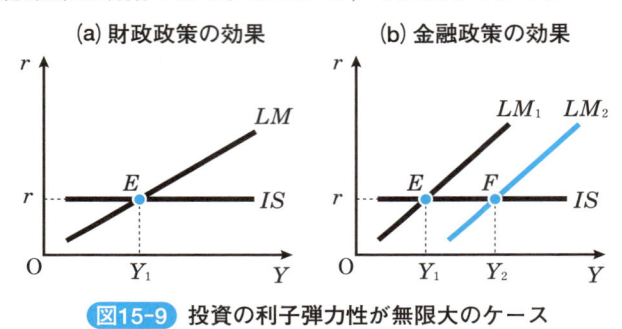

図15-9　投資の利子弾力性が無限大のケース

　次に図15-10は，貨幣需要が利子非弾力的であるためにLM曲線が垂直となるケースの財政政策と金融政策の効果を示している。図15-10(a)では，政府支出を増加させる財政政策によってIS曲線が右にシフトし，均衡点はEからFに変化する。このとき，利子率の上昇によって民間投資のクラウディング・アウトが生じるので，均衡国民所得は変化しない。したがって，財政政策は無効である。これに対して，図15-10(b)の金融政策の場合には，貨幣供給量を増加させると，LM曲線が右にシフトし，均衡点はEからFに変化する。その結果，均衡国民所得は増加し，利子率は低下する。したがって，金融政策は有効である。以上から，2は誤りである。

(a) 財政政策の効果　　(b) 金融政策の効果

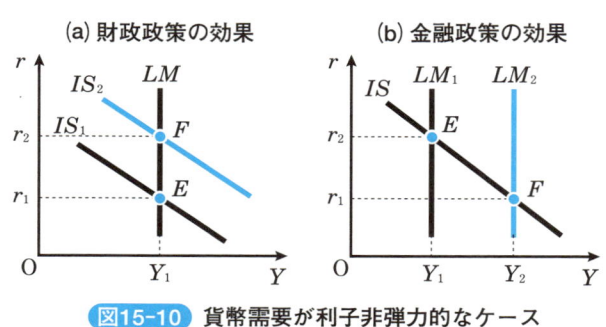

図15-10　貨幣需要が利子非弾力的なケース

図15-11は，経済が流動性のわなの状態にあり，貨幣需要の利子弾力性が無限大であるためにLM曲線が水平となるケースの財政政策と金融政策の効果を示している。まず図15-11(a)では，政府支出を増加させる財政政策によってIS曲線が右にシフトし，均衡点はEからFに変化する。このとき，利子率は不変にとどまるが，均衡国民所得は増加する。したがって，財政政策は有効である。これに対して，図15-11(b)の金融政策の場合には，貨幣供給量を増加させても，LM曲線は不変にとどまり，均衡点は変化しない。均衡国民所得は不変であるので，金融政策は無効である。以上から，3は正しく5は誤りである。

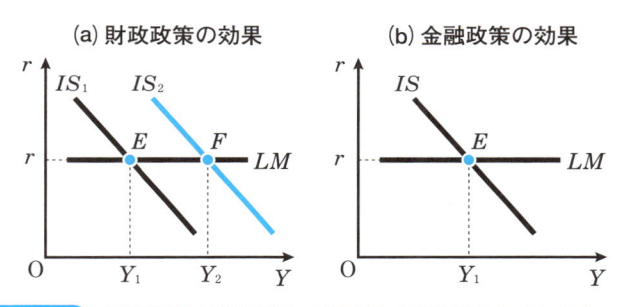

図15-11 貨幣需要の利子弾力性無限大（流動性のわな）のケース

正答　3

以上の特殊ケースの場合の政策効果をまとめると，以下の**表15-1**のようになる。

表15-1 IS曲線・LM曲線が特殊なケースの政策効果

	政府支出増加の効果		貨幣供給量増加の効果	
	国民所得	利子率	国民所得	利子率
IS曲線垂直 　投資の利子弾力性がゼロ	増加	上昇	不変	低下
IS曲線水平 　投資の利子弾力性が無限大	不変	不変	増加	不変
LM曲線垂直 　貨幣需要の利子弾力性がゼロ	不変	上昇	増加	低下
LM曲線水平 　貨幣需要の利子弾力性が無限大	増加	不変	不変	不変

練習問題

【No.1】 図1と図2は，2つの異なるマクロ経済における IS 曲線と LM 曲線を表したものである。これらの図に関する次の文章中の空欄ア〜エに当てはまる語句の組合せとして，妥当なものはどれか。（地方上級）

　　流動性のわながあるのは　ア　の経済であり，この経済で国民所得を増大させるには　イ　を増大させる必要がある。また，完全なクラウディング・アウトが生じるのは　ウ　の経済であり，この経済で国民所得を増大させるには　エ　を増大させる必要がある。

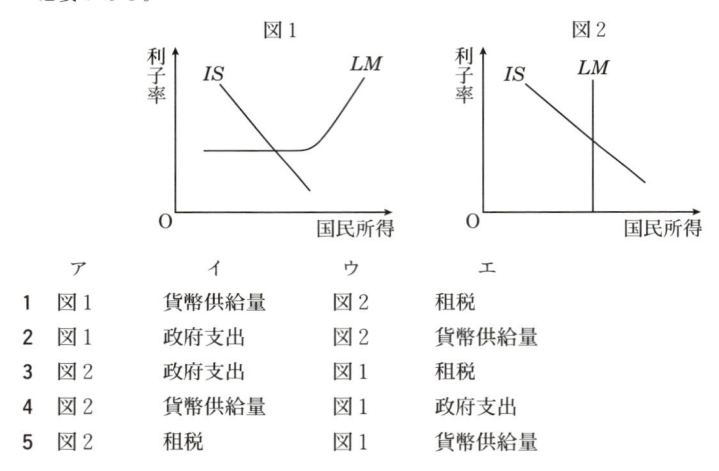

	ア	イ	ウ	エ
1	図1	貨幣供給量	図2	租税
2	図1	政府支出	図2	貨幣供給量
3	図2	政府支出	図1	租税
4	図2	貨幣供給量	図1	政府支出
5	図2	租税	図1	貨幣供給量

[解説] 図1は，LM 曲線が水平な部分で IS 曲線と LM 曲線が交差している。LM 曲線が水平である場合は，貨幣需要の利子弾力性が無限大となる流動性のわなの場合である。この場合には，財政政策は有効であるが金融政策は無効である。したがって，国民所得を増大させるためには政府支出を増大させる政策が必要となる。以上から空欄アは「図1」，空欄イ「政府支出」が入る。図2は LM 曲線が垂直となる古典派ケースである。この場合には，財政政策は無効であり，金融政策は有効である。政府支出を増加させても利子率が上昇するのみで国民所得が変化しない。この場合は，完全なクラウディング・アウトのケースである。以上から空欄ウには「図2」，空欄エには「貨幣供給量」が入る。よって，2が正しい。

正答　【No.1】2

15.4 政策効果の計算問題

例題15.4-1　政府支出の増加の効果

マクロ経済が,
$$Y = C + I + G$$
$$C = C_0 + 0.9Y$$
$$I = I_0 - 1000r$$
$$0.2Y - 500r = \frac{M}{P}$$

$\begin{bmatrix} Y：国民所得,\ C：消費,\ I：投資 \\ G：政府支出,\ r：利子率 \\ M：貨幣供給量,\ P：物価水準（一定） \\ C_0,\ I_0 は正の定数 \end{bmatrix}$

で示されるとする。このとき，政府支出Gを1兆円だけ追加的に増加させたならば，国民所得Yはいくら増加するか。（市役所）

1　2兆円　**2**　4兆円　**3**　6兆円　**4**　8兆円　**5**　10兆円

解説　例題では，式の数が4本，変数の数が$Y,\ C,\ I,\ G,\ r,\ \dfrac{M}{P}$の6個である。

それゆえ，式の本数が変数よりも2つ少ないので，各変数の解の数値を求めることはできない。しかし，例題では，政府支出Gを1兆円だけ追加的に増加させる場合の国民所得Yの変化分のみを問題にしているので，以下のように変化分の数値を求めることができる。

　例題の数式は一次式であるので，例題の最初の生産物市場の均衡条件式では，国民所得の変化分ΔYを，消費の変化分ΔC，投資の変化分ΔI，政府支出の変化分ΔGの和として表すことができる。すなわち，

(15.25)　　$\Delta Y = \Delta C + \Delta I + \Delta G$

である。また例題の2番目の消費関数の式では，基礎消費C_0は定数であるので，消費の変化分ΔCと国民所得の変化分ΔYの関係は，

(15.26)　　$\Delta C = 0.9 \Delta Y$

と表すことができる。同様に，3番目の投資関数の式では，I_0は定数であるので，投資の変化分ΔIと利子率の変化分Δrの関係は，

(15.27)　　$\Delta I = -1000 \Delta r$

となる。(15.25)(15.26)(15.27)の3本の式から，ΔCとΔIを消去すると，

(15.28)　　$\Delta Y = -10000 \Delta r + 10 \Delta G$

が得られる。また，例題の最後の式において，実質貨幣供給量が一定であるとすると，$\Delta \dfrac{M}{P} = 0$ となるので，$0.2\Delta Y - 500\Delta r = 0$ となり，

(15.29)　　$\Delta Y = 2500\Delta r$

が得られる。(15.28)式，(15.29)式から Δr を消去すると，

(15.30)　　$\Delta Y = 2\Delta G$

となる。

　例題では政府支出の増加は1兆円であるので，$\Delta G = 1$ である。よって，

　　　$\Delta Y = 2 \times 1 = 2$（兆円）

となる。したがって，正答は1である。　　　　　　　　　　　　　　　　**正答　1**

練習問題

【No.1】 マクロ経済が，

$Y = C + I + G$
$C = C_0 + 0.8(Y - T)$
$I = I_0 - 1000r$
$0.1Y - 500r = \dfrac{M}{P}$

$\begin{bmatrix} Y:\text{国民所得}, C:\text{消費}, I:\text{投資} \\ G:\text{政府支出（一定）}, T:\text{税収}, r:\text{利子率} \\ M:\text{貨幣供給量（一定）}, P:\text{物価水準（一定）} \\ C_0, I_0:\text{定数} \end{bmatrix}$

であるとする。政府が5兆円の減税を行うと，国民所得はいくら増加するか。（地方上級）

1　5兆円　　2　10兆円　　3　15兆円　　4　20兆円　　5　25兆円

[解説] 例題15.4-1と同様に変化分に関する式を求めてみよう。政府支出Gは変化しないとすると，$\Delta G = 0$ であり，C_0, I_0 は定数であるので，問題の最初の3本の式から，

　　　$\Delta Y = \Delta C + \Delta I$

が得られる。また消費関数と投資関数の式からは，C_0, I_0 は定数であるので，

　　　$\Delta C = 0.8(\Delta Y - \Delta T)$　　$\Delta I = -1000\Delta r$　　$\Delta Y = -4\Delta T - 5000\Delta r$

が得られる。また，問題の4番目の式において，実質貨幣供給 $\dfrac{M}{P}$ は一定であるとすると，$\Delta \dfrac{M}{P} = 0$ となり，$0.1\Delta Y - 500\Delta r = 0$ となる。それゆえ，

　　　$\Delta Y = 5000\Delta r$

が得られる。先に得られた $\Delta Y = -4\Delta T - 5000\Delta r$ とこの式から Δr を消去すると，

　　　$\Delta Y = -2\Delta T$

が得られる。よって，5兆円の減税を行うとき，$\Delta Y = (-2) \times (-5) = 10$（兆円）となる。

正答　【No.1】 2

第16章 消費関数

Consumption Function

16.1 ケインズ型消費関数：絶対所得仮説

> **例題16.1-1　平均消費性向と限界消費性向**
>
> 消費関数が $C(Y)=aY+b$ であるとき，所得の追加的増加が消費をどれだけ増やすかを表す限界消費性向，消費の所得に占める割合を表す平均消費性向について述べたもののうち，正しいものはどれか。ただし，Y は国民所得，a，b は正の定数である。（市役所）
>
> 1　国民所得の変化にかかわらず，限界消費性向，平均消費性向はどちらも一定である。
> 2　国民所得の増加につれて，限界消費性向，平均消費性向はどちらも低下する。
> 3　国民所得の増加につれて，限界消費性向は低下するが，平均消費性向は一定である。
> 4　国民所得の増加につれて，平均消費性向は低下するが，限界消費性向は一定である。
> 5　国民所得の増加につれて，平均消費性向は増加するが，限界消費性向は一定である。

解説 例題の消費関数は，第14章で導入されたケインズ型の消費関数である。ケインズ型消費関数では，今期の消費は今期の所得の絶対水準で説明されてい

る。それゆえ，この型の消費関数は絶対所得仮説に基づいているといわれる。例題は，今期の現実の所得の絶対水準が変化するときのケインズ型消費関数における限界消費性向（Marginal Propensity to Consume：*MPC*）と平均消費性向（Average Propensity to Consume：*APC*）の動きに関する問題である。

平均消費性向とは，消費Cを国民所得Yで割った値であり，

(16.1) $\quad APC = \dfrac{C}{Y}$

と定義される。例題の消費関数は，

(16.2) $\quad C = aY + b$

である。この式の平均消費性向を求めると，

(16.3) $\quad APC = \dfrac{C}{Y} = a + \dfrac{b}{Y}$

である。右辺のaとbは正の定数であるので，第2項の$\dfrac{b}{Y}$は国民所得Yの増加に伴って減少する。したがって，(16.3)式の平均消費性向は，国民所得Yが増加すると低下する（よって，1，3，5は誤り）。

他方，限界消費性向は，国民所得の増加分$\varDelta Y$に対する消費の増加分$\varDelta C$の比$\dfrac{\varDelta C}{\varDelta Y}$である。(16.2)式では，この値は右辺第1項の国民所得Yの係数の値となり，

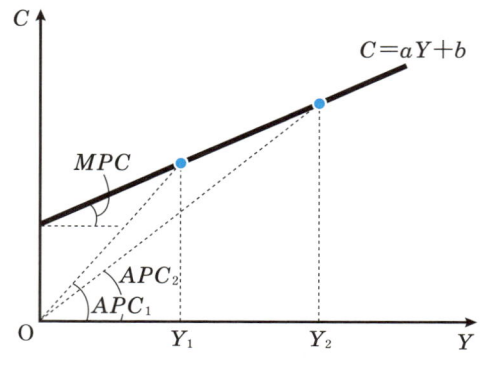

図16-1 ケインズ型消費関数（絶対所得仮説）

(16.4) $MPC = \dfrac{\Delta C}{\Delta Y} = a$

である。aは正の定数であるので，(16.2)式のケインズ型消費関数では，限界消費性向は一定である。以上から，2は誤りで，4が正答である。

また，(16.3)式と(16.4)式を比較すると，平均消費性向APCのほうが，$\dfrac{b}{Y}$の分だけ(16.4)式の限界消費性向MPCの値よりも大きいので，$MPC < APC$となる。

図16-1は，以上の関係をグラフで説明したものである。グラフからも明らかであるように，ケインズ型消費関数では，

①限界消費性向は平均消費性向よりも小さい値である（$MPC < APC$）
②平均消費性向は国民所得が増加するにつれて低下する（$APC_1 > APC_2$）

という特徴を持っている。これに対して，クズネッツが行った実証分析では，

③長期の平均消費性向は一定である（$APC^L = $一定）。
④長期においては限界消費性向と平均消費性向は等しい（$MPC^L = APC^L$）
⑤短期および家計の所得階層別のいずれのデータでも，限界消費性向は平均消費性向より小さい（$MPC^S < APC^S$）。

という結果が得られた。クズネッツの実証結果の③④から原点を通る長期の消費関数C^Lが存在し，⑤の事実から図16-1の消費関数と同じ形の短期の消費関数C^Sが存在することが明らかとなった。図16-2はこの短期と長期の2つの消費関数を図示したものである。

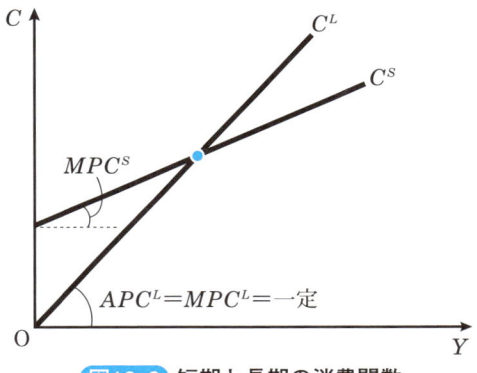

図16-2 短期と長期の消費関数

クズネッツの実証結果から，今期の消費を過去の所得水準等から説明するデューゼンベリーの相対所得仮説，生涯所得から説明する安藤＝モディリアーニのライフサイクル仮説，恒常所得という概念を用いて説明するフリードマンの恒常所得仮説などが登場することとなった。　　　　　　　　　　　**正答　4**

練習問題

【No.1】 ある国では，国民所得が100および200のとき，平均消費性向が0.9および0.85であるとする。この国の消費関数として適当なものは次のうちどれか。（国家Ⅱ種）

1　$C=0.8Y$
2　$C=0.8Y+10$
3　$C=0.8Y+20$
4　$C=0.9Y-10$
5　$C=0.9Y$

［解説］国民所得が100のときの平均消費性向が0.9，国民所得が200のときの平均消費性向が0.85と与えられているので，これらの数値を(16.3)式に代入すると，

$$0.9 = a + \frac{b}{100}$$

$$0.85 = a + \frac{b}{200}$$

が得られる。この連立方程式を解くと，$a=0.8$，$b=10$を得る。これより正答は2である。

【No.2】 国民所得が消費，投資，政府支出だけからなる経済がある。t_0期とt_1期の値が下のようになるとき，限界消費性向$\frac{\Delta C}{\Delta Y}$（$C$：消費，$Y$：国民所得）はいくらになるか。（市役所）

	t_0期	t_1期
国民所得	406.5	436.5
投資	92.9	110.9
政府支出	68.7	68.7

1　0.2　　2　0.4　　3　0.6　　4　0.7　　5　0.8

［解説］国民所得，消費，投資，政府支出の関係は，

$$Y = C + I + G$$

となる。t_0期の消費をC_0とし，上の式に問題のデータを代入すると，

$C_0 = 406.5 - (92.9 + 68.7) = 244.9$

また，t_1期の消費をC_1とすると，同様に，

$C_1 = 436.5 - (110.9 + 68.7) = 256.9$

となる。以上から消費の変化分を求めると，

$\Delta C = C_1 - C_0 = 256.9 - 244.9 = 12$

となる。他方，国民所得の変化分は，

$\Delta Y = Y_1 - Y_0 = 436.5 - 406.5 = 30$

である。したがって，限界消費性向は，

$\dfrac{\Delta C}{\Delta Y} = \dfrac{12}{30} = 0.4$

である。

正答 【No.1】2 【No.2】2

16.2 消費関数に関する三大仮説

例題16.2-1 相対所得仮説

デューゼンベリーの相対所得仮説によると，消費関数は，

$$C = \begin{cases} 0.8Y & (Y \geq Y_M \text{のとき}) \\ 0.8Y_M + 0.6(Y - Y_M) & (Y < Y_M \text{のとき}) \end{cases}$$

$\begin{bmatrix} C:消費, Y:国民所得 \\ Y_M:過去最大の国民所得 \end{bmatrix}$

で示される。

この説によれば，景気循環の3つの局面，不況（国民所得の減少），回復（国民所得のもとの水準への復帰）の過程，好況（経済成長）では，消費関数の限界消費性向の値はおのおのいくらか。（地方上級）

	不況	回復過程	好況
1	0.6	0.6	0.8
2	0.6	0.8	0.8
3	0.8	0.6	0.6
4	0.8	0.8	0.6
5	0.8	0.6	0.8

解説 例題16.1-1で見たように，ケインズ型の消費関数は短期の消費関数であるのに対して，クズネッツの実証の結果から短期と長期の消費関数の存在を整合的に説明する必要が生まれた。ケインズが今期の消費を今期の所得の絶対水準で説明したのに対して，デューゼンベリーは相対所得に着目する相対所得仮説を唱えた。相対所得仮説は，過去の所得水準との時間的な相対所得に着目する時間的相対所得仮説と，同じ時期の他の人々の消費水準からの影響に着目す

図16-3 相対所得仮説（習慣形成仮説）

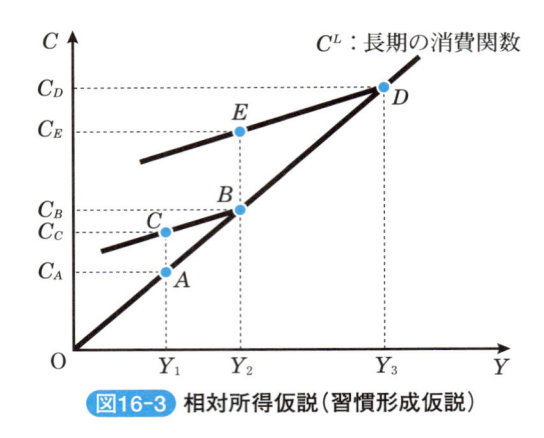

る空間的相対所得仮説の2つの見方を基礎にしている。前者の時間的相対所得仮説は，習慣形成仮説とも呼ばれている。例題16.2-1は，習慣形成仮説（時間的相対所得仮説）の問題である。

この考え方を図16-3を用いて説明してみよう。

当初の状態は，点Aにあるとしよう。このときの所得水準はY_1であり，消費水準はC_Aである。好景気で経済が成長する場合には，AからBに移動する。このとき，所得水準がY_2となり，消費水準もC_Bになる。この点Bの状態から景気後退が始まり，所得水準が再びY_1に戻ったとしよう。この場合，過去最高の所得水準がY_2であり消費水準がC_Bであるので，過去の消費習慣から，消費水準はC_Aには戻らずC_Cとなる。

このように過去の消費水準によって消費に歯止めがかかることは，歯止め効果（ラチェット効果）と呼ばれる。景気が回復しCからBに戻る場合には，消費水準はC_CからC_Bに戻る。このように所得と消費の関係は，経済成長期（好況期）には$A \to B$，$B \to D$のように移動する。これに対して，景気後退期（不況期）には$B \to C$，$D \to E$，景気回復期には$C \to B$，$E \to D$のように移動すると考えられる。

以上では，長期の消費関数は$A \to B \to D$のような動きを説明し，景気後退期（不況期）・景気回復期の所得と消費の関係を特徴づける短期の消費関数は，$B \to C$，$C \to B$，$D \to E$，$E \to D$のような動きを説明することになる。このような考え方により，図16-2で示された短期と長期の2つの消費関数を整合的に説明するのが，デューゼンベリーの相対所得仮説（習慣形成仮説）の考え方であ

る。

例題では，長期の消費関数は，

(16.5)　　$C = 0.8Y$

である。この場合は，国民所得Yが過去最高の所得水準Y_Mを超えた所得を得ている好況期（経済成長期）の場合（$Y > Y_M$）であり，**図16-3**の$A \to B$，$B \to C$となる長期の消費関数に対応する。この場合，(16.5)式から，限界消費性向と平均消費性向が等しく$APC = MPC = 0.8$である（よって，3，4は誤り）。

他方，$Y < Y_M$の場合は，**図16-3**の景気後退期$B \to C$，$D \to E$，および景気回復期$C \to B$，$E \to D$に対応する。この短期の消費と所得の関係は，例題では，

$$C = 0.8Y_M + 0.6(Y - Y_M)$$

という短期の消費関数で表されている。この式を変形すると，

(16.6)　　$C = 0.6Y + 0.2Y_M$

となる。短期的には，この(16.6)式のY_Mは一定であると考えられるので，景気後退期および景気回復期の限界消費性向MPCは，短期の消費関数(16.6)式の国民所得Yの係数の値から0.6となる。以上から正答は1である。

短期の平均消費性向APCは(16.6)式から，

(16.7)　　$\dfrac{C}{Y} = 0.6 + 0.2 \dfrac{Y_M}{Y}$

となる。Y_Mは短期的には一定であるので，この式の右辺第2項の$\dfrac{Y_M}{Y}$の値は国民所得Yの増加に伴って低下する。長期では，Yが増加しても$\dfrac{Y_M}{Y}$が一定となるので，平均消費性向は一定である。このようにして，**図16-2**のクズネッツの結果を説明することができる。

正答　1

例題16.2-2　ライフサイクル仮説

現在100万円の年収があり，200万円の資産を保有している20歳の人がいる。この人が60歳まで働き，80歳まで寿命があり，将来の所得は現在の所得と同額であるという予想の下で，生涯にわたって毎年同額の消費を行うとするとき，この個人の年々の消費額，限界消費性向，平均消費性向はいくらになるか。ただし，個人の行動はライフサイクル仮説に従い，利子所得はないものとする。（国家Ⅰ種）

	消費額	限界消費性向	平均消費性向
1	60	0.5	0.6
2	70	0.67	0.7
3	70	0.67	0.75
4	80	0.75	0.8
5	80	0.75	0.85

解説 安藤＝モディリアーニによる**ライフサイクル仮説**では，今期の消費額は，今期の所得のみに依存するのではなく，将来に稼得可能な予想所得を含む生涯所得と保有資産の合計である生涯の総資産に依存すると想定している。ライフサイクル仮説では，生涯資産をW，生涯消費をCとし，金融市場が整備されており借入・貸出が自由であるとすると，各個人は生涯消費≦生涯資産すなわち$C \leq W$の条件の下で各期の消費C_tを決定する。また，遺産を残さないとすると，生涯消費＝生涯資産すなわち$C = W$の条件の下で各期の消費C_tを決定すると考える。

例題のある個人をiとし，個人iの生涯所得をY^i，生涯資産をW^i，生涯消費をC^iとしよう。将来の所得（年収）を現在の所得（年収）と同額であるとすると，年収100万円を20歳から60歳（59歳末）までの40年間稼得するので，個人iの生涯所得Y^iは，

$Y^i = 100$万円$\times 40 = 4{,}000$万円

となる[1]。また個人iの処分可能な生涯資産W^iは，生涯所得$Y^i = 4{,}000$万円と保有資産$A^i = 200$万円の合計であるので，

$W^i = Y^i + A^i = 4000 + 200 = 4{,}200$万円

である。この額を20歳から寿命が尽きる80歳（79歳末）までの60年間にわたって毎年同額の消費をするので，第t年の年間消費額C_t^iは，

$C_t^i = W^i \div 60 = 4{,}200$万円$\div 60 = 70$万円

---

[1] 利子率が正であるならば利子率を考慮して生涯所得を求めなければならない。たとえば，今期に100万円，来期に100万円の所得がある場合には，利子率が5％であるとすると，今期の所得100万円は来期に100万円×1.05＝105万円となる。反対に来期の所得100万円の今期の価値は100万円÷1.05＝95.2万円となる。このように，来期の所得100万円を（1＋利子率）で割って現在の価値に直すことを「割引く」といい，その価値を割引現在価値と呼ぶ。生涯所得は，将来稼得可能な所得の割引現在価値となる。第11章の**例題11.1-1**を参照。

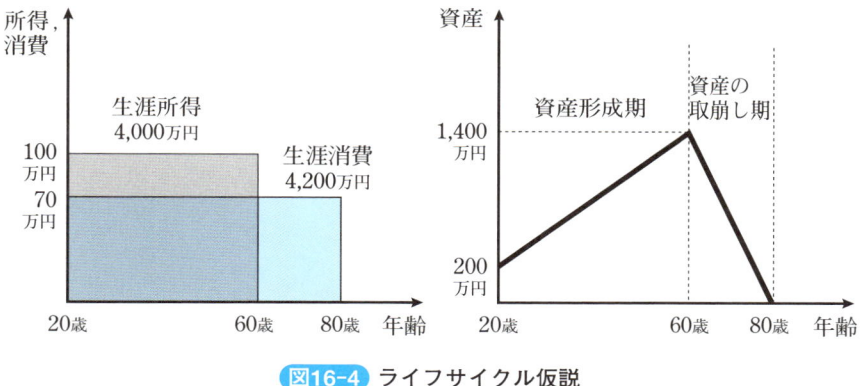

図16-4 ライフサイクル仮説

となる。これより平均消費性向は，$\frac{70万円}{100万円} = 0.7$ である。よって，**2** が正答となる。

図16-4は，これをグラフで表したものである。利子率を考慮しないので，生涯所得は灰色領域（　　）の面積，生涯消費は青色領域（　　）の面積として単純に求められる。

短期の限界消費性向を求めるためには，短期の消費関数を求めなければならない。第 t 年の年間所得額を Y_t^i，当初の保有資産を A^i とし，またこの個人 i の現時点から退職するまでの労働可能年数を N^i 年，現時点から寿命が尽きるまでの生存可能年数を T^i 年とすると，生涯所得は $Y^i = N^i \times Y_t^i$ であるので，個人 i の第 t 年の年間消費額 C_t^i は，

$$(16.8) \quad C_t^i = \frac{N^i}{T^i} \cdot Y_t^i + \frac{A^i}{T^i}$$

と表される。この式から短期の限界消費性向は，この消費関数の右辺の Y_t^i の係数 $\frac{N^i}{T^i}$ である。$N^i = 40$ 年，$T^i = 60$ 年であるので，限界消費性向は $\frac{40}{60} = 0.667$ である。よって，正答は **2** である。

(16.8) 式では個人 i の消費額は，年間所得からの消費額が 0.667×100 万円 $= 66.7$ 万円，初期保有資産からの消費額が 200 万円 $\div 60$ 年 $= 3.3$ 万円であり，年間消費総額はその合計である 70 万円になると説明される。もちろん，退職後には現実の年間所得は 0 となるので，60歳までに蓄えた資産1,400万円を退職

後の生存年数20年で割り，年間消費額が70万円となると考えることもできる。しかし，ライフサイクル仮説は年間消費を生涯所得と資産から説明するので，個人iの退職後の年間消費額も(16.8)式に従っていると考えることになる。

次に，各個人の消費関数を集計したマクロの消費関数について考えてみよう。消費，所得，資産の集計量をC，Y，Aで表すと，(16.8)式を基礎にした短期のマクロの消費関数は，

(16.9)　　$C = aY + bA$

と表すことができる。ここでa，bは定数である。この式から，平均消費性向を求めると，

(16.10)　　$\dfrac{C}{Y} = a + b\dfrac{A}{Y}$

となる。ライフサイクル仮説では，資産Aは貯蓄によって増加するとされる。長期の成長過程では，国民所得Yが増加するとき資産Aも増加すると考えられるので，$\dfrac{A}{Y}$の値は一定となり，平均消費性向$\dfrac{C}{Y}$も一定となる。これに対して，短期的には保有資産Aは一定であると考えられ，景気変動によりYが増加すると$\dfrac{A}{Y}$の値が低下するので平均消費性向$\dfrac{C}{Y}$は低下する。このようにして，ライフサイクル仮説もクズネッツの結果による短期と長期の2つの消費関数を整合的に説明することができる。

正答　2

例題16.2-3　恒常所得仮説

消費関数仮説に関する次の記述のうち，妥当なものはどれか。（市役所）

1. ケインズ型消費関数仮説によれば，平均消費性向は所得の増加につれて上昇し，限界消費性向に等しくなる。
2. デューゼンベリーの消費関数仮説によれば，消費支出はもっぱら所得の絶対水準に依存し，平均消費性向は一定である。
3. クズネッツ型消費関数仮説によれば，消費と所得の変化の関係は一定で，平均消費性向は限界消費性向に等しい。
4. ライフサイクル消費関数仮説によれば，消費支出は過去の所得水準に依存し，平均消費性向は所得の増加につれて上昇する。
5. フリードマンの消費関数仮説によれば，平均消費性向は所得の増加につれて

低下し，いわゆるラチェット効果が生ずる。

解説 5の説明はデューゼンベリーの相対所得仮説（**例題16.2-1**参照）の説明であるので，誤りである。フリードマンは，恒常所得という概念を用いて消費を説明する恒常所得仮説を唱えた。

恒常所得仮説は，ライフサイクル仮説と同様に，「今期の消費は将来の労働所得・財産所得の現在価値に依存する」と考える。ライフサイクル仮説（**例題16.2-2**参照）が生涯資産を生涯消費に「平均的に」割り振るという考え方であるのに対して，恒常所得仮説では将来の労働所得等の現在価値を含めた生涯総資産から現実の所得の変動をならした年間収益としての恒常所得が得られるとみなして，各年の消費は現実の所得ではなく恒常所得に依存すると考えるのである。恒常所得から現実の所得が乖離する額は，変動所得（一時的所得）と呼ばれる。変動所得（一時的所得）を Y^T で表すと，現実の所得 Y，恒常所得 Y^P，変動所得 Y^T の関係は，

(16.11) $\quad Y = Y^P + Y^T$

である。

恒常所得仮説では，恒常所得で説明される消費を恒常消費と呼んでいる。恒常所得を Y^P，恒常消費を C^P とすると，恒常所得 Y^P と恒常消費 C^P の関係は，

(16.12) $\quad C^P = a \cdot Y^P$

と表すことができる（a は正の定数）。これが恒常所得仮説における長期の消費関数である。この関係をグラフで表したものが**図16-5**の原点を通る長期消費関数 C^L である。

恒常所得は，将来の労働所得の現在価値を含めた生涯総資産からの年間収益に相当するとみなされるので，現実の所得 Y の短期的な変動がこの生涯総資産（将来の所得等の割引現在価値）に影響しないならば，恒常所得は一定にとどまる。このとき，恒常所得で説明される恒常消費も不変となる。現実の消費が変動所得 Y^T の影響をまったく受けない極端な場合には，現実の消費を C とすると，C は恒常消費と等しくなるので，

(16.13) $\quad C = C^P$

である。この場合，短期の消費関数 C^S は完全に水平となる。

これに対して，現実の消費 C が変動所得 Y^T によって影響されるならば，消

図16-5 恒常所得仮説

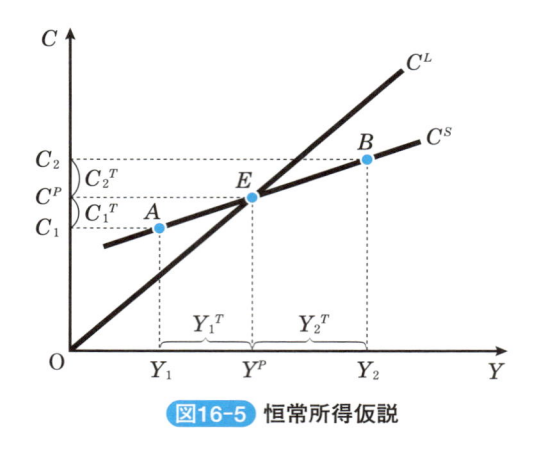

費もまた恒常消費C^Pと変動消費C^Tに分ける必要がある。すなわち，現実の消費Cは，

(16.14) $\quad C = C^P + C^T$

と表される。**図16-5**では，現実の国民所得がY_1になると，現実の消費は点Aに対応するC_1となり，現実の国民所得がY_2になると現実の消費は点Bに対応するC_2となる。このようにして短期の消費関数を説明することができる。**図16-5**のY_1^T，Y_2^Tは短期の変動所得，C_1^T，C_2^Tは変動消費を表している。

1．ケインズ型の消費関数（**例題16.1-1参照**）では，所得の増加につれて平均消費性向は低下するので，誤りである。2．デューゼンベリーの相対所得仮説（**例題16.2-1参照**）は，消費支出は過去の所得などの相対所得に依存すると考える。消費を所得の絶対水準から説明するのはケインズ型の消費関数であるので，誤り。3．正しい。クズネッツの実証結果による長期消費関数C^L（**図16-2参照**）の説明である。4．ライフサイクル仮説（**例題16.2-2参照**）では，消費を将来において稼得可能な所得を含む生涯所得によって説明する。消費支出が過去の所得水準に依存すると考えるのはデューゼンベリー等の相対所得仮説（習慣形成仮説）であるので，誤り。　　　　　　　　　　　**正答　3**

練習問題

【No.1】 ある個人が現在25歳であり，50歳で退職し，75歳で死亡するものとする。現在の資産保有額が1,000万円であり，また退職までの間には毎年200万円の勤労所得があるもの

とする。この個人がライフサイクル仮説に従って行動した場合の限界消費性向と平均消費性向の組合せとして，妥当なのはどれか。ただし，利子率，インフレ率はともにゼロであるとする。（国家Ⅱ種）

	限界消費性向	平均消費性向
1	0.4	0.5
2	0.5	0.5
3	0.5	0.6
4	0.6	0.6
5	0.6	0.8

[解説] この個人は，25歳から50歳（49歳末）までの25年間に年間200万円を稼得でき，利子率がゼロであるので，生涯所得は200万円×25＝5,000万円となる。また25歳時点で1,000万円の資産を保有しているので，資産総額は5,000万円＋1,000万円＝6,000万円である。これを25歳から75歳（74歳末）までの50年間で均等に消費することにとすると，年間消費額は6,000万円÷25＝120万円である。したがって，この個人の平均消費性向は $\dfrac{120 万円}{200 万円} = 0.6$ である。短期の限界消費性向は，**例題 16.2-2** の (16.8) 式における N^i と T^i が $N^i = 25$，$T^i = 50$ であるので，$\dfrac{25}{50} = 0.5$ となる。

正答【No.1】3

16.3 消費に対する効果

例題16.3-1 資産効果

消費関数に関する次の記述のうち，妥当なのはどれか。（国家Ⅱ種）
1. 相対所得仮説に従うと，現在の所得水準が過去の最高所得の水準を下回る不況期には，平均消費性向は上昇すると考えられる。
2. 絶対所得仮説に従うと，限界消費性向がゼロより大きい値をとるので，所得が増加するに従って長期的には平均消費性向は上昇すると考えられる。
3. 恒常所得仮説に従うと，恒常所得を上回る一時的な所得の増加があると，そのほとんどはその期の消費に使われると見られている。
4. 流動資産仮説に従うと，実質流動資産の増加は消費よりも資本蓄積に回されるので，長期的には平均消費性向を低下させると見られている。
5. ライフサイクル仮説に従うと，人々はその時々の所得に応じて消費を行う傾向があるので，限界消費性向が1より小さい値をとるために，長期的には平均消費性向は所得の増加に応じて低下すると考えられている。

解説 相対所得仮説，ライフサイクル仮説，恒常所得仮説の三大仮説は，「消費に影響を与える所得はある期間の所得の水準だけではない」ことを示した仮説である。これに対して，4の<u>流動資産仮説</u>は，経済学者トービンが唱えたものであり，預金等の実質価値である実質流動資産の変化が消費に与える効果を説明したものである。

流動資産仮説による消費関数は，実質流動資産をMとすると，

(16.15)　　$C = aY + bM + c$　　（a, b, cは正の定数）

と表すことができる。この式から平均消費性向APCは，両辺をYで割って，

(16.16)　　$\dfrac{C}{Y} = a + b\dfrac{M}{Y} + \dfrac{c}{Y}$

である。短期においては，実質流動資産Mが一定と考えられるので，(16.16)式から，国民所得Yが増加すると$\dfrac{M}{Y}$の値が低下するので，平均消費性向は低下する。これに対して，長期においては，実質流動資産Mが増加することによる平均消費性向を上昇させる効果が，国民所得Yが増加して平均消費性向が低下する効果を相殺するので，平均消費性向は一定となると考えられる。このように，流動資産仮説に従う場合にも，クズネッツの実証結果で示される短期と長期の消費関数（**図16-2**参照）が整合的に説明される。

例題の4は，なんらかの理由で単に実質流動資産Mのみが増加した場合を問題にしていると考えられる。実質流動資産Mの増加は，$\dfrac{M}{Y}$を上昇させ，消費を増加させる。またこのとき(16.16)式から平均消費性向APCは上昇するので，4は誤り。

1．正しい。相対所得仮説の習慣形成仮説の説明である。2．絶対所得仮説では，所得が増加すると平均消費性向は低下する（**図16-1**参照）ので，誤り。3．恒常所得仮説では，今期の消費水準は恒常所得に依存し，一時的な所得の変動に左右されないと考えるので，誤りである。5．ライフサイクル仮説では，将来において稼得可能な生涯所得あるいは生涯資産を平準化して毎年の消費とすると考え，長期的には平均消費性向は一定となると考えるので，誤り。

正答　1

例題16.3-2 ピグー効果

ピグー効果に関する記述として，妥当なのはどれか。（地方上級）

1 ピグー効果とは，貨幣賃金の引下げにより物価水準が低下した場合，流動資産の実質価値の増大により，消費が増加するので，有効需要が増え，雇用が拡大することをいう。
2 ピグー効果とは，貨幣賃金の引下げにより物価水準が低下した場合，流動資産の実質価値の減少により，消費が増加するので，有効需要が増え，雇用が拡大することをいう。
3 ピグー効果とは，貨幣賃金の引下げにより物価水準が上昇した場合，流動資産の実質価値の増大により，消費が増加するので，有効需要が増え，雇用が拡大することをいう。
4 ピグー効果とは，貨幣賃金の引下げにより物価水準が上昇した場合，流動資産の実質価値の減少により，利子率が上昇して投資が増加するので，有効需要が増え，雇用が拡大することをいう。
5 ピグー効果とは，貨幣賃金の引下げにより物価水準が低下した場合，流動資産の実質価値の増大により，利子率が低下して投資が増加するので，有効需要が増え，雇用が拡大することをいう。

解説 ピグー効果を論じる場合の消費関数は，物価の変動に伴う資産価値の変化に注目をするので，消費関数は名目資産をA，物価水準をPとすると，

$$(16.17) \quad C = aY + b\frac{A}{P} + c \quad (a, b, c は正の定数)$$

となる。ここで，Cは実質消費，Yは実質国民所得である。この消費関数では，物価の変化によって実質資産価値$\frac{A}{P}$が変化するので，実質消費は変動する。もしも物価Pが上昇すると，実質資産価値$\frac{A}{P}$が減少するので，（16.17）式の実質消費Cは減少する。反対に，物価Pが下落すると$\frac{A}{P}$が増加するので実質消費Cは増加する。

物価の変化に伴う消費の変化は，第15章で見た<u>流動性のわな</u>の状態にあるときには，大きな意味を持つ。

流動性のわなの状態では，IS曲線はLM曲線の水平部分で交差する。この交

図16-6 ピグー効果

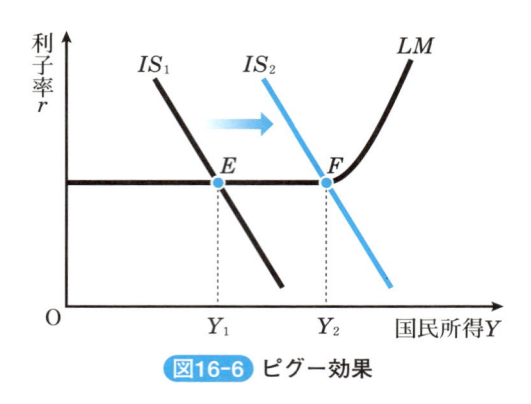

点に対応する国民所得が均衡国民所得である。この均衡国民所得を増加させるためには，財政政策による政府の介入が必要であるということが第15章の結論であった。しかし，消費関数が (16.17) 式のように与えられる場合には，財政政策に頼らなくても均衡国民所得が増加する。経済が不況の状態にあり流動性のわなの状態にあるときには，物価 P が下落すると考えられるので，先にみたように実質資産価値 $\dfrac{A}{P}$ が増加し，実質消費 C が増加する。実質消費の増加により，IS 曲線は，財政政策等によらなくても右シフトする。それゆえ，均衡国民所得は増加することになる。このようなメカニズムがピグー効果と呼ばれるものである。以上から，1 が正答である。

物価の変化は人為的な政策によるものではなく市場メカニズムによるものであり，ピグー効果は財政政策の必要性を主張するケインズ的な考え方に対する批判となっている。

正答　1

例題16.3-3　消費に対するさまざまな効果

依存効果に関する次の記述のうち，妥当なものはどれか。（地方上級）

1　依存効果とは，友人が自動車を買ったことに刺激されて自分も自動車を買う場合のように，消費者が他人の消費生活に影響され，模倣することによって需要が増加する現象をいう。
2　依存効果とは，消費者が生産者からの広告や宣伝により欲望を刺激され，本来必要ではないものまで買わされる現象をいう。
3　依存効果とは，高価な宝石や高級毛皮のような財の需要は，価格の騰貴により増大し価格の下落により減少する現象をいう。

4 依存効果とは,消費者は,所得が減少しても,過去の最高所得水準のときの消費水準を切り下げることはしないので,消費の減少に歯止めがかかる現象をいう。
5 依存効果とは,消費者が保有している土地や株式などの資産の価格が騰貴すれば増大し,資産価格が下落すれば消費が減少する現象をいう。

解説 選択肢は順番に,消費に対する,1.デモンストレーション効果,2.依存効果,3.ヴェブレン効果,4.歯止め(ラチェット)効果,5.資産効果の説明となっている。

デモンストレーション効果とは,デューゼンベリーが唱えたものであり,消費者が他の人々の消費に影響され,その結果,消費支出が増加する現象のことである。1の「友人が自動車を買ったことに刺激されて自分も自動車を買う場合」は,デモンストレーション効果の例であるので,1は誤りである。

依存効果とは,J. K. ガルブレイスが『ゆたかな社会』(1958年)の中で唱えた考え方であり,消費者が生産者からの広告により欲望を刺激され消費を増大させる効果のことである。2は依存効果の説明であるので,正答は2である。

ヴェブレン効果とは,ソーンスタイン・ヴェブレンによるものであり,消費者が他の人々に見せびらかすために高価なものを消費する「見せびらかしのための消費」のことをいう。3の「高価な宝石や高級毛皮のような財の需要が価格の騰貴により増大し価格の下落により減少する現象」は,宝石や毛皮が高価であるからこそ消費されることを説明しているので,ヴェブレン効果の例である。したがって,3は誤りである。

歯止め効果(ラチェット効果)とは,例題16.2-1で見たように,デューゼンベリーの相対所得仮説における考えであり,消費者は過去に高い消費水準を経験すると所得が減少してももとの水準まで消費水準を下げようとはしない,いわば消費に歯止め(ラチェット)がかかる効果のことをいう。4は,歯止め効果のことであるので,誤りである。

資産効果とは,例題16.3-1で見たように,実質資産の増減が消費に影響を与える効果のことである。5は,資産効果の説明であり依存効果の説明ではないので,誤りである。

正答 2

練習問題

【No.1】 消費の理論に関する次の記述のうち,妥当なものはどれか。(国家Ⅱ種)

1. デューゼンベリーの相対所得仮説においては,個人の消費活動は,現在の所得ではなく,将来達成したい消費水準に依存して決まる。したがって,この仮説の下では,短期的な所得の減少が生じた場合,所得の減少額以上に消費は減少する。
2. クズネッツ型の消費関数によると,所得の増加により平均消費性向は低下する。しかし,ケインズによる長期の時系列データの分析によると,平均消費性向は所得の増加に対して,ほぼ一定であることが示されている。
3. フリードマンの変動所得仮説においては,自己の所得獲得能力により決定される恒常所得よりも,景気変動のような自己の所得獲得能力とは独立の一時的要因によって決定される変動所得により,個人の消費活動が決定される。
4. 実質資産の増加が消費の増大をもたらす場合,実質資産の増加はLM曲線を左方にシフトさせ,所得,雇用の均衡水準を減少させる傾向を持つ。この効果をケインズ効果という。
5. モディリアーニらが唱えたライフサイクル仮説においては,個人の消費活動はその個人が一生の間に消費することができる所得の総額の大きさにより決定される。

[解説] 1.デューゼンベリーの相対所得仮説においては,個人の消費活動は,将来達成したい消費水準ではなく過去の所得水準が実現した消費水準に依存して決まる(習慣形成仮説)。したがって,1は誤りである。2.クズネッツは長期の時系列データにより平均消費性向が一定となることを明らかにし,所得の上昇につれて平均消費性向が低下することになるケインズ型の消費関数と矛盾する結果を導いた。クズネッツとケインズが反対になっているので,2は誤りである。3.フリードマンが唱えたのは変動所得仮説ではなく恒常所得仮説であり,自己の所得獲得能力により決定される恒常所得が個人の消費活動を説明すると考える。したがって,3は誤りである。4.ピグー効果に関する記述である。実質資産の増加が消費の増大をもたらす場合,実質資産の増加はLM曲線ではなくIS曲線を右方シフトさせる。4は誤りである。5.モディリアーニらが唱えたライフサイクル仮説の説明であり,正しい。

正答 【No.1】5

第17章

投資関数

Investment Function

17.1 投資の限界効率

例題17.1-1 現在価値と投資の限界効率

表は，ある企業の投資プロジェクト案である。投資家は，ケインズの投資決定理論に基づき，これらのプロジェクト案を実施するかどうか判断する場合，次の記述のうち妥当なものはどれか。ただし，利子率は10％とする。（国税専門官）

プロジェクト案	設備の利用期間	設備の費用	毎期の予想収益
A案	2年	1,200億円	605億円
B案	3年	3,200億円	1,331億円
C案	2年	8,500億円	4,840億円

1　A案，B案およびC案いずれも実施する。
2　A案およびB案は実施し，C案は実施しない。
3　B案は実施し，A案およびC案は実施しない。
4　B案およびC案は実施し，A案は実施しない。
5　C案は実施し，A案およびB案は実施しない。

解説　まず，A案の投資プロジェクトを実行に移すかどうかの判定について考えてみよう。A案のプロジェクトでは，当初1,200億円の投資の費用がかけられている。設備の利用期間は2年であるので，1年後には605億円の予想収益，

2年後に605億円の予想収益が得られる。これらの予想収益と投資の費用を比較するために，予想収益の割引現在価値を求めてみよう。**割引現在価値**Vは，t年後の予想収益をR_t，一定の利子率をrとすると，$\frac{R_t}{(1+r)^t}$である。そこで，1年後の予想収益605億円の割引現在価値をV_A^1とすると，V_A^1は10％の利子率を割引率として計算すると，

$$(17.1) \quad V_A^1 = \frac{605億円}{1+0.1} = 550億円$$

である。次に，2年後の予想収益の割引現在価値をV_A^2とし，V_A^2を求めると，

$$(17.2) \quad V_A^2 = \frac{605億円}{(1+0.1)^2} = 500億円$$

である。以上は，下の**表17-1**のように各期の予想収益を0年の価値にそろえる作業である。

表17-1 割引現在価値

	0年	1年後	2年後
V_A^1 :	$\frac{605}{1.1}$億円	← 605億円	
V_A^2 :	$\frac{605}{(1.1)^2}$億円	← $\frac{605}{1.1}$億円	← 605億円

以上から，A案の投資プロジェクトの2年間の予想収益の割引現在価値V_Aは，V_A^1とV_A^2の和であり，

$$(17.3) \quad V_A = \frac{605}{1.1} + \frac{605}{(1.1)^2} = 550 + 500 = 1050 \ [億円]$$

となる。他方，A案の費用は$C_A = 1,200$億円である。したがって，

$$(17.4) \quad V_A = 1,050億円 < 1,200億円 = C_A$$

となるので，A案のプロジェクトは実施されない。

同様に，B案のプロジェクトの予想収益の割引現在価値V_Bは，

$$(17.5) \quad V_B = \frac{1331}{1.1} + \frac{1331}{(1.1)^2} + \frac{1331}{(1.1)^3} = 3310 \ [億円]$$

であり，投資の費用は$C_B = 3,200$億円である。したがって，$V_B > C_B$となるので，B案の投資は実行に移される。また，C案の投資プロジェクトの予想収益の割

引現在価値 V_C は

(17.6)　　$V_\mathrm{C} = \dfrac{4840}{1.1} + \dfrac{4840}{(1.1)^2} = 8400$ ［億円］

である。これに対して，投資の費用は $C_\mathrm{C} = 8,500$ 億円であり，$V_\mathrm{C} > C_\mathrm{C}$ となるのでC案は実行されない。予想収益の割引現在価値と費用の比較から，投資プロジェクトが実行に移されるかどうか判定する以上の方法は，現在価値法と呼ばれる。この基準での投資決定は，

> 現在価値基準：　　$V \geqq C$ ならば投資は実施される。
> 　　　　　　　　$V < C$ ならば投資は実施されない。

となる。例題17.1-1では，各期の予想収益が等しいので，現在価値基準による投資の判定結果は，以下で説明するケインズの投資決定理論と同じになる。以上から，正答は3である。

ケインズの投資決定理論は，予想収益率（内部収益率）である投資の限界効率（資本の限界効率とも呼ばれる）と利子率の比較によって投資の決定を説明する理論である。まず，予想収益率を説明しよう。まず，1年間にわたり設備を利用するある投資プロジェクトを例とする。この投資プロジェクトは，当初に C の費用がかかり，1年後に R_1 の（粗）収益を生むと予想されるとする。このときの予想収益率 ρ は，純収益 $(R_1 - C)$ を投資費用で割り，

(17.7)　　$\rho = \dfrac{R_1 - C}{C}$

と表される。この式を変形すると，

(17.8)　　$C = \dfrac{R_1}{1 + \rho}$

である。同様に考えて，T 年まで存続する投資プロジェクトの予想収益率を考えてみよう。投資の費用を C，投資を行った翌年から T 年まで毎期の粗収益を $R_1, R_2, R_3, \cdots, R_T$ とし，予想収益率を ρ とすると，$C, R_1, R_2, R_3, \cdots, R_T, \rho$ の関係は，以下の式となる。

(17.9)　　$C = \dfrac{R_1}{1 + \rho} + \dfrac{R_2}{(1 + \rho)^2} + \dfrac{R_3}{(1 + \rho)^3} + \cdots\cdots + \dfrac{R_T}{(1 + \rho)^T}$

この式を満たす ρ が投資の予想収益率であり投資の限界効率（または資本

の限界効率）と呼ばれるものである。例題のA案のプロジェクトの限界効率を求めようとすると，

$$1200 = \frac{605}{1+\rho_A} + \frac{605}{(1+\rho_A)^2}$$

を解く必要があるので，実際に各投資プロジェクトの限界効率を計算することは難しい。各投資プロジェクトの限界効率を求めてみると，おおよそA案の限界効率 $\rho_A = 1\%$，B案の限界効率 $\rho_B = 12\%$，C案の限界効率 $\rho_C = 9\%$ となる。それをグラフに表したものが図17-1(a)である。

図17-1(a)から，利子率の10％よりも高いB案が採用され，A案とC案の投資プロジェクトは採用されない。投資の限界効率法による投資決定の判定基準は，

> 限界効率基準： $\rho \geq r$ ならば投資は実施される。
> $\rho < r$ ならば投資は実施されない。

である。投資プロジェクトの各期の予想収益が等しいならば，$V > C$ であれば $\rho > r$，$V = C$ であれば $\rho = r$，$V < C$ であれば $\rho < r$ であり，現在価値基準による投資決定の判定結果は限界効率基準と等しい結果となる。

投資プロジェクトが多数存在する場合には，投資プロジェクトの投資の限界効率を高い順に並べると，図17-1(b)のような右下がりの投資の限界効率曲線が得られる。$\rho \geq r$ となる投資プロジェクトはすべて実行されるので，最適

(a) 例題の投資プロジェクト

(b) プロジェクトが多数の場合

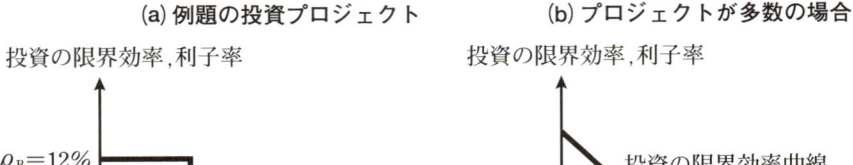

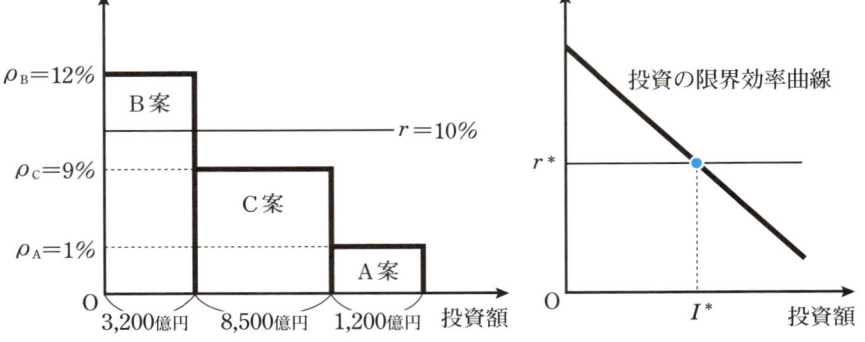

図17-1 投資の限界効率

な総投資額は $\rho = r$ となる総投資額であり，投資の限界効率基準を用いた最適投資の条件は $\rho = r$ である。図17-1(b)では，利子率が r^* のとき最適投資額は I^* となる。もしも利子率 r が上昇すると最適投資額は減少し，利子率 r が低下すると最適投資額が増加する。また，企業家の期待が高まり予想収益 R_t が増加すると，投資の限界効率が高まるので，投資の限界効率曲線は上方にシフトし，最適投資額は増加する。反対に，予想収益 R_t が減少すると，投資の限界効率曲線は下方シフトし，最適投資額は減少する。

正答　3

練習問題

【No.1】 資本の限界効率に関する次の記述のうち，妥当なものはどれか。(市役所)
1　投資は，資本の限界効率が利子率を下回るときに行われる。
2　投資が多くなされるほど，資本の限界効率は上がっていく。
3　企業家の予想が楽観的になると，資本の限界効率関数の傾きは緩やかになる。
4　企業家の予想が悲観的になると，資本の限界効率関数は下方へシフトする。
5　資本の限界効率関数は，企業家の予想によっては変化しない。

[解説]　1．投資は資本の限界効率（あるいは投資の限界効率）が利子率よりも高いときに実行に移されるので，1は誤り。2．図17-1(b)のように投資の限界効率表は右下がりである。したがって，投資額が増加すると資本の限界効率は下がっていくので，2は誤り。3，4，5．企業家の予想が楽観的になると予想収益が増加するので，資本の限界効率曲線は上方にシフトし，企業家の予想が悲観的になると，資本の限界効率表は下方にシフトする。したがって，4が正しく，3，5は誤り。

正答 【No.1】 4

17.2　加速度原理と資本ストック調整原理

例題17.2-1　加速度原理

t 期の売上高（国民所得）を100兆円，$t-1$ 期の売上高（国民所得）を80兆円，加速度係数を1.5とし，売上高（国民所得）の増加と投資との間にタイムラグがないとした場合，加速度原理に基づいて計算したときの，t 期の投資額はいくらか。
(地方上級)

1　10兆円
2　20兆円

3　30兆円
4　40兆円
5　50兆円

解説 加速度原理による投資決定論では、生産量（国民所得）の変化の大きさが投資を決定すると説明する。t 期の投資を I_t とし、所得の変化分を ΔY_t とすると、国民所得の増加と投資との間にタイムラグがない場合、

　　　(17.10)　　$I_t = v \Delta Y_t$

となる。この式が加速度原理による投資関数の式である。この式の右辺の v は、加速度係数または加速度因子と呼ばれる比例定数である。例題の数値を用いて (17.10) 式に従った投資額を求めてみよう。t 期の売上高（国民所得）が 100 兆円、$t-1$ 期の売上高（国民所得）が 80 兆円であるので、生産量（国民所得）の変化額は $\Delta Y_t = 20$ 兆円である。加速度係数は 1.5 であるので、(17.10) 式にこれらの値を代入すると、

　　　(17.11)　　$I_t = 1.5 \times 20$ 兆円 $= 30$ 兆円

となる。したがって、加速度原理に基づく投資額は 30 兆円である。よって、正答は **3** である。

さて、ΔY_t は所得の変化分を表している。ここで所得の変化は、

　　　(17.12)　　$\Delta Y_t = Y_t - Y_{t-1}$

と表される。これを (17.10) 式に代入すると、

　　　(17.13)　　$I_t = v(Y_t - Y_{t-1})$

が得られる。この式も加速度原理による投資関数の式の表現である。例題の数値を用いると、

　　　(17.14)　　$I_t = 1.5 \times (100$ 兆円 $- 80$ 兆円$) = 30$ 兆円

であり、(17.11) 式と同じ結果になる。

ここで、加速度原理の背後にある仮定を説明しておこう。投資は、前期末の現実の資本ストックと今期末の現実の資本ストックの差であるので、t 期末（$t+1$ 期の期首）の現実の資本ストックを K_t、$t-1$ 期末（t 期の期首）の現実の資本ストックを K_{t-1} とすると、t 期の投資 I_t は、

　　　(17.15)　　$I_t = K_t - K_{t-1}$

と表される。加速度原理では、第 1 に、資本係数が一定となる固定的生産技術、

第2に，望ましい資本ストックと現実の資本ストックの差は投資によって即座に調整されること，第3に，望ましい資本ストックが毎期実現していること，を前提としている。そこで，望ましい資本ストックK^*と生産量（国民所得）Yの比である資本係数をvとし，t期末（$t+1$期の期首）の望ましい資本ストックをK_t^*，$t-1$期末（t期の期首）の望ましい資本ストックをK_{t-1}^*とすると，vが毎期一定であると仮定されているので，

(17.16)　　$v = \dfrac{K_t^*}{Y_t} = \dfrac{K_{t-1}^*}{Y_{t-1}}$

となる。これより，

(17.17)　　$K_t^* = vY_t, \quad K_{t-1}^* = vY_{t-1}$

が得られる。例題の数値を用いて，望ましい資本ストックを求めてみると，資本係数は$v=1.5$，$Y_t=100$兆円，$Y_{t-1}=80$兆円であるので，

(17.18)　　$K_t^* = 1.5 \times 100$兆円$= 150$兆円，　$K_{t-1}^* = 1.5 \times 80$兆円$= 120$兆円

である。したがって，t期末の望ましい資本ストックと$t-1$期末の現実の資本ストック（$t-1$期末の望ましい資本ストック）の差は150兆円－120兆円＝30兆円である。加速度原理では，この差は当該期間中に投資によって埋められると考える。そこで，加速度原理の投資関数では，t期の投資I_tは，(17.15) 式の代わりに，

(17.19)　　$I_t = K_t^* - K_{t-1}^*$

と表される。この式では，t期末の望ましい資本ストックを実現するように投資が決定されている。(17.18)式の例題の数値を用いた望ましい資本ストックの値から，投資額を求めると，

(17.20)　　$I_t = 150$兆円$- 120$兆円$= 30$兆円

となる。この結果は，(17.11)(17.14) 式の結果と同じである。また，(17.17) 式を(17.19) 式に代入すると，(17.13) 式が得られる。したがって，加速度係数は資本係数と同じである。

　　　　　　　　　　　　　　　　　　　　　　　　　　　　　　　　　　　正答　3

例題17.2-2　資本ストック調整原理（伸縮的加速度原理）

　設備投資の資本ストック調整原理に関する次の記述のうち，妥当なものはどれか。（国家Ⅱ種類題）
1　設備投資額はGDPに正比例する。

2　設備投資額はGDPに反比例する。
3　設備投資額は現実の資本ストックに正比例する。
4　設備投資額は望ましい資本ストックと現実の資本ストックの差額に正比例する。
5　設備投資額は望ましい資本ストックと現実の資本ストックの差額に反比例する。

解説　加速度原理では，資本係数vは一定であり，望ましい資本ストックは毎期実現されていると想定している。しかし，資本ストックは建設期間も一年ではなく多期間にわたることが多く，望ましい資本ストックへの調整が十分ではないことも考えられる。そこで，望ましい資本ストックへの**調整係数**をλ（$0 < \lambda < 1$となる定数）として，t期の投資を以下の式で説明する考え方がある。

（17.21）　$I_t = \lambda (K_t^* - K_{t-1})$

この式は，**資本ストック調整原理**（**伸縮的加速度原理**）と呼ばれる投資決定式である。λは比例定数であるので，投資は望ましい資本ストックと現実の資本ストックの差額に正比例する。したがって，正答は**4**である。

（17.21）式において，もし調整係数が$\lambda = 0.6$であれば，t期末の望ましい資本ストック量に不足する資本量（$K_t^* - K_{t-1}$）のうち，60％のみが投資I_tによって実現されることを意味する。（17.21）式において$t-1$期末の現実の資本ストックは望ましい資本ストックと等しい，すなわち$K_{t-1}^* = K_{t-1}$として，**例題17.2-1**の（17.18）式の数値を用いて，$\lambda = 0.6$とした場合の投資額を求めてみると，

（17.22）　$I_t = 0.6 (150兆円 - 120兆円) = 18兆円$

となる。（17.20）式で見たように，加速度原理では，望ましい資本ストックと現実の資本ストックの差である30兆円が投資額と考えられたのに対して，（17.22）式では，望ましい資本ストックは実現できず，投資額は18兆円となる。この場合，$\lambda = 0.6$としたので，望ましい資本ストックを実現する投資額30兆円の60％となる18兆円が投資されると考えられているのである。このように資本ストック調整原理では，望ましい資本ストックを実現する投資の一部が実施されると考えていることになる。

また，（17.21）式に（17.17）式の$K_t^* = vY_t$，$K_{t-1}^* = vY_{t-1}$を代入すると，

（17.23）　$I_t = \lambda (vY_t - vY_{t-1}) = \lambda v (Y_t - Y_{t-1})$

が得られる。この式は資本ストック調整原理による投資決定式の別の表現である。(17.13) 式に λ をかけた形であることから，**伸縮的加速度原理**とも呼ばれている。λv は**伸縮的加速子**と呼ばれる。$\lambda = 1$ の場合には，資本ストック調整原理と加速度原理は等しくなるので，資本ストック調整原理（伸縮的加速度原理）は加速度原理を一般化した考え方である。$\lambda = 0.6$ として，**例題17.2-1**の数値を用いて (17.23) 式の値を求めると，

(17.24) $I_t = 0.6 \times 1.5 \times (100兆円 - 80兆円) = 0.9 \times 20兆円 = 18兆円$

となる。この例では，伸縮的加速子は $\lambda v = 0.9$ である。　　　　　正答　**4**

練習問題

【No.1】 投資決定理論の一つである加速度原理に関する次の記述のうち，妥当なものはどれか。（市役所）

1　加速度原理とは，投資の限界効率が利子率に等しくなるまで投資が行われるというもので，投資水準の変化が利子率の変化によって加速されることである。
2　加速度原理では，投資決定の説明変数として，利子率だけでなく，各企業に対する株式市場における投資家たちの評価をも考慮する。
3　加速度原理では，産出量と資本ストックとの間に，ある生産量を達成するためには，機械などの資本がそれに比例して必要であるという固定的な技術関係を想定している。
4　加速度原理によれば，投資のピークは，生産のピークに時間的に一致する。
5　加速度原理によれば，一般に景気の上昇局面に比べ，景気の下降局面において有効である。

[解説] 1．投資の限界効率が利子率に等しくなるまで投資が行われるという投資理論は，ケインズの投資決定論（**例題17.1-1**を参照）である。したがって，1は誤りである。2．加速度原理では，利子率や株式市場における投資家の評価は考慮していないので，誤りである。3．(17.16) 式のように，資本係数を一定として求められた投資関数であるので，3は正しい。4．加速度原理の投資は生産量（または消費量）の「水準」ではなく「変化」に誘発された投資を説明している。それゆえ，生産のピークと投資のピークは異なる可能性がある。したがって，4は誤りである。5．(17.10)(17.13) 式で説明される投資は，景気の上昇局面で生産量（国民所得）が増加しているときにも，景気の下降局面で生産量（国民所得）が減少しているときにも適用できる。したがって，5は誤りである。

正答　**【No.1】3**

17.3 トービンの q 理論と新古典派の投資理論

例題17.3-1 トービンの q 理論

投資の理論に関する次の記述のうち，妥当なものはどれか。（市役所類題）

1. 2期間の投資モデルにおいて，投資の限界効率とは，投資費用を C，次期の予想収益を R とすると，$C=\dfrac{R}{1-\rho}$ を満たす ρ のことである。
2. 投資の加速度原理は，投資を I，生産量を Y，固定資本係数を v とすると，$I=vY$ で表される。
3. トービンの q 理論では，q は資本ストックの再取得費用と企業総価値の比で表される。
4. 望ましい資本ストックと前期末の実際の資本ストックの差の一部が投資として実現されると考える投資モデルは，ケインズの投資決定理論である。
5. トービンの q 理論では，株価が急上昇するとバブルの懸念が高まり，投資は減少すると説明される。

解説 1．次期の予想収益が R の場合，投資の限界効率の式は(17.8)式となるので，誤りである。2．加速度原理の投資決定式は(17.10)式のように生産量の変化分に依存し，生産量の水準に依存するのではないので，誤りである。4．資本ストック調整原理（伸縮的加速度原理）のことであるので，誤りである。3，5．トービンの q 理論については以下でより詳しく説明してみよう。

トービンの q とは，以下のように定義される。

$$(17.25) \quad q=\frac{企業総価値}{企業の資本ストックの再取得費用}$$

この式の右辺の分子の「企業総価値」とは，株式市場での評価を反映した価値である。株式市場での評価である株価は，負債総額や発行済み株式数にも依存する。それゆえ株式の時価総額に負債総額等を考慮した企業総価値は株式市場の評価とみなされる。この企業総価値は，企業の収益予想を反映するので，望ましい資本ストックの水準を反映すると考えられる。他方，(17.25)式の分母の「企業の資本ストックの再取得費用」とは，現在の資本財市場で実際に工場や設備などの資本を購入するとした場合の費用である。3は，(17.25)式のトービンの q の定義と同じであるので，正しい。

トービンの q の値による投資の決定は次のように説明できる。q の値が1より大きいとき、株式市場での企業の価値の評価の方が資本財市場での資本ストックの購入費用よりも高い。このことは、株式市場が評価する企業の望ましい資本ストックの量は、現在企業が所有する資本ストックの量よりも大きいことを意味していると考えられる。それゆえ、企業は資本ストックを増加させるために、投資を増加させると考えられるのである。たとえば、株式市場での企業の評価額が150億円であり、この企業の資本ストックを新たに購入し直すときの費用が100億円であれば、この企業は投資を増加させることが望ましい。5は、株価が上昇すると投資が減少するとされているので、誤りである。

ところで、(17.25)式の q は、平均の q と呼ばれている。平均の q は、企業の所有する全資本量を基礎に求められたものである。それゆえ、実際にどれだけの投資を行うべきかを決定する式ではない。そこで、(17.25)式の平均の q とは別に、限界の q という考え方がある。限界の q とは、1単位の追加的投資コストに対する企業価値の上昇分（投資の限界収益率）の比である。

正答　3

例題17.3-2　新古典派の投資理論

マクロ投資理論に関する次の記述のうち、妥当なものはどれか。（地方上級）
1　加速度原理では、投資は生産量の変化に比例し、望ましい資本ストックの量とは無関係に投資が変化する。
2　新古典派の投資理論では、資本のレンタル・コストとは独立に望ましい資本ストックの量が決定される。
3　資本ストック調整原理によると、望ましい資本ストックの量は現実の資本量に依存して決定される。
4　ケインズの投資理論によれば、利子率が資本の限界効率を上回るかぎり投資が行われる。
5　トービンの q 理論によると、企業の株式総額が企業の資本設備などの再取得価格を上回る限り投資が行われる。

解説　1については、加速度原理は望ましい資本ストックは常に実現していることを前提としているので、誤りである。3については、資本ストック調整原理では、望ましい資本ストックの量と現実の資本量には独立に決定されるので、誤りである。4については、ケインズの投資理論では、資本の限界効率

図17-2 生産技術の選択

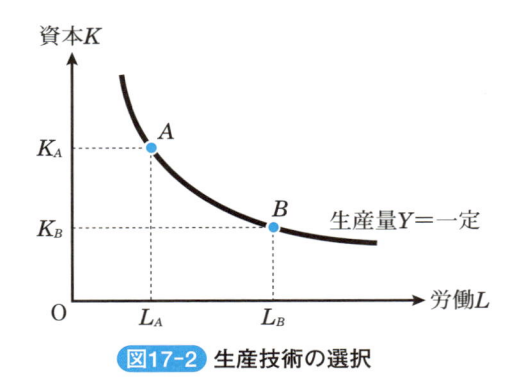

（投資の限界効率）が利子率を上回る限り投資が行われるので，誤りである。5については，(17.25)式の平均の q の定義であるので，正しい。

　加速度原理や資本ストック調整原理では資本係数は一定である。資本係数が一定である場合は，レオンチェフ型の固定的生産係数を持つ生産関数を基礎とした生産技術の考え方である。これに対して，新古典派の投資関数では，新古典派的な生産関数に基礎を置いている。新古典派的な生産関数は，資本と労働の代替が可能である生産技術を想定している。この生産関数の等生産量曲線を描いたものが，**図17-2**である。この図では，一定の生産量 Y を生産するために必要な資本 K と労働 L の組合せは，点 A の組合せでも点 B の組合せでもよいことが示されている。点 A や B の選択には，資本のサービスのコストである資本レンタル・プライス（資本の使用者費用）や労働者への支払いである賃金率を基礎にした利潤最大化行動の結果として求められる。それゆえ，望ましい資本ストックは即座に実現すると考えられている。2は，資本レンタル・コストとは独立に望ましい資本ストックが決定されるとあるので，誤りである。

正答　5

練習問題

【No.1】 投資理論に関する次の記述のうち，妥当なものはどれか。（地方上級）
1　ケインズの投資理論は，投資は利子率の減少関数であるとするもので，これをもとに発展させたものが加速度原理である。
2　生産量と資本ストックとの間に固定的な技術関係を想定することから導かれる加速度原理は，景気の上昇局面では働かないという問題点がある。

3 ストック調整モデルは，望ましい資本ストックと前期末資本ストックの差の一部だけが実現されるとしたもので，伸縮的加速子 λ＝0 のとき，加速度原理と同じものとなる。
4 「トービンの q」は，企業の市場価値と現存資本を買い換える費用総額の比として表され，q が1よりも大きければ純投資が正になる。
5 ジョルゲンソン等の新古典派の理論は，ストック調整原理の伸縮的加速子 λ と投資量との間の関係を明示的にモデルの中に組み込んだことが特徴である。

[解説] 1．加速度原理は，利子率とは無関係に投資を説明するものであり，ケインズの投資理論を発展させたものではない。したがって，1は誤りである。2．景気の上昇局面では国民所得が増加するので，(17.10) 式の加速度原理の投資関数に従って投資を説明できる。したがって，2は誤りである。3．ストック調整モデルは，伸縮的加速子が λ＝1 のとき加速度原理と同じものになる。したがって，3は誤りである。4．トービンの q 理論では，$q>1$ のとき純投資が正となるので，正しい。5．ジョルゲンソンの新古典派の投資理論は，伸縮的加速子と投資量との間の関係を明示していないので，5は誤りである。

【No.2】 投資理論に関する記述として，妥当なのはどれか。（地方上級）

1 トービンの q 理論は，企業が現在保有している資本ストックを現在の資本財価格で評価したものに対するその企業の株価総額の比を q と定義し，q が1より大きければその企業の投資は促進されるとした。
2 新古典派の投資理論は，投資の限界効率が市場利子率よりも小さい場合には投資が行われるが，投資の限界効率が市場利子率よりも大きい場合には投資は行われないとした。
3 ケインズの投資理論は，企業家は投資を決定するに当たって，購入する資本財の耐用年数とその資本設備の購入に必要な資金額とを比較して投資の決定を行い，企業の将来に対する期待によって投資は変動しないとした。
4 加速度原理は，工場や機械設備といった資本ストックと生産量との間には一定の関係があることに注目して投資を説明するものであり，投資は資本ストックの減少関数となるとした。
5 資本ストック調整原理は，投資水準が一定に固定されている場合，貯蓄を増やそうとする試みは貯蓄の大きさを増やすことにはならず，むしろ貯蓄と国民所得の低下を招くとした。

[解説] 1．トービンの q 理論の説明であり正しい。2．投資の限界効率と利子率によって投資を説明するのはケインズの投資理論であるので，2は誤りである。3．ケインズの投資理論では，予想収益に影響する将来に対する期待の変化は投資量を変化させるので，3は誤りである。4．加速度原理では，投資は資本ストックの減少関数ではないので，4は誤りである。5．節約のパラドックスの内容の説明であり，資本ストック調整原理とは関係がないので，5は誤りである。

正答 【No.1】4 【No.2】1

第18章

貨幣供給と貨幣需要

Money Supply and Money Demand

18.1 貨幣供給（マネーサプライ）

例題18.1-1　ハイパワード・マネーとマネーサプライ

　ある経済において，公衆保有の現金通貨量をC，預金通貨量をD，銀行の支払準備通貨量をRとする。現金・預金比率$\left(\dfrac{C}{D}\right)=0.08$，準備金・預金比率$\left(\dfrac{R}{D}\right)=0.02$であり，いずれも常に一定とした場合，中央銀行がハイパワード・マネーを1兆円増加させたときのマネーサプライの増加量として，正しいのはどれか。
（地方上級）

1　1兆円　　2　4兆円　　3　10.8兆円
4　12.8兆円　5　54兆円

解説　例題では，マネーサプライがハイパワード・マネーの変化によってどの程度変化するのかを問題にしている。そこでまず，マネーサプライとハイパワード・マネーの定義について説明する。

　マネーサプライ（貨幣供給量）は，現金通貨と預金通貨の合計であり，マネーサプライをM，現金通貨をC，預金通貨をDとすると，

$$(18.1) \quad M = C + D$$

と定義される。現金は，日本銀行が発行する日本銀行券や政府が発行する硬貨

であり，銀行部門の保有する現金と銀行部門を除いた民間部門が保有する現金に分けられる。このうち後者の民間部門の保有する現金が，現金通貨と呼ばれるものである。また，要求払預金（当座預金，普通預金など）は，容易に現金化できることや銀行引落しや小切手等による支払いを可能にしていることから貨幣としての機能を持ち預金通貨と呼ばれる。預金には，要求払預金のほか，定期預金などの準通貨，譲渡性預金が含まれる。

ハイパワード・マネーは，現金通貨と支払準備金の合計であり，ハイパワード・マネーをH，現金通貨をC，支払準備金をRとすると，

$$(18.2) \quad H = C + R$$

と定義される。ハイパワード・マネーは，マネタリー・ベース（ベース・マネー）とも呼ばれる。また，支払準備金とは，銀行が受け入れた預金のうち一部を支払いの準備のために保有する金額のことであり，銀行保有の現金と日本銀行への預金の合計である。銀行は預金のうち一部を支払準備金として保有すれば残りを貸し出すことができる。このような制度は部分準備制度または準備預金制度と呼ばれている。預金に対する支払準備金の比率は，支払準備率または預金準備率と呼ばれる。日本銀行は，民間銀行に預金総額の一定割合を日本銀行に預金することを義務づけている。この日銀の定める一定割合は法定準備率と呼ばれる。民間銀行は法定準備率を満たす準備金を日銀に預けなければならず，日銀への準備預金には利子は付かない。

次に，ハイパワード・マネーとマネーサプライの関係を見てみよう。(18.1)式を(18.2)式で割ると，

$$(18.3) \quad \frac{M}{H} = \frac{C+D}{C+R} = \frac{\frac{C}{D}+\frac{D}{D}}{\frac{C}{D}+\frac{R}{D}}$$

となる。この式の右辺の$\frac{C}{D}$は現金・預金比率，$\frac{R}{D}$は支払準備率である。それゆえ，$c = \frac{C}{D}$，$r = \frac{R}{D}$と置くと，(18.3)式は，

$$(18.4) \quad \frac{M}{H} = \frac{c+1}{c+r}$$

と表すことができる。この式の右辺を，

表18-1 マネーサプライとハイパワード・マネー

マネーサプライM_3	マネーサプライM_1	日銀への準備預金	民間銀行の支払準備金R	ハイパワード・マネーH
		民間銀行保有の現金		
		家計・企業の保有する現金通貨C		
		要求払預金		
	定期預金・譲渡性預金			

(18.5) $\quad m = \dfrac{c+1}{c+r}$

と置き，c および r が一定であるとするならば，(18.4) 式より，

(18.6) $\quad M = mH$

である。(18.6) 式の m は<u>貨幣乗数</u>と呼ばれ，ハイパワード・マネーが1単位増加すると，マネーサプライが m 単位増加することを表している。

例題の数値から，まず貨幣乗数の値を求めてみる。例題では，現金・預金比率 $\left(\dfrac{C}{D}\right) = 0.08$，準備金・預金比率 $\left(\dfrac{R}{D}\right) = 0.02$ が一定であるので，(18.5) 式の貨幣乗数の値は，

$$m = \frac{0.08 + 1}{0.08 + 0.02} = 10.8$$

となる。したがって (18.6) 式に $m = 10.8$，$\Delta H = 1$（兆円）を代入すると，

$\quad \Delta M = 10.8 \times 1 = 10.8$（兆円）

となる。正答は3である。

わが国のマネーサプライ統計は，2008年6月から新しい「マネーストック統計」に変更された。新しいマネーサプライの定義は，

$M_1 =$ 現金通貨＋預金取扱機関に預け入れられた預金通貨
$M_2 =$ 現金通貨＋国内銀行等に預け入れられた預金
$M_3 =$ 現金通貨＋預金取扱機関に預け入れられた預金
広義流動性 $= M_3 +$ 金銭の信託＋投資信託＋金融債＋銀行発行普通社債
$\qquad\qquad\qquad +$ 金融機関発行コマーシャル・ペーパー（**CP**）
$\qquad\qquad\qquad +$ 国債・政府短期証券（**FB**）＋外債

である。日本銀行は，従来「M_2＋譲渡性預金CD」を主要指標としてきたが，ゆうちょ銀行などを含む預金取扱機関の預金を対象とするM_1とM_3などを主要指標として公表している。マネーサプライとハイパワード・マネーの関係を表にしたものが，**表18-1**である。　　　　　　　　　　　　　　　　　**正答　3**

> **例題18.1-2　信用創造**
>
> 　ある銀行が7,500万円の預金を受け入れた場合，この預金をもとに市中銀行全体で派生的に信用創造される預金額として，正しいのはどれか。ただし，市中銀行の預金準備率は25％とし，預金は途中で市中銀行以外に漏れることはないものとする。（地方上級）
> 1　1億円
> 2　1億7,500万円
> 3　2億2,500万円
> 4　3億円
> 5　3億7,500万円

解説　民間銀行が貸出を増加させると，預金も増加する。預金は（18.1）式で見たようにマネーサプライ（貨幣供給）の定義に含まれるので，民間銀行が貸出を増加させると貨幣供給は増加する。このメカニズムは，信用創造と呼ばれるものである。このメカニズムを説明してみよう。

　預金準備率が$\frac{R}{D}=10\%$であるとし，人々は現金を保有せず預金のみを保有すると単純化しよう。このとき，ある者がX銀行に10億円を預金したとする。X銀行は準備金として10億円の10％の1億円を残し9億円を貸し付けることができる。そこで，X銀行が企業Aに9億円貸し付け，企業Aが企業Bに9億円支払ったとする。企業Bは支払われた9億円を現金で保有せず民間銀行Yに全額預金する。すると，Y銀行は9,000万円を準備金として保有すれば，残り8億1,000万円を貸し出すことができるのである。このように，預金→貸出→預金→……の連鎖によって生まれる預金総額Dは，

（18.7）　　$D = 10 + 9 + 8.1 + \cdots\cdots$
　　　　　　　　$= 10 + 0.9 \times 10 + (0.9)^2 \times 10 \cdots\cdots$

となる。この式の両辺に0.9を掛けると，

(18.8)　　$0.9D = 0.9 \times 10 + (0.9)^2 \times 10 + \cdots\cdots$

となる。(18.7) 式から (18.8) 式を差し引いて変形すると, 預金総額 D は,

(18.9)　　$D = \dfrac{1}{0.1} \times 10 = 100$ （億円）

となる。したがって, 預金総額 D は, 当初の預金額10億円の10倍の100億円となる。また準備金 R は, 100億円 $\times 0.1 = 10$ 億円となる。(18.9) 式の数値例の支払準備率0.1を r と置き, 当初の預金の10億円を A とすると, (18.9) 式の預金総額 D は,

(18.10)　　$D = \dfrac{1}{r} \times A$

となる。この式の $\dfrac{1}{r}$ は**信用乗数**と呼ばれている[1]。

例題では, $r = 0.25$, $A = 7{,}500$ であるので, (18.10) 式より, 預金総額は, $D = \dfrac{1}{0.25} \times 7{,}500$ 万円 $= 3$ 億円となる。この預金総額のうち, 派生的に信用創造される預金額（＝貸出総額）は, 預金総額から当初の預金を差し引いた額であるので, 3億円 − 7,500万円 = 2億2,500万円である。よって, 正答は **3** である。

正答　**3**

練習問題

【No.1】 ある経済において, 法定準備率が0.2であり, 市中銀行は超過準備を保有せず, 公衆は預金通貨のみを保有すると仮定する。このとき, ハイパワード・マネーが50兆円であるとすると, 貨幣供給はいくらになるか。（国家Ⅱ種）

1　10兆円　　2　40兆円　　3　75兆円
4　125兆円　5　250兆円

［解説］公衆は現金を保有せず預金通貨のみを保有するので, (18.4) 式の現金・預金比率 c がゼロ

---

[1] 上の例では, 人々は現金を保有しないで預金のみを保有すると単純化したので, (18.4) 式の現金・預金比率 $c = \dfrac{C}{D} = 0$ である。このとき (18.4) 式から, $M = D = \dfrac{1}{r}H$ となり, 貨幣乗数は (18.10) 式の信用乗数 $\dfrac{1}{r}$ と同じ値になる。もし人々が現金を保有するとすれば（$c = \dfrac{C}{D}$ は0と1の間の値となる）, 信用創造によって生み出される預金総額 D は, (18.9) (18.10) 式の値よりも小さくなる。

である。法定準備率が$r=0.2$であるので，(18.4)式から$M=\dfrac{1}{r}\times H=\dfrac{1}{0.2}\times 50=250$兆円である。

【No.2】 貨幣供給量をM，民間保有の現金をC，預金をD，準備をRと置く。準備・預金比率$\dfrac{R}{D}=0.008$，民間の現金保有・預金比率$\dfrac{C}{D}=0.023$が与えられたとき，ハイパワード・マネー1単位の増大は貨幣供給量をどれだけ増大させると考えられるか。ただし，$\dfrac{R}{D}$，$\dfrac{C}{D}$は常に一定であるとする。（地方上級）

1　11　　2　22　　3　33　　4　44　　5　55

［解説］(18.5)式に準備・預金比率$\dfrac{R}{D}=0.008$，民間の現金保有・預金比率$\dfrac{C}{D}=0.023$を代入すると，貨幣乗数mの値は，

$$m=\dfrac{\dfrac{C}{D}+1}{\dfrac{C}{D}+\dfrac{R}{D}}=\dfrac{0.023+1}{0.023+0.008}=33$$

となる。したがって，ハイパワード・マネー1単位の増加はマネーサプライを33単位増加させる。

【No.3】 今，現金預金比率が0.2，支払準備率が0.1であるとき，1,000億円だけマネーサプライを増やすには，いくらのハイパワード・マネーを増加させる必要があるか。（市役所）

1　100　　2　150　　3　200　　4　250　　5　300

［解説］現金預金比率$c=0.2$，支払準備率$r=0.1$を(18.5)式に代入すると，貨幣乗数$m=4$が得られる。$\Delta M=4\cdot\Delta H=1000$を解くと，$\Delta H=250$となる。

正答　【No.1】5　【No.2】3　【No.3】4

18.2　金融政策の手段

例題18.2-1　公定歩合（基準割引率および基準貸付利率）

わが国の公定歩合に関する次の記述のうち，妥当なものはどれか。（地方上級）
1　公定歩合は，市中銀行の企業への貸出しに適用される基準金利で規制に使われている。
2　公定歩合は，日本銀行の市中銀行に対する貸出金利であり，その変更は，市中金融機関の資金調達コストの変化や企業等への心理的効果などをもたらす。
3　公定歩合は，金融政策に必要な場合に，日本銀行が財務大臣の指揮を受け，市中金利の動向に対処して変更する。

4 公定歩合は，財務大臣が告示する市中金融機関の短期貸出金利の最高限度額であり，その範囲内で市中金融機関は自主的に当該金利を決定する。
5 公定歩合は，景気が過熱するおそれがある場合には引き下げられ，逆に，経済活動を刺激する必要がある場合には引き上げられる。

解説 従来「公定歩合」と呼ばれてきたものは，2006年8月の「公定歩合」に関する統計の名称変更により，「基準割引率および基準貸付利率」と呼ばれるようになった。この金利は，中央銀行が市中銀行に対して行う貸付や市中銀行が保有する信用度の高い手形を日銀が再割引する場合に適用される金利の名称である。以上から，1と4は誤りである。

公定歩合（基準割引率および基準貸付利率）の変更は，銀行の資金調達コストに影響を与える。公定歩合が引き下げられると，市中銀行は日銀貸出を受けやすくなり，民間企業への貸出を増加させようとする。反対に，公定歩合が引き上げられると，市中銀行から民間企業への貸出の利子率と公定歩合の差が縮まり銀行の利幅が縮小するので，銀行は企業から資金を回収し日銀に資金を返そうとする行動をとる。また公定歩合（基準割引率および基準貸付利率）の変更は，金融政策の全般的な方向についての日銀の姿勢を示すものとなり，直接的な効果ばかりでなく，将来のさらなる金融緩和や金融引締めを人々に予想させる心理的な効果を持つ。この効果は，アナウンスメント効果と呼ばれる。よって，2は正しい。

金融政策を担当する日銀の政策の決定は，原則として財政政策を担当する財務省あるいは財務大臣から独立して行われる。よって，3は誤りである。

公定歩合の引上げは金融引締めとなり，公定歩合の引下げは金融緩和となる。したがって，公定歩合は，景気が過熱するおそれがある場合には引き上げられ，経済活動を刺激する必要がある場合には引き下げられる。よって，5は誤りである。

正答 2

例題18.2-2　その他の金融政策の手段

わが国の中央銀行が採用した金融政策の効果に関する次の記述のうち，妥当なものはどれか。（地方上級）
1 「預金準備率操作」は，民間銀行の預金額に占める準備預金の義務づけられ

ている割合を変化させる政策で，準備率の引上げは通貨供給量を減少させる効果を持つ。
2 「公開市場操作」は，債券などを売買することにより通貨供給量を変化させる政策で，戦後復興期の金融政策として効果的であった。
3 「窓口規制」は，民間銀行に対する貸出額の上限を指示する政策で，法的な強制力はないが，戦後から今日まで一貫して最も効果的な政策である。
4 「公定歩合政策」は，公定歩合を変化させる政策で，公定歩合の引下げは通貨供給量を減少させる効果を持つ。
5 「自己資本比率規制」は，金融機関に対して一定の自己資本の保有を義務づける政策で，銀行取付け防止策として戦後の混乱期においては大きな効果を上げた。

解説 日銀の主要な金融政策の手段は，①金利政策（公定歩合操作），②公開市場操作，③準備率操作である。

預金準備率操作（法定準備率操作）は，日銀に預入れが必要な準備預金の額や貨幣乗数の値に影響を与える。法定準備率が引き上げられると，民間銀行は日銀への準備預金を積み増す必要に迫られ民間企業等から資金を回収する。また法定準備率が引き上げられると，(18.5)式の貨幣乗数の値や(18.10)式の信用乗数の値は小さくなる。それゆえ，法定準備率が引き上げられると，マネーサプライは減少する。よって，1は正しい。

公開市場操作は，公開市場を通じて国債を売買することによって，貨幣供給をコントロールしようとするものである。日銀が公開市場から国債を購入することは，買いオペレーションと呼ばれる。反対に，国債を売却することは売りオペレーションと呼ばれる。日銀が銀行から国債を購入する買いオペレーションが実施されると，国債の購入代金に等しいハイパワード・マネー（現金＋準備預金）が増加する。このとき，法定準備率が一定のままであれば，銀行は過剰準備を保有することになる。したがって，買いオペレーションはマネーサプライを増加させると考えられる。日本では，国債を取引する公開市場が戦後長く未発達であり，国債の発行も昭和40年以降であるので，日銀は公開市場操作ではなく公定歩合操作を中心として金融政策を行ってきた。よって，2は誤りである。

窓口規制（窓口指導）は，銀行等の金融機関の貸出限度額を日銀が設定し実

施するように指導する法的な強制力を持たない道徳的説得である。かつては，窓口規制は，公定歩合操作（貸出政策），公開市場操作，準備率操作という日銀の主要な政策手段を補う補完的な手段であったが，金融自由化の進展の中でその役割は薄れ，1991年7月からは実施されなくなった。よって，3は誤り。

公定歩合（基準割引率および基準貸付利率）の引下げは，通貨供給量を増加させる効果を持つので，4は誤り。

<u>自己資本比率規制</u>は，国際決済銀行（BIS）によって実施される規制で，銀行の総資産の一定比率の自己資本の積立てを義務づける銀行のバランスシート（貸借対照表）規制である。バランスシート規制は，銀行の負担するリスクを制限しモラルハザードが生じる可能性を減少させる目的で実施される。自己資本比率規制が問題となっているのは，戦後の混乱期ではなく最近のことである。よって，5は誤り。

正答　1

練習問題

【No.1】公定歩合に関する次の記述のうち，正しいのはどれか。（市役所類題）
1　民間の金融機関が受け入れる預金の一定割合を日本銀行に預金するときの金利を公定歩合という。
2　公定歩合が引き下げられたとき，マネーサプライは減少する。
3　公定歩合を引き下げることで総需要を抑制しようとする政策を公開市場操作という。
4　インフレになることが予想される場合には，中央銀行は公定歩合を引き下げることで景気を刺激しようとする。
5　日本の公定歩合が引き下げられたときに，ハイパワード・マネーは増加する。

［解説］1．民間銀行が日銀に預け入れる準備預金には利子はつかない。公定歩合は日銀貸出に適用される金利なので，1は誤りである。2．公定歩合が引き下げられるとマネーサプライは増加する。したがって，2は誤りである。3．公定歩合を変更する政策は貸出政策（金利政策）と呼ばれる。公開市場操作は，日銀による国債の売り買いのことをいう。したがって，3は誤りである。4．インフレが予想される場合には，中央銀行は公定歩合を引き上げることによって金融を引き締めようとする。よって，4は誤りである。5．公定歩合の引下げは，日銀貸出を増加させハイパワード・マネーを増加させるので，5は正しい。

正答【No.1】5

18.3 貨幣需要

例題18.3-1 古典派の貨幣数量説

以下の文章の空欄A〜Cに当てはまるものの組合せとして妥当なものはどれか。(地方上級)

Eは1年間に財貨のために支出された貨幣の総額，Mは社会における貨幣の平均存在量，Vは貨幣の平均回転率，P_xは特定社会において1年間に購入されたx財の平均価格，Q_xはxの売上量とする（$x=1, 2, 3, \cdots$）。また，$P_1, P_2, P_3, \cdots$の加重算術平均をP，$Q_1, Q_2, Q_3, \cdots$の総和をTとする。このとき，フィッシャーの貨幣数量方程式は$M=\boxed{\text{A}}$で示すことが可能で，左辺で$\boxed{\text{B}}$を示し，右辺で$\boxed{\text{C}}$を示す。

	A	B	C
1	$\dfrac{PT}{V}$	貨幣供給量	貨幣需要量
2	$\dfrac{PT}{V}$	貨幣需要量	貨幣供給量
3	VPT	貨幣供給量	貨幣需要量
4	$\dfrac{PQ}{V}$	貨幣供給量	貨幣需要量
5	VPT	貨幣需要量	貨幣供給量

解説 貨幣需要とは，貨幣保有のことである。人々は，利子率の高い金融資産ばかりでなく，利子のつかない現金や利子率の低い預金を保有している。この節では，人々の貨幣保有に関する理論である貨幣需要理論を取り上げる。貨幣需要理論に関する古典的な考え方である貨幣数量説には，フィッシャーの交換方程式とマーシャルによるケンブリッジ現金残高方程式という2つの代表的な考え方がある。例題は，フィッシャーの交換方程式に関する問題である。

フィッシャーの交換方程式は，取引に利用される支払い手段としての貨幣の役割に注目する。取引される財を1財であるかのようにみなし，その価格をP，取引量をTと表すとすると，例題のEは取引総額であるので，

(18.11) $\quad E = PT$

と表すことができる。

次に,取引を貨幣の側から見てみる。取引総額$E=PT$は一定の期間(1年間)で定義されるフローの数量であるのに対して,名目貨幣供給量Mはある時点の通貨の単位(円)で表された貨幣残高でありストックの数量である。そこで,ストックの数量とフローの数量の関係をとらえるために,ストックである貨幣の平均回転率という考え方が用いられる。平均回転率とは,残高(ストック)として存在する貨幣量が一定期間(1年間)に平均してどれだけ使用されたかという回数のことである。支払いに利用できる名目貨幣供給量をMとすると,貨幣の平均回転率Vは,

(18.12)　　$V = \dfrac{PT}{M}$

となる。この貨幣の平均回転率Vは,**貨幣の流通速度**と呼ばれている。たとえば名目貨幣供給量(ストックの数量)が1,000円であり取引総額が2,000円であるとすると,貨幣の流通速度Vは,$\dfrac{2,000 円}{1,000 円} = 2$(回)である。貨幣は取引において繰り返し利用できるので,一定期間の取引金額と等しい額の貨幣を保有する必要はない。(18.12)式を変形すると,

(18.13)　　$MV = PT$

が得られる。この式がフィッシャーの交換方程式と呼ばれるものである[2]。(18.13)式の左辺のMVは,一定期間に取引に利用された貨幣総額1,000円×2回＝2,000円を表している。それゆえ,(18.13)式は財の取引金額と一定期間の貨幣の流通総額の恒等関係を表している。(18.13)式をさらに変形すると,

(18.14)　　$M = \dfrac{PT}{V}$

となる。現代では,(18.14)式において左辺のMは名目貨幣供給量,右辺の$\dfrac{PT}{V}$は名目貨幣需要量を表し,(18.14)式は名目貨幣供給と名目貨幣需要が等しい貨幣市場の均衡状態を表すと考えられている。以上から,正答は1である。

---

[2] 取引量Tは中間財,金融資産,土地などの実物資産の取引も含んだ数量である。そのため,Tを実際に計測することは困難である。そこで,取引量Tの代わりに,実質国民所得Yを用いて,交換方程式を表すこともある。この場合の流通速度は,$V_Y = \dfrac{PY}{M}$となり,V_Yは所得流通速度と呼ばれる。Yを用いた交換方程式は上式より,$MV_Y = PY$と表される。

他方，**マーシャルによるケンブリッジ現金残高方程式**は，名目国民所得PYの一定割合が貨幣として保有される関係を表したものである。たとえば，名目国民所得が500兆円であり，人々の貨幣保有量が750兆円であるとすると，人々は自らの総資産のうち所得の1.5倍の貨幣を資産として保有していることになる。名目国民所得PYと名目貨幣量Mの間の一定割合をkとすると，ケンブリッジ現金残高方程式は，

(18.15) $\quad M = kPY$

と表される。kは**マーシャルのk**と呼ばれる比例定数である。(18.15)式についても，左辺のMは名目貨幣供給量，右辺のkPYは名目貨幣需要量を表し，(18.15)式は名目貨幣供給と名目貨幣需要が等しい貨幣市場の均衡状態を表すと考えられる。

貨幣数量方程式は，貨幣供給量が物価を決定する関係を説明するものである。V，kは一定であるとみなされ，TやYも貨幣以外の関係から決まっていると考えるので，(18.13)式から，名目貨幣供給量Mが与えられると物価Pの値が決まる。また，名目貨幣供給量Mが増加すると，物価Pが上昇することになる。このように，貨幣量の変化は，所得水準や雇用水準などの実物の変数には影響をしないで，物価水準だけに影響するという考え方は**貨幣ヴェール観**と呼ばれる。

正答　1

例題18.3-2　ケインズの流動性選好理論

貨幣需要に関する次の記述のうち，妥当なものはどれか。(市役所類題)

1. 取引動機に基づく貨幣需要は，日常の取引をするうえで必要とされる貨幣需要のことであり，通常は所得が増加すると減少する。
2. 取引動機に基づく貨幣需要は，不意の出費に備えるための貨幣に対する需要であり，通常は所得が増加すると減少する。
3. 資産動機に基づく貨幣需要は，家計が保有する資産の一手段としての貨幣に対する需要であり，利子率が上昇すると減少する。
4. 資産動機に基づく貨幣需要は，将来の資産価値の増加を見込んで危険資産を購入するための貨幣需要のことであり，利子率が上昇すると増加する。
5. 予備的動機に基づく貨幣需要は，貯蓄をすることを目的とした貨幣需要であり，債券の需要が高まると減少する。

解説 ケインズの流動性選好理論は，貨幣の資産としての役割に着目する。ケインズは，人々の貨幣の保有の重要な動機として，①取引動機，②予備的動機，③投機的動機（現代では資産動機とも呼ばれる）を挙げている。

まず，取引動機に基づく貨幣需要（貨幣の取引需要）について説明しよう。一般に収入と支出は同時に行われるものではなく，時間的にずれている。たとえば家計について見ると，所得の受取りと支出の間には時間的な隔たりがある。それゆえ貨幣を保有することによってこれらの時間的隔たりをスムーズにつなぐことができるのである。このように取引を円滑に行うために人々が保有する貨幣需要が，取引動機に基づく貨幣需要である。取引動機による貨幣需要は，経済の活動水準の指標である国民所得に依存する。国民所得が増加すれば取引動機による貨幣需要は増加するので，1と2は誤りである。

次に，予備的動機による貨幣需要（貨幣の予備的需要）は，不確実な将来における不意の支出に備えるための貨幣保有のことである（よって，5は誤り）。予備的動機による貨幣需要もまた国民所得に依存し，国民所得が増加すれば予備的動機貨幣需要は増加すると考えられる。2の前半は，取引動機貨幣需要ではなく予備的動機貨幣需要に関する記述である。

投機的動機による貨幣需要（貨幣の投機的需要）は，現代では資産動機による貨幣需要（貨幣の資産需要）とも呼ばれる。投機的動機貨幣需要では，貨幣は債券などと同様に資産とみなされる。それゆえ，貨幣と債券の間での資産選択が問題になる。債券需要（債券保有）が利子率に関係するので，投機的動機貨幣需要は利子率の関数になる。

そこでまず，債券と利子率の関係を説明してみよう。債券の価格は，利子率が高いとき低く，利子率が低いとき高くなる。債券価格，利子，利子率の関係は，無限期間の確定利子付永久公債を考えることで，簡単にとらえることができる。無限に得られる毎期の確定利子を R_t（一定），利子率を r，債券価格を P_B とすると，債券価格 P_B は毎期得られる確定利子 R_t（一定）の割引現在価値であるので，

$$(18.16) \quad P_B = \frac{R_1}{1+r} + \frac{R_2}{(1+r)^2} + \cdots$$

となる。この式の両辺に $(1+r)$ を掛けると，

$$(18.17) \quad (1+r)P_B = R_1 + \frac{R_2}{1+r} + \cdots$$

となる。$R_1 = R_2 = \cdots$と仮定されているので，(18.17)式から(18.16)式を差し引いて変形すると，

$$(18.18) \quad P_B = \frac{R}{r}$$

が得られる。これが無限期間の確定利付き公債という単純な場合の債券価格P_B，確定利子R，利子率rの関係である。たとえば，債券の額面で約束された確定利子が5,000円であり，利子率が5％であるとすると，債券の価格は，

$$(18.19) \quad 10万円 = \frac{5,000円}{0.05}$$

となる。また，利子率が4％になると，

$$(18.20) \quad 12.5万円 = \frac{5,000円}{0.04}$$

となる。反対に，利子率が6％であると，

$$(18.21) \quad 8.33万円 = \frac{5,000円}{0.06}$$

になる。そこで，現在の市場利子率が5％であるとき利子率が将来6％になると予想している人は，債券価格が将来下落すると予想していることになるので，債券を保有せず資産を貨幣として保有する。反対に，市場利子率が5％であるとき利子率が将来4％になると予想している人は，債券価格が将来上昇すると予想していることになるので，貨幣から債券に資産を変更する。

各経済主体が持つ将来の期待利子率が変化しない短期の場合を考えてみよう。市場利子率が低くなると債券価格が高くなるので債券を保有せず貨幣を保有し，反対に市場利子率が高くなると貨幣を保有せず債券を保有すると考えられる。それゆえ，投機的動機（資産動機）による貨幣需要は利子率が上昇すると減少する。以上から，3が正しく，4は誤りである。5は，投機的動機貨幣需要の説明になっているので，誤りである。

さて，取引動機と予備的動機による実質貨幣需要の合計をL_1，実質国民所得をYとすると，

$$(18.22) \quad L_1 = L_1(Y)$$

と表すことができる。L_1は国民所得の増加関数（国民所得が増加すればL_1も増加する関数）である。他方，投機的動機による実質貨幣需要をL_2とし，利子率をrとすると，

(18.23) $L_2 = L_2(r)$

と表すことができる。L_2は，利子率の減少関数（利子率が上昇するとL_2が減少する関数）である。実質貨幣需要をLとすると，$L = L_1 + L_2$である。貨幣市場が均衡する$\frac{M}{P} = L$のとき，(18.22)式，(18.23)式から，

(18.24) $\frac{M}{P} = L_1(Y) + L_2(r)$

となる。この式において，実質貨幣供給$\frac{M}{P}$と実質国民所得Yが与えられていれば，残る変数は利子率rのみであるので，(18.24)式を満たすように利子率rの水準が決まる。これが流動性選好理論による利子率の決定の説明である。第15章で説明した$IS=LM$モデルのLM曲線は，以上の(18.22)式，(18.23)式，(18.24)式を基礎として得られたものである。

正答　3

例題18.3-3　現代の貨幣理論：資産選択理論と新貨幣数量説

貨幣需要に関する次の記述として，妥当なのはどれか。（地方上級）

1. フィッシャーは，交換方程式において，貨幣の需給は貨幣の流通速度が一定になると均衡し，物価水準は商品の取引量に比例して変動するとした。
2. マーシャルは，貨幣需要は主として利子率に依存すると考え，現金残高方程式を用いて物価水準は実物経済市場と無関係に決定されると論じた。
3. ケインズは，貨幣需要の動機について，取引動機による貨幣需要は主に利子率に依存し，投機的動機による貨幣需要は主に国民所得に比例するとした。
4. トービンは，資産選択の際に，危険資産に対置して安全資産をも保有するという資産選択の観点から，貨幣需要が生じることを明らかにした。
5. フリードマンは，貨幣需要が恒常所得のみに依存すると考え，貨幣の流通速度は一定ではないが安定しているとした。

解説　1．フィッシャーの交換方程式は(18.13)式で見たように$MV = PT$と表される。この式でVとTは一定と考えられるので，物価水準Pは貨幣量Mに比例して変動する。よって，誤り。2．マーシャルの現金残高方程式は$M = kPY$

と表され，フィッシャーの交換方程式と同様に貨幣需要は利子率から独立であるので，誤り。**3**．ケインズの流動性選好理論では，取引動機による貨幣需要は国民所得に依存し，投機的動機による貨幣需要は利子率に依存するので，誤り。**4**．トービンは，ケインズの流動性選好理論を発展させ資産選択理論を展開した。ケインズの流動性選好理論においても，貨幣と債券との資産選択は考えられていた。しかし，ケインズの理論では，各経済主体の将来の期待利子率が市場利子率より高い場合には，人々は資産をすべて貨幣に換える行動をとり，反対に，将来の期待利子率が市場利子率より低い場合には，人々は資産をすべて債券に換える行動をとることになる。したがってケインズの理論では，貨幣と債券の両方を同時に保有する行動を説明することができない。これに対してトービンの資産選択理論では，人々は貨幣を含む数種類の資産をバランスよく保有すると考える。この理論は，資産は，現金や預金のような安全資産と株式や社債のような危険資産に分けられ，人々は安全資産と危険資産の組合せ，言い換えれば，安全資産と危険資産のもたらす収益とリスクの組合せを選択すると説明する。以上から，正しい。**5**．フリードマンは，貨幣数量説の考え方を発展させ貨幣需要関数の定式化を行った。そのため，フリードマンの理論は新貨幣数量説と呼ばれている。この理論では，実質貨幣需要は，現実の実質所得ではなく恒常所得 Y_P に依存して決まると考える。また，人々は資産を，①人的資産，②物的資産，③債券，④株式，⑤貨幣の形で保有すると考える。そこで，実質貨幣需要は，債券や株式の期待収益率，期待物価上昇率などに依存すると説明される。以上から，貨幣需要が依存するのは，恒常所得のみではないので，誤り。

正答　**4**

練習問題

【No.1】 ケンブリッジ現金残高方程式が，$M=kPY$ で表されるとき，これに関する次の記述のうち，妥当なものはどれか。ここで M は貨幣供給量，P は物価水準，Y は国民所得を表すとする。（市役所）
1　k は貨幣の流通速度を表している。
2　貨幣供給量が増加すると，常に物価は上昇する。
3　貨幣供給量が減少すると，常に物価は上昇する。
4　国民所得が増加すると，常に物価は上昇する。

5　国民所得が減少すると，常に物価は上昇する。

[解説] ケンブリッジ現金残高方程式は，(18.15) 式で表される。$k=\dfrac{1}{V_Y}$ であるので，マーシャルの k は，所得流通速度 V_Y の逆数に等しい。したがって，1は誤りである。ケンブリッジ現金残高方程式では，k と Y が所与と考えられるため，名目貨幣供給量 M が増加すると物価 P が上昇するので，2が正しく，3，4，5は誤りである。

【No.2】　貨幣に関する次の記述のうち，妥当なものはどれか。(地方上級)
1　取引動機による貨幣需要はGDPに反比例すると考えられる。
2　資産動機による貨幣需要はGDPに反比例すると考えられる。
3　貨幣は交換の効率化にマイナスの影響を与える。
4　利子率の上昇は貨幣の資産需要にマイナスの影響を与える。
5　株や債券などの資産が存在する場合は，貨幣が資産として需要されることはない。

[解説] 1．GDPも国民所得と同様に経済活動の指標である。取引動機による貨幣需要は，GDPに比例するので，誤り。2．資産動機による貨幣需要は利子率に反比例し，GDPの関数ではないので，誤り。3．貨幣の存在は，間接交換を可能にするため，交換の効率化をするというプラスの効果をもたらす。よって，誤り。4．正しい。5．ケインズ，トービン，フリードマン等の貨幣理論では，貨幣の資産需要を認めている。よって，誤りである。

【No.3】　貨幣需要の理論に関する記述として，妥当なのはどれか。(地方上級)
1　フィッシャーは，交換方程式により，財の取引量と貨幣の流通速度が一定であるならば，物価水準は貨幣量により決まるとする考えを示した。
2　トービンは，現金残高方程式により，貨幣需要は名目国民所得と人々が所得のうち貨幣の形態で保有したい割合により決定されると主張した。
3　マーシャルは，貨幣需要の動機を3つに分け，そのうち，取引動機に基づく貨幣需要は日常の支払手段として保有されるものであり，その大きさは主として利子率に依存するとした。
4　フリードマンは，貨幣需要は主として資産の予想収益に依存するとし，貨幣を安全資産，債券や株式を危険資産と呼んで，貨幣保有の機会費用の減少は貨幣需要を減少させるとした。
5　ケインズは，貨幣需要は物価水準および恒常所得と関数関係にあるとする新貨幣数量説を唱え，貨幣供給量の変化が実質所得水準の決定にも大きな影響を及ぼすとした。

[解説] 1．正しい。2．マーシャルのケンブリッジ現金残高方程式の説明であり，誤り。3．ケインズの流動性選好理論の説明である。取引動機貨幣需要は利子率ではなく国民所得に依存する。3は誤り。4．トービンの資産選択理論に関する説明であり，誤り。5．フリードマンの新貨幣数量説の説明であり，誤り。

正答　【No.1】2　【No.2】4　【No.3】1

18.4 公債発行の効果

例題18.4-1 公債の資産効果

次の文のA～Eに入るものの組合せとして妥当なものはどれか。(市役所)

フリードマンによれば，公債残高の増加は2つの長期的効果を持つ。すなわち，　A　としての公債の増加は　B　を刺激する効果を持つ。また，公債の増加はそれに見合うだけの　C　を増大させる。前者の効果は，　D　曲線の右方へシフトさせ，後者の効果は　E　曲線を左方へシフトさせる。

	A	B	C	D	E
1	所得	貨幣需要	資産需要	LM	IS
2	資産	有効需要	貨幣需要	IS	LM
3	資産	貨幣需要	貨幣需要	IS	LM
4	所得	有効需要	資産需要	LM	IS
5	所得	貨幣需要	貨幣需要	LM	IS

解説 政府支出 G と租税 T の差額が正である場合には財政赤字が存在する。このとき，国債や地方債などの公債を発行して財政赤字を埋め合わせる必要があるので，財政赤字 $(G-T)$ ＝公債発行額となる。さらに，発行される公債を公衆が購入する場合には，市中の公債残高が増加する（公債発行のケース）。他方，もしも公債が中央銀行の引受けによって購入される場合には，公債発行額に等しい貨幣が増発されることになる（貨幣発行のケース）。国債の中央銀行引受けはインフレを引き起こす危険があり，日本の場合には財政法5条で禁止されている。

公債残高の増加は，消費に対する効果と貨幣需要に対する効果の2つの効果を持っている。まず消費に対する効果は，第16章の16.3で見たように，資産効果を持つ。公債残高が増加し，人々の保有する公債が増加すると，人々の実質資産が増加する。実質資産が増加すれば，消費が増加する。消費の増加は生産物市場の総需要（有効需要）の増加であるので，IS曲線が右方シフトする。以上から，空欄Aには資産，空欄Bには有効需要，空欄DにはISが入る。

他方，公債残高の貨幣需要に与える効果は，公債残高が増加すれば貨幣需要が増加するというものである。この理由は，人々は資産としての公債と貨幣の保有バランスを図ると考えられることである。公債残高の増加に伴って貨幣需

図18-1 公債の資産効果

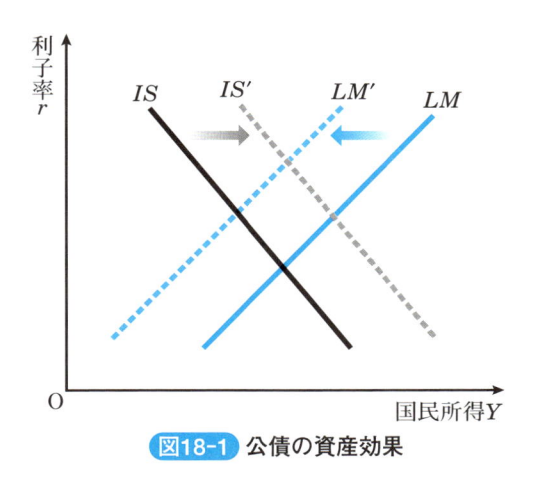

要が増加すると、LM 曲線は左方シフトする。したがって、空欄Cには貨幣需要、空欄Eには LM 曲線が入る。

以上の効果を図示したものが、**図18-1**である。　　　　　　　　　　正答　2

例題18.4-2　公債負担論

公債負担論に関する記述として、妥当なのはどれか。(地方上級)

1. ラーナーらケインズ派は、公債の負担を一国全体において民間が利用可能な資源の減少ととらえ、租税に比べて、外国債の場合には負担は生じないが、内国債の場合は将来世代に負担が転嫁されるとした。
2. ボーエンは、公債の負担を生涯消費の減少ととらえ、世代を超えて公債を発行し償還する場合は将来世代の負担は生じないが、同一世代内で発行し償還する場合は将来世代の消費量が減少し、将来世代に負担が転嫁されるとした。
3. ブキャナンは、公債が発行されてその償還時に増税されると経済主体が正しく予見するならば、政府支出を公債で賄っても租税で賄っても、経済主体の行動に差異は生じず、将来世代に負担は転嫁されないとした。
4. モディリアーニは、公債の負担を資本蓄積の減少による将来所得の減少ととらえ、公債発行による資金調達は、課税調達に比べて資本蓄積が抑制されて、将来の生産が減少するため、将来世代に負担が転嫁されるとした。
5. バローら新リカード派は、公債の負担は取引が強制的に行われる場合に生じるとし、公債の購入は自発的取引であり負担を伴わないが、公債償還のために課税を行うと、発行時の世代から償還時の世代へ負担が転嫁されるとした。

解説 政府支出の資金調達の方法には，租税と公債発行がある。国債や地方債などの公債は，政府が発行する借用証書である。政府は，公債を販売することによって人々から必要な資金を集め，借入れの期間中には利子を支払い，借入れの満期になったときに借入金を返済する。この借入金の返済は公債の償還と呼ばれる。政府の公債発行による資金調達は，将来において公債の償還や利子支払いの必要が生じるため，将来の増税の可能性を伴う資金調達方法である。例題は，公債発行が将来の世代に負担を転嫁する可能性があるかどうかに関する議論についての問題である。各主張の負担の定義の着目点が異なっていることに注意が必要である。

ラーナーらケインズ派は，一国全体の総資源の利用可能性に着目し，国内で発行される公債（内国債）の場合には負担は発生せず，海外発行の公債（外国債）では負担が発生すると主張する。政府の資金調達は租税による場合でも内国債の場合でも民間から公的部門への資源の移転であり一国全体では同じであること，また利子払いや公債の償還は一国全体ではそれぞれの世代の中での所得移転であることから，内国債の場合には負担は生じない。他方，海外発行の国債（外国債）の場合には，発行時には利用可能な資源が増加するのに対して，公債の償還や利払いのために増税が行われると実質所得の減少が生じるので，将来世代の負担になると考える。以上から，1 は誤りである。

ボーエンは，世代ごとの生涯を通じる総消費に着目し，公債の償還が世代を超えて行われる場合には，将来世代に負担が生じるとしている。公債発行時の世代では，購入した公債が貯蓄の一部として保有され，後の世代に売却可能であることにより，生涯を通じた消費は公債の発行によって影響を受けない。他方，公債の償還時の世代では，公債の償還のための増税により税負担が生じ総消費の減少が生じる。したがって，将来世代に負担が生じるので，2 は誤り。

ブキャナンは，個人の効用や資源が強制的に減少させられる場合に負担が生じると定義し，公債の発行は将来世代に負担を転嫁すると主張した。現在世代にとっては，公債の購入は個人の自発的選択であるため負担ではないが，将来世代にとっては，公債の償還や利子払いのための増税により個人の効用や資源が強制的に減少させられるためである。以上から，3 は誤りである。

モディリアーニは，民間部門の資本蓄積の減少に着目し，完全雇用時に公債が発行されると将来世代への負担となると主張する。政府支出の増加を公債で

表18-2 公債負担論

経済学者	負担の転嫁
ブキャナン	あり
ボーエン	あり
リカード	なし
バロー	なし
モディリアーニ	完全雇用の場合：あり
	不完全雇用の場合：なし
ラーナー	内国債の場合：なし
	外国債の場合：あり

賄う場合には，それと同額の民間投資が減少する。これに対して，租税による場合には，民間投資の減少分は，可処分所得の減少分に限界貯蓄性向を掛けた分となるので，公債発行の場合よりも小さい。それゆえ，公債発行によるほうが民間投資の減少が大きくなり資本蓄積が阻害され，将来の所得の減少になる。以上から，4は正しい。なお，不完全雇用時では，公債発行による民間投資の減少効果は小さいので，公債発行は負担ではないと考えられている。

リカードは，公債の償還が公債発行時の世代の生存中（同一世代内）に行われる場合，公債の償還時の増税の現在価値が現在において課税される額と同じであるならば，個人の生涯の予算制約は変わらないので，課税も公債発行も同じ消費計画になると見なした（リカードの等価定理）。

バローら新リカード派は，公債の償還が公債発行時の世代の生存中に行われず世代を超える場合，親の世代が子孫（将来世代）の効用を考慮し将来世代の消費額を増加できるように遺産を残すことを前提として消費計画を立てるならば，リカードの等価定理と同様に，租税と公債発行は同じ効果を持つと主張した（バローの等価定理）。この場合，公債が発行されると，将来において公債の償還や利子払いのために増税が予想されるので，親の世代は子供の世代への遺産を増加させる行動をとることを前提としている。よって，5は誤り。

以上の議論をまとめると，表18-2のようになる。　　　　　　正答　4

練習問題

【No.1】 バローの公債負担についての考え方に関する記述として，妥当なのはどれか。

1. バローは，公債発行は民間の資本ストックを減少させ，将来の生産力の低下という永続的な効果をもたらすため，租税と比較して将来世代へのマイナス効果が大きいとした。
2. バローは，世代を超えて公債の発行と償還が行われると，将来世代において償還のための課税が行われるため，現在世代よりも将来世代の消費量が減少し，将来世代に負担が転嫁されるとした。
3. バローは，公債の購入は自発的取引であるため，発行時点では負担は発生しないが，公債償還のための課税は強制的取引であるため負担が生じ，現在世代から将来世代への負担の転嫁が起こるとした。
4. バローは，経済主体が正しく期待を形成するならば，政府支出に対する財源調達としては公債と租税は同じ経済的効果を持ち，将来世代への負担の転嫁も起こらないとした。
5. バローは，公債の負担を一国全体において民間の利用可能な資源の減少ととらえ，内国債の場合は負担は生じないが，外国債の場合には償還時点において民間の利用可能な資源が外国に流出するため，将来世代の負担が生じるとした。

[解説] 1．モディリアーニの主張に関する内容であり，誤り。2．ボーエン等の主張に関する内容であり，誤り。3．ブキャナンの主張に関する内容であり，誤り。4．正しい。5．ラーナー等の主張に関する内容であり，誤り。

正答 【No.1】 4

第19章

総需要と総供給

Aggregate Demand and Aggregate Supply

19.1 総需要曲線

例題19.1-1　IS-LMモデルと総需要曲線

ある経済は次のモデルで示される。

$Y = C + I$
$C = 20 + 0.4Y$
$I = 100 - r$
$L = 100 + 0.4Y - r$
$M = 200$

$\begin{bmatrix} Y：国民所得 \\ C：消費，I：投資 \\ r：利子率 \\ L：実質貨幣需要 \\ M：名目貨幣供給 \end{bmatrix}$

物価水準Pが伸縮的であるとき，この経済の総需要曲線は次のうちどれか。

(国税専門官)

1. $P = \dfrac{200}{Y - 20}$
2. $P = \dfrac{100}{Y - 20}$
3. $P = \dfrac{200}{Y - 40}$
4. $P = \dfrac{100}{Y - 20}$
5. $P = \dfrac{100}{Y - 60}$

解説 この章では，生産物市場，貨幣市場，債券市場，労働市場というマクロ経済の4つの市場を総需要曲線（AD）と総供給曲線（AS）という形でとらえて分析する総需要（AD）-総供給（AS）モデルを説明する。総需要曲線（AD）は，生産物市場，貨幣市場，債券市場の関係を説明するIS-LMモデルを基礎とし

図19-1 IS-LMモデルと総需要曲線

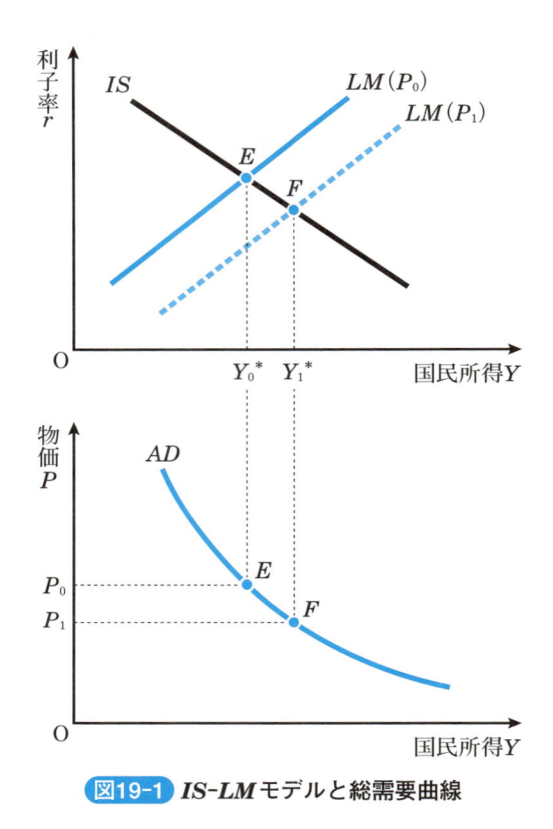

て導出される。その方法を以下で説明する。また，労働市場の分析は総供給曲線（AS）の基礎であり，次節で説明する。

まず，例題の式からIS曲線の式を求めてみよう。例題の最初の3つの式，$Y=C+I$, $C=20+0.4Y$, $I=100-r$を連立して解くと，

(19.1)　　$r=120-0.6Y$

となる。次に，LM曲線の式を求めてみる。例題の$L=100+0.4Y-r$, $M=200$の式に貨幣市場の均衡条件式$\frac{M}{P}=L$を加えた連立方程式を解くと，

(19.2)　　$r=100+0.4Y-\dfrac{200}{P}$

となる。(19.1)(19.2)式から利子率rを消去して国民所得Yと物価水準Pの関係式を求めると，

(19.3) $\quad P = \dfrac{200}{Y-20}$

が得られる。これが総需要曲線の式である。Yの値が20より大きいとき，Yが増加すると物価水準Pは低下する。それゆえ，(19.3)式の総需要曲線は，右下がりとなる。以上から，正答は1である。

総需要曲線は一般に右下がりである。これを図19-1を用いて説明してみよう。物価水準Pが下落しP_0からP_1になると，実質貨幣供給量$\dfrac{M}{P}$の値が$\dfrac{M}{P_0}$から$\dfrac{M}{P_1}$に増大する。実質貨幣供給量$\dfrac{M}{P}$が増加すると，上段の図においてLM曲線が右にシフトし，均衡国民所得Y^*が増加する。それゆえ，物価水準が下落すると国民所得が増加するので，総需要曲線が右下がりとなるのである。その様子をグラフに表したものが，図19-1下段の図のAD曲線である。　　正答　1

例題19.1-2　総需要曲線のシフト

次の総需要曲線をシフトさせる要因のみを組み合わせたものとして，妥当なものはどれか。ただし，流動性のわな，完全なクラウディング・アウトは発生しないものとする。（地方上級）

A　技術革新の発生
B　公共事業の増大
C　名目貨幣供給量の増大
D　貨幣賃金率の切下げ
E　労働意欲の向上
F　消費意欲の減退

1　A，C，E　　2　A，D，F　　3　B，C，F
4　B，D，E　　5　B，F

解説　例題は，総需要曲線のシフトの要因についての問題である。総需要曲線は，IS-LMモデルを基礎として，物価水準と国民所得の関係を導出したものである。したがって，IS-LMモデルにおいて，物価を一定にして，均衡国民所得を変化させる要因は，総需要曲線をシフトさせることになる。例題の項目Bの公共事業の増大はIS曲線を右シフトさせ，項目Cの名目貨幣供給量Mの

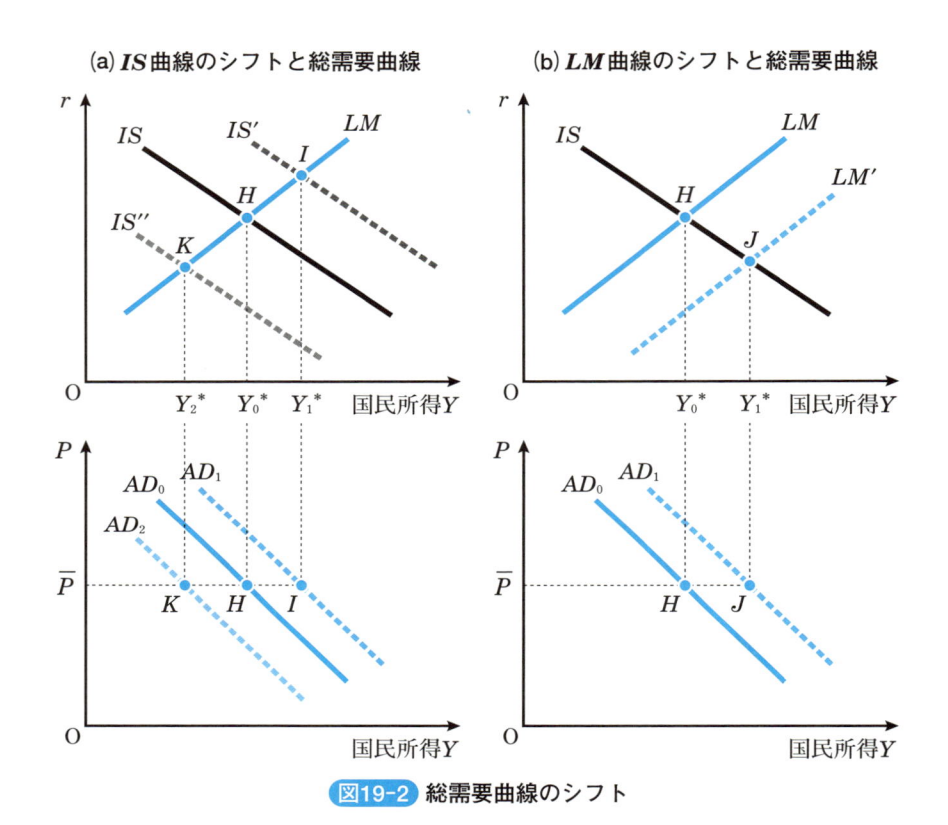

(a) IS曲線のシフトと総需要曲線　　**(b) LM曲線のシフトと総需要曲線**

図19-2 総需要曲線のシフト

増大はLM曲線を右シフトさせ，項目Fの消費意欲の減退はIS曲線を左シフトさせ，均衡国民所得を変化させるので，B，C，Fの要因は総需要曲線をシフトさせる。以上から，正答は3である。他方，項目Aの技術革新の発生，Dの貨幣賃金の切下げ，Eの労働意欲の向上は，次節で説明する総供給曲線のシフトの要因である。

まず，IS曲線のシフトと総需要曲線ADのシフトの関係について，**図19-2** (a)で説明する。当初の均衡は点Hの状態であるとする。このとき，政府支出，マネーサプライ，限界消費性向などを不変として，物価水準Pだけが変化するときの物価Pと国民所得Yの関係を表したものが総需要曲線AD_0である。反対に，物価水準が$\bar{P}$で不変であるとし，政府支出，マネーサプライ，限界消費性向（限界貯蓄性向）などが変化すると，総需要曲線はシフトする。

第一に，例題の項目Bの公共事業の増大があったとしよう。公共事業の増大

は，政府支出の増大であるので，IS曲線を右シフトさせIS′となり，均衡点はHからIになり，均衡国民所得はY_1^*となる。この変化に対応して，総需要曲線は右シフトし，AD_1となるのである。

第二に，項目Fの消費意欲の減退について考えてみよう。消費意欲が減退すると，限界消費性向cが低下し限界貯蓄性向sが上昇する。これにより貯蓄関数がシフトするので，IS曲線は左シフトしIS″となる。このとき，均衡点はHからKに変化し，総需要曲線は左シフトしAD_2となる。

次に，LM曲線のシフトと総需要曲線ADのシフトの関係について，**図19-2**(b)で説明しよう。項目Cの名目貨幣供給量Mの増大を考えてみよう。物価水準は$\bar{P}$で一定である。名目貨幣供給量Mが増大すると，実質貨幣供給量$\frac{M}{P}$が増加するので，LM曲線は右にシフトしLM′となる。このとき，均衡点はHからJとなり，これに対応して総需要曲線は右シフトし，AD_1となる。

ところで，流動性のわなのケースでは，名目貨幣供給量が変化したとしてもLM曲線が水平であるので，IS曲線とLM曲線の交点に対応する均衡国民所得は変化しない。それゆえ，名目貨幣供給量が変化したとしても，流動性のわなのケースでは総需要曲線はシフトしない。他方，完全なクラウディング・アウトが生じるのは，LM曲線が垂直なケースである。LM曲線が垂直なケースでは，財政支出が変化しても，利子率の上昇によって財政支出の増加の効果が100％打ち消されるので，均衡国民所得は変化しない。これが完全なクラウディング・アウトのケースである。このとき，政府支出の変化は総需要曲線を変化させない。このような理由から，例題の問題文では，流動性のわなのケースと完全なクラウディング・アウトのケースが除外されているのである。

正答　3

練習問題

【**No. 1**】　次のようなIS曲線，LM曲線が与えられている。

IS曲線：$I(r) = S(Y)$

LM曲線：$\frac{M}{P} = L(Y, r)$

$\left[\begin{array}{l} I：投資，S：貯蓄 \\ r：利子率，Y：国民所得 \\ M：名目貨幣供給量 \\ P：物価水準，L：貨幣需要 \end{array}\right]$

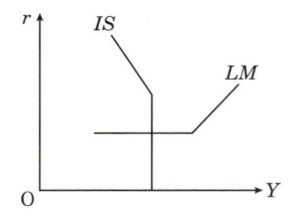

このときの総需要曲線 AD の形状として，妥当なものは次のうちどれか。（国税専門官）

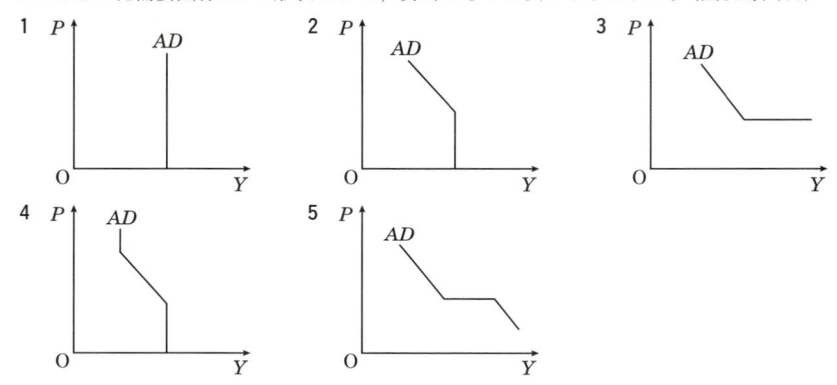

[解説] IS-LM モデルにおいて，IS 曲線が垂直になる場合には，物価 P が下落し実質貨幣供給量 $\frac{M}{P}$ が増加して LM 曲線が右にシフトしたとしても，均衡国民所得は変化しない。それゆえ，IS 曲線が垂直である場合には，総需要曲線は垂直となる。IS 曲線が垂直になる場合とは，利子率が変化しても投資が変化しない場合である。

同様に，流動性のわなのケースで，LM 曲線が水平となる部分で IS 曲線と LM 曲線が交わる場合には，物価 P が変化しても IS 曲線と LM 曲線の交点は変化せず，均衡国民所得は不変である。それゆえ，この場合にも総需要曲線は垂直となる。

問題では，IS 曲線は右下がりの部分を持ち，LM 曲線は右上がりの部分を持っている。物価 P が上昇すると，実質貨幣供給量 $\frac{M}{P}$ が減少し，LM 曲線の右上がりの部分が左にシフトする。その結果，

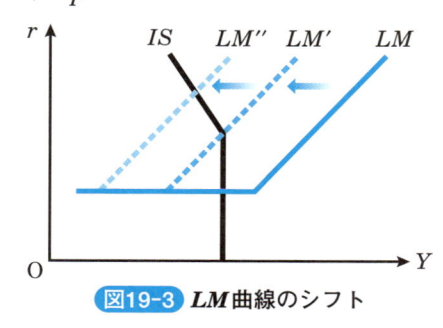

図19-3 LM 曲線のシフト

IS曲線の右下がりの部分と交点を持つようになると，均衡国民所得は減少する。このとき，AD曲線は右下がりとなる。よって正答は2である。

正答 【No.1】 2

19.2 労働市場と総供給曲線

例題19.2-1 労働市場と失業

古典派とケインズの労働市場の分析についての次の記述のうち，正しいものはどれか。ただし，以下の図では，W：貨幣賃金率，P：物価水準，N_d：労働需要曲線，N_s：労働供給曲線，N：雇用量，である。(国家Ⅱ種)

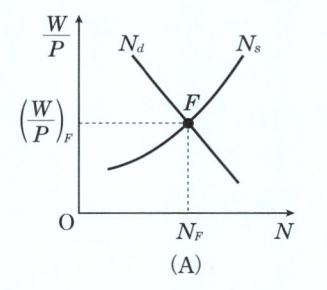

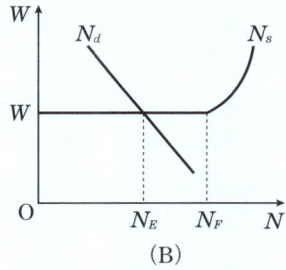

(A)　(B)

1　古典派においても非自発的失業は存在し，それは図(B)の$N_F - N_E$として示されている。
2　ケインズにおいては，労働供給は貨幣賃金の関数であり，完全雇用N_Fにいたるまで貨幣賃金率は一定であると考えられている。
3　古典派における労働市場の均衡は，図(A)における労働の供給曲線N_sと需要曲線N_dとの交点Fによって与えられるが，これは必ずしも完全雇用均衡点であるとは限らない。
4　古典派の雇用理論が1930年代の大量失業＝非自発的失業を説明できないのは，雇用量を労働市場で完結的に決定されるものとしないからであると，ケインズは主張した。
5　ケインズの労働市場分析における非自発的失業は，図(B)のON_Eで示されている。

解説 例題の図(A)は古典派の労働市場の考え方，図(B)はケインズの労働市場の考え方を表している。

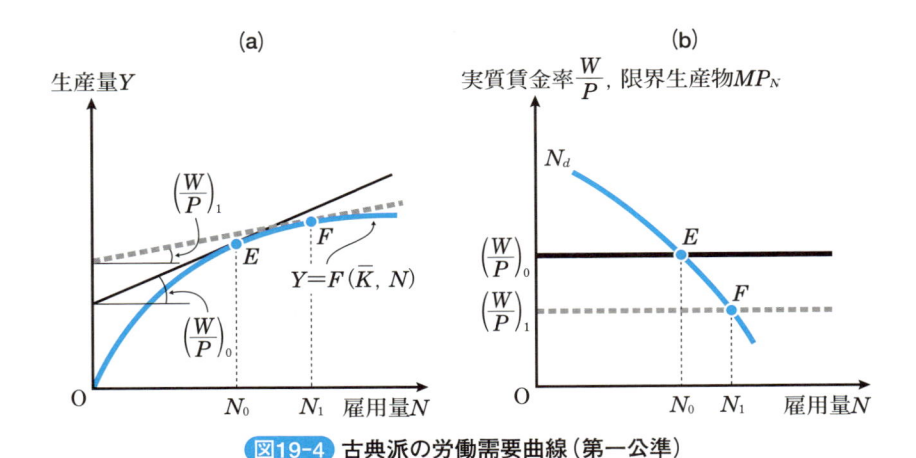

図19-4 古典派の労働需要曲線（第一公準）

　まず，図(A)の古典派の労働市場について説明する。**労働需要**は，企業の利潤最大化行動によって説明される。利潤を π，物価を P，生産量を Y，貨幣賃金率（名目賃金率）を W，雇用量を N，資本のレンタルプライスを r，資本を $\overline{K}$（一定）とすると，総収入は PY，総費用は $(WN+r\overline{K})$ と表すことができる。それゆえ，利潤 π は，総収入と総費用の差であるので，

(19.4) 　　$\pi = PY - (WN + r\overline{K})$

と表される。この式を，変形すると，

(19.5) 　　$Y = \dfrac{W}{P}N + \dfrac{\pi + r\overline{K}}{P}$

となる。企業は生産関数で表される技術的制約の下で利潤最大化を図る。生産関数は，

(19.6) 　　$Y = F(K, N)$

と表される。(19.5) (19.6) 式をグラフに表したものが**図19-4(a)**である。

　図19-4(a)の曲線は (19.6) 式の生産関数のグラフである。**図19-4(a)**の直線は (19.5) 式を表しており，縦軸切片は $\dfrac{\pi + r\overline{K}}{P}$，傾きは実質賃金率 $\dfrac{W}{P}$ である。利潤が大きければ縦軸切片の値が大きくなるので，企業は縦軸切片の値が大きいほど高い利潤が得られる。そこで，**実質賃金率**が $\left(\dfrac{W}{P}\right)_0$ であるときには，企業は実現可能な利潤の中で最も高い利潤が得られる点 E の雇用量と生産量の

組合せを選択する。E は直線が生産関数と接している場合である。生産関数の接線の傾きは，限界生産物の値であり，$MP_N = \dfrac{\varDelta Y}{\varDelta N}$ である。他方，直線の傾きは，実質賃金率 $\dfrac{W}{P}$ である。したがって，E では，

(19.7) $\quad MP_N = \dfrac{W}{P}$

となっている。これは利潤を最大にする<u>最適雇用量</u>の条件である。ケインズは，この条件を<u>古典派の第一公準</u>と呼び，労働需要の基礎理論として認めた。実質賃金率が $\left(\dfrac{W}{P}\right)_0$ から $\left(\dfrac{W}{P}\right)_1$ に下がると，利潤を最大にする雇用量と生産量の組合せは，E から点線と生産関数のグラフが接する F に変化する。このとき，雇用量は N_0 から N_1 に増加するので，労働需要曲線は**図19-4(b)**や**例題19.2-1**の図 (A) の N_d 曲線のように右下がりとなる。

他方，古典派では，第一に，<u>労働供給</u>は実質賃金率に依存し，第二に，例題の図 (A) の N_s 曲線のように右上がりのグラフとなる。労働者は，実質賃金率 $\dfrac{W}{P}$ の変化に従って労働供給量を変化させ，実質賃金率が上昇するとき労働供給量を増加させる。

以上のように，古典派の考え方では，労働需要 N_d についても労働供給 N_s についても実質賃金率に依存して決定される。このような場合には，もしも実質賃金率が均衡水準よりも高く労働供給 N_s が労働需要 N_d よりも大きくなったとしても，実質賃金率が低下することによって労働需要 N_d と労働供給 N_s の乖離は調整され，労働需要 N_d ＝労働供給 N_s となる。それゆえ，古典派の考え方では，実質賃金率が伸縮的に変化するならば，完全雇用が実現し失業は存在しないことになる。以上から，1，3 は誤りである。また，古典派では，雇用量が労働市場で完結して説明されるので，4 は誤りである。

次に，例題の図 (B) のケインズ（およびケインジアン）の労働市場の考え方を見てみる。例題の図 (B) では，縦軸に貨幣賃金率 W がとられている。ケインズは，(19.7) 式の古典派の第一公準を認めた。そこで，企業の労働需要の最適条件である (19.7) 式を，

(19.8) 　　$P \cdot MP_N = W$

と変形してみよう。この式の左辺の$P \cdot MP_N$は，**限界価値生産物**あるいは**限界生産物価値**と呼ばれる。(19.8)式は限界価値生産物が貨幣賃金率と等しくなるように，企業は労働を需要することを意味している。これにより縦軸を貨幣賃金率としたグラフにおいても，労働需要曲線は，古典派と同様に右下がりになる。

他方，労働供給については，ケインズは，第一に，労働供給は**貨幣賃金率**に依存するとし，第二に，貨幣賃金率は**下方硬直性**を持つ，という仮定を導入した。貨幣賃金率の下方硬直性が存在する場合，例題の図(B)のように，労働供給曲線N_Sは水平部分を持つ。以上から 2 は正しい。労働供給曲線N_Sの水平部分では，労働者はN_Fまで労働を供給しようとするがその意向は実現せず，図(B)の$(N_F - N_E)$に相当する失業が発生する。この$(N_F - N_E)$の失業が**非自発的失業**と呼ばれている。したがって，5 は誤りである。　　　　**正答　2**

例題19.2-2　総供給曲線

総供給曲線に関する次の記述のうち，妥当なものはどれか。（市役所類題）
1　総供給曲線とは，利子率と国民所得の負の相関関係をいう。
2　貨幣賃金が硬直的な場合には，総供給曲線は右上がりとなる。
3　政府が財政支出を減少させると，総供給曲線は右にシフトし，国民所得は減少する。
4　政府がマネーサプライを増加させると，総供給曲線は右にシフトし，国民所得は減少する。
5　限界消費性向が高ければ，総供給曲線は垂直になる。

解説　**総供給曲線**とは，物価水準Pと国民所得Yとの関係を，労働市場と生産技術を基礎として供給サイドから説明したものである。したがって，1 は誤りである。

次に，古典派の総供給曲線について説明する。古典派の考え方では，労働市場では実質賃金率$\dfrac{W}{P}$と雇用量Nの均衡水準が決定される。このとき，物価水準Pが 2 倍になりP_0から$P_1 = 2P_0$に変化した場合に，物価上昇に伴って貨幣賃金率も 2 倍になりW_0から$W_1 = 2W_0$に変化したとしよう。そうすると，実質賃

図19-5 古典派の総供給曲線

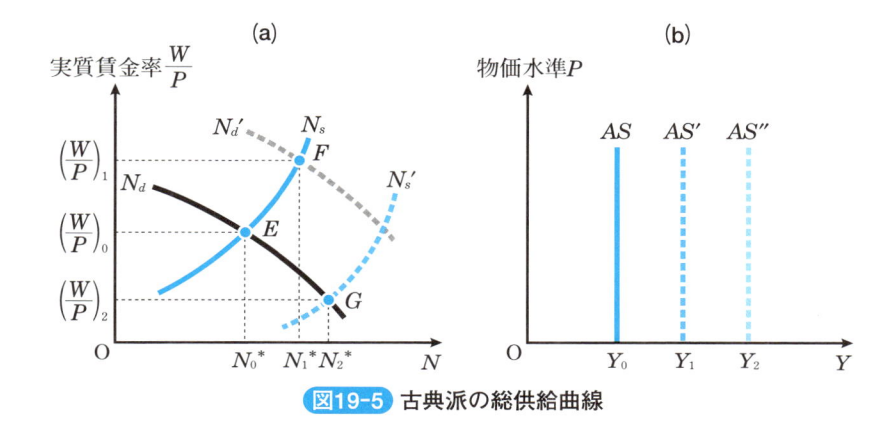

金率は，$\dfrac{W_0}{P_0} = \dfrac{W_1}{P_1}$ となり変化しない。それゆえ，物価水準 P が変化しても均衡雇用量 N^* は一定となるので，均衡雇用量 N^* に対応する国民所得 Y も一定となる。この均衡雇用量に対応する国民所得は完全雇用国民所得と呼ばれる。古典派の考え方では，物価水準が変化しても Y は変化しないので，物価 P と国民所得 Y の関係を表す総供給曲線は垂直となる（**図19-5**(b)の AS 線）。

次に，**例題19.1-2**の項目Aの「技術革新の発生」は，総供給曲線を右にシフトさせる。その理由は，技術革新により労働の限界生産性が上昇するので，**図19-5**(a)では労働の需要曲線が N_d から N_d' にシフトし，均衡点は E から F に変化し均衡雇用量は N_0^* から N_1^* になる。それゆえ，生産量が Y_0 から Y_1 に変化するので，総供給曲線が右にシフトし AS' となるからである。また，例題の項目Eの「労働意欲の向上」も総供給曲線 AS を右にシフトさせる。**図19-5**(a)では，労働意欲が向上すると労働供給曲線が N_s から N_s' にシフトするので，均衡点は E から G に変化し均衡雇用量は N_0^* から N_2^* になる。それゆえ，生産量も Y_0 から Y_2 になるので，総供給曲線は右にシフトし AS'' となる。3の政府支出の減少，4のマネーサプライの増加，5の消費性向は総需要曲線のシフトや形状に影響する要因であるので，3，4，5は誤りである。

次に，ケインズの労働市場の考え方に基づいた総供給曲線を説明してみよう。貨幣賃金の下方硬直性が存在する場合の労働市場と総供給曲線の関係を表したものが**図19-6**である。

貨幣賃金の下方硬直性が存在すると，総供給曲線は右上がりになる。物価水

図19-6 ケインズの総供給曲線

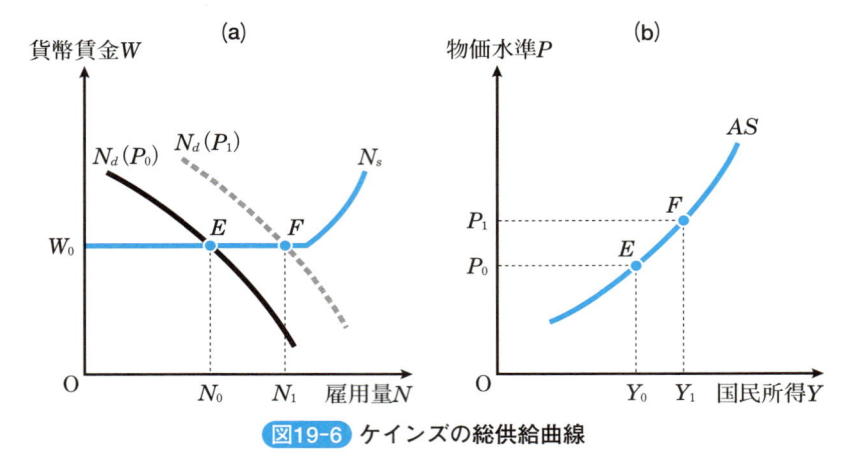

準が P_0 から P_1 に上昇すると，(19.8)式の左辺の値が大きくなり，

(19.9) $P_1 \cdot MP_N > W$

となる。左辺は1単位の追加の労働者が生み出す生産物からの追加的な収入である。その大きさが右辺の貨幣賃金率よりも大きいので，同一の賃金水準でも，企業は $P_1 \cdot MP_N = W$ となるまで，労働者をより多く雇用しようとする。その結果，労働需要曲線は，**図19-6**(a)の点線で表される $N_d(P_1)$ にシフトする。労働需要曲線がシフトすると，均衡点は E から F に変化し均衡雇用量は N_0 から N_1 となるので，産出量も Y_0 から Y_1 に変化する。それゆえ，物価水準が P_0 から P_1 に変化すると，産出量は Y_0 から Y_1 に変化する。以上から貨幣賃金率が下方

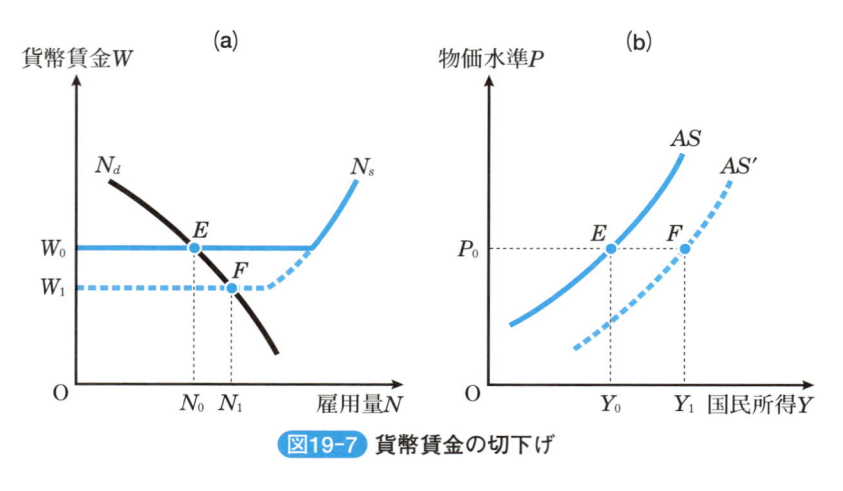

図19-7 貨幣賃金の切下げ

硬直的である場合には，総供給曲線は右上がりになる。その様子を表したものが，**図19-6(b)** である。貨幣賃金の下方硬直性が存在すると総供給曲線は右上がりとなるので，2は正しい。

最後に，貨幣賃金の切下げと総供給曲線のシフトについて説明する。貨幣賃金が切り下げられ，W_0からW_1になると，労働供給曲線N_sが**図19-7(a)**の点線のようになる。このとき，物価水準がP_0で一定であっても，雇用量がN_0からN_1に変化する。それゆえ，**図19-7(b)**の点線のAS'のように，総供給曲線は右にシフトする。

正答　2

練習問題

【No.1】 古典派の雇用理論およびケインズの雇用理論に関する記述として，妥当なのはどれか。（地方上級）
1　労働供給曲線について，古典派は，貨幣賃金率の関数であるとしたが，ケインズは，実質賃金率の関数であるとした。
2　古典派は，現行の賃金で働く意思を持ちながらも，労働需要が不十分なため雇用されない失業を，摩擦的失業とした。
3　古典派は，非自発的失業の存在を否定し，貨幣賃金が伸縮的でなくても，完全雇用が実現されるとした。
4　ピグーは，貨幣賃金の低下は物価の下落をもたらし，これによって実質貨幣残高が増加すれば，消費は拡大し，雇用量も増大するとした。
5　ケインズは，非自発的失業者間の競争によって実質賃金が低下した場合は，貯蓄はすべて投資されることから，長期的に雇用量は増大するとした。

［解説］1．古典派とケインズの記述が逆である。古典派の労働市場の考え方では，企業も家計（労働者）も実質賃金率に依存して行動すると考えられている。他方，ケインズの考え方では，**図19-6**に表されているように，労働者は貨幣賃金率に依存して行動すると考えられているので，1は誤り。2．摩擦的失業は，情報の不完全性が存在するときの職探し期間の失業のことである。労働需要が十分ではない場合に生じる失業は非自発的失業であり，ケインズによって主張された。よって，2は誤りである。3．古典派は貨幣賃金率や物価水準が伸縮的に変化するので，非自発的失業が存在しないとした。したがって，3は誤りである。4．正しい。5．ケインズの体系は短期のものであるので，誤りである。

正答　【No.1】4

19.3 国民所得と物価水準の決定

例題19.3-1 物価水準の決定

ある国の経済モデルが次のように与えられている。

$C = 20 + 0.6Y$
$I = 40 - 2r$
$L = 0.5Y + 150 - 5r$
$M = 300$（名目マネーサプライ）
$Y_F = 100$

$\begin{cases} C：実質消費 \\ I：実質投資 \\ L：実質貨幣需要 \\ Y：実質国民所得 \\ Y_F：完全雇用実質国民所得 \\ r：利子率（\%） \end{cases}$

完全雇用達成時の物価はいくらか。ただし，海外部門，政府部門は考えないこととする。（地方上級）

1　1.2　　　2　1.4　　　3　1.6　　　4　1.8　　　5　2.0

解説　例題では，完全雇用国民所得が，

(19.10)　　$Y_F = 100$

と与えられている。これは，総供給曲線が垂直となることを意味する。それゆえ，例題の方程式体系の供給サイドの考え方は，古典派の労働市場の考え方に基づいている。

次に，例題の式をもとにして総需要曲線を導いてみる。例題の最初の4本の方程式に，生産物市場の均衡条件：$Y = C + I$と貨幣市場の均衡条件：$\dfrac{M}{P} = L$を加えると，以下の方程式体系が得られる。

(19.11)　$\begin{cases} Y = C + I \\ C = 20 + 0.6Y \\ I = 40 - 2r \\ \dfrac{M}{P} = L \\ L = 0.5Y + 150 - 5r \\ M = 300 \end{cases}$

これは，IS-LMの方程式体系である。この連立方程式を解くと，

(19.12)　　$Y = \dfrac{200}{P}$

が得られる。これが総需要曲線の式である。以上から，(19.10)(19.12)式を解くと，

(19.13)　　$P = 2.0$

となる。正答は5である。

古典派では，総供給曲線ASが垂直となる。このとき，政府支出が増加しAD曲線が右にシフトしたとしても，物価水準Pが上昇し政府支出の増加の効果を100％打ち消してしまうので，均衡国民所得の水準はY_Fで変化しない。すなわち完全なクラウディング・アウトが生じる。

正答　5

例題19.3-2　政府支出の増大

次の図は総需要曲線と総供給曲線による物価水準と国民所得の決定の仕組を示している。総需要と総供給がPで均衡しているとき，政府支出の増大が，物価水準と国民所得に及ぼす影響に関する次の記述のうち，妥当なものはどれか。

(地方上級)

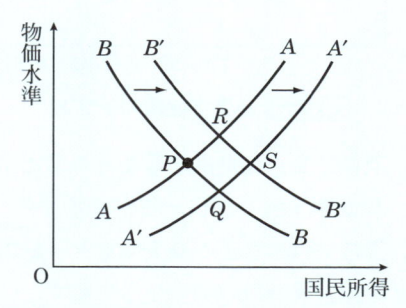

1　総供給曲線AAが$A'A'$へ変化することから，物価水準の下落と国民所得の増大をもたらし，均衡はQとなる。
2　総供給曲線BBが$B'B'$へ変化することから，物価水準の上昇と国民所得の増大をもたらし，均衡はRとなる。
3　総需要曲線，総供給曲線がともに変化することから，物価水準は変化せず国民所得は増大し，均衡はSとなる。
4　総需要曲線AAが$A'A'$へ変化することから，物価水準の下落と国民所得の増大をもたらし，均衡はQとなる。
5　総需要曲線BBが$B'B'$へ変化することから，物価水準の上昇と国民所得の増大をもたらし，均衡はRとなる。

解説 例題は，政府支出の増加の物価水準Pや国民所得Yへの影響に関する問題である。例題の図のAA線は総供給曲線，BB線は総需要曲線であるので，2，4は誤りである。また，**例題19.1-2**で見たように，政府支出が増加すると，総需要曲線は右にシフトする。この様子を表したものが，**図19-8**である。総需要曲線がADからAD'にシフトすると，均衡点がEからFになり，物価水準がPからP'，国民所得がYからY'に変化する。したがって，政府支出が増加すると総需要曲線が右シフトし，物価水準の上昇と国民所得の増加をもたらす。それゆえ，正答は**5**である。

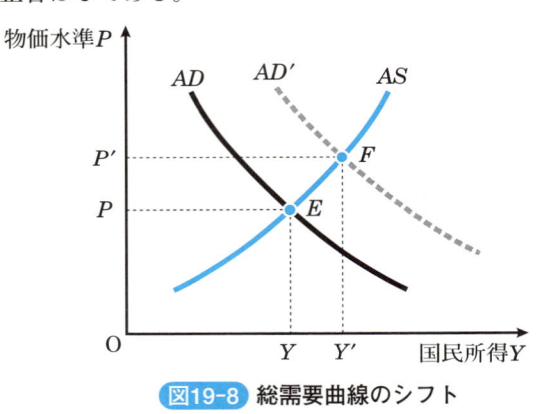

図19-8 総需要曲線のシフト

同様に，投資意欲，消費意欲，貨幣供給量などが増加すると，総需要曲線が右にシフトするので，物価が上昇し国民所得が増加する。反対に，政府支出，投資意欲，消費意欲，貨幣供給量などが減少すると，総需要曲線が左にシフトし，物価水準の低下と均衡国民所得の減少をもたらす。

また，政府支出の増加は，総供給曲線をシフトさせないので，1は誤りである。技術革新の進展，労働意欲の増大，貨幣賃金の切下げなどが生じると，総供給曲線が右にシフトするので，物価の低下と均衡国民所得の増加がもたらされる。

正答　**5**

練習問題

【No.1】 ある経済は，次のような経済モデルで表されるものとする。
$C = 20 + 0.5(Y - T)$

$I = 70 - 5r$
$G = 40$
$T = 60$
$L = 0.4Y - 6r + 180$
$M = 360$
$Y_F = 240$

$\begin{bmatrix} C：消費, I：投資, G：政府支出 \\ T：租税収入, L：実質貨幣需要量 \\ M：名目マネーサプライ \\ Y_F：完全雇用GDP水準 \end{bmatrix}$

このとき，古典派的なマクロ均衡点における物価水準Pはいくらか。（国税専門官）

1 1.2　　**2** 1.5　　**3** 1.8　　**4** 2.0　　**5** 2.1

[解説] $C = 20 + 0.5(Y - T)$, $I = 70 - 5r$, $G = 40$, $T = 60$に，生産物市場の均衡条件：$Y = C + I + G$を加えた連立方程式を解くと，IS曲線の式は，

$Y = 200 - 10r$

となる。また，$L = 0.4Y - 6r + 180$, $M = 360$に，貨幣市場の均衡条件：$\dfrac{M}{P} = L$を加えた連立方程式を解くと，LM曲線の式が，

$Y = -450 + 15r + \dfrac{900}{P}$

となる。IS曲線の式とLM曲線の式から，総需要曲線の式は，

$P = \dfrac{360}{Y + 60}$

となる。この式のYに$Y_F = 240$を代入すると，$P = 1.2$となる。したがって，正答は**1**である。

【No.2】 Ⅰ図，Ⅱ図は2つの異なるモデルにおける総需要曲線，総供給曲線を表したものである。この図に関する次の記述のうち，妥当なものはどれか。

ただし，Pは物価水準，Yは国民所得，Y_Fは完全雇用国民所得，Sは総供給曲線，Dは総需要曲線である。（国家Ⅱ種）

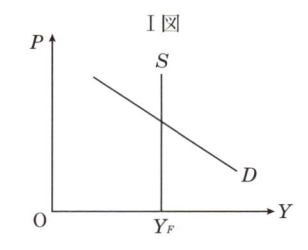

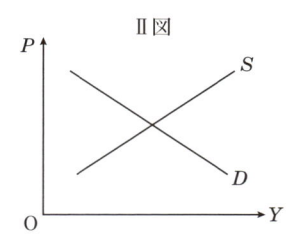

Ⅰ図　　　　　　　　　　Ⅱ図

1 Ⅰ図は，古典派モデルにおける総供給曲線，総需要曲線を示しており，物価が完全硬直的であるため総供給曲線は横軸に垂直となっている。

2 Ⅰ図において，政府支出を増加させると国民所得が増加し，総需要は拡大するが，物価は変化しない。

3 Ⅱ図において，財政支出を拡大させた場合，国民所得が増加し，利子率と物価は上昇する。

4 Ⅱ図において，財政支出の増加により総需要を拡大させなくても，物価の調整により失業は解消される。

5 Ⅱ図において，マネーサプライを増加させた場合，国民所得が増加し，利子率が上昇し，物価が下落する。

［解説］1．Ⅰ図は，総供給曲線が垂直であるので，古典派の総供給曲線である。1の文にある物価が完全に硬直的な場合には，総供給曲線は水平となる。よって，1は誤りである。2．Ⅰ図では，政府支出を増加させると総需要曲線は右にシフトするが，総供給曲線が垂直であるため，物価が上昇するだけで，均衡国民所得は変化しない（完全なクラウディング・アウト）。よって，2は誤りである。3．正しい。4．Ⅱ図では，総供給曲線が右上がりであり，均衡国民所得は完全雇用国民所得とは等しくなく失業が存在する。よって，4は誤りである。5．Ⅱ図において，マネーサプライが増加すると，利子率は低下し物価は上昇する。よって，5は誤りである。

【No.3】国民所得と物価水準の関係を表す総需要曲線と総供給曲線に関する次の記述のうち，最も妥当なのはどれか。（国家Ⅱ種）

1 政府支出の増加は，IS曲線の右上方へのシフトを通じて総需要曲線を右上方へシフトさせるが，総需要の増加に対応して生産が拡大するので総供給曲線を右下方へシフトさせることになる。

2 貨幣市場が流動性のわなに陥っている場合にはピグー効果が働かないとすれば，物価の下落によって実質貨幣供給量が増加してもそれが国民所得の増加をもたらさないので，総需要曲線は垂直になる。

3 総供給曲線の傾きは投資の利子弾力性の大きさによって決定され，利子弾力性がゼロの場合には，総供給曲線は垂直になり，弾力性が無限大の場合には水平となる。

4 貨幣供給量の増加は，物価の上昇を通じて総供給曲線を左上方にシフトさせるだけでなく，利子率の低下を通じて投資を増加させるので，総需要曲線を右上方へシフトさせる。

5 貨幣賃金が上昇する場合には，労働供給量の増加により生産が拡大するので，総供給曲線は右下方にシフトするが，賃金上昇が消費需要を拡大させるので，総需要曲線は右上方にシフトすることになる。

［解説］1．政府支出の増加は総需要曲線をシフトさせる。総供給曲線はシフトさせないので，誤りである。2．ピグー効果が働かなければ，流動性のわなが存在するとき総需要曲線は垂直となる。よって，2は正しい。3．投資の利子弾力性がゼロであると，利子率が変化しても投資に影響がなく投資は変化しないので，IS曲線は垂直になる。IS曲線が垂直である場合には，物価水準が変化してLM曲線がシフトしたとしても，均衡国民所得が変化しないので，総需要曲線が垂直になる。垂直になるのは総供給曲線ではないので，3は誤りである。4．貨幣供給量の増加は，総供給曲線をシフトさせないので，4は誤りである。5．貨幣賃金が上昇する場合には，図19-7(b)の場合とは反対に，総供給曲線が左にシフトするので，5は誤りである。

正答 【No.1】1　【No.2】3　【No.3】2

第20章 インフレーションと失業

Inflation and Unemployment

20.1 期待形成仮説および期待インフレ率

例題20.1-1 期待形成仮説

総需要曲線と総供給曲線が，

$$Y = \alpha \frac{M}{P}$$

$$Y = Y_F + \beta (P - P^e)$$

で示されるとする。ここで，Y：国民所得，Y_F：完全雇用国民所得，M：名目マネーサプライ，P：物価水準，P^e：期待物価水準である。

物価水準に関して適応的期待と合理的期待の2つの場合を考える。適応的期待とは，

$$P^e = P_{-1} \quad (P_{-1}：前期の物価水準)$$

が成立し，他方，合理的期待とは，

$$P^e = P$$

が成立することを意味する。

前期まで経済は長期均衡の状態にあるものとする。今期，もし貨幣供給量Mが増加すると，国民所得Yと物価水準Pはどのように変化するか。（地方上級類題）

1　期待が適応的である場合，Yは増加し，Pは不変である。
2　期待が適応的である場合，Yは不変であり，Pは上昇する。
3　期待が適応的である場合，Yは増加し，Pは上昇する。

4 期待が合理的である場合，Yは増加し，Pは上昇する。
5 期待が合理的である場合，YもPも不変である。

解説 この章では，人々の期待形成やインフレーション，失業について説明する。例題の最初の式で表される総需要曲線は，

$$(20.1) \quad Y = \alpha \frac{M}{P}$$

と表されている。この総需要曲線の式は，直角双曲線になる。名目マネーサプライMが増加すると，総需要曲線は右上にシフトする。

例題の2番目の式は，総供給曲線である。総供給曲線の式には，**期待物価水準**P^eが含まれている。期待物価水準P^eの与え方は，適応的期待形成または合理的期待形成の2つの方法が考えられている。**適応的期待形成**とは，今期の期待物価水準が前期の現実の物価水準と等しいと予想する場合の期待形成の方法である。また**合理的期待形成**による期待物価水準とは，前期に入手可能なあらゆる情報を効率的に利用して得られる今期の物価水準の期待値である。

まず，今期の期待物価水準が前期の現実の物価水準と等しいと予想する適応的期待形成の場合は，記号を用いて書くと，

$$(20.2) \quad P^e = P_{-1}$$

となる。(20.2)式を例題の2番目の式に代入すると，

$$(20.3) \quad Y = Y_F + \beta (P - P_{-1})$$

となる。これが適応的期待形成の場合の総供給曲線である。(20.3)式では，前期の物価水準P_{-1}は定数とみなされ，Pの係数のβが正の定数であるので，今期の物価水準Pと今期の国民所得の関係を示す総供給曲線ASは右上がりとなる。また，今期の現実の物価水準Pが前期の物価水準P_{-1}と異なる場合には，次期の総供給曲線はシフトし，今期の総供給曲線ASとは異なるものとなる。

次に，例題の合理的期待形成の式は，不確実性がなく完全に将来が予見できるケースであり，

$$(20.4) \quad P^e = P$$

と表されている。この式を例題の2番目の式に代入すると，

$$(20.5) \quad Y = Y_F + \beta (P - P) = Y_F$$

となる。したがって，総供給曲線は完全雇用国民所得Y_F水準で垂直となる。

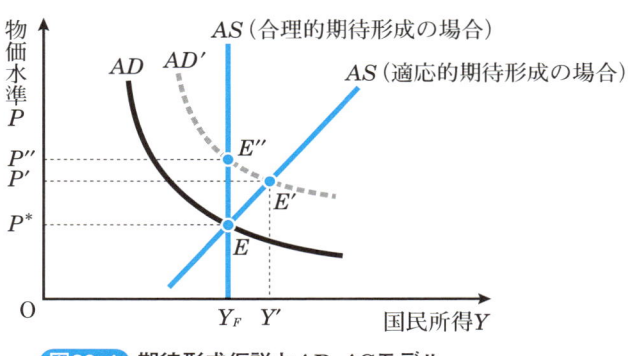

図20-1 期待形成仮説と**AD-AS**モデル

図20-1は総需要曲線ADと総供給曲線ASをグラフに表したものである。総供給曲線は，適応的期待形成の場合と合理的期待形成の場合の2つが描かれている。このグラフを用いて，名目マネーサプライMが増加したときの効果を説明しよう。前期までの長期均衡の状態が図20-1の点Eであるとする。このとき名目マネーサプライMが増加したとすると，総需要曲線は実線で表されるADから点線で表されるAD'にシフトする。

適応的期待形成に従う場合には総供給曲線は右上がりのASであるので，新しい均衡点はE'で表され，物価水準はP'，均衡国民所得はY'となる。したがって，適応的期待形成仮説に従う場合には，名目マネーサプライが増加すると，物価水準が上昇し，均衡国民所得は増加する。以上から，1，2は誤りで，3が正しい。

他方，合理的期待形成に従う場合には，総供給曲線は垂直であるので，名目マネーサプライの増加によりAD線が右にシフトしたとすると，均衡点はE''となり，物価水準のみが上昇し，均衡国民所得は変化しない。よって，4，5は誤りである。

正答　**3**

例題20.1-2　期待インフレ率

インフレーションの予想が含まれるIS-LM体系が，

$$Y = C + I$$
$$C = C_0 + 0.8Y$$
$$I = I_0 - 400r$$
$$\frac{M}{P} = L_0 + 0.9Y - 200i$$

Y：国民所得，C：消費
I：投資，r：実質利子率
M：貨幣供給量，P：物価水準
i：名目利子率，π^e：期待インフレ率
C_0，I_0，L_0は定数

$$r = i - \pi^e$$

で示されるとする。

　前期までは予想インフレ率は $\pi^e = 0$ であったが今期，インフレーションに関する人々の予想が突然に変化し，$\pi^e < 0$ になったとする。このようなデフレ予想は，国民所得 Y と名目利子率 i にどのような影響を与えるか。(地方上級類題)

1　Y は増加し，i は上昇する。
2　Y は増加し，i は低下する。
3　Y は変化せず，i は低下する。
4　Y は減少し，i は上昇する。
5　Y は減少し，i は低下する。

解説　例題は，物価上昇率が負の値となるデフレ予想が生じた場合の効果を，期待インフレ率を組み込んだ IS-LM モデルを用いて説明したものである。第15章の IS-LM モデルの説明においては，実質利子率 r と名目利子率 (貨幣利子率) i の区別を行わなかった。しかし，期待インフレ率がゼロでない場合には，実質利子率と名目利子率は異なる値となる。

　来期の期待インフレ率 π^e は，今期に形成される来期の期待物価水準を P^e，今期の物価水準を P とすると，

$$(20.6) \quad \pi^e = \frac{P^e - P}{P}$$

と表される。この式から，期待物価水準 P^e の下落が続くデフレ予想の場合には，期待インフレ率が負となることがわかる。

　実質利子率 r，名目利子率 i，期待インフレ率 π^e の関係は，例題に示されているように，

$$(20.7) \quad r = i - \pi^e$$

と表される。この式は**フィッシャーの利子率方程式**と呼ばれている。(20.7)式から，期待インフレ率が負になり，名目利子率 i が一定であるとすると，実質利子率 r が上昇する。

　次に，例題の投資関数は実質利子率に依存している。他方，例題の貨幣需要関数は名目利子率に依存している。IS-LM 図で考える場合には，名目利子率と実質利子率のいずれかに揃える必要がある。そこで，例題は名目利子率 i についての問題となっているので，フィッシャーの利子率方程式を用いて，例題

図20-2 期待インフレ率の変化と**IS-LM**モデル

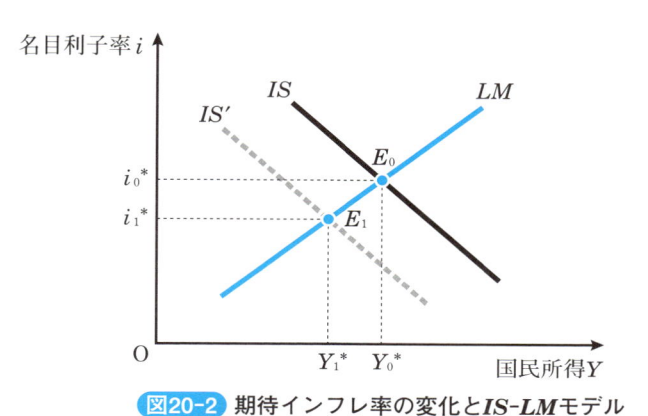

のIS-LMモデルの投資関数を名目利子率と期待インフレ率で表される式に書き換えてみる。(20.7)式を投資関数に代入すると，

(20.8)　　$I = I_0 - 400(i - \pi^e)$

となる。この式では，投資は名目利子率iと期待インフレ率π^eに依存している。(20.8)式から，期待インフレ率が負になると，名目利子率iが一定であるとき，投資が減少することがわかる。これは，期待インフレ率が負になるデフレ予想のケースでは，(20.7)式で見たように，実質利子率rが上昇するからである。

次に，(20.8)式の投資関数と例題の消費関数の式および生産物市場の均衡条件式$Y = C + I$を用いてIS曲線を求めると，

(20.9)　　$Y = 5(C_0 + I_0) - 2000 i + 2000 \pi^e$

となる。これより，名目利子率iが一定のとき，期待インフレ率π^eが負になると，生産物市場を均衡させる国民所得は減少することになる。このとき，IS曲線は左にシフトすることになる。

以上をグラフに表したものが，**図20-2**である。期待インフレ率π^eが負になると，IS曲線が左にシフトするので，均衡名目利子率はi_0^*からi_1^*に変化し，均衡実質国民所得はY_0^*からY_1^*に変化する。つまり，期待インフレ率が負になる場合には，国民所得Yは減少し，名目利子率iは低下する。よって，**5**が正しい。

最後に，実質利子率への影響については，名目利子率の低下分Δiが期待インフレ率の下落分$\Delta \pi^e$よりも大きければ実質利子率rは低下し，反対であればrは上昇する。

正答　**5**

練習問題

【No.1】 ある経済が次のように表されるとする。

$Y = a \dfrac{M}{P}$ ……………………総需要曲線

$Y = Y_F + b(P - P^e)$ ………総供給曲線

$$\begin{bmatrix} Y & :国民所得 \\ M & :貨幣供給量 \\ P & :物価水準 \\ Y_F & :完全雇用国民所得 \\ P^e & :期待物価水準 \\ a, b & :正の定数 \end{bmatrix}$$

このとき，次の文中の空欄A～Cに当てはまる語句として，妥当なもののみを挙げているのはどれか。

ただし，前期まで経済が長期均衡状態にあったものとする。（国税専門官）

合理的期待形成仮説（期待物価水準が物価水準と等しくなる）が成り立っているとき，縦軸に物価水準をとり，横軸に国民所得をとったグラフ上における総供給曲線の形状は A になり，貨幣供給量が増加すると国民所得は B ，物価水準は C 。

	A	B	C
1	垂直	変化せず	変化しない
2	垂直	増加し	下落する
3	垂直	変化せず	上昇する
4	右上がり	増加し	下落する
5	右上がり	増加し	上昇する

[解説] 問題は，$P^e = P$ となる合理的期待形成仮説のケースである。それゆえ，総供給曲線が垂直のケースである。このとき貨幣供給量が増加すると，**例題20.1-1**の合理的期待のケースで説明したように，均衡国民所得は変化せず，物価水準は上昇する。よって，正答は**3**である。

正答 【No.1】3

20.2 失業とインフレーション

例題20.2-1　UV曲線（ベヴァリッジ曲線）

次の文章の空欄A，Bに入る語句の組合せとして，妥当なのはどれか。

（市役所）

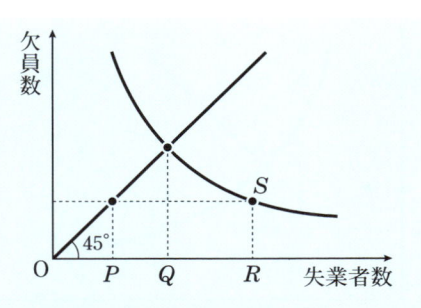

失業者数と欠員数で示される労働市場の状況は現在，図の点Sにある。現在の失業のうち摩擦的・構造的要因による失業の大きさは　A　で示される。

また，摩擦的・構造的失業を減らすためには　B　などの政策が有効である。

	A	B
1	OP	有効需要の拡大
2	OP	失業者の再訓練
3	OQ	有効需要の拡大
4	OQ	失業者の再訓練
5	OR	有効需要の拡大

解説 失業者は，職を持っていない者で求職活動を行っている者である。専業主婦や学生などのように求職活動をしていない者は非労働力人口に含まれ，失業者の中には含まれない。義務教育を終えた15歳以上の人口は生産年齢人口と呼ばれる。生産年齢人口は労働力人口と非労働力人口の合計であり，労働力人口は，就業者と失業者の合計である。就業者数は，企業等に雇用されている雇用者数に事業主や家族従業者を加えたものである。以上をまとめると，図20-3のようになる。

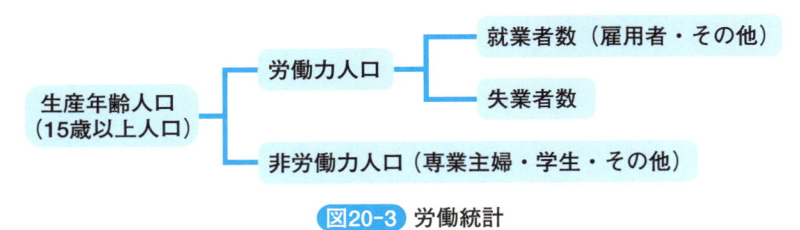

図20-3　労働統計

失業は，自発的失業と非自発的失業という分類ができる。自発的失業はより良い条件の職を求めて職探しを継続し自らの意思で失業している場合の失業で

図20-4 UV曲線

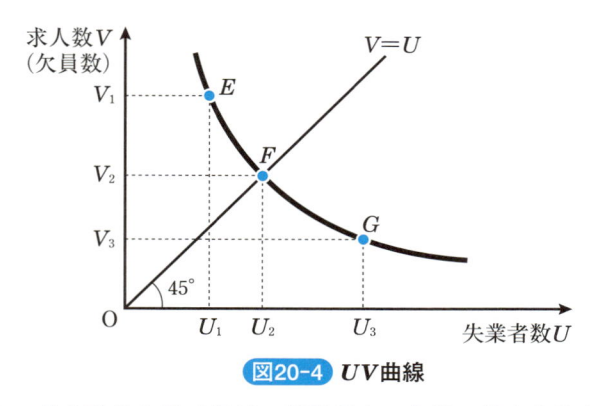

ある。また，非自発的失業は現行の貨幣賃金の水準で働く意欲を持ちながら職を見つけることができない場合の失業である。

摩擦的要因による失業とは，職探し期間の失業であり自発的失業である。また構造的要因による失業は，職種の相違などから生じる労働市場における需給のミスマッチによる失業であり，これは非自発的失業である。以下では構造的要因による失業と摩擦的要因による失業を合わせて<u>摩擦的失業</u>と呼ぶことにする。摩擦的失業は完全雇用と両立する失業である。

例題の失業者数と欠員数（求人数）の関係を表す曲線は，<u>UV曲線</u>または<u>ベヴァリッジ曲線</u>と呼ばれ，失業と未充足の求人が同時に存在する場合の失業者数（または失業率）と未充足の求人数（または求人率）の関係を表している。UV曲線は，完全雇用状態での失業を説明する一つの方法である。

今，労働供給をL^S，現実の雇用者数をN，失業者数をUとすると，

(20.10)　　$L^S = N + U$

と表される。また，労働需要をL^D，求人数をVとすると，

(20.11)　　$L^D = N + V$

と表される。(20.10)(20.11)式から，

(20.12)　　$L^S - L^D = (N+U) - (N+V) = U - V$

となる。この式において，$L^S - L^D = 0$すなわち$L^S = L^D = L^*$である場合には，失業者数Uと求人数Vが等しく$U = V > 0$となる。$L^S = L^D = L^*$の状態は，労働市場が均衡しており完全雇用状態と考えることができる。完全雇用水準の雇用量をN_F，完全雇用水準での失業者数をU_Fとすると，

(20.13)　　$L^* = N_F + U_F$

と表すことができる。

UV曲線のグラフは、**図20-4**の右下がりの曲線である。

図20-4の点Fでは、失業者数がU_2、求人者数がV_2であり、$U_2＝V_2$となっており、完全雇用の状態である。そこで、失業U_2の大きさを労働市場の摩擦的失業の大きさとみなすことができる。以上から、例題の空欄AはOQとなる。$U_2＝V_2$の値は摩擦的失業の大きさを表している。摩擦的失業が大きくなるとUV曲線は右にシフトする。反対に、失業者の職業訓練を行ったり、求人情報を容易に入手できるようにしたりするなどの政策は、摩擦的失業を減少させるので、UV曲線を左にシフトさせる。それゆえ例題の空欄Bには失業者の再訓練が妥当する。以上から正答は4である。

ここで、マネタリストのフリードマンの自然失業率を定義しておこう。フリードマンの自然失業率も完全雇用水準での失業率である。労働供給をL、完全雇用水準の雇用量をN_F、完全雇用水準で存在する失業者数をU_F、自然失業率をu_Fとすると、(20.13)式と同様に$L＝N_F＋U_F$であるので、自然失業率u_Fは、

(20.14) $$u_F＝\frac{U_F}{L}＝\frac{L－N_F}{L}$$

と表すことができる。

正答 4

例題20.2-2 フィリップス曲線

フィリップス曲線および自然失業率仮説に関する記述として、妥当なのはどれか。(地方上級)

1 A.W.フィリップスが発見したフィリップス曲線は、名目賃金上昇率と失業率との間の正の相関関係を示す右上がりの曲線をいい、1970年代のアメリカ経済におけるスタグフレーションを検証したものである。

2 マネタリストのフィリップス曲線は、期待インフレ率の大きさに依存しており、期待インフレ率が上昇した場合、上方にシフトする。

3 自然失業率は、有効需要の減少によって、完全雇用が成立していない場合に存在する失業をいい、全労働者に占める現行の市場賃金で働く意思がありながらも職を見つけることのできない失業者の割合である。

4 自然失業率仮説によると、政府が総需要拡大政策をとった場合、企業や労働者は、現実の物価上昇率と期待物価上昇率との乖離を正しく認識できるため、短期的には失業率を下げることはできない。

5 自然失業率仮説によると，長期的には，フィリップス曲線が垂直となるため，金融政策や財政政策によって，失業率を自然失業率より下げることができる。

解説 **フィリップス曲線**とは，フィリップスが1861年から1957年までのイギリスの統計に基づいて1958年の論文で明らかにした「貨幣賃金上昇率と失業率の間のトレード・オフ（負の相関関係）」を表した曲線のことである。貨幣賃金上昇率（名目賃金上昇率）と失業率の関係を表したフィリップス曲線は，賃金版フィリップス曲線と呼ばれる。貨幣賃金上昇率とは，今期の貨幣賃金率をW，前期の貨幣賃金率をW_{-1}，貨幣賃金上昇率をωとすると，

(20.15) $\quad \omega = \dfrac{W - W_{-1}}{W_{-1}}$

である。また，労働供給をL，現実の雇用量をNとすると，失業は$(L-N)$であるので，失業率uは，

(20.16) $\quad u = \dfrac{L - N}{L}$

と定義される。以上から，**賃金版フィリップス曲線**を式で表すと，$\omega = f(u)$である。またそのグラフは，**図20-5**(a)のように，縦軸に貨幣賃金上昇率ω，横軸に失業率uをとると，右下がりのグラフとして描かれる。貨幣賃金上昇率と失業率がトレード・オフ関係にあるので，財政金融政策により失業率を下げようとすると貨幣賃金上昇率ωが高まることになる。**スタグフレーション**とは，インフレ率と失業率がともに高まる現象のことをいう。フィリップスが発見し

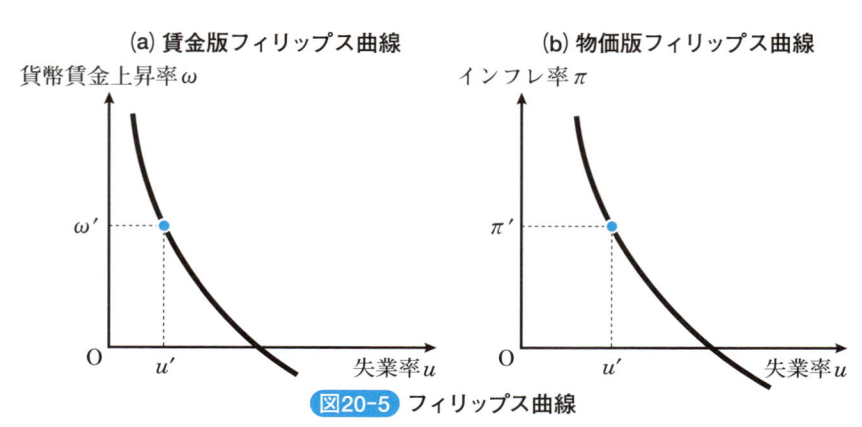

(a) 賃金版フィリップス曲線　　**(b) 物価版フィリップス曲線**

図20-5 フィリップス曲線

たフィリップス曲線は，名目賃金上昇率と失業率の負の相関関係を表す右下がりの曲線を言うので，1は誤りである。

現在では，フィリップス曲線はインフレ率（物価上昇率）πと失業率uの関係として表されることが一般的である。インフレ率をπ，今期の物価水準をP，前期の物価水準をP_{-1}とすると，インフレ率πは，

$$(20.17) \quad \pi = \frac{P - P_{-1}}{P_{-1}}$$

である。物価版フィリップス曲線を式で表すと，$\pi = g(u)$である[1]。そのグラフは，図20-5(b)のように右下がりのグラフとして表される。

マネタリストのフリードマンは，期待インフレ率をフィリップス曲線に導入し，フィリップス曲線は短期的には右下がりであるが，期待インフレ率が変化するとフィリップス曲線がシフトするという考え方を示した。また，短期フィリップス曲線と長期フィリップス曲線という区別を導入し，フィリップス曲線は長期的には自然失業率u_Fの水準で垂直になると主張した。他方，有効需要の減少によって現行の貨幣賃金で働く意思がありながらも職を見つけることができない失業は，非自発的失業である。よって，3は誤りである。

期待インフレ率をπ^eとし，自然失業率u_Fを用いて，マネタリストの短期フィリップス曲線を単純な直線式として表すと，

$$(20.18) \quad \pi = \pi^e - a(u - u_F)$$

となる。ここで，aは正の定数である。短期のフィリップス曲線では，期待インフレ率は適応的期待形成に従い前期のインフレ率で与えられるので，$\pi^e = \pi_{-1}$である。前期までの長期均衡の状態がインフレ率0％，失業率6％であったとしよう。この場合には，$\pi^e = \pi_{-1} = 0$％であるので，(20.18)式のフィリップス曲線は，$\pi = au^* - au$となり，図20-6(a)の右下がりの実線のように表される。このとき，政府の総需要拡大政策により，失業率が6％から3％に引き下げられ，インフレ率が短期フィリップス曲線上の4％になったとしよう。このとき，企業は現実のインフレ率の上昇をより正確に認識し労働需要を増や

---

[1] 所得分配率が変化しなければ，貨幣賃金の水準は，物価水準と労働生産性（労働1単位当たりの生産量）に依存して決まる。このとき変化率では，貨幣賃金上昇率はインフレ率と生産性上昇率の和として表すことができる。これより，**インフレ率＝貨幣賃金上昇率－生産性上昇率**という関係が得られるので，物価版フィリップス曲線は，賃金版フィリップス曲線から労働生産性上昇率を差し引いたものとなる。

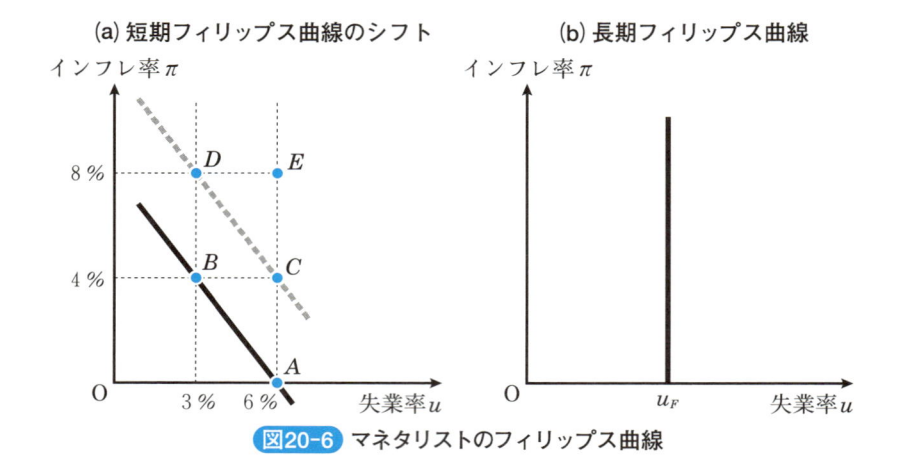

(a) 短期フィリップス曲線のシフト

(b) 長期フィリップス曲線

図20-6 マネタリストのフィリップス曲線

すのに対して，労働者は短期的には現実のインフレ率と期待インフレ率との乖離を正しく認識できず実質賃金の上昇が生じたと錯覚し労働供給を増加させる。その結果，失業率は低下する。したがって，**4は誤りである。**

マネタリストは，労働供給は貨幣賃金ではなく実質賃金に従って決まると考えるので，労働者が次第に現実のインフレ率と期待インフレ率との乖離を正しく認識し始め，実質賃金の上昇が錯覚であることに気づくと，失業率はもとの6％の水準に戻り図20-6(a)の点Cの状態になると考える。同時に，期待インフレ率は $\pi^e = \pi_{-1} = 4\%$ に修正され，短期フィリップス曲線は上方にシフトし，図20-6(a)の右下がりの点線になる。ここで再び財政金融政策により失業率を3％まで下げると，インフレ率と失業率の組合せは，図20-6(a)の $C \to D \to E$ のように変化すると考えられる。期待インフレ率が上昇すると，フィリップス曲線は上方にシフトすると考えられるので，**2は正しい。**

図20-6(a)のA，C，Eを通る垂直線は，長期的な失業率とインフレ率の関係を表すとみなされている。この長期の失業率とインフレ率の関係は，長期フィリップス曲線と呼ばれ，図20-6(b)のように，自然失業率 u_F で垂直となると考えられる。長期的には，期待インフレ率は現実のインフレ率と等しく $\pi^e = \pi$ となり，失業率がインフレ率から独立に決まり $u = u_F$ となるので，長期的には財政金融政策によって失業率を下げることはできない。このような考え方は，自然失業率仮説と呼ばれている。よって，**5は誤りである。**　　　**正答　2**

> **例題20.2-3　オークンの法則**
>
> A.M.オークンは，現実の国民所得をY，完全雇用国民所得をY_F，現実の失業率をu，自然失業率（完全雇用に対応する失業率水準）をu_Fとするとき，次の関係が成り立つことを指摘した。
>
> $\alpha(Y-Y_F)=-\phi(u-u_F)$　　　（ただし，α，ϕは正の定数）
>
> オークンの法則といわれるこの関係式から導かれる結論として，妥当なものはどれか。（市役所）
>
> 1　$Y<Y_F$のとき，労働の需給は逼迫する。
> 2　$Y<Y_F$のとき，労働の需給に変化は生じない。
> 3　$Y>Y_F$のとき，労働の需給は逼迫する。
> 4　$Y>Y_F$のとき，労働の需給は緩和する。
> 5　YとY_Fの関係とは独立に，労働の需給が決定される。

解説 オークンの法則は，「失業率とGDPギャップのトレード・オフ関係（負の相関関係）」のことであり，経済学者オークンの実証分析によって明らかにされたものである。GDPギャップとは，完全雇用国民所得（あるいは完全雇用GDP）と現実の国民所得（あるいは現実のGDP）の差の値であり，完全雇用国民所得をY_F，現実の国民所得をYとすると$(Y-Y_F)$で表される。

上の例題のオークンの法則の式を変形し，$b=\dfrac{\alpha}{\phi}$とすると，

(20.19)　$u-u_F=-b(Y-Y_F)$

が得られる。この式から，現実の国民所得Yが完全雇用国民所得Y_Fより小さくなり$Y<Y_F$となると，$u>u_F$となる。$u>u_F$の場合には，現実の失業率が自然失業率よりも大きくなっているので，労働の需給は緩和（超過供給）していることになる。反対に，現実の国民所得が完全雇用国民所得より大きくなり$Y>Y_F$となると$u<u_F$となる。$u<u_F$の場合には，現実の失業率が自然失業率よりも小さくなっており，労働の需給は逼迫（超過需要）していることになる。以上から，**3**が正答である。

正答　3

練習問題

【No.1】 フィリップス曲線または自然失業率仮説に関する記述として，妥当なものはどれか。

（地方上級）

1　フィリップス曲線とは、名目賃金上昇率と失業率との間の正の相関関係を示す右上がりの曲線をいい、スタグフレーションを実証的に説明したものである。
2　フィリップス曲線は、期待インフレ率の大きさに依存しており、期待インフレ率が上昇した場合、下方にシフトする。
3　自然失業率とは、労働市場において、完全雇用が成立していない場合に存在する失業率をいい、ケインズが唱えた非自発的失業に対応する失業率である。
4　適応的期待形成仮説に従う場合、政府が総需要拡大政策をとったとすると、企業や労働者の錯覚が生じるため、短期的に失業率を引き下げることができる。
5　自然失業率仮説によると、長期的には、フィリップス曲線が垂直となり、金融政策や財政政策によって、自然失業率よりも低い失業率が実現される。

[解説]　1．賃金版フィリップス曲線は右下がりで、名目賃金上昇率と失業率の関係は負の相関関係となる。よって、1は誤り。通常の景気後退期にはデフレと失業の増大が生じると考えられる。これに対して、スタグフレーションは、インフレーションと失業が併存する場合や、インフレ率の上昇と失業率の上昇が併存する場合をいう。2．(20.18)式において期待インフレ率が上昇すると、フィリップス曲線は上方にシフトする。よって2は誤り。3．自然失業率水準では、完全雇用が実現しており、その場合に存在する失業は摩擦的失業と考えられている。よって、3は誤り。4．正しい。5．自然失業率の水準は、財政政策や金融政策によっても変化しない長期的な失業率の水準である。よって5は誤りである。

正答　【No.1】4

20.3　インフレ供給曲線とインフレ需要曲線

例題20.3-1　インフレ供給曲線・インフレ需要曲線と政策効果

インフレ供給曲線およびインフレ需要曲線がそれぞれ、
$$\pi = \pi^e + \alpha(Y - Y_F)$$
$$Y = Y_{-1} + \beta(m - \pi) + \gamma g$$

[π：物価上昇率，π^e：期待物価上昇率，Y：実質国民所得，Y_F：完全雇用実質国民所得，Y_{-1}：前期の実質国民所得，m：名目マネーサプライ増加率，g：実質政府支出増加率，α，β，γ：正の定数]

で示される経済に関する次の記述のうち、妥当なものはどれか。なお、初期時点では、$\pi = \pi^e = m$，$g = 0$，$Y = Y_F$とし、政策変化は名目マネーサプライ増加率(m)、または実質政府支出増加率(g)の変化を考える。（国家Ⅱ種）

1　期待物価上昇率が当期の物価上昇率に等しい（$\pi^e = \pi$）場合、名目マネーサ

プライ増加率を初期時点より高めると，実質国民所得は増加する。
2　期待物価上昇率が当期の物価上昇率に等しい（$\pi^e=\pi$）場合，実質政府支出増加率を高めても，物価上昇率は変化しない。
3　期待物価上昇率が当期の物価上昇率に等しい（$\pi^e=\pi$）場合，実質政府支出増加率を高めても，実質国民所得は増加しない。
4　期待物価上昇率が前期の物価上昇率に等しい（$\pi^e=\pi_{-1}$）場合，名目マネーサプライ増加率を高めても，短期的には実質国民所得は増加しない。
5　期待物価上昇率が前期の物価上昇率に等しい（$\pi^e=\pi_{-1}$）場合，実質政府支出増加率を高めると，長期的には実質国民所得は増加する。

解説　選択肢の「期待物価上昇率が当期の物価上昇率に等しい（$\pi^e=\pi$）場合」は，期待インフレ率に関する合理的期待形成の場合である。また「期待物価上昇率が前期の物価上昇率に等しい（$\pi^e=\pi_{-1}$）場合」は，適応的期待形成の場合である。

例題の最初の式は，インフレ率πと現実の国民所得Yの関係を表す**インフレ供給曲線**である[2]。期待物価上昇率が前期の物価上昇率に等しい適応的期待形成の場合（$\pi^e=\pi_{-1}$）には，例題のインフレ供給曲線の式は，

(20.20)　$\pi=\pi_{-1}+\alpha(Y-Y_F)$

となる。完全雇用国民所得Y_Fと前期のインフレ率π_{-1}は所与であり，αは定数であるので，インフレ率πと国民所得Yの関係を表すグラフは，**図20-7（a）**のように右上がりの直線となる。また，1期後に前期のインフレ率π_{-1}が上昇していると，図20-7（a）の点線のようにインフレ供給曲線は左上にシフトする。期待物価上昇率が当期の物価上昇率に等しい合理的期待形成の場合（$\pi^e=\pi$）には，$Y=Y_F$となるので，グラフは図20-7（a）のY_Fの水準での垂直線となる。

例題の2番目の式は**インフレ需要曲線**である[3]。例題のインフレ需要曲線の式を変形し，$E=Y_{-1}+\beta m+\gamma g$と置くと，

---

[2] フィリップス曲線を表す（20.18）式に，オークン法則の（20.19）式を代入すると，**例題20.3-1**に示されているインフレ供給曲線の式が得られる。
[3] インフレ需要曲線は，IS-LMモデルの$Y=C(Y)+I(r)+G$，$\dfrac{M}{P}=L(Y,r)$の連立方程式を解いて得られる総需要曲線の式から導出される。

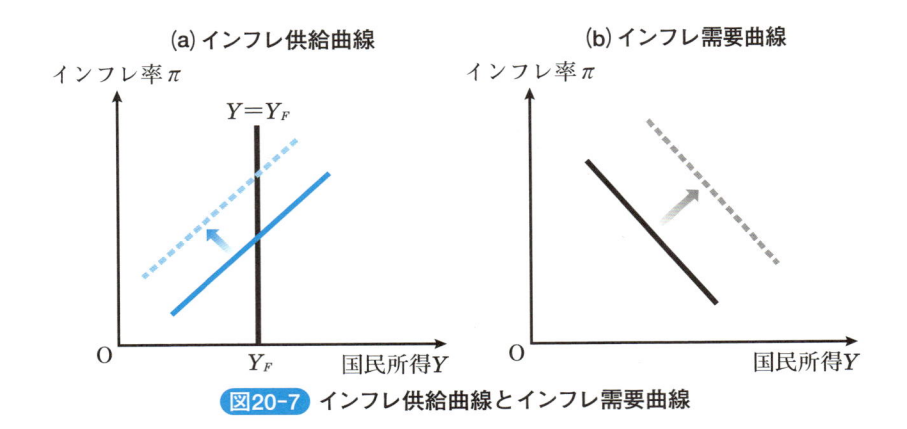

(a) インフレ供給曲線

(b) インフレ需要曲線

図20-7 インフレ供給曲線とインフレ需要曲線

(20.21)　　$\pi = -\dfrac{1}{\beta}Y + \dfrac{1}{\beta}E$

となる。この式のインフレ率 π と国民所得 Y の関係を表したものがインフレ需要曲線である。(20.21) 式の Y の係数の $-\dfrac{1}{\beta}$ が負であるので，国民所得 Y とインフレ率 π の関係は右下がりの直線となる。これをグラフに表したものが，**図20-7(b)** である。(20.21) 式から，名目マネーサプライ増加率 m や政府支出増加率 g の値が上昇すると，(20.21) 式の E の値が大きくなるので，インフレ需要曲線は，**図20-7(b)** の点線のように右上にシフトする。

次に，**図20-8**のインフレ需要曲線とインフレ供給曲線のグラフを用いて，

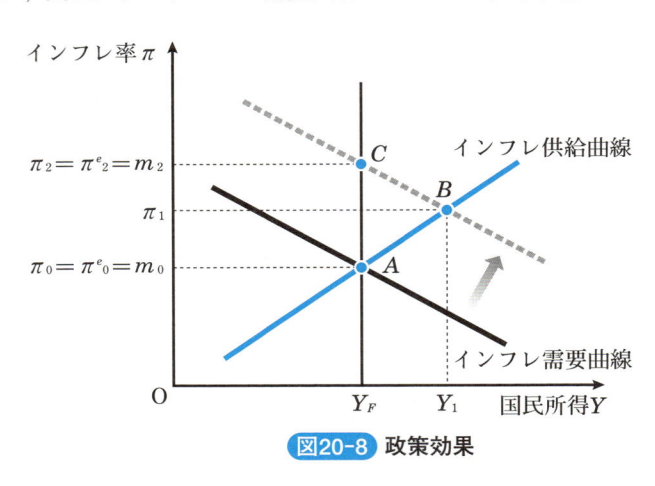

図20-8 政策効果

経済政策の効果を説明する。当初の状態は点Aで，マネーサプライ増加率＝現実インフレ率＝期待インフレ率が成立し，国民所得は完全雇用国民所得Y_Fにあり，経済成長はないものとする。また，当初の政府支出増加率は$g=0$である。

まず，期待物価上昇率が前期の物価上昇率に等しい（$\pi^e=\pi_{-1}$）場合の政策効果を考えてみる。この場合には，インフレ供給曲線は，図20-8の右上がりの直線である。名目マネーサプライ増加率mや実質政府支出増加率gが上昇したとすると，(20.21)式のEの値が大きくなるので，図20-8のようにインフレ需要曲線は右にシフトし，点線のインフレ需要曲線となる。均衡は，長期均衡の点Aの状態から，短期的には点Bの状態に変化する。名目マネーサプライ増加率が上昇して点Bになると，国民所得は増加する。よって，4は誤りである。

名目マネーサプライ増加率が上昇して点Bになると，インフレ率がπ_0からπ_1に上昇するので，(20.21)式のπ_{-1}の値が上昇し，1期後にはインフレ供給曲線は左にシフトする。点Bの状態からインフレ供給曲線が左シフトすると，インフレ率はさらに上昇する。それゆえ，インフレ供給曲線は左シフトを繰り返し，長期的には点Cを通るところまでシフトし，$\pi_2=\pi^e{}_2=m_2$となる。このとき，国民所得はもとの水準となる。同様に，実質政府支出増加率gが上昇した場合にも，長期的には国民所得は増加しないので，5は誤りである。

次に，期待物価上昇率が当期の物価上昇率に等しい（$\pi^e=\pi$）場合を考えよう。この場合には$Y=Y_F$となり，インフレ供給曲線はY_Fにおける垂直線となる。それゆえ，名目マネーサプライ増加率mや政府支出増加率gが上昇し，インフレ需要曲線が右シフトしても，実質国民所得は短期的にも長期的にも増加せず，インフレ率のみが上昇する。以上から，1，2は誤りで，3が正しい。

正答　3

練習問題

【No.1】 ある国の経済が次のように表されるとする。

$\pi=\pi^e+\alpha(Y-Y_F)$ ……………インフレ供給曲線

$Y=Y_{-1}+\beta(m-\pi)+\gamma g$ …インフレ需要曲線

$\Bigl[$ π：物価上昇率，π^e：期待物価上昇率，Y：実質GDP，Y_F：完全雇用GDP
Y_{-1}：前期の実質GDP，m：名目マネーサプライ増加率，g：実質政府支出増加率
α，β，γ：正の定数 $\Bigr]$

財政政策と金融政策を行ったときの効果についての次の記述のうち，妥当なものはどれか。

ただし，財政拡大は実質政府支出増加率の上昇を，金融政策は名目マネーサプライ増加率の上昇をそれぞれさすものとする。また，合理的期待仮説の下では完全予見モデルに従い，適応的期待仮説の下では各経済主体の今期の期待物価上昇率が前期の期待物価上昇率と等しいものとする。(国家Ⅱ種)

1 合理的期待仮説に各経済主体が従う場合，財政拡大は実質GDPと物価上昇率を共に上昇させる。
2 合理的期待仮説に各経済主体が従う場合，金融緩和は物価上昇率を上昇させるのみで，実質GDPは不変である。
3 適応的期待仮説に各経済主体が従う場合，財政拡大は物価上昇率を上昇させるのみで，実質GDPは不変である。
4 適応的期待仮説に各経済主体が従う場合，金融緩和は物価上昇率と実質GDPになんら影響を与えない。
5 適応的期待仮説に各経済主体が従う場合，財政拡大と金融緩和は共に物価上昇率を上昇させるが，実質GDPにはなんら影響を与えない。

[解説] 合理的期待形成仮説に従う場合には，金融緩和(名目マネーサプライ増加率の上昇)も財政拡大(実質政府支出増加率の上昇)も実質GDPを変化させず，物価上昇率を上昇させるだけである。したがって，1は誤りで，2は正しい。適応的期待形成仮説に従う場合には，金融緩和と財政拡大は，短期的には実質GDPと物価上昇率を増加させるが，長期的には実質GDPはもとの水準に戻り，物価上昇率のみが上昇する。したがって，3，4，5は誤りである。

正答 【No.1】2

第21章 景気循環と経済成長

Business Cycles and Economic Growth

21.1 景気循環

例題21.1-1 景気循環の類型

次の文中の空欄A〜Cに当てはまる語句の組合せとして，妥当なものはどれか。
（地方上級）

景気循環は，周期の長さによって次のようなものがある。

　A　は，平均約50年を周期とする景気の波であり，主として技術革新によって生じるとされている。

　B　は，約9〜10年を周期とする景気の波であり，主循環とも呼ばれ，設備投資の変動によって生じるとされている。

　C　は，約40か月を周期とする景気の波であり，小循環とも呼ばれ，在庫投資の変動によって生じるとされている。

	A	B	C
1	クズネッツの波	ジュグラーの波	キチンの波
2	クズネッツの波	キチンの波	ジュグラーの波
3	コンドラチェフの波	クズネッツの波	ジュグラーの波
4	コンドラチェフの波	ジュグラーの波	キチンの波
5	コンドラチェフの波	キチンの波	ジュグラーの波

解説　経済成長は，国民所得の長期的な上昇傾向のことを，景気循環はその成

図21-1 景気の波

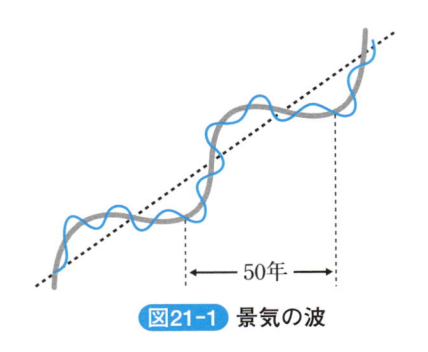

長経路上での好況・不況の変動傾向のことをさしている。例題は，景気循環の類型に関する問題である。景気循環の1周期は**景気の谷**である不況期から次の谷までの不況・好況・不況を1周期としている。その周期には，50年程度という最も長い周期を持つ**コンドラチェフの波**，20年程度の周期の**クズネッツの波**，10年程度の周期を持つ**ジュグラーの波**，最も短い3.3年（約40か月）の周期を持つ**キチンの波**があることが知られている。

経済成長の趨勢と景気循環の周期の相違を表したものが，**図21-1**である。図の点線で示された右上がりの直線は，国民所得の成長（経済成長）の長期的な趨勢を表している。また太い灰色の実線は，最も長い周期の景気循環を表しており，経済成長の趨勢を中心に好況・不況を繰り返しながら循環している様子を表している。さらに細い青色の実線は，より周期の短い景気循環を表しており，太い実線で表された長い周期の景気循環を中心に好況・不況を繰り返しながら循環する様子が表されている。

周期の異なる景気循環は，異なる原因によって引き起こされていると考えられている。コンドラチェフの波は**技術革新**による循環，クズネッツの波は**建築循環**，ジュグラーの波は**設備投資循環**，キチンの波は**在庫循環**が景気循環の原

表21-1 景気循環の類型

種類	周期	原因
コンドラチェフの波	50年	技術革新
クズネッツの波	20年	建築循環
ジュグラーの波	10年	設備投資循環
キチンの波	3.3年（40か月）	在庫循環

因であるとされている。そして，設備投資の循環によって生じるジュグラーの波は主循環，キチンの波は小循環と呼ばれている。それを表したものが表21-1である。

正答　4

> **例題21.1-2　景気循環の理論**
>
> 下の文の空欄A～Cに当てはまる語句の組合せとして妥当なものはどれか。
> （地方上級）
>
> ケインズによる所得決定の理論によれば，最初に，いかほどかの独立投資が行われると　A　が作用して最初の独立投資の何倍かの国民所得が生まれるとしている。サミュエルソンやヒックスは，独立投資によって所得が増加すると消費財需要が増加し，その需要を満たすために誘発投資が行われるとする。そして彼らはこのように誘発投資が生ずることを　B　という。さらに，彼らはケインズの所得決定の理論によって述べられた　A　理論に，この　B　を結合することにより，　C　が発生する仕組みを説明した。
>
> | | A | B | C |
> |---|---|---|---|
> | 1 | 投資乗数 | 加速度原理 | 景気変動 |
> | 2 | 投資乗数 | 投資の利潤原理 | 投資の二重効果 |
> | 3 | 投資乗数 | 投資の利潤原理 | 景気変動 |
> | 4 | 複合乗数 | 加速度原理 | 投資の二重効果 |
> | 5 | 複合乗数 | 拡大再生産 | 景気変動 |

解説　景気循環がどのようなメカニズムで生じるのかを説明するものが，景気循環の理論である。例題は，サミュエルソンやヒックスが唱えた乗数理論と加速度原理による乗数・加速度モデルに関する問題である。第14章の14.3「乗数効果」で見たように，乗数理論では，独立投資の増加はその乗数倍の国民所得の増加をもたらす。したがって，Aには，投資乗数が入る。また，第17章の17.2「加速度原理と資本ストック調整原理」で見たように，加速度原理によれば，国民所得の変化分ΔYは誘発投資を生じる。したがって，Bには加速度原理が入る。乗数・加速度モデルは，以上の乗数効果と加速度原理を組み合わせた景気循環理論である。したがって，Cには景気変動が入る。以上から，1が正しい。

　ヒックスの乗数・加速度モデルは，経済成長と景気循環を説明するためにサミュエルソンのモデルを修正し，独立投資は一定ではなく成長すると仮定され

ている。そこで，ヒックスのモデルに従って乗数・加速度モデルを説明しよう。独立投資が増加すると乗数効果により国民所得が増加する。国民所得の増加はさらなる誘発投資を生む。この誘発投資もまた乗数効果を生み，国民所得はさらに増加することになる。しかし，このような景気拡大はやがて完全雇用状態に直面すると，それ以上の国民所得の増加をもたらすことはできない。景気の上昇には，このように完全雇用国民所得の成長経路によって与えられる上限（天井）が存在する。下降局面では，独立投資以外の投資はゼロとなり，国民所得は減少する。下降局面の下限は，独立投資の成長経路によって与えられ，資本の減耗が進む。資本減耗によりやがて資本過剰が解消すると，そこを底（床）として再び国民所得は増大を始めることになる。このようなヒックスの景気循環理論は，以下の**図 21-2** のように表される。

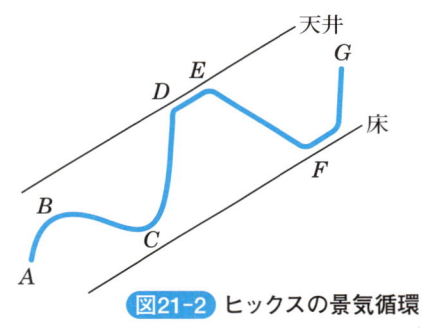

図 21-2 ヒックスの景気循環

選択肢にある投資の利潤原理とは，粗投資が国民所得および資本量に依存する投資関数の考え方である。カレツキーやカルドアはそれを用いた景気循環理論を構築した。

正答　1

練習問題

【**No.1**】景気循環論に関する次の記述のうち，妥当なものはどれか。（地方上級）
1. 景気循環は，経済が拡張と収縮を繰り返すことであり，拡張の開始である谷と収縮の開始である山との間を一景気循環という。
2. ジュグラーの波とは，平均8〜10年周期の循環であり主循環とも呼ばれる。主循環を引き起こす原因は主に在庫の投資サイクルに求められる。
3. 景気循環の波として最も長い周期のものはキチンの波であり，その主原因は設備投資に求められる。

4 クズネッツは，建築投資を主原因とし3～4年の周期で見られる波動を発見し，建築循環と呼んだ。
5 50～60年の長期にわたる循環はコンドラチェフの波と呼ばれ，その主原因は技術革新に求められる。

[解説] 1．景気の1循環（周期）は，景気の谷から谷までをいうので，誤り。2．ジュグラーの波は，在庫投資の循環ではなく設備投資循環が原因であると考えられるので，誤り。3．キチンの波は，最も周期が短く，在庫投資の循環が原因と考えられるので，誤り。4．クズネッツの波は，3～4年ではなく20年周期であるので，誤り。5．正しい。

正答 【No.1】5

21.2 ハロッド=ドーマーの経済成長論

例題21.2-1 保証成長率（適正成長率）

ハロッド=ドーマーの経済成長モデルが，

$Y = C + I$
$C = 0.8Y$
$\Delta K = I$

[Y：国民所得，C：消費，I：投資
ΔK：資本ストックの増分]

で示されるとする。必要資本係数（生産物1単位を生産するのに必要な資本量）が5.0であるとすると，保証成長率（資本が完全利用される均斉成長における経済成長率）はいくらか。（地方上級）

1　2％　　2　4％　　3　6％　　4　8％　　5　10％

解説 ハロッドとドーマーの経済成長モデルは，ケインズの短期理論を長期の問題に適用したものであり，ハロッド=ドーマー・モデルと呼ばれる。ケインズの短期理論では，均衡国民所得の決定要因としての投資需要に着目する。これに対してハロッド=ドーマー・モデルでは，さらに投資によって次期の資本が増加することにより生産能力が増加する効果にも着目している。投資には，需要創出効果と生産能力創出効果の2つの効果がある。これは，投資の二重性と呼ばれている。

まず，投資の需要創出効果について見てみよう。例題の$Y = C + I$は生産物市場の均衡条件である。また消費関数は定数項がない長期の消費関数であるので，平均消費性向=限界消費性向をcとすると，消費関数は$C = cY$である。さ

らに独立投資を $\bar{I}$ とすると，例題の式に対応した以下のような45度線モデル（第14章の14.1を参照）を構成できる。

(21.1) $\begin{cases} Y = C + I \\ C = cY \\ I = \bar{I} \end{cases}$

このモデルで，平均貯蓄性向＝限界貯蓄性向を $s = 1 - c$ とすると，第14章の14.3で見たように，投資乗数は $\frac{\Delta Y}{\Delta I} = \frac{1}{s}$ であるので，投資の乗数効果は，

(21.2) $\Delta Y = \frac{1}{s} \Delta I$

となる。このような投資の増加が需要（＝所得）を増加させる効果は，投資の需要創出効果と呼ばれる。また(21.1)式のモデルの均衡国民所得 Y は，

(21.3) $Y = \frac{1}{s} \bar{I}$

である。

次に，投資の生産能力創出効果について説明する。ハロッド＝ドーマー・モデルの生産技術は，第10章の10.3で見たレオンチェフ型の固定的生産係数を持つ生産関数が考えられている。資本係数すなわち資本・産出比率は，

(21.4) $v = \frac{K}{Y_S}$

である。v が一定であり，労働量は余っているために考慮する必要がないとすると，生産技術は，

(21.5) $Y_S = \frac{1}{v} K$

と表される。また，生産量の増加分を ΔY_S，資本の増加分を ΔK とすると，

(21.6) $v = \frac{\Delta K}{\Delta Y_S}$

である。(21.6)式の v の定義は，限界資本係数または必要資本係数と呼ばれる。(21.6)式を変形し，$\Delta K = I$ であることを考慮すると，

(21.7) $\Delta Y_S = \frac{1}{v} I$

となる。これが投資の生産能力創出効果を表す式である。

保証成長率とは，生産物市場を均衡させる成長率であり，資本を完全利用した場合の経済成長率である。保証成長率をG_wとすると，生産物市場が均衡して成長するとき$\Delta Y_S = \Delta Y$であるので，(21.7)式を(21.3)式で割れば，

$$(21.8) \quad G_w = \frac{\Delta Y}{Y} = \frac{s}{v}$$

が得られる。この式の$\frac{s}{v}$が保証成長率の値を与える。保証成長率は，資本の成長率でもある。$Y_S = Y$，$\Delta K = I$を考慮して，(21.5)式を(21.3)式で割ると，

$$(21.9) \quad \frac{\Delta K}{K} = \frac{s}{v}$$

が得られるからである。

例題の数値例では，平均貯蓄性向が0.2，必要資本係数が5であるので，保証成長率は，

$$(21.10) \quad G_w = \frac{0.2}{5} = 0.04$$

となる。よって，**2**が正しい。

例題の数値例で，当初の投資が100，当初の資本が2,500であるとしよう。このとき，(21.10)式で得られた保証成長率と等しく毎期4％で投資が増加する場合を考えると，毎期の均衡国民所得Yと生産量Y_Sは，**表21-2**のようになる。**表21-2**の数値例では，$\bar{I}$，Y，Y_S，Kがすべて同じ4％で増加している。

正答　2

表21-2 保証成長率

	需要側面			生産側面
	$\frac{1}{0.2} \times \bar{I} = Y$			$Y_S = \frac{1}{5} \times K$
0期	$\frac{1}{0.2} \times 100 = 500$	=	500	$= \frac{1}{5} \times 2500$
1期	$\frac{1}{0.2} \times 104 = 520$	=	520	$= \frac{1}{5} \times 2600$
2期	$\frac{1}{0.2} \times 108.16 = 540.8$	=	540.8	$= \frac{1}{5} \times 2704$

例題21.2-2 自然成長率と均衡成長

資本生産性が0.3, 貯蓄率が22%, 労働人口増加率が年1.2%である経済を考える。長期にわたる均衡成長率を実現するための労働生産性の年上昇率として妥当なものは, 次のうちどれか。(市役所)

1　3.6%
2　4.2%
3　4.8%
4　5.4%
5　6.0%

解説　保証成長率は, 資本を完全利用する場合の成長率であって, 労働の完全利用については考慮されていない。労働の完全雇用状態を保つ成長率は, <u>自然成長率</u>と呼ばれている。

技術進歩(労働生産性の上昇)がない場合, 労働の成長率に合わせて経済が成長するとき失業が生じず労働の完全利用が実現する。それゆえ技術進歩がない場合には, 自然成長率は労働成長率(または人口成長率)で与えられる。自然成長率をG_n, 労働成長率をn, 労働量をLとすると,

$$(21.11) \quad G_n = \frac{\Delta L}{L} = n$$

と表すことができる。また, ハロッド=ドーマー・モデルでは, 技術進歩は労働生産性の上昇と等しいと考えられる。技術進歩がある場合の自然成長率は, 労働成長率をn, 労働生産性の上昇率(<u>技術進歩率</u>)をλとすると,

$$(21.12) \quad G_n = n + \lambda$$

と表される。

次に, 資本の完全利用と労働の完全利用の両方を実現する場合の成長率は, 保証成長率と自然成長率が等しい場合であるので,

$$(21.13) \quad G = G_w = G_n$$

となる成長率である。このとき, 所得Y, 生産量Y_s, 資本K, 労働Lなどの成長率が等しくなる。このような状態は, <u>斉一成長経路</u>または<u>恒常成長経路</u>と呼ばれ, ハロッド=ドーマー・モデルにおいては特に<u>均衡成長経路</u>と呼ばれる。

技術進歩がない場合には, (21.8), (21.11)式から, (21.13)式の均衡成長が実現するための条件は,

公式21.1 $\dfrac{s}{v} = n$

となる。また，技術進歩がある場合の均衡成長の条件は，(21.8)，(21.12)，(21.13) 式から，

公式21.2 $\dfrac{s}{v} = n + \lambda$

となる。

例題の資本生産性は $\dfrac{Y}{K}$ であり，資本係数 v の逆数である。また貯蓄率は，$\dfrac{S}{Y}$ であるので，平均貯蓄性向 s である。**公式21.2**と例題の数値より，

$0.3 \times 0.22 = 0.012 + \lambda$

が得られる。これを解くと，$\lambda = 0.054$ となる。したがって，労働生産性の上昇率は，5.4％である。よって，4が正しい。　　　　　正答　4

練習問題

【No.1】 ある経済において平均消費性向 $c=0.8$，資本係数 $v=2$ であるとき，生産能力と有効需要を一致させる均衡成長が存在するための純投資 I の毎期の増加率として，妥当なものはどれか。（地方上級）

1　10％
2　20％
3　30％
4　40％
5　50％

[解説] 保証成長率についての問題である。平均貯蓄性向（貯蓄率）は 0.2，資本係数は 2 であるので，保証成長率は，$\dfrac{0.2}{2} = 0.1$，すなわち10％となる。資本減耗が考えられていないので，純投資の増加率は保証成長率と等しくなる。よって，純投資の増加率は10％である。

正答　【No.1】1

21.3 新古典派経済成長論

例題21.3-1 経済成長と1人当たり生産量

昨年は人口1億人でGDPが400兆円であり，今年は人口1億100万人でGDPが420兆円であるとき，昨年に対する今年の1人当たりの実質経済成長率はどれか。（地方上級）

1　約2％　　2　約3％　　3　約4％　　4　約5％　　5　約6％

解説　例題では，GDPは昨年の400兆円から今年の420兆円に5％増加している。これに対して，人口は1億人から1億100万人に増加し1％の増加率である。人口の増加率よりもGDPの成長率のほうが大きいので，1人当たりGDPは増加する。まず，昨年の1人当たりGDPは，

$$\frac{400兆円}{1億人} = \frac{400万円}{1人}$$

である。また，今年の1人当たりGDPは，

$$\frac{420兆円}{1億100万人} = \frac{415.8万円}{1人}$$

である。それゆえ，1人当たりGDPの成長率は，

$$\frac{415.8万円}{400万円} = 1.0395$$

から約4％であることがわかる。よって，正答は **3** である。

[**別解**] 変数 x と y の積 xy の変化率 $\frac{\Delta xy}{xy}$ については，

公式21.3 $\quad \dfrac{\Delta xy}{xy} = \dfrac{\Delta x}{x} + \dfrac{\Delta y}{y}$

が近似的に成り立つ[1]。ここで，$z = xy$ と置くと，**公式21.3**から $\dfrac{\Delta y}{y} = \dfrac{\Delta z}{z} - \dfrac{\Delta x}{x}$

---

[1] 公式の証明は次のようになる。xy の変化率は，

$$\frac{(x+\Delta x)(y+\Delta y) - xy}{xy} = \frac{\Delta x}{x} + \frac{\Delta y}{y} + \frac{\Delta x \Delta y}{xy}$$

となる。右辺の最後の項の $\dfrac{\Delta x \Delta y}{xy}$ は微少であるので無視すると，**公式21.3**が得られる。

となる。それゆえ，$y=\dfrac{z}{x}$ であるので，以下の公式も近似的に成り立つ。

公式21.4 $\quad \dfrac{\Delta y}{y} = \dfrac{\Delta z}{z} - \dfrac{\Delta x}{x}$

1人当たりGDPの変化率は，1人当たりGDP＝GDP÷労働量であるので，**公式21.4**を利用すると，

(21.14)　1人当たりGDP成長率＝GDP成長率－労働成長率

が近似的に成立することになる。例題の数値からGDP成長率は5％，労働成長率は1％であるので，その値を（21.14）式に代入すると，

　　1人当たりGDP成長率＝5％－1％＝4％

が得られる。よって，正答は**3**である。　　　　　　　　　　　　　**正答　3**

例題21.3-2　斉一成長経路

図は新古典派の経済成長理論の恒常成長解 k^* を説明したものである。一次同次の関数 F を $Y = F(L, K)$，関数 f を $\dfrac{Y}{L} = F\left(1, \dfrac{K}{L}\right) = f\left(\dfrac{K}{L}\right)$ とする。ここで，$y = \dfrac{Y}{L}$，$k = \dfrac{K}{L}$ とするとき，直線 g を表すものはどれか。

〔Y：産出量，L：労働量，K：資本量，n：労働力成長率（定数），s：貯蓄率（定数）〕　　　　　　　　　　　　　　　　　　　　　　　　（国税専門官）

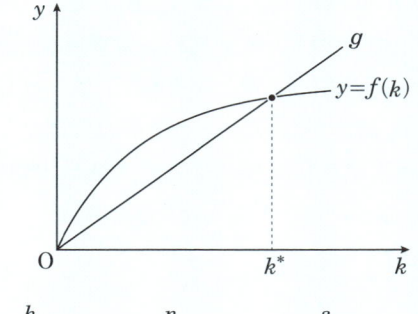

1　nsk　　2　$\dfrac{k}{ns}$　　3　$\dfrac{n}{s}k$　　4　$\dfrac{s}{n}k$　　5　$\dfrac{(n-s)k}{s}$

解説　例題のグラフの縦軸の $y = \dfrac{Y}{L}$ は1人当たり産出量，横軸の $k = \dfrac{K}{L}$ は1人

当たり資本である。例題のグラフの曲線は生産関数である。恒常成長解（斉一成長経路）での1人当たり資本k^*が生産可能な最大の1人当たり産出量をy^*とすると，グラフの直線gは点(k^*, y^*)と原点を通る直線であり，その傾きは$\dfrac{y^*}{k^*}$となる。

問題文より$y = \dfrac{Y}{L}$，$k = \dfrac{K}{L}$であり，資本係数は$v = \dfrac{K}{Y}$であるので，$\dfrac{y}{k}$の値を求めると，

(21.15) $\quad \dfrac{y}{k} = \dfrac{Y}{L} \times \dfrac{L}{K} = \dfrac{Y}{K} = \dfrac{1}{v}$

となる。また，1人当たり資本kと1人当たり産出量yがちょうど(k^*, y^*)となる場合は斉一成長経路である。それゆえ，**公式21.1**の$\dfrac{s}{v} = n$が成立していることになる。そこで，**公式21.1**を変形すると，

(21.16) $\quad \dfrac{1}{v} = \dfrac{n}{s}$

となる。(21.16) 式を (21.15) 式に代入して変形すると，

(21.17) $\quad y = \dfrac{n}{s} k$

となる。これが例題の図の直線gの式である。以上から，正答は**3**である。

斉一成長経路では，国民所得Y，産出量Y_s，労働量L，資本量Kはみな等しい成長率となる。これらの比率も一定となるので，斉一成長経路では1人当たり産出量，1人当たり資本は一定となる。たとえば労働量と産出量がともに1％成長し，労働量が1億人から1億100万人，産出量が400兆円（実質）から404兆円（実質）に増加する場合には，1人当たり産出量は，

$$\dfrac{400兆円}{1億人} = \dfrac{404兆円}{1.01億人} = \dfrac{400万円}{1人}$$

となり一定である。

また，斉一成長経路では，1人当たり貯蓄は1人当たり投資と等しくなる。(21.17) 式を変形すると，

(21.18) $\quad sy = nk$

となる。左辺のsyは，1人当たり貯蓄を表している。たとえば，1人当たり所得yが500万円（実質）であり貯蓄率sが20％であるとすると，1人当たり貯蓄は$sy=0.2\times500=100$（万円）となる。

他方，(21.18)式の右辺のnkは，労働力成長率と1人当たり資本を掛けた値であり直感的には理解しにくいが，労働量が成長している場合に「1人当たり資本（資本・労働比率）kの水準を一定に保つ1人当たり投資」を表している。当初，資本ストックが1,000兆円（実質），労働量が1億人であるとすると，1人当たり資本は$k=1,000$万円（実質）である。このとき労働量が1億100万人に増加し$n=0.01=1\%$であるとすると，1人当たり資本kが一定に保たれるために必要な1人当たり投資額は，

$nk=0.01\times1000=10$万円

である。経済全体では，資本は10万円×1億人＝10兆円だけ増加し，資本ストックは1,010兆円となり，1人当たり資本は$\frac{1,010兆円}{1億100万人}=1,000$万円に維持される。ここでもしも労働量だけが1億人から1億100万人に増加したとすると，$\frac{1,000兆円}{1億100万人}=\frac{約990万円}{1人}$となり，1人当たり資本は減少してしまう。(21.18)式のように$sy=nk$となるとき，1人当たり貯蓄は1人当たり投資とちょうど等しく，1人当たり資本すなわち資本・労働比率kが一定に維持され斉一成長経路となるのである。

正答 3

例題21.3-3 経済成長の安定性と蓄積の黄金律

新古典派経済成長理論に関する次の記述のうち，妥当なものはどれか。

（国税専門官）

1　新古典派経済成長理論においては，生産に必要な資本と労働の投入比率が固定的であるために生産要素市場は常に均衡状態である。
2　新古典派経済成長理論においては，マーケット・メカニズムの働きにより長期的には保証成長率と自然成長率とが一致する均斉成長が達成される。
3　新古典派経済成長理論においては，現実の成長率が保証成長率と異なる場合には，その乖離が進行するので，均斉成長は達成されない。
4　自然成長率とは財市場を常に均衡させる成長率であり，新古典派経済成長理論においては現実の成長率は自然成長率と等しくなる。

5 新古典派経済成長理論においては，長期的には毎期1人当たりの所得が最大になるような最適な経済成長が達成されるが，これを「黄金律」という。

解説 新古典派の経済成長モデルでは，資本Kと労働Lの投入比率が可変的な生産関数（第4章の4.1を参照）が想定されている。新古典派モデルでは，資本Kと労働Lの投入比率が可変的な生産関数のもとで市場メカニズムにより最適な資本と労働の組合せが選択され，生産要素市場は均衡すると考えられている。資本Kと労働Lの投入比率が固定的である固定係数のレオンチェフ型の生産関数（第10章の10.3の図10-6を参照）が考えられていたのは，ハロッド＝ドーマー・モデルである。よって，1は誤りである。

次に，斉一成長経路の資本・労働比率k^*とは異なる1人当たり資本となっている場合を説明しよう。このとき(21.18)式は成立せず，syとnkは乖離する。syは，現実の1人当たり貯蓄であり，市場メカニズムの働きにより現実の1人当たり投資と等しくなる。他方，nkは「1人当たり資本を一定に保つ1人当たり投資」である。それゆえ，$(sy-nk)$の値は，1人当たり資本の変化分Δkとなる。そこで，1人当たり資本の変化分Δkは，

公式21.5 $\Delta k = sy - nk$

と表すことができる。この式は，ソローの基本方程式あるいは資本蓄積の基本方程式と呼ばれる式である。

公式21.5のsyのグラフは，例題21.3-2のグラフの生産関数yの曲線に貯蓄

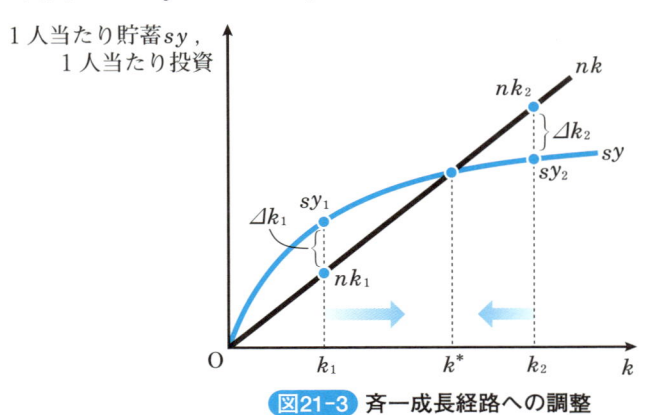

図21-3 斉一成長経路への調整

率sを掛けた形であり，図21-3の曲線syとなる。また，nkのグラフは，**例題21.3-2**の図の直線g（すなわち(21.17)式の$y=\frac{n}{s}k$）に貯蓄率sを掛けたものであり，図21-3の直線nkとなる。

公式21.5において$\Delta k=0$となる場合は，斉一成長経路の場合であり，図21-3のk^*の状態である。またk_1の場合には，図から，

(21.19) $\quad sy_1 > nk_1$

である。このときには，現実の1人当たり投資sy_1はnk_1よりも大きく，**公式21.5**から，$\Delta k_1 > 0$である。それゆえ，1人当たり資本kは次第に上昇し，最終的にはk^*となる。他方，図のk_2のときには，

(21.20) $\quad sy_2 < nk_2$

となっている。このときには，現実の1人当たり投資sy_2がnk_2よりも小さく，**公式21.5**から，$\Delta k_2 < 0$である。その結果，1人当たり資本kは次第に減少し，最終的にはk^*となる。以上のように新古典派モデルでは，経済の状態が斉一成長経路の資本・労働比率k^*から乖離したとしても，斉一成長経路のk^*に戻ること，すなわち資本主義経済の安定性が説明されている。よって，2は正しい。

現実の成長率と保証成長率が異なる値となる場合には乖離がいっそう増幅していき斉一成長が実現されないという結論は，ハロッド＝ドーマー・モデルの経済成長モデルの場合である。よって，3は誤りである。自然成長率は，労働（人口）の増加率で与えられる成長率である。財市場を常に均衡させる成長率

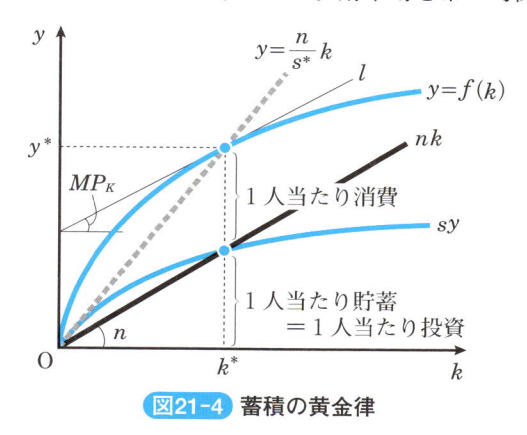

図21-4 蓄積の黄金律

は保証成長率である。よって，4は誤りである。

1人当たり消費が最大となる場合の斉一成長経路は，**蓄積の黄金律**と呼ばれている。斉一成長経路における1人当たり所得はy^*，1人当たり貯蓄＝1人当たり投資はnk^*であるので，1人当たり消費は(y^*-nk^*)である。これは**図21-4**の生産関数$y=f(k)$を表す曲線と直線nkとのk^*での垂直距離に対応する。**図21-4**では，貯蓄率がs^*であり資本・労働比率がk^*であるとき，曲線yと直線nkの垂直距離が最大となっている。このときの貯蓄率s^*は蓄積の黄金律の状態を実現する貯蓄率である。

1人当たり消費が最大，すなわち曲線yと直線nkの垂直距離が最大となるのは，k^*における生産関数yの接線lとnk線が平行になっている場合である。生産関数の接線lの傾きは資本の限界生産性MP_Kを表すので，蓄積の黄金律の条件は資本の限界生産性MP_Kと労働力増加率nが等しいこと，すなわち，

公式21.6　　$MP_K=n$

である。蓄積の黄金律の状態で最大となるのは，1人当たり所得ではなく1人当たり消費である。また蓄積の黄金律の状態が実現するのは，**図21-4**で貯蓄率がs^*となる場合のみである。よって，5は誤りである。　　　　　**正答　2**

例題21.3-4　貯蓄率の上昇の効果

新古典派の経済成長モデルが，

$y=\sqrt{k}$

$\Delta k = sy - nk$

$\begin{bmatrix} y：1人当たり産出量，k：1人当たり資本量，\Delta k：k の増分 \\ s：貯蓄率，n：人口増加率（一定） \end{bmatrix}$

で示される。

当初，経済は定常状態にあるものとする。もし貯蓄率sが上昇すると，新たな定常状態（斉一成長経路）の1人当たり資本量kと1人当たり産出量yの水準は，以前の定常状態と比べてどのようになるか。

ただし，$k=0$，$y=0$となるような自明の定常状態は考えないものとする。
（地方上級）

1　kは低下し，yは上昇し，資本係数$\dfrac{k}{y}$は低下する。

2　kは上昇し，yは低下し，資本係数$\frac{k}{y}$は上昇する。

3　kとyはともに上昇し，資本係数$\frac{k}{y}$は低下する。

4　kとyはともに上昇し，資本係数$\frac{k}{y}$は上昇する。

5　kとyはともに低下し，資本係数$\frac{k}{y}$は上昇する。

解説　例題の$y=\sqrt{k}$は生産関数の式である。また，$\Delta k = sy - nk$は，**公式21.5**で表されるソローの基本方程式である。選択肢にある$\frac{k}{y}$は，(21.15)式の逆数であり，資本係数vである。定常状態（斉一成長経路）では，$\Delta k = 0$となるので$sy = nk$が成立する。この式から，

(21.21)　$\dfrac{k}{y} = \dfrac{s}{n}$

が得られる。貯蓄率sが上昇すると，(21.21)式の$\frac{k}{y}$の値は大きくなる。したがって，1および3は誤りである。

次に，貯蓄率sの上昇のkとyに対する効果は，図を用いて考えるとよい。外生的に与えられる貯蓄率sがs_0からs_1に上昇したとすると，**図21-5**のように斉一成長経路の条件式を表す直線が実線から点線になる。その結果，1人当た

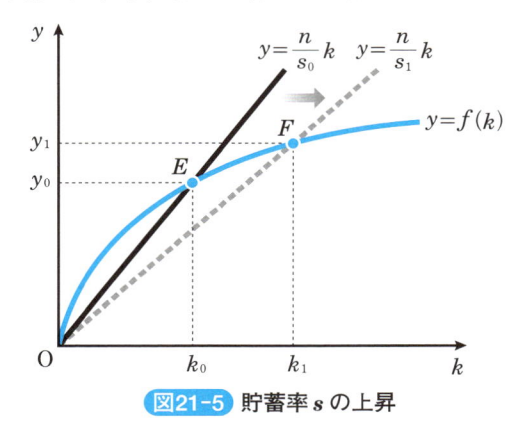

図21-5 貯蓄率sの上昇

図21-6 労働力成長率 n の上昇

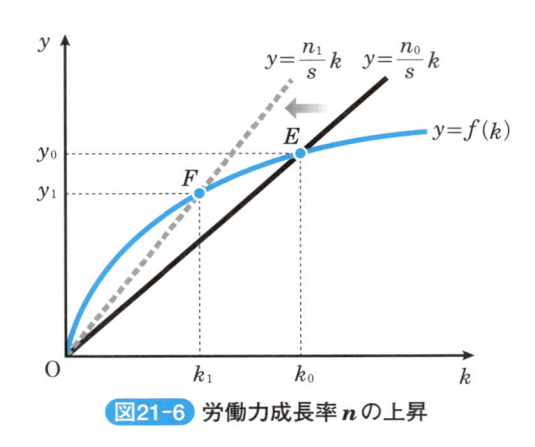

り資本 k と1人当たり所得 y の組合せは，点 E から F に変化する。このとき，1人当たり資本 k と1人当たり所得 y はともに上昇する。以上から，2，5は誤りで4が正しい。

次に，**図21-6**により労働力増加率 n の変化の効果を見ておこう。労働力増加率 n が上昇し n_0 から n_1 になる場合には，1人当たり所得 y と1人当たり資本 k の組合せは，点 E から F に変化する。その結果，1人当たり所得 y，1人当たり資本 k，資本係数 $v = \dfrac{k}{y}$ はいずれも低下する。　　　　　　**正答　4**

練習問題

【No.1】 新古典派成長理論に関する次の記述のうち，妥当なものはどれか。（国家Ⅱ種）

1　生産要素である資本と労働の投入比率は常に固定されている。また，生産技術は規模に関して収穫逓増の生産関数を想定している。
2　資本ストックの成長率である自然成長率は，必ずしも総需要と総供給を均衡させる成長率であるとは限らない。
3　自然成長率が保証成長率をいったん上回ると，失業が増大し不況が進行するため，2つの成長率は乖離していく。
4　人口増加率の上昇は，労働の投入量が増加する方向に働くため，結果的に1人当たりの所得は増加することになる。
5　資本の限界生産力が自然成長率に等しいときに1人当たりの消費が最大になることを経済成長における黄金律という。

［解説］1．新古典派の経済成長論では**図21-3**のように資本と労働の投入比率は可変的な生産関数

が想定されている。よって，1は誤りである。2．自然成長率は資本ストックの成長率ではなく労働成長率に等しい。よって，2は誤りである。3．自然成長率が保証成長率をいったん上回る場合に2つの成長率の乖離が拡大するのは，ハロッドのモデルの考え方である。よって，3は誤りである。4．人口増加率の上昇は，図21-6のように1人当たり所得を低下させる。よって4は誤りである。5．自然成長率は労働（人口）成長率と等しいので，例題21.3-3の蓄積の黄金律に関する**公式21.6**が妥当する場合である。よって，5は正しい。

正答 【No.1】5

21.4 成長の要因分解（成長会計）

例題21.4-1 成長の要因分解

次の式は，実質国民所得をY，全要素生産性をA，資本ストックをK，労働投入をLとし，ある国の経済をコブ＝ダグラス型生産関数で近似的に表したものであるが，今，この国の実質国民所得の成長率が5％，資本ストックの成長率が4％，労働投入の成長率が1％であるとき，この国の全要素生産性の成長率として，妥当なものはどれか。（地方上級）

$$Y = AK^{\frac{1}{3}}L^{\frac{2}{3}}$$

1　1%　　2　2%　　3　3%　　4　4%　　5　5%

解説　マクロ経済がコブ＝ダグラス型生産関数$Y=AK^{\alpha}L^{1-\alpha}$で表される場合，技術水準$A$は$A=\dfrac{Y}{K^{\alpha}L^{1-\alpha}}$で表される。これは労働生産性$\dfrac{Y}{L}$とは異なり**全要素生産性**と呼ばれる。また，生産関数がコブ＝ダグラス型の場合には，経済成長率$\dfrac{\Delta Y}{Y}$，全要素生産性変化率$\dfrac{\Delta A}{A}$，資本ストックの増加率$\dfrac{\Delta K}{K}$，労働増加率$\dfrac{\Delta L}{L}$の間には，以下の公式が成り立つ。

公式21.7　$\dfrac{\Delta Y}{Y} = \dfrac{\Delta A}{A} + \alpha\dfrac{\Delta K}{K} + (1-\alpha)\dfrac{\Delta L}{L}$

この公式に，例題の数値$\dfrac{\Delta Y}{Y}=0.05$，$\dfrac{\Delta K}{K}=0.04$，$\dfrac{\Delta L}{L}=0.01$，$\alpha=\dfrac{1}{3}$を代入すると，

$$0.05 = \frac{\Delta A}{A} + \frac{1}{3} \times 0.04 + \frac{2}{3} \times 0.01$$

となる。これより，

$$\frac{\Delta A}{A} = 0.03$$

となる。よって，全要素生産性の上昇率は3％である。正答は **3** である。

正答　**3**

練習問題

【No.1】 生産関数 $Y = AK^{\alpha}L^{1-\alpha}$ において，今，技術進歩がなく，自然成長率3％，実質成長率2.4％，Y はGDPであるとする。$\alpha = 0.3$ のとき，資本ストックの成長率はいくらか。

(市役所)

1　1　　　2　1.5　　　3　2　　　4　3　　　5　3.5

[解説] **公式21.7** に問題の数値，$\frac{\Delta Y}{Y} = 0.024$, $\frac{\Delta A}{A} = 0$, $\frac{\Delta L}{L} = 0.03$, $\alpha = 0.3$ を代入すると，

$$0.024 = 0 + 0.3 \times \frac{\Delta K}{K} + (1 - 0.3) \times 0.03$$

となる。これを解くと，

$$\frac{\Delta K}{K} = 0.01$$

となる。よって，資本ストックの増加率は1％で，正答は **1** である。

【No.2】 ある経済のマクロ的生産関数が次のように与えられている。

$$Y = AK^{0.4}L^{0.6}$$

ここで，Y は実質GDP，A は技術水準，K は資本量，L は労働量を表す。実質GDP成長率が3％，資本の成長率が4％，労働の成長率が1％であるとき，この経済の技術進歩率はいくらになるか。（国家Ⅱ種）

1　0.5％　　　2　0.8％　　　3　1.41％　　　4　1.4％　　　5　1.7％

[解説] **公式21.7** に問題の数値を代入すると，

$$0.03 = \frac{\Delta A}{A} + 0.4 \times 0.04 + 0.6 \times 0.01$$

となる。これより，技術進歩率は $\frac{\Delta A}{A} = 0.008$ となる。

正答　**【No.1】** 1　**【No.2】** 2

第22章

国際金融

International Finance

22.1 国際収支とISバランス

例題22.1-1 国際収支

わが国の国際収支統計に関する記述として，妥当なものはどれか。(地方上級類題)

1. 国際収支は，「国際収支＝経常収支＋資本移転等収支＋金融収支＋誤差脱漏＝0」となるように構成されている。
2. 経常収支の項目は，貿易収支，サービス収支，第一次所得収支，第二次所得収支，及び外貨準備で構成されている。
3. 貿易収支は，財貨の取引に伴う支払いや受取りのことをいい，貿易収支には，輸送に関する取引が含まれている。
4. 第二次所得収支は，対価を伴わない支払いや受取りを計上したもので，第二次所得収支には，無償資金協力や国際機関への拠出金が含まれる。
5. 金融収支は，直接投資と証券投資などで構成され，海外で保有する資産からの利子や配当の支払いや受取りが含まれる。

解説 国際収支表は，一定期間（1年）の海外との経済取引を記述した表で，日本銀行が国際収支表を作成している。1996年から2013年まで用いられた国際収支表では，経常収支＝貿易・サービス収支＋所得収支＋経常移転収支，国際収支＝経常収支＋資本収支＋外貨準備増減＋誤差脱漏，として計上されていた。現在の国際収支表は，2014年1月に切り替えられた表であり，図22-1のような項目の構成となっ

```
                              ┌─ 貿易・サービス収支 ─┬─ 貿易収支
                   ┌─ 経常収支 ─┼─ 第一次所得収支        └─ サービス収支
                   │            └─ 第二次所得収支
                   ├─ 資本移転等収支
  国際収支 ─────────┤            ┌─ 直接投資
                   │            ├─ 証券投資
                   ├─ 金融収支 ─┼─ 金融派生商品
                   │            ├─ その他投資
                   └─ 誤差脱漏  └─ 外貨準備
```

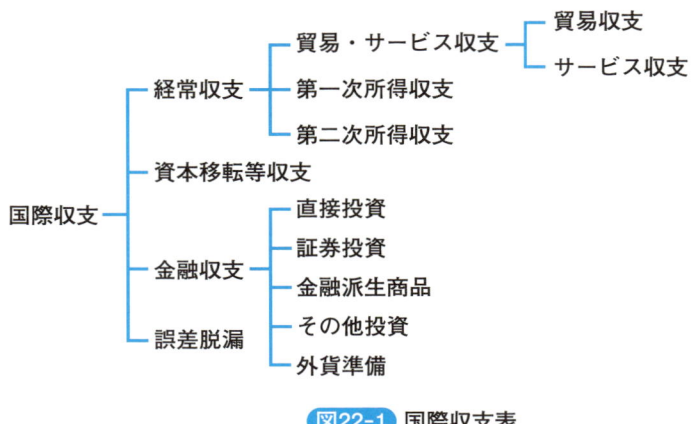

図22-1 国際収支表

ている。

現在の国際収支表では，旧表の所得収支は第一次所得収支に，旧表の経常移転収支は第二次所得収支に名称変更され，旧表のその他資本収支は資本移転等収支として独立の項目となった。旧表の資本収支は，資金が流入する場合にプラス，資金が流出する場合にマイナスの値として計上されていた。現在の表の金融収支では，ストックである資産・負債の増減に着目した取引が計上されており，資産・負債の増加はプラスの値，減少はマイナスの値として計上される。旧表の資本収支と現在の金融収支の符号の相違に注意が必要である。外貨準備増減は外貨準備の名称で金融収支に含まれる。国際収支は，

(22.1)　　国際収支＝経常収支＋資本移転収支－金融収支＋誤差脱漏＝0

となる。金融収支の符号はマイナスであるので，1は誤りである。

経常収支は，海外とのフローの取引額に関する収支であり，

(22.2)　　経常収支＝貿易・サービス収支＋第一次所得収支＋第二次所得収支

となる。外貨準備は金融収支に含まれるので，2は誤りである。

貿易・サービス収支は，海外との財・サービスの取引額を計上したものである。貿易収支は財の取引に関する収支で，貿易収支＝輸出－輸入，である。サービス収支は，輸送，旅行，保険などのサービスに対する海外への支払いから同様のサービスに対する受取りを差し引いた収支である。輸送はサービス収支で計上されるので，3は誤りである。

第一次所得収支は，雇用者報酬や，直接投資・証券投資などの投資収益（利子や

配当金）に関する収支を計上したものである。第13章の**例題13.2-1**で見た「海外からの所得の純受取」におおよそ対応している。

第二次所得収支は，無償資金援助や国際機関分担金等，あるいは外国人労働者の本国への送金などもこの項目に含まれる。4は正しい。

直接投資は経営を支配するための投資である。利子や配当金は経常収支の第一次所得収支に含まれるので，5は誤りである。　　　　　　　　　　　　　　**正答　4**

例題22.1-2　*IS*バランス

国民経済計算について以下の関係式が成立するものとする。
$$Y=C+I+G+X-M$$
$$Y_d=Y-T$$
$$Y_d=C+S$$

$\begin{bmatrix} Y：国民所得，C：消費，I：投資，G：政府支出，X：輸出 \\ M：輸入，Y_d：可処分所得，T：税収，S：貯蓄 \end{bmatrix}$

このとき，貿易収支（$X-M$），財政収支（$T-G$）および*IS*バランスに関する次の記述のうち，妥当なものはどれか。（地方上級）

1　貿易収支が均衡し，財政収支が赤字ならば，投資は貯蓄を上回る。
2　貯蓄と投資が等しく，財政収支が赤字ならば，貿易収支は黒字である。
3　財政収支が均衡し，貿易収支が黒字ならば，貯蓄は投資を上回る。
4　貿易収支が赤字，財政収支が黒字ならば，貯蓄は投資を上回る。
5　貯蓄が投資を上回り，財政収支が黒字ならば，貿易収支は赤字である。

解説　例題の2番目の式$Y_d=Y-T$は，可処分所得が国民所得から租税を差し引いたものとして定義されていることを表す。また，3番目の式$Y_d=C+S$は可処分所得が消費と貯蓄の和であることを表す。これらの式は，国民所得を処分面から見ると，消費C，貯蓄S，租税Tの和であり，

(22.3)　　$Y=C+S+T$

と表されることに対応している。(22.3)式を例題の最初の式に代入すると，

(22.4)　　$C+S+T=C+I+G+X-M$

となる。変形すると，

(22.5)　　$(S-I)+(T-G)=(X-M)$

が得られる。これは***IS*バランス式**と呼ばれる。サービス収支などが無視される場合には，$X-M$は貿易収支であると同時に経常収支を表すことになる。

ここで, (22.5) 式の左辺の第1項の $(S-I)$ において, 貯蓄 S は資金供給, 投資 I は資金需要を表すので, 民間部門の貯蓄と投資がバランスする $S-I=0$ のときには, 民間部門全体では資金過不足は存在しない。また, $S-I>0$ のときには民間部門は資金余剰（貯蓄超過）, $S-I<0$ のときには民間部門は資金不足（貯蓄不足）となる。

次に, (22.5) 式の左辺の第2項の $(T-G)$ を考える。$T-G=0$ のときには, 租税 T と政府支出 G が等しいので, 財政収支は均衡する。また, $T-G>0$ のときには財政黒字（政府部門の貯蓄超過）, $T-G<0$ のときには財政赤字（政府部門の貯蓄不足）となる。

また, $(S-I)+(T-G)=0$ のときには, $X-M=0$ となるので貿易収支も均衡する。このときには民間部門と政府部門を合わせた国内の資金過不足は存在しない。また, $(S-I)+(T-G)>0$ のときには, $X-M>0$ となり貿易収支黒字となる。このとき国内経済全体で資金余剰（貯蓄超過）が存在することになり, 資金が海外の株式や債券を購入するために流出することになる。

1. (22.5) 式から, $X-M=0$ かつ $T-G<0$ のとき, $S-I>0$ であり, 貯蓄は投資を上回るので, 1は誤りである。2. $S=I$ かつ $T-G<0$ のとき, $X-M<0$ であり, 貿易収支は赤字となるので, 2は誤りである。3. $T-G=0$ かつ $X-M>0$ のとき, $S-I>0$ であるので, 3は正しい。4. $X-M<0$ かつ $T-G>0$ のとき, $S-I<0$ であるので, 4は誤りである。5. $S>I$ かつ $T-G>0$ のとき $X-M>0$ であり, 貿易収支は黒字となるので, 5は誤りである。

正答 3

練習問題

【No.1】 次のとき, 経常収支の値は, どれほどの黒字になるか。（市役所類題）

貿易収支：1,000億ドルの黒字　　サービス収支：400億ドルの赤字
投資収支：200億ドルの黒字　　　第一次所得収支：150億ドルの黒字
第二次所得収支：100億ドルの赤字　資本移転等収支：50億ドルの赤字

1　250億ドル　　2　650億ドル　　3　850億ドル
4　1,250億ドル　5　1,350億ドル

[解説] (22.2) 式に練習問題の数値を代入すると, 経常収支は,

経常収支＝1000＋(−400)＋150＋(−100)＝650（億ドル）

となる。よって，正答は2である。

【No.2】 民間投資が10，民間貯蓄が15，政府支出が12，租税が9であるとき，貯蓄・投資バランス論に従えば，経常収支の値はいくらか。（国家Ⅱ種）

1　経常収支赤字額は2である。
2　経常収支赤字額は4である。
3　経常収支赤字額は8である。
4　経常収支黒字額は2である。
5　経常収支黒字額は8である。

[解説] この問題では経常収支＝貿易収支と見なしている。$I=10$，$S=15$，$G=12$，$T=9$を (22.5) 式に代入すると，$X-M=(15-10)+(9-12)=2$ が得られる。したがって，経常収支黒字額は2であり，4が正しい。

正答【No.1】2　【No.2】4

22.2　為替レート

例題22.2-1　為替レートと貿易収支

日本の対米貿易関数が以下のように与えられている。当初，1ドル＝100円として，次の記述のうち妥当なものはどれか。（市役所）

$$X=\frac{e}{2}+100 \quad [X：輸出額（億円），e：為替レート（円／ドル）]$$

$$M=-\frac{e}{4}+150 \quad [M：輸入額（億円）]$$

1　1ドル＝150円のとき，円ベースだと貿易黒字は減少するが，ドルベースだと増加する。
2　1ドル＝150円のとき，円ベース，ドルベースともに貿易黒字は増加する。
3　1ドル＝50円のとき，円ベース，ドルベースともに貿易黒字は増加する。
4　1ドル＝50円のとき，円ベースだと貿易黒字は減少するが，ドルベースだと増加する。
5　1ドルが50～150円で変動する場合，1ドル100円のとき，ドルベースで貿易黒字は最大になる。

[解説] 自国通貨は基本的に国内のみで通用するものであり，海外との取引では

自国通貨を外国通貨に交換して決済の手段にしなければならない。この決済に用いられる外貨が**外国為替**、それを取引する市場が**外国為替市場**である。

為替レートとは、この外国為替取引における自国通貨（邦貨）と外国通貨（外貨）の交換の比率のことである。為替レートは、日本では1ドル100円のように、外国通貨（ドル）の1単位の価値を円で表示することが慣例となっている。また例題のように為替レートが便宜的に1ドル＝100円のように等号（＝）を用いて表されることもある。為替レートは、自国通貨（邦貨）と外国通貨（外貨）の交換の比率であるので、為替レートをeとすると、1ドル100円のときには正しくは$e=\dfrac{100円}{1ドル}$である。この為替レートeは**自国通貨建て（円建て）為替レート**と呼ばれる。通貨の単位で表されるので名目為替レートである。反対に、$\dfrac{1}{e}=\dfrac{0.01ドル}{1円}$は、1円の価値を外国通貨（ドル）で表示したものであり、**外貨建て（ドル建て）為替レート**と呼ばれる。1ドル100円から1ドル200円になる場合は、ドル高・円安である。このとき、1円の価値をドルで表すと0.01ドルから0.005ドルに下がるので、ドルで表した円の価値が低下し円安になる。外国通貨に対する自国通貨（円）の価値の上昇は**増価**と呼ばれ、自国通貨の価値の低下は**減価**と呼ばれる。為替レートの増価とは為替レートの低下、為替レートの減価とは為替レートの上昇のことである。

例題では、輸出Xと輸入Mがともに為替レートeに依存して決定される場合が考えられている。自国通貨建て為替レートが1ドル100円のとき、例題の式から、輸出額Xと輸入額Mは、

(22.6) $\quad X=\dfrac{100}{2}+100=150 \qquad M=-\dfrac{100}{4}+150=125$

となる。貿易収支をZで表すと、貿易収支は、

(22.7) $\quad Z=X-M=150-125=25$

となる。また、1ドル150円のとき、輸出額Xと輸入額Mは、

(22.8) $\quad X=\dfrac{150}{2}+100=175 \qquad M=-\dfrac{150}{4}+150=112.5$

となる。このとき貿易収支Zは、

(22.9) $\quad Z=X-M=175-112.5=62.5$

となる。他方，1ドル50円のときには，輸出額Xと輸入額Mは，

(22.10)　　$X = \dfrac{50}{2} + 100 = 125$　　　$M = -\dfrac{50}{4} + 150 = 137.5$

となる。このときには貿易収支Zは，

(22.11)　　$Z = X - M = 125 - 137.5 = -12.5$

となる。(22.7)(22.9)(22.11)式から，円ベースでは，1ドル100円から1ドル150円になると，貿易収支は黒字が増加し，1ドル50円になると貿易収支は減少し赤字になる。以上から，1，3は誤りである。

　例題では，輸出額も輸入額も円で表されている。金額の表示の単位が円であるときには，円ベースの金額である。反対に，ドルベースとは，金額をドルで表示することをさしている。円ベースでの金額をドルベースに変更するためには，自国通貨建て為替レートの逆数，すなわち外貨建て為替レートを円ベースの金額に掛ければよい。1ドル100円のときの貿易収支は，25億円である。これをドルベースに直すには，$e = \dfrac{100円}{1ドル}$の逆数を25億円に掛けて，

(22.12)　　$\dfrac{1ドル}{100円} \times 25億円 = 0.25億ドル$

となる。同様に，1ドル150円のときの貿易収支62.5億円をドルベースに直すと，

(22.13)　　$\dfrac{1ドル}{150円} \times 62.5億円 = 0.4166億ドル$

となる。他方，1ドル50円のときの貿易収支赤字－12.5億円をドルベースで表すと，

(22.14)　　$\dfrac{1ドル}{50円} \times (-12.5億円) = -0.25億ドル$

となる。(22.12)〜(22.14)式から，ドルベースでも，1ドル100円から1ドル150円になると貿易収支は増加する。また，1ドル100円から1ドル50円になると，貿易収支は減少し赤字になる。以上から，2が正しく，4は誤りである。また1ドル100円のときよりも1ドル150円のときのほうが貿易収支の黒字額は大きいので，5は誤りである。

正答　2

例題22.2-2 物価水準と為替レート：購買力平価説

1991年末の為替レートは，およそ1ドル＝126円であった。今，2000年までに，日本およびアメリカの物価水準が，おのおの25％，50％上昇し，この間購買力平価説が当てはまるとすれば，2000年の為替レートは1ドルいくらになるか。

(市役所)

| 1 | 105円 | 2 | 110円 | 3 | 120円 |
| 4 | 135円 | 5 | 145円 | | |

解説 **購買力平価説**は異なる国の物価水準（通貨の価値）から為替レートを説明するものである。物価水準の変化を問題にしているので，購買力平価説は長期に成立する為替レートを説明する理論である。為替レートをe，日本の物価水準をP_J，アメリカの物価水準をP_Aとすると，購買力平価説では，

$$(22.15) \quad e = \frac{P_J}{P_A} \quad \text{あるいは} \quad P_J = e \cdot P_A$$

となるように為替レートeが決定されると説明する。

例題では当初の為替レートは1ドル126円であるので，当初の日本の物価水準を$\overline{P_J}$，アメリカの物価水準を$\overline{P_A}$とすると，(22.15)式より，

$$(22.16) \quad e = \frac{\overline{P_J}}{\overline{P_A}} = \frac{126円}{1ドル}$$

である。次に，物価の上昇後の日本の物価水準は，物価上昇率が25％であるので，$P_J = 1.25\overline{P_J}$となる。他方，アメリカの物価水準は，物価上昇率が50％であるので，$P_A = 1.5\overline{P_A}$となる。これらの式を(22.15)式に代入すると，

$$(22.17) \quad e = \frac{1.25\overline{P_J}}{1.5\overline{P_A}} = \frac{1.25}{1.5} \times \frac{\overline{P_J}}{\overline{P_A}}$$

となる。(22.16)式の当初の$\frac{\overline{P_J}}{\overline{P_A}}$の値を(22.17)式に代入すると，

$$(22.18) \quad e = \frac{1.25}{1.5} \times \frac{126円}{1ドル}$$

となる。これを解くと，

$$(22.19) \quad e = \frac{105円}{1ドル}$$

となる。以上から正答は1である。

正答　1

例題22.2-3 国際収支と為替レート

国際収支と為替相場についての記述のうち，妥当なものはどれか。

(国税専門官)

1. 為替レートの変動は国際的な財，サービスの取引の需要と供給だけに左右される。
2. 為替レートの変化は，輸出入の増減を迅速にもたらすので変動相場制の下では経常収支の不均衡は速やかに解消する。
3. 為替レートの上昇が輸出の減少を通じ経常収支を悪化させる効果をJカーブ効果という。
4. Jカーブ効果は，マーシャル＝ラーナーの安定条件が長期的には満たされるが，短期的には満たされないときの現象である。
5. Jカーブ効果は輸出の価格弾力性と輸入の価格弾力性の和が短期的には1より大きく，長期的には1より小さい場合に見られる。

解説 購買力平価説は，物価の変動を考慮した長期の為替レートの決定の説明理論である。これに対して，短期の為替レートは外国為替市場で決定される。**図22-2** (a) はドルの市場を表し，横軸にドルの数量，縦軸に円建て為替レートが表されている。また**図22-2** (b) は円の市場を表しており，横軸に円の数量，縦軸にドル建て為替レートが表されている。均衡為替レートは，グラフの需要曲線と供給曲線の交点で与えられる。

外国為替市場におけるドルの需要や供給は，国際取引に対応している。輸出が増加したり資本の流入が増加したりすると，ドルで行われる支払いを円に交換して決済する必要が生じる。そこで，(22.1) 式で表される国際収支が黒字と

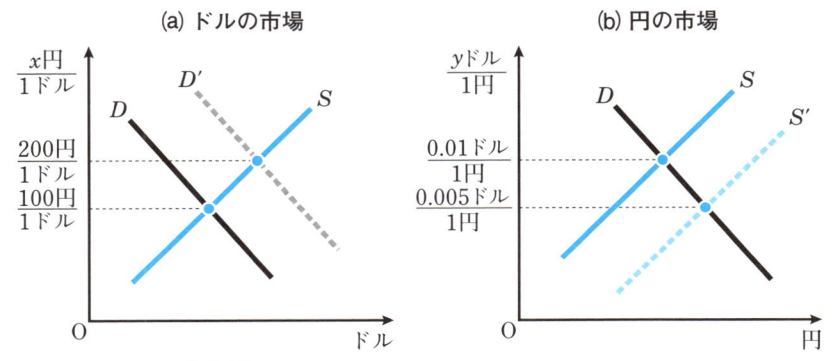

図22-2 外国為替市場における為替レートの決定

なる場合には，貿易や資本取引などの国際取引による海外からの支払いが海外への支払いを上回り，外国通貨（ドル）から自国通貨（円）への交換の要求が強まる。そのため自国通貨（円）の増価が生じ自国通貨建て為替レートeは低下する。反対に，国際収支が赤字となる場合には，国際取引による海外への支払いが海外からの支払いを上回り，自国通貨（円）から外国通貨（ドル）への交換の要求が高まる。そのため，自国通貨は減価し自国通貨建て為替レートeは上昇することになる。**図22-2**の点線は，輸入や資本流出の増加によりドルの需要と円の供給が増加した場合を表している。1については，為替レートの変動は，国際的な財，サービスの取引の需要と供給だけではなく，資本の取引などにも左右され，国際収支の調整と関係を持つ。したがって，1は誤りである。

国際金融制度には，大きく分けて**固定為替相場制**と**変動為替相場制**がある。固定相場制は中央銀行が為替レートを一定の水準に保つ義務がある制度であり，変動相場制は為替レートの変化を市場メカニズムに任せる制度である。2にある変動相場制は，経常収支の不均衡ではなく，国際収支の不均衡が為替レートによって調整される制度である。したがって，2は誤りである。

3～5は，資本収支等を捨象して貿易収支の調整と為替レートの関係を説明するマーシャル＝ラーナーの安定条件とJカーブ効果についての問いである。**例題22.2-1**では輸出額Xと輸入額Mは為替レートeに依存する式が与えられていた。しかし，輸出額や輸入額は価格と数量を掛けた値であるので，輸出量xと輸出額X，輸入量mと輸入額Mを区別して扱う必要がある。

貿易が日本とアメリカの間のみで行われる単純な場合には，輸出される財は日本の財，輸入される財はアメリカの財である。アメリカの財のドルで測った価格をp_Aとすると，アメリカの財の円で測った価格は，円建て為替レートeを掛けてep_Aとなる。たとえばアメリカの財の1単位のドルで測った価格を$p_A=2$ドルであり，$e=\dfrac{100円}{1ドル}$であるとすると，アメリカの財1単位の円で測った価格は$ep_A=\dfrac{100円}{1ドル}\times 2ドル=200円$となる。したがって，日本の輸入量（＝アメリカからの財の購入）をmとすると，円で測った輸入額Mは，輸入量mと円で測った価格ep_Aを掛けたものであるので，$M=ep_Am$となる。そのため輸入額Mは，輸入量mの変化や円で測った価格ep_Aの変化によって変化する。他方，

日本の財の円で測った価格をp_Jとすると，日本の財の輸出額Xは，$X=p_J x$である。

以上から，円高になるとき，貿易収支の黒字が縮小するか拡大するかについては，例題22.2-1のように為替レートeに依存した輸出額Xや輸入額Mではなく，より正確には輸出量xと輸入量mの数量の変化や円高による相対価格の変化が輸出額Xや輸入額Mに与える効果の大きさを検討する必要がある[1]。円高になるとき，輸出量xや輸入量mの変化が相対価格の変化率よりも大きければ，貿易収支の黒字は縮小し貿易収支は均衡に向かう。4にある**マーシャル=ラーナーの安定条件**とは，このときの条件を弾力性の考え方を用いて述べたものであり，輸入の価格弾力性と輸出の価格弾力性の和が1より大きいという条件である[2]。この条件が満たされるとき，円高（円安）になると貿易黒字（赤字）は縮小する。

これに対して，円高になっても短期的には輸出量xと輸入量mの数量調整がそれほど進まないこともある。この場合には，円高で為替レートeが低下すると輸入額$M=ep_A m$が減少するので，輸出額$X=p_J x$と輸入額Mの差が拡大し，短期的には貿易収支の黒字がかえって増大する。円高（円安）によって，短期的には貿易収支の黒字（赤字）が拡大し長期的には貿易収支の黒字（赤字）が縮小する場合は，**Jカーブ効果**と呼ばれる。したがって，例題の3は誤りである。Jカーブ効果が生じる場合は，短期的にマーシャル=ラーナーの安定条件が満たされないため貿易収支の黒字（赤字）が拡大する場合であるので，4は正しい。輸出の価格弾力性と輸入の価格弾力性の和が短期的には1より小さく長期的には1より大きい場合にJカーブ効果が生じるので，5は誤りである。

正答　4

---

[1] アメリカの財のドルで測った価格をp_A，日本の財の円で測った価格をp_J，名目為替レートをeとすると，アメリカの財の日本の財で測った相対価格qおよび日本の財のアメリカの財で測った相対価格q^*は，

$$q=e\frac{p_A}{p_J} \qquad q^*=\frac{p_J}{ep_A}=\frac{1}{q}$$

である。日本の輸入量（＝アメリカの輸出量）mと日本の輸出量（＝アメリカの輸入量）xは，相対価格qあるいはq^*に依存する。

[2] 詳しくは西村和雄著『ミクロ経済学入門［第2版］』（岩波書店）372～374頁を参照。

練習問題

【No.1】 為替の変動に関する記述として，妥当なのはどれか。（地方上級）
1 円高になると，日本の輸出品の値段が上がり，輸出が増加する。
2 円安になると，日本の輸入品の値段が下がり，輸入が増加する。
3 円高になると，日本の輸入品の値段が下がり，輸入が減少する。
4 円安になると，日本の輸出品の値段が上がり，輸出が減少する。
5 円高になると，日本の輸出品の値段が上がり，輸入が増加する。

[解説] 1については，円高になると，日本の輸出品の価格が相対的に上がり輸出は減少する。よって，1は誤りである。2については，円安になると，日本の輸入品の価格が相対的に上昇し，輸入が減少する。よって，2は誤りである。3については，円高になると，日本の輸入品の価格が相対的に低下し，輸入が増加する。よって3は誤りである。4については，円安になると，日本の輸出品の価格が相対的に低下し，輸出が増加する。よって4は誤りである。5については，円高になると，日本の輸出品の価格が相対的に上昇し，日本の輸入品の価格が相対的に低下し，輸入が増加する。よって，5は正しい。

【No.2】 購買力平価説に関する次の記述のうち，妥当なのはどれか。（地方上級）
1 購買力平価説とは，為替レートの変化により経常収支の不均衡が一時的に拡大するメカニズムを説明するものである。
2 購買力平価説とは，中長期の為替レートが外国の物価水準に逆比例して変化するメカニズムを説明するものである。
3 購買力平価説とは，中央銀行の為替市場介入によって為替レートがある特定の値に固定されるメカニズムを説明するものである。
4 購買力平価説とは，為替レートの変化が経常収支に与える影響のメカニズムを説明するものである。
5 購買力平価説とは，円高で輸出価格が引き上げられ，輸出数量が減り黒字が減少するメカニズムを説明するものである。

[解説] 1については，Jカーブ効果のことであり，誤りである。2については，購買力平価説に従うと，(22.15)式から，為替レートと外国の物価水準の関係は逆比例の関係になっているので正しい。3については，固定相場制のことであるので，誤りである。4,5については，図22-2の外国為替市場と貿易収支あるいは経常収支の関係を説明する為替レート決定の部分均衡分析の説明であり購買力平価説とは関係がない。よって4,5は誤りである。

【No.3】 購買力平価説に関する記述として，妥当なのはどれか。（地方上級）
1 購買力平価説によると，アメリカで5％のインフレが進行し，日本の物価がまったく動いていないとき円ドルレートは5％で円高に動いていく。
2 購買力平価説によると，アメリカと日本でそれぞれ5％のインフレが同時進行したとき，円ドルレートは5％で円安に動いていく。
3 購買力平価説によると，日本の利子率が5％で，アメリカの利子率が3％であるとき，

円ドルレートは2％で円高に動いていく。
4　購買力平価説によると，日本で5％のインフレが進行し，アメリカの物価がまったく動いていないとき，円ドルレートは5％で円高に動いていく。
5　購買力平価説によると，日本の利子率が3％で，アメリカの利子率が2％であるとき，円ドルレートは5％で円安に動いていく。

[解説] 1. 日本の物価P_Jが一定でアメリカの物価P_Aが5％上昇すると，(22.16)(22.17)式と同様にして$e=\dfrac{\overline{P_J}}{1.05\overline{P_A}}$となるので，円ドルレートは約5％低下し円高になる。1は正しい。2．同様に，日本の物価P_Jとアメリカの物価P_Aがともに5％上昇すると，(22.15)式から，円ドルレートeは不変となる。よって，2は誤りである。4．日本の物価P_Jが5％上昇し，アメリカの物価P_Aが一定であるとき，(22.16)(22.17)式と同様にして$e=\dfrac{1.05\overline{P_J}}{\overline{P_A}}$となるので，円ドルレート$e$は5％上昇し円安となる。よって4は誤りである。3，5．購買力平価説は利子率と為替レートの関係を結びつけていない。よって3，5は誤りである。(22.15)式に第21章の**公式21.4**を適用すると，

　　名目為替レートの変化率＝日本のインフレ率－アメリカのインフレ率
が成立する。この式に1,2,4の数値を代入して解くこともできる。

正答【No.1】5　【No.2】2　【No.3】1

22.3 海外部門を含む単純なマクロモデル

例題22.3-1　アブソープションと経常収支

政府を含まないマクロ・モデルが次のように与えられているとする。
　$C=40+0.8Y$, $I=160$, $X=100$, $M=0.1Y$
　　〔C：消費，Y：国民所得，I：投資，X：輸出，M：輸入〕
ここで，輸出が60増加したときに発生すると考えられる経常収支の黒字と，その黒字を解消するために必要となるアブソープション（国内需要）の増加の組合せとして，妥当なのはどれか。（国家Ⅱ種）

	経常収支	アブソープション
1	40	40
2	40	60
3	40	120
4	60	60
5	60	120

[解説] 開放経済を考える場合の財市場の均衡条件には，貿易収支が含まれる。

単純化すると経常収支＝貿易収支であるので，経常収支Zは，

(22.20)　　$Z=X-M$

と表される。他方，国際金融では，消費C，投資I，政府支出Gの国内需要の合計をアブソープションと定義している。アブソープションをAと置くと，

(22.21)　　$A=C+I+G$

と表される。総需要Y^Dは，アブソープションAと経常収支Zの和であり，

(22.22)　　$Y^D=(C+I+G)+(X-M)=A+Z$

と表すことができる。

まず，当初の均衡国民所得Y_0と経常収支Z_0を求めてみよう。政府を含まない例題のマクロ・モデルは，

(22.23)　　$\begin{cases} Y=C+I+(X-M) \\ C=40+0.8Y \\ I=160 \\ X=100 \\ M=0.1Y \end{cases}$

である。この連立方程式体系を解くと，均衡国民所得Y_0は，

(22.24)　　$Y_0=\dfrac{1}{1-0.8+0.1}\times 300=1000$

である。ここで，この式の右辺の300は独立支出である基礎消費40，独立投資160，輸出100の合計である。(22.23)(22.24)式から，$M=0.1Y$，$Y_0=1000$であるので，輸入は$M=0.1\times 1000=100$である。輸出も$X=100$であるので，当初の経常収支は$Z_0=X-M=100-100=0$であり均衡している。

次に，輸出が60増加し160となった場合の均衡国民所得Y_1と経常収支Z_1の値を求めてみよう。(22.23)式で$X=160$とすると，均衡国民所得Y_1は，

(22.25)　　$Y_1=\dfrac{1}{1-0.8+0.1}\times(300+60)=1200$

となる。また，このときの経常収支Z_1は，$X=160$，$M=0.1Y$，$Y_1=1200$から，

(22.26)　　$Z_1=160-0.1\times 1200=40$

となる。経常収支Z_1は40の黒字であるので，**4，5**は誤りである。

経常収支の黒字40を解消するためには，輸入Mが輸出と同じく60増加し160となり，$Z=X-M=0$となる必要がある。このときの国民所得をY_2とすると，

Y_2 は (22.23) 式の輸入関数 $M=0.1Y$ から,

(22.27)　　$160=0.1Y_2$

とならなければならない。これを解くと,

(22.28)　　$Y_2=1600$

が得られる。

他方, アブソープションの増加分を ΔA とすると, 経常収支の黒字40を解消するために必要なアブソープションの増加 ΔA は, (22.23) 式と (22.28) 式から,

(22.29)　　$Y_2=\dfrac{1}{1-0.8+0.1}\times(300+60+\Delta A)=1600$

とならなければならない。これより,

　　$\Delta A=0.3\times 1600-360=120$

となる。したがって, 増加すべきアブソープション(国内需要)は120であり,

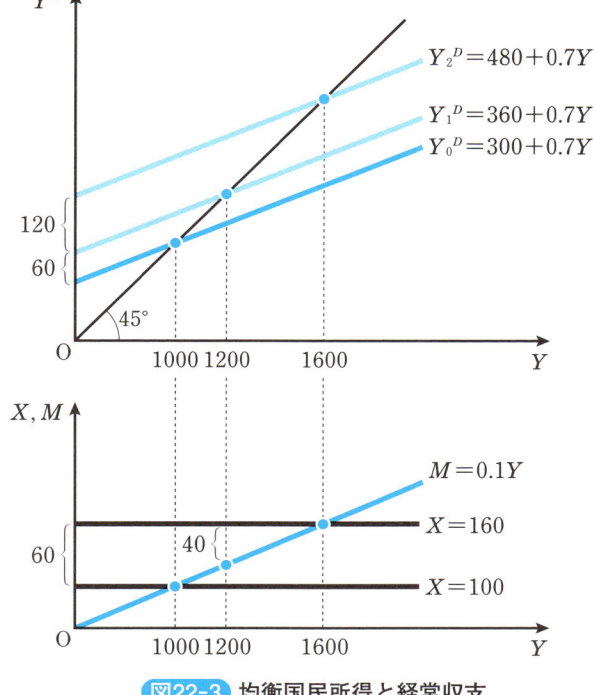

図22-3 均衡国民所得と経常収支

3が正しい。アブソープションの増加により経常収支は悪化している。

以上の結果をグラフで表したものが**図22-3**である。

ところで、均衡国民所得Y_1とY_0の差$\varDelta Y=Y_1-Y_0=200$は輸出の増加分$\varDelta X=60$によって生み出され、均衡国民所得Y_2とY_1の差$\varDelta Y=Y_2-Y_1=400$はアブソープションの増加分$\varDelta A=120$によって生み出されたものである。この効果は乗数効果である。そこで限界消費性向をc、**限界輸入性向**をm、限界貯蓄性向をsとすると、(22.24)(22.25)(22.29)式から$c=0.8$、$m=0.1$であるので、外国貿易を含み租税を含まない(22.23)式のマクロモデルでは、乗数は、

公式22.1
$$\frac{\varDelta Y}{\varDelta X}=\frac{\varDelta Y}{\varDelta A}=\frac{1}{1-c+m}=\frac{1}{s+m}$$

となる。

正答　3

練習問題

【No.1】 財政活動を除いた開放経済体系のマクロモデルが、

$Y=C+I+X-M$
$C=cY+C_0$
$M=mY+M_0$

$\begin{bmatrix} Y:国民所得、C:消費、I:民間投資 \\ X:輸出、M:輸入、c:限界消費性向 \\ m:限界輸入性向、C_0,M_0:定数 \end{bmatrix}$

で示されるとする。輸出は変わらないものと仮定して、国内の民間投資が8兆円増加した場合、貿易収支($B=X-M$)はどのようになるか。ただし、限界貯蓄性向は0.3、限界輸入性向は0.2とし、当初、貿易収支は均衡していたものとする。（市役所）

1　3.2兆円の赤字
2　2.4兆円の赤字
3　1.6兆円の赤字
4　1.6兆円の黒字
5　2.4兆円の黒字

[解説] 民間投資が増加した場合の貿易収支への効果の問題である。

まず、民間投資が増加した場合の国民所得への効果は、**公式22.1**より乗数$\frac{1}{s+m}$となる。この式に、例題の数値である限界貯蓄性向0.3と限界輸入性向0.2を代入すると、乗数は$\frac{1}{s+m}=\frac{1}{0.3+0.2}=2$となる。問題文では投資が8兆円増加するとあるので、国民所得の増加は、

$\varDelta Y=2\varDelta A=2\times 8=16$兆円

となる。以上から、民間投資が8兆円増加するときには、国民所得は16兆円増加する。

次に，貿易収支Bは
$$B = X - M = X - (mY + M_0)$$
と表される。これより，
$$\Delta B = -m\Delta Y$$
が得られる。問題文では限界輸入性向が$m = 0.2$であるので，
$$\Delta B = -0.2\Delta Y$$
となる。この式の右辺のΔYに16兆円を代入すると，$\Delta B = -3.2$兆円が得られる。当初の貿易収支は均衡していたとされているので，貿易収支は3.2兆円の赤字となる。正答は1である。

正答【No.1】1

22.4 マンデル=フレミング・モデル

例題22.4-1 均衡国民所得と均衡為替レート

変動為替相場制下の開放マクロ経済が，
$$Y = C + I + G + B$$
$$C = 20 + 0.8Y$$
$$I = 38 - 50r$$
$$B = 40 - 0.1Y + 0.2e$$
$$0.2Y - 300r = M$$
$$r = r^*$$

Y：国民所得，C：消費，I：投資
G：政府支出，B：純輸出
r：国内利子率，e：為替レート
M：貨幣供給量，r^*：外国の利子率

で示されるとする。$G = 50$，$M = 98$，$r^* = 0.04$であるとき，均衡における為替レートeの値はいくらか。（地方上級）

1　90　　2　95　　3　100　　4　105　　5　110

解説 例題のモデルは**マンデル=フレミング・モデル**と呼ばれる。このモデルでは，自国の政策が他国に影響しないという小国の仮定の下で分析される。また以下では，物価は一定である場合のみを考えることにする。

例題のモデルのIS曲線の式を導いてみる。最初の式$Y = C + I + G + B$に，2番目から4番目の式を代入し，さらに$G = 50$を代入すると，

$$(22.30) \quad Y = \frac{1}{0.3}(148 - 50r + 0.2e)$$

となる。これがIS曲線の式である。4番目の式は，純輸出（＝貿易収支）が国民所得Yと為替レートeに依存して決定されることを表している。このため

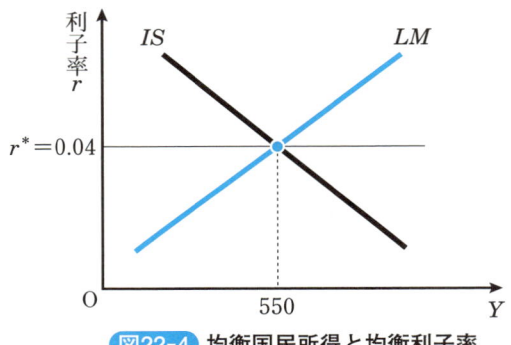

図22-4 均衡国民所得と均衡利子率

(22.30)式のように，IS曲線の式には名目為替レートeが含まれている。名目為替レートeが変化すると，IS曲線はシフトする。

次に，LM曲線の式は例題の5番目の式と$M=98$より，

(22.31)　　$Y=490+1500r$

となる。これがLM曲線の式である。

資本移動が可能なときには，資金は国境を越えて自由に投資先を探していく。為替レートや物価水準が一定であるとき，このような資本移動を生じさせるものは，国内と外国の利子率格差である。国内と外国の利子率格差が存在し資本移動が生じると，国際収支の不均衡（赤字または黒字）が継続する。国際収支が不均衡であれば，変動相場制の下では為替レートeが変化し，(22.30)式のIS曲線がシフトする。もしもIS曲線とLM曲線の交点で与えられる国内利子率rが外国利子率r^*と等しければ資本移動は生じない。そこで，均衡は，$r=r^*$を満たす必要がある。例題では外国利子率は$r^*=0.04$で与えられているので，

(22.32)　　$r=r^*=0.04$

である。このグラフが図22-4のr^*の水準における水平線である。

(22.30)～(22.32)式を解くと，均衡国民所得は$Y^*=550$，均衡為替レートは$e^*=95$が得られる。以上から正答は2である。　　　　　　　　　　　**正答　2**

例題22.4-2　マンデル＝フレミング・モデルと不均衡

ある国の経済（資本移動はない）が次のグラフで示されるとする。このとき，各点における状況に関する次の記述のうち，妥当なのはどれか。

ただし，グラフ中のIS曲線は外国貿易を含む財市場の均衡を，LM曲線は貨幣

市場の均衡を，BP曲線は国際収支の均衡を，それぞれ示すものとする。

(国家Ⅱ種)

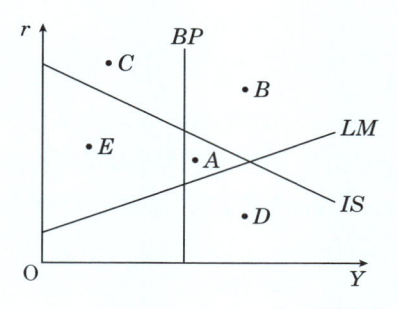

〔r：利子率，Y：国民所得〕

1　点Aにおいては，財市場は超過需要，貨幣市場は超過供給，国際収支は赤字である。
2　点Bにおいては，財市場は超過供給，貨幣市場は超過需要，国際収支は黒字である。
3　点Cにおいては，財市場は超過需要，貨幣市場は超過供給，国際収支は黒字である。
4　点Dにおいては，財市場と貨幣市場はともに超過供給，国際収支は黒字である。
5　点Eにおいては，財市場と貨幣市場はともに超過需要，国際収支は赤字である。

解説　マンデル=フレミング・モデルでは，輸出は，**例題22.3-1**の輸出Xのように定数ではなく，**例題22.2-1**の輸出Xのように為替レートeに依存する。これを$X(e)$で表そう。輸入Mは，国民所得Yと為替レートeに依存する。それを$M(Y, e)$と表すことにする。そうすると，IS曲線を導くための財市場の均衡条件式は，(22.30)式と同様に為替レートeが含まれ，

(22.33)　　$Y = C(Y) + I(r) + \overline{G} + X(e) - M(Y, e)$

となる。ここで，$C(Y)$は消費関数が国民所得Yの関数であること，$I(r)$は投資関数が利子率rの関数であること，$\overline{G}$は外生的な政府支出（一定）を表している。第15章の**図15-2**で見たように，財市場はIS曲線上で均衡し，IS曲線の左下では財市場は超過需要（$I>S$），右上では財市場は超過供給（$I<S$）となる。それゆえ，点A，D，Eでは財市場は超過需要，点B，Cでは財市場は超過供給である。以上から**3**，**4**は誤りである。

他方，LM曲線の式は，貨幣市場の均衡条件式 $\frac{M}{P}=L$ から，

(22.34)　　$\frac{M}{P}=L(Y, r)$

である。第15章の図15-3から，貨幣市場はLM曲線上で均衡し，LM曲線の左上では貨幣市場は超過供給，右下では貨幣市場は超過需要となる。それゆえ，点A，B，C，Eでは貨幣市場は超過供給，点Dでは貨幣市場は超過需要である。以上から，2，5は誤りである。

次に国際収支均衡線について説明する。サービス収支，第一次所得収支，第二次所得収支を無視し，経常収支＝貿易収支をZとする。他方，資本移転等収支，誤差脱漏を無視し，**海外への資本流出から国内への資本流入を引いた資本純流出をF**として，モデルに合わせるため現行の金融収支ではなく**資本純流出Fで国際収支BPを定義する**と，

(22.35)　　$BP=Z-F$

となる。国際収支の均衡とは，$BP=Z-F=0$ となる場合で，$BP=Z-F>0$ のときには国際収支は黒字，$BP=Z-F<0$ のときには国際収支は赤字となる。

例題の図のように国際収支均衡線BPが垂直になるのは，資本移動が不可能な場合である。この場合，資本純流出Fは，利子率から独立になり一定である。一定の資本純流出を$\overline{F}$とし，国際収支が均衡するBP=0となる場合の経常収支をZ^*とすると，$BP=Z^*-\overline{F}=0$ となる。他方，輸入Mは国民所得Yに依存するので，経常収支Zも国民所得Yの関数である。そこでZ^*に対応する国民所得の

(a) 資本移動が不可能な場合　　**(b) 資本移動が完全に自由な場合**

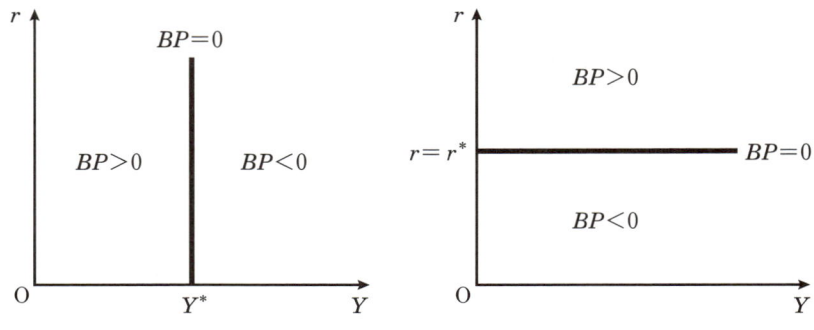

図22-5 国際収支均衡線（**BP線**）

値をY^*とすると，国際収支均衡線BPはY^*の水準で垂直となる。

また，$Y'>Y^*$では，Y^*の水準の輸入M^*と比べて輸入Mが大きくなるので経常収支Zが減少し，$Z'<Z^*$となる。それゆえ$Y'>Y^*$では，国際収支は$BP=Z'+\overline{F}<0$であり赤字となる。他方，$Y''<Y^*$では，輸入MがM^*より減り経常収支Zが増加するので，$Z''>Z^*$となる。このとき国際収支は，$BP=Z''+\overline{F}>0$であり黒字である。したがって，国際収支均衡線BPが垂直である場合，図22-5(a)のように，国際収支均衡線BPの右側（$Y'>Y^*$）では国際収支は赤字，左側（$Y''<Y^*$）では国際収支は黒字となる。例題の点Aは，国際収支均衡線BPの右にあるので，国際収支は赤字である。よって，1は正しい。

例題22.4-1のように，資本移動が完全に自由である場合には，外国利子率との利子率格差が存在すると，海外資産の取得や海外からの国内資産の取得が継続し資本純流出が変化し続け国際収支の不均衡が継続する。したがって，資本純流出Fが変化しなくなり国際収支が$BP=0$となるためには，外国利子率と国内利子率が等しくなければならない。それゆえ国際収支均衡線BPは，図22-5(b)のように$r=r^*$の水準で水平になる。$r>r^*$である場合には，海外からの国内資産の取得が増加し資本純流出Fが減少するので，国際収支は黒字で$BP>0$となる。また$r<r^*$である場合には海外資産の取得が増加し資本純流出Fが増加するので，国際収支は赤字で$BP<0$となる。

正答　1

例題22.4-3　変動相場制下の財政金融政策の効果

次の文は，変動相場制をとる小国の金融政策に関する記述であるが，文中のア～オに該当する語句の組合せとして，妥当なものはどれか。（地方上級）

変動相場制をとる小国を想定する。この国が拡張的な金融政策を行うと，　ア　がシフトするので，利子率は　イ　する。このとき，資本移動の規制がなければ，資本が　ウ　するので，自国通貨建て為替レートは　エ　し，経常収支は　オ　する。

	ア	イ	ウ	エ	オ
1	LM曲線	上昇	海外へ流出	下落	悪化
2	LM曲線	低下	海外へ流出	上昇	改善
3	LM曲線	低下	海外から流入	上昇	悪化
4	IS曲線	上昇	海外へ流出	上昇	改善
5	IS曲線	低下	海外から流入	下落	悪化

解説 例題は，資本移動が完全に自由な場合の金融政策の効果に関する問題である。BP線は，国内利子率が外国の利子率と等しい水準で水平になる。

(a) 財政政策の効果　　　　　**(b) 金融政策の効果**

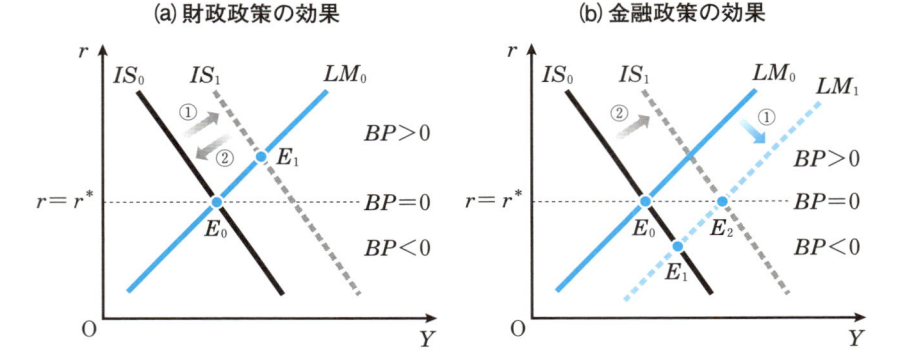

図22-6 変動相場制下の財政金融政策の効果

まず，財政政策の効果について，図22-6(a)を用いて説明する。拡張的な財政政策によりIS曲線が右にシフトしIS_1になると，財市場と貨幣市場の均衡はE_0からE_1に移動する。E_1では，利子率が上昇し国民所得が増加している。しかし，外国利子率よりも自国利子率が高いので海外からの資本の流入が続く。その結果，E_1では国際収支は黒字となる。変動相場制の場合には，国際収支が黒字のとき，自国通貨（円）は増価し為替レートeが低下する（円高・ドル安）。物価水準が一定で為替レートが低下すると，輸出が減少し輸入が増加する。このため貿易収支（経常収支）は悪化するので，IS曲線は左にシフトし財市場・貨幣市場・国際収支の均衡はもとのE_0となる。したがって，変動相場制の下では拡張的な財政政策は効果がない。この過程をまとめると，表22-1となる。

表22-1 変動相場制下の拡張的財政政策の波及効果

> 拡張的財政政策 → IS曲線右シフト → 利子率上昇・国民所得増加
> → 資本流入増加 → 国際収支黒字 → 為替レートeの低下（円高）
> → 輸出減・輸入増 → IS曲線左シフト → 利子率不変・国民所得不変

次に変動相場制下の金融政策の効果について，図22-6(b)を用いて説明する。拡張的な金融政策によりLM曲線が右にシフトしLM_1になると，財市場と貨幣市場の均衡はE_0からE_1に移動する。E_1では，利子率が低下し国民所得が増加する。しかし，国内利子率が海外利子率よりも低くなるので海外に資本が流出

する。そこでE_1では，国際収支は赤字となる。変動相場制の場合には，国際収支が赤字のとき，自国通貨（円）は減価し為替レートeが上昇する（円安・ドル高）。その結果，輸出増・輸入減が生じ貿易収支（経常収支）は改善する。その結果，IS曲線は右にシフトし，財市場・貨幣市場・国際収支の均衡は点E_2となる。このとき，利子率はもとの水準に戻り均衡国民所得は増加するので，変動相場制の下の拡張的金融政策は有効である。以上の過程をまとめると，表22-2となる。

表22-2 変動相場制下の拡張的金融政策の波及効果

> 拡張的金融政策 → LM曲線右シフト → 利子率低下・国民所得増加
> → 資本流出増加 → 国際収支赤字 → 為替レートeの上昇（円安）
> → 輸出増・輸入減 → IS曲線右シフト → 利子率不変・国民所得増加

空欄アには「LM曲線」，空欄イには「低下」，空欄ウには「海外へ流出」，空欄エには「上昇」，空欄オには「改善」が入る。よって，正答は**2**である。

正答　**2**

例題22.4-4　固定相場制下の財政金融政策の効果

次の図は，資本移動が完全である場合のマンデル＝フレミング・モデルを表したものであるが，当初，点Aで均衡しているこの国の財政政策または金融政策の効果を説明した記述として，妥当なのはどれか。ただし，この国は他国の経済に影響を及ぼさない小国であり，世界利子率はr_wで定まっているものとし，物価は変わらないものとする。また固定相場制の下では中央銀行は不胎化政策をとらないものとする。（地方上級）

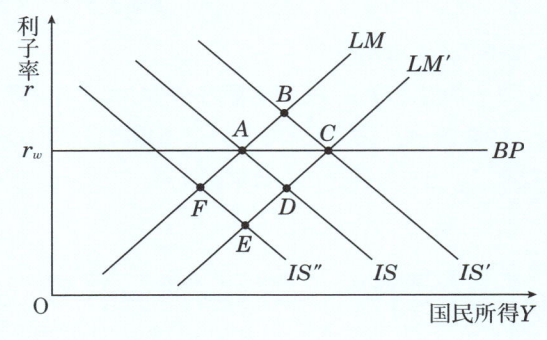

1　固定為替相場制の下で，拡張的財政政策が実施されると，IS曲線は右にシフトし，均衡点は点Bに移るが，資本流入により輸出が減少するため，IS曲線はもとに戻り，点Aで均衡するので，国民所得は変わらない。
2　固定為替相場制の下で，金融緩和政策が実施されると，LM曲線は右にシフトし，均衡点は点Dに移るが，資本流出によりマネーサプライが増大するため，IS曲線は左にシフトし，点Eで均衡するので，国民所得は変わらない。
3　変動為替相場の下で，拡張的財政政策が実施されると，IS曲線は右にシフトし，均衡点は点Bに移るが，資本流入によりマネーサプライが増大するため，LM曲線は右にシフトし，点Cで均衡するので，国民所得は増加する。
4　変動為替相場の下で，金融緩和政策が実施されると，LM曲線は右にシフトし，均衡点は点Dに移るが，資本流出により為替レートが減価するため輸出が増え，IS曲線は右にシフトし，点Cで均衡するので，国民所得は増加する。
5　変動為替相場の下で，拡張的財政政策が実施されると，IS曲線は左にシフトし，均衡点は点Fに移るが，資本流入により為替レートが増価するため輸出が増え，IS曲線はもとに戻り，点Aで均衡するので，国民所得は変わらない。

解説　固定相場制の場合と変動相場制の場合では，不均衡の調整過程が異なり，政策効果も異なる。

固定相場制の下では，為替レートは固定されるので，為替レートそのものは国際収支の不均衡を調整する働きを持たない。国際収支が黒字であるとき，外貨（ドル）を自国通貨（円）に交換する要求が強まり外貨の超過供給が生じる。このとき，自国通貨は増価し為替レートは低下する（円高・ドル安）傾向をもつ。そこで中央銀行は，為替レートを一定に保つために外貨を自国通貨である円と交換する。そのため，国際収支が黒字（赤字）のとき，中央銀行が外貨を購入（売却）しハイパワードマネーを増加（減少）させるので，マネーサプライを増加（減少）させることになる[3]。

固定相場制下の拡張的財政政策の効果を**図22-7**（a）により説明しよう。拡張的財政政策によりIS曲線が右シフトすると，財市場と貨幣市場の均衡はE_0からE_1に移動し，利子率が上昇し国民所得は増加する。このとき国際収支は黒字

---

[3]　中央銀行がマネーサプライの変化を望まない場合には，外貨の円への交換に応じると同時に，国債等を売却するなどしてマネーサプライを減少させる政策をとるならば，マネーサプライを一定に保つことも可能である。このようにマネーサプライを一定に保つ政策は，不胎化政策（中立化政策）と呼ばれている。

(a) 財政政策の効果

(b) 金融政策の効果

図22-7 固定相場制下の財政金融政策の効果

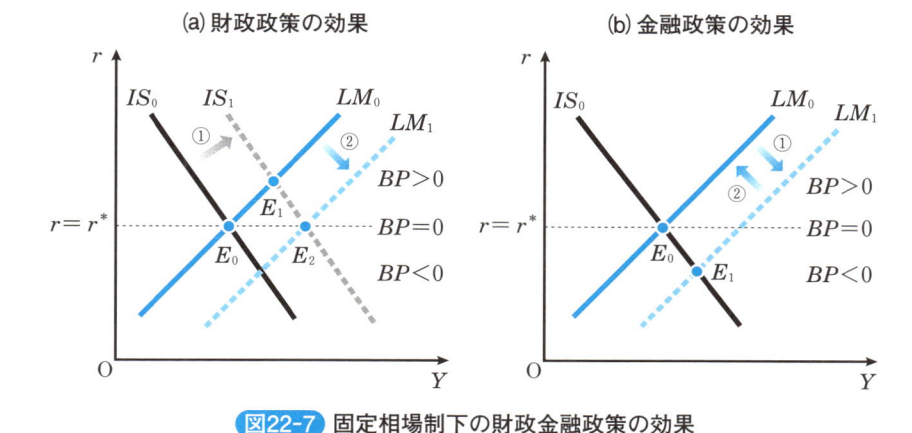

になり，市中では外国の通貨から国内通貨への交換が増え外貨の超過供給が生じる。そこで中央銀行は，為替レートを一定に保つために外貨を購入しハイパワードマネーを増加させる。その結果マネーサプライが増加するので，LM曲線が右にシフトし，財市場・貨幣市場・国際収支の均衡はE_2となり，均衡国民所得は増加する。固定相場制下の財政政策の効果をまとめると，**表22-3**となる。1については，均衡点はCとなるので，1は誤りである。

表22-3 固定相場制下の拡張的財政政策の波及効果

> 拡張的財政政策 → IS曲線右シフト → 利子率上昇・国民所得増加
> → 資本流入増加 → 国際収支黒字 → 中央銀行による外貨買い
> → マネーサプライ増加 → LM曲線右シフト → 利子率不変・国民所得増加

固定相場制下の拡張的金融政策の効果は，**図22-7(b)** に示されている。拡張的金融政策によりLM曲線が右にシフトすると，財市場と貨幣市場の均衡はE_0からE_1に移動する。このとき国際収支は赤字になるので，市中では自国通貨売り外貨買いが生じる。これに対応して，中央銀行は為替レートを一定に保つため外貨準備を減らし外貨売りを行うため，マネーサプライが減少する。その結果，LM曲線は左にシフトし，財市場・貨幣市場・国際収支の均衡はE_0となる。したがって，均衡国民所得は変化しないので，固定相場制の下での金融政策は効果がない。以上をまとめると，**表22-4**となる。2については，最終的な均衡点はAになるので，2は誤りである。

> **表22-4** 固定相場制下の拡張的金融政策の波及効果
>
> 拡張的金融政策 ➡ LM曲線右シフト ➡ 利子率低下・国民所得増加
> ➡ 資本流出増加 ➡ 国際収支赤字 ➡ 中央銀行による外貨売り
> ➡ マネーサプライ減少 ➡ LM曲線左シフト ➡ 利子率不変・国民所得不変

3および5は，**表22-1**(**図22-6**(a))の場合である。マネーサプライではなく為替レートが変化するので，3は誤りである。拡張的財政政策が実施されるとIS曲線は右にシフトするので，5は誤りである。また5にある為替レートの増価とは為替レートの低下のこと，4にある為替レートの減価とは為替レートの上昇のことである。4は，**表22-2**(**図22-6**(b))の場合であり，正しい。

正答　4

> **例題22. 4 - 5** 資本移動が不可能な場合の政策効果
>
> マンデル＝フレミング・モデルにおける財政・金融政策の効果に関する記述として，妥当なのはどれか。ただし，自国は小国であり，政府は不胎化政策をとらないものとする。(地方上級)
> 1　固定相場制の下では，資本移動が完全に自由な場合，拡張的な財政政策は国内貨幣供給量を増加させるため，国民所得は増加する。
> 2　固定相場制の下では，資本移動がない場合，拡張的な金融政策は国内貨幣供給量を増加させるため，国民所得は増加する。
> 3　変動相場制の下では，資本移動が完全に自由な場合，拡張的な財政政策は自国の為替レートを減価させるため，国民所得は増加する。
> 4　変動相場制の下では，資本移動が完全に自由な場合，拡張的な金融政策は自国の為替レートを増価させるため，国民所得は変化しない。
> 5　変動相場制の下では，資本移動がない場合，拡張的な財政政策は自国の為替レートを増価させるため，国民所得は変化しない。

解説　1は**表22-3**の場合であり，正しい。3は**表22-1**の場合であり，国民所得は変化しないので，誤りである。4は**表22-2**の場合であり，国民所得は増加するので，誤りである。

資本移動が不可能な場合には，財政支出が増加するとIS曲線が右シフトする。このとき，**図22-8**(a)(b)のように，財市場と貨幣市場の均衡はE_1となり，国際収支が赤字($BP<0$)となる。固定相場制の場合には，国際収支が赤字にな

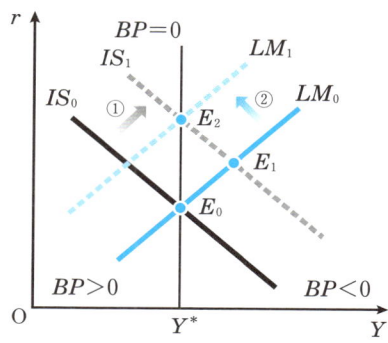

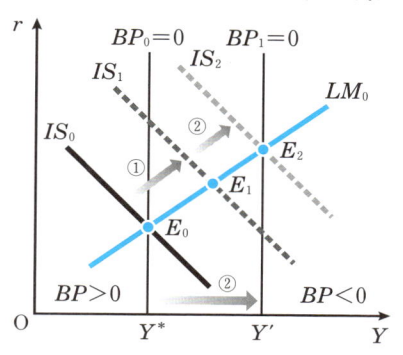

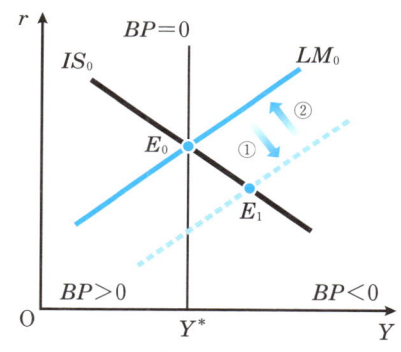

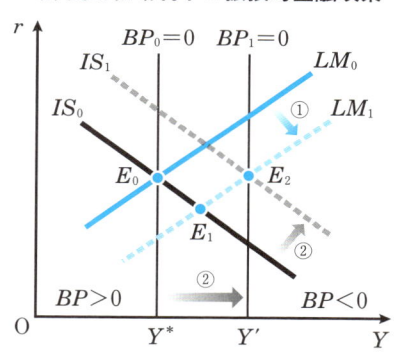

(a) 固定相場制下の拡張的財政政策
(b) 変動相場制下の拡張的財政政策
(c) 固定相場制下の拡張的金融政策
(d) 変動相場制下の拡張的金融政策

図22-8 資本移動が不可能な場合の財政金融政策の効果

ると、為替レートを一定に保つために中央銀行が保有外貨を売るのでマネーサプライが減少する。そのため、**図22-8**(a)のようにLM曲線が左シフトし、均衡はE_2となる。E_2では、利子率のみが上昇し国民所得は不変である。

これに対して、変動相場制の場合には、国際収支が赤字になると、自国通貨が安くなり為替レートが上昇（減価）する。そのため輸出増・輸入減が生じ貿易収支が改善するので、**図22-8**(b)のようにIS曲線とBP線が右シフトする。均衡はE_2となり、利子率は上昇し国民所得は増加する。5は誤りである。

資本移動が不可能な場合には、マネーサプライの増加によってLM曲線が右シフトすると、**図22-8**(c)(d)のように、財市場と貨幣市場の均衡はE_1となり、国際収支が赤字（$BP<0$）となる。固定相場制下の場合には、国際収支が赤字になると、為替レートを一定に保つために中央銀行が保有外貨を売るのでマネ

ーサプライが減少し，図22-8(c)のようにLM曲線が左シフトする。均衡はもとのE_1となり均衡国民所得も均衡利子率ももとに戻り変化しない。2は，貨幣供給量は減少し国民所得は変化しないので，誤りである。

変動相場制の場合には，国際収支が赤字のとき自国通貨が安くなり為替レートは上昇（減価）し，輸出が増加し輸入が減少する。そのため図22-8(d)のようにIS曲線とBP線は右シフトし，均衡はE_2になり国民所得は増加する。

この節で説明してきた政策効果をまとめると，以下の表22-5のようになる。

正答　1

表22-5　経済政策の効果

(a) 資本移動が完全に自由な場合

	固定相場制	変動相場制
財政政策	有効	無効
金融政策	無効	有効

(b) 資本移動が不可能な場合

	固定相場制	変動相場制
財政政策	無効	有効
金融政策	無効	有効

練習問題

【No.1】 変動為替相場制の開放マクロ経済が，

$Y=C+I+B$

$C=20+0.8Y$

$I=40-50r$

$B=40-0.1Y+0.2e$

$0.8Y-300r=M$

$r=r^*$

で示されるとする。貨幣供給量Mを増加させると，国民所得Yと為替レートeはどのように変化するか。（市役所）

1　Yは増加し，eは上昇する。
2　Yは増加し，eは下落する。
3　Yは減少し，eは上昇する。
4　Yは減少し，eは下落する。
5　Yは不変であるが，eは上昇する。

[解説]　表22-2にあるように，国民所得は増加し，自国通貨は減価し為替レートは上昇する。正答は1である。

正答【No.1】 1

索　引

あ　行

$IS\text{-}LM$モデル	265
IS曲線	266
ISバランス式	399
アナウンスメント効果	325
アブソープション	410
安　定	5
安藤＝モディリアーニ	294
異時点にわたる消費	203
依存効果	303
一般均衡分析	134
依頼人	158
インプリシット・デフレーター	240
インフレ・ギャップ	249
インフレ供給曲線	373
インフレ需要曲線	373
インフレーション	360
ウィーザー	25
ヴェブレン効果	303
後ろ向きの帰納法	174
売上高最大化仮説	118
売りオペレーション	326
$AD\text{-}AS$モデル	341
エージェント	158
エッジワース	24, 47, 135
M_3	321
M_1	321
LM曲線	267
円価値単位	212
エンゲル曲線	36
エンゲル係数	36
エンゲルの法則	36
オークンの法則	371
オーストリア学派	25
オファー曲線	62

か　行

買いオペレーション	326
海外からの所得	230
外貨準備増減	399
外貨建て（ドル建て）為替レート	402
外国為替	402
外国為替市場	402
外部経済	139
外部効果	139
外部不経済	139
価格カルテル	120
価格消費曲線	39
価格弾力性	12, 16, 407
需要の――	12, 13, 14
供給の――	15, 16
輸入の――	407
輸出の――	407
下級財	36
可処分所得	257
課　税	19
寡占企業	111
加速度原理	310, 379
価値財	146
貨幣1単位当たりの限界効用均等の法則	32
貨幣ヴェール観	330
貨幣供給	266
貨幣供給量	319
貨幣市場	267, 272
貨幣需要	266, 328
貨幣需要の利子弾力性	280
貨幣乗数	321
貨幣数量説	328

貨幣賃金上昇率	368		逆選択	158
貨幣賃金率	63, 350		逆向きの帰納法	174
貨幣の流通速度	329		供給曲線	2, 84
可変費用	79		供給の価格弾力性	16
下方硬直性	350		供給の変化	3
カルテル	120, 170		供給量の変化	3
カルドア	380		嫌いな財	33
ガルブレイス	303		均　衡	2
カレツキー	380		均衡価格	5
為替レート	402		均衡国民所得	243, 267, 355
関　税	183		均衡財政乗数	259
完全競争企業	101		均衡産出量モデル	217
完全雇用	192, 366		均衡成長経路	384
完全雇用国民所得	249, 351		均衡利子率	267
完全特化	180		金銭的外部経済	96
完全利用	192		金融収支	398, 416
管理価格	120		金融政策の効果	418, 421
機会費用	179		空間的相対所得仮説	292
危険愛好者	154		クズネッツ	289
危険回避者	152		クズネッツの波	378
危険中立者	154		屈折需要曲線	116
技術革新	3, 351, 378		くもの巣モデル	8
技術進歩率	384		くもの巣モデルの安定性の条件	9
技術的外部経済	96		クラウディング・アウト効果	275, 345
技術的外部効果	139		クールノー	47, 111
技術的限界生産物逓減の法則	70		クールノー均衡	111
技術的限界代替率	70, 71		グレシャムの法則	158
技術的限界代替率逓減の法則	70		景気循環	377
基準割引率および基準貸付利率	325		景気の谷	378
基数効用理論	29		経常移転収支	398
帰属計算	229		経常価格	204
基礎消費	244		経常収支	398
期待インフレ率	362		契約曲線	135
期待効用	152		ケインズ型の消費関数	287
期待値	151		ケインズの投資決定理論	307
期待物価水準	360		ケインズの流動性選好理論	331
キチンの波	378		ケインズ派	338
ギッフェン財	41		ゲーム	166
規模に関して収穫一定	73, 193		ゲームの木（樹）	172
規模に関して収穫逓減	72		減　価	402
規模に関して収穫逓増	73, 130		限界革命	24, 47
逆行列係数	222		限界価値生産物	350

限界効用	31
限界効用原理	25
限界資本係数	382
限界収入	103
限界収入曲線	103
限界消費性向	244, 246, 288
限界生産物価値	75, 350
限界生産物（力）	70, 349
限界代替率	30, 70
技術的——	70
限界代替率逓減の法則	31
限界貯蓄性向	246, 288
限界費用	79
限界費用価格形成	130
限界評価曲線	123
限界費用曲線	80
長期——	87
限界輸入性向	412
現金通貨	319
現金・預金比率	320
現在価格	204
現在価値	204
現在価値法	307
顕示選好の弱公準	56
顕示選好理論	55
建築循環	378
ケンブリッジ学派	24
公開市場操作	326
交換方程式	328
公共財	146
公共財の最適供給の条件	147
広義流動性	321
公　債	336
公債の償還	338
恒常消費	297
恒常所得	297
恒常所得仮説	297
恒常成長経路	384
厚生経済学の基本定理（第1，第2）	136
厚生損失	125
公定歩合	325
購買可能集合	30
購買力平価説	404
後方屈曲性	64
効　用	27
効用可能曲線	135
効用関数	28, 49
効用曲線	31
効用曲面	28
効用最大化の条件	32
合理的期待	143, 162
合理的期待形成	360
国　債	336
国際収支	398
国際収支均衡線	416
国際収支表	397
国内純生産	234
国内総支出	226
国内総所得	226
国内総生産	213, 225
国内要素所得	237
国民純生産	234
国民所得	235
市場価格表示の——	235
要素費用表示の——	235
国民総所得	230
国民総生産	230
コースの定理	141
ゴッセンの第1法則	47
ゴッセンの第2法則	47
固定為替相場制	406
固定資本形成	231
固定資本減耗	233, 234
固定投入係数	177
固定費用	79
固定要素	79, 85
古典派	23, 280, 347
古典派の第一公準	349
コブ＝ダグラス型効用関数	200
雇用係数	219
コンドラチェフの波	378

さ行

債券価格	331
在庫	231, 247
在庫循環	378
最終需要	212
財政政策の効果	418, 420
最適雇用量	349
サブゲーム	175
差別価格	107
サミュエルソン	48, 55, 147, 379
産業連関表	211
産業連関分析	217
参入阻止価格	119
三面等価の原則	227
Jカーブ効果	407
ジェヴォンズ	24, 47
死荷重	125
時間的相対所得仮説	291
自国通貨建て（円建て）為替レート	402
自己資本比率規制	327
資産効果	303, 336
資産選択理論	334
資産動機	331
資産動機による貨幣需要	331
資産の現在価値	204
指数	52, 238
自然失業率	367
自然失業率仮説	370
自然成長率	384
自然独占	130
失業	365
実質価格	75
実質貨幣供給	266
実質GDP	240
実質賃金率	348
実質利子率	362
私的限界費用曲線	140
私的財	146
GDPギャップ	371
GDPデフレーター	240
自発的失業	365
支払準備率	320
資本移動	414
資本係数	310, 382
資本・産出比率	382
資本収支	398
資本集約的	191
資本主義経済の安定性	391
資本ストック	233, 310
資本ストック調整原理	312
資本蓄積の基本方程式	390
資本の限界効率	307
資本レンタル価格	194
資本・労働比率	389
社会的限界費用曲線	140
社会的厚生の最大化	134
（社会的）無差別曲線	136
奢侈品	17, 38
従価税	19, 183
習慣形成仮説	292
囚人のジレンマ	167
自由貿易	183
従量税	19, 183
ジュグラーの波	378
主循環	379
需要	30
需要曲線	1
需要の価格弾力性	12, 13, 14
需要の変化	2
需要量の変化	2
（純粋）公共財	146
純投資	234
準備預金制度	320
生涯所得	294
上級財	35
小国	183
小循環	379
乗数・加速度モデル	379
乗数効果	253
乗数理論	379
消費者余剰	84, 124, 182
情報の非対称性	148, 158
初期保有量	61

序数効用理論	29
所得効果	41, 62
所得収支	398
所得消費曲線	36
所得弾力性	38
所得の再分配	136
シロス=ラビーニ	119
新貨幣数量説	334
新古典派成長理論	386
新古典派的生産関数	190
伸縮的加速子	313
伸縮的加速度原理	312, 313
信用乗数	323
信用創造	322
新リカード派	339
スウィージー	116
スタグフレーション	368
ストック	229
ストルパー=サミュエルソンの定理	197
スミス，アダム	23
スルツキー分解	41
斉一成長経路	384
生産可能(性)曲線	178, 192
生産関数	69
生産者余剰	84, 124, 182
生産年齢人口	365
生産の最適規模	86, 95, 98
生産物市場	243, 266
生産・輸入品に課される税	236
生産要素	69
正常財	35
成長会計	395
成長の要因分解	395
政府支出乗数	255, 259, 262
絶対所得仮説	288
絶対優位	179
設備投資循環	378
全要素生産性	395
戦　略	166
戦略形ゲーム	172
増　価	402
相加平均	50
総供給曲線	350
操業停止点	83
総収入	81
総需要曲線	343
総需要-総供給モデル	341
相乗平均	50
相対所得仮説	291
空間的――	292
時間的――	291
相対的生産費用	179
総費用曲線	79
租税乗数	258
粗代替財	42
粗投資	234
その他資本収支	399
粗付加価値額	226
粗補完財	42
ソローの基本方程式	390
損益分岐点	83

た 行

第一次所得収支	398
第二次所得収支	398
大　国	183
代替効果	40, 62
代理人	158
短期供給曲線	84
短期均衡	113
独占的競争の――	113
短期の消費関数	289
短期の費用概念	85
短期費用曲線	79
短期フィリップス曲線	369
弾力性	12, 15, 37
弾力的	14
チェンバリン	114
蓄積の黄金律	392
地方債	336
中間需要	212
中間生産物	211, 226
中間投入	213

中立化政策	420
中立財（中級財）	38
超過供給	5
超過需要	5
長期供給曲線	95
長期均衡	95, 113
産業の――	95
代表的企業の――	95
独占的競争の――	113
長期の消費関数	289
長期の費用概念	85
長期フィリップス曲線	369, 370
調整係数	312
貯蓄率	385
賃金曲線	194
賃金版フィリップス曲線	368
定額税	90, 257
適応的期待形成	360
手　番	173
デフレ・ギャップ	249
デフレーター	239
デフレ予想	362
デモンストレーション効果	303
デューゼンベリー	291, 303
展開形ゲーム	172
等価定理	339
投機的動機	331
投機的動機による貨幣需要	272, 331
統計上の不突合	231
等産出量曲線	69
投資収支	398
投資乗数	254, 259, 262, 379
投資の限界効率	307
投資の限界効率法	308
投資の需要創出効果	381
投資の生産能力創出効果	382
投資の二重性	381
投資の利子弾力性	280
投資の利潤原理	380
道徳的危険	158
投入係数	177, 214
投入物	69
等費用曲線	194
等費用線	76
等利潤直線	75
等利潤平面	74
等量曲線	69, 191
独占企業	102
――の利潤最大化条件	104
独占的競争	113
――の短期均衡	113
――の長期均衡	113
独占利潤	104
独立投資	244
トービン	314, 334
トービンの q	314
ドーマー	381
取引動機	331
取引動機に基づく貨幣需要	271, 331

な行

内国債	338
ナッシュ均衡	166

は行

ハイパワード・マネー	320
パーシェ数量指数	58
パーシェ物価指数	238
歯止め効果	292, 303
パレート	25, 47
パレート効率性	134
パレート効率的	135
パレート優越	170
バロー	339
ハロッド	381
ハロッド＝ドーマーの経済成長論	381
バローの等価定理	339
バンドワゴン効果	143
反応曲線	111
非価格競争	121
比較静学	19
比較生産費説	179

比較優位	179
非競合性	146
ピグー	24
ピグー効果	302
非自発的失業	350, 365
非弾力的	14
ヒックス	24, 47, 379
ヒックスの乗数・加速度モデル	379
必需品	17, 38
ヒッチ	118
必要資本係数	382
非排除性	146
*BP*線	416
費用関数	79
費用曲線	79
費用最小化	73
標準形ゲーム	172
費用逓減産業	96
非労働力人口	365
フィッシャーの交換方程式	328
フィッシャーの利子率方程式	362
フィリップス曲線	368
短期――	369
長期――	369, 370
賃金版――	368
物価版――	369
付加価値	227
不完全特化	199
ブキャナン	338
複　占	111
不胎化政策	420
物価指数	59, 238
物価水準	355, 360
物価版フィリップス曲線	369
物品税の負担割合	21
部分ゲーム	175
――完全均衡	175
部分準備制度	320
プライス・テイカー	29, 101
プライス・リーダーシップ	120, 171
フリードマン	297, 334
フリー・ライダー	147
プリンシパル	158
フル・コスト原理	118
プレーヤー	166
フロー	229
平均可変費用	80
平均固定費用	80
平均消費性向	288
平均生産物	71
平均費用	79
平均費用価格形成	131
平均費用曲線	80
長期――	87
ベイン	119
ベヴァリッジ曲線	366
ヘクシャー＝オリーンの定理	199
ヘクシャー＝オリーン・モデル	190
ベーム＝バヴェルク	25
変動為替相場制	406
変動所得	297
貿易・サービス収支	398
貿易利益	180, 183
法定準備率	320
法定準備率操作	326
包絡線	85
ボーエン	338
（ボーエン＝）サミュエルソンの条件	147
保　険	153
保険料	153
保証成長率	383
補助金	142, 185, 236
ボックス・ダイアグラム	135
ボーモル	118
ホール	118

ま　行

マーク・アップ原理	118
マーク・アップ率	119
マーケット・シェア	116
摩擦的失業	366
マーシャル	24
マーシャル的安定性の条件	7

マーシャル的調整過程	7
マーシャルによる　ケンブリッジ現金残高方程式	330
マーシャルのk	330
マーシャル＝ラーナーの安定条件	407
窓口規制（窓口指導）	326
マネーサプライ	276, 319
マネーストック統計	321
マネタリスト	370
マネタリー・ベース	320
マルサス	23
マンデル＝フレミング・モデル	413
ミル，J. S.	23
ミーンズ	120
無差別	28
無差別曲線	28
社会的——	136
無差別曲線分析	29
名目GDP	240
名目利子率	362
メリット財	146
メンガー	24, 47
モディリアーニ	338
モラル・ハザード	158

や行

有効需要	245
有効需要の原理	245
誘発投資	380
輸出税	183
輸出の価格弾力性	407
輸入税	183
輸入の価格弾力性	407
輸入割当	184
UV曲線	366
要求払預金	320
要素価格均等化定理	196
要素価格比	195
要素価格フロンティア	194
要素賦存量	190
余　暇	60

預金準備率	320
預金準備率操作	326
預金通貨	319
与　件	2
予算制約式	49, 61
予算制約線	29
予算線	29
予備的動機	331
予備的動機による貨幣需要	331
45度線モデル	245

ら行

ライフサイクル仮説	294
ラスパイレス数量指数	58
ラスパイレス物価指数	238
ラチェット効果	292, 303
ラーナー	338
リカード	23, 47, 339
リカードの等価定理	339
利子弾力性	280
利　潤	74
利潤最大化	73, 80, 104
利子率	204, 266, 307, 362
名目——	362
実質——	362
リスク・プレミアム	153
利　得	166
利得行列	166
リプチンスキーの定理	193
流動資産仮説	300
流動性選好理論	331
流動性のわな	280, 301
留保需要	61
レオンチェフ	211
レオンチェフ型生産関数	191
劣等財	36
列　和	222
レモン市場	148, 158
労働供給	60, 349
労働集約的	191
労働需要	348

労働投入係数	219
労働力人口	365
ローザンヌ学派	25, 47
ロビンソン	114

わ行

割引現在価値	294, 306
ワルラス	24, 47
ワルラス的安定性の条件	6
ワルラス的調整過程	5

【略語】

AC	→	平均費用
AFC	→	平均固定費用
APC	→	平均消費性向
AVC	→	平均可変費用
BP	→	国際収支
FC	→	固定費用
GDE	→	国内総支出
GDI	→	国内総所得
GDP	→	国内総生産
GNE	→	国民総支出
GNI	→	国民総所得
GNP	→	国民総生産
LAC	→	長期平均費用
LMC	→	長期限界費用
LTC	→	長期総費用
MC	→	限界費用
MP	→	限界生産物
MPC	→	限界消費性向
MR	→	限界収入
MRS	→	限界代替率
MU	→	限界効用
NDP	→	国内純生産
NI	→	国民所得
NNP	→	国民純生産
RTS	→	技術的限界代替率
SAC	→	短期平均費用
SMC	→	短期限界費用
STC	→	短期総費用
TC	→	総費用
TR	→	総収入
VC	→	可変費用

■ 西村 和雄 (にしむら かずお)

1946年、札幌生まれ。東京大学卒、ロチェスター大学Ph.D.、東京都立大学助教授、ニューヨーク州立大学助教授、南カリフォルニア大学准教授を経て、1987年より京都大学経済研究所教授。2010年より京都大学名誉教授。2012年より学士院会員。2013年より神戸大学社会科学系教育研究府特命教授。2016年より神戸大学社会システムイノベーションセンター特命教授。2022年より神戸大学計算社会科学研究センター研究教授。

主著：
『経済数学早わかり』（日本評論社、1982年）
『入門経済学ゼミナール』（実務教育出版、1990年）
『ミクロ経済学』（東洋経済新報社、1990年）
『ミクロ経済学入門（第2版）』（岩波書店、1995年）
『現代経済学入門　ミクロ経済学』（岩波書店、1996年）
『まんがDE入門経済学（第2版）』（日本評論社、1999年）
『まんがDE入門経済数学』（日本評論社、2003年）
『マクロ経済動学』（共著、岩波書店、2007年）
Optimization and Chaos（共著、Springer、2000年）

■ 八木 尚志 （やぎ たかし）

1959年、群馬県太田市生まれ。早稲田大学卒、同大学大学院経済学研究科博士後期課程、群馬大学講師、同大学助教授を経て、2003年より同大学社会情報学部教授。2009年より明治大学政治経済学部教授。

著書：
『現代経済学の展開』（小野俊夫編著、分担執筆、学文社、1992年）
『近代経済学』『ミクロ経済学』『マクロ経済学』（伊達邦春編著、分担執筆、八千代出版、1993年）
『経済学のすすめ』（西村和雄編著、分担執筆、筑摩書房、1996年）
『現代政治経済学テキスト』（伊達邦春編著、分担執筆、中央経済社、1997年）
『基礎からステップ経済学』（実務教育出版、1999年）

経済学ベーシックゼミナール

2008年9月30日　初版第1刷発行　　　　　　　　　　〈検印省略〉
2022年6月10日　初版第6刷発行

著　者　西村和雄・八木尚志
発行者　小山隆之

発行所　株式会社 実務教育出版
　　　　〒163-8671　東京都新宿区新宿1-1-12
　　　　☎編集　03-3355-1812　　販売　03-3355-1951
　　　　振替　00160-0-78270

印　刷　精興社
製　本　ブックアート

©KAZUO NISHIMURA, TAKASHI YAGI 2008　　本書掲載の試験問題等は無断転載を禁じます。
ISBN 978-4-7889-4938-6　C3033　Printed in Japan
乱丁、落丁本は本社にておとりかえいたします。